Die Besteuerung
internationaler Faktoreinkommen

Europäische Hochschulschriften

Publications Universitaires Européennes
European University Studies

Reihe V
Volks- und Betriebswirtschaft

Série V Series V
Sciences économiques, gestion d'entreprise
Economics and Management

Bd./Vol. 2440

PETER LANG
Frankfurt am Main · Berlin · Bern · New York · Paris · Wien

Philipp Nimmermann

Die Besteuerung internationaler Faktoreinkommen

Ein Beitrag zur positiven Theorie der Doppelbesteuerungsabkommen unter besonderer Berücksichtigung der Beziehung Deutschlands zu ausgewählten Entwicklungsländern

PETER LANG
Europäischer Verlag der Wissenschaften

Die Deutsche Bibliothek - CIP-Einheitsaufnahme

Nimmermann, Philipp:

Die Besteuerung internationaler Faktoreinkommen : ein Beitrag zur positiven Theorie der Doppelbesteuerungsabkommen unter besonderer Berücksichtigung der Beziehung Deutschlands zu ausgewählten Entwicklungsländern / Philipp Nimmermann. - Frankfurt am Main ; Berlin ; Bern ; New York ; Paris ; Wien : Lang, 1999
(Europäische Hochschulschriften : Reihe 5, Volks- und Betriebswirtschaft ; Bd. 2440)
Zugl.: Frankfurt (Main), Univ., Diss., 1998
ISBN 3-631-34472-4

D 30
ISSN 0531-7339
ISBN 3-631-34472-4

Vorwort

Die hier vorliegende Arbeit wurde im Wintersemester 1998/99 vom Fachbereich Wirtschaftswissenschaften der Johann Wolfgang Goethe-Universität in Frankfurt am Main als Dissertation angenommen.

Bedanken möchte ich mich bei Herrn Prof. Dr. Dieter Biehl für inhaltliche Anregungen und für die Möglichkeit meine Forschung an seinem Lehrstuhl durchführen zu können. Mein Dank gilt auch Herrn Prof. Dr. P. Bernd Spahn, der sich freundlicherweise bereit erklärt hat, das Zweitgutachten zu meiner Dissertation zu übernehmen.

Besonderer Dank gebührt meinen ehemaligen Kollegen Angela Mans und Claus Niegsch für die fruchtbaren Diskussionen sowie Vivien Lo und Christian Oswald für die redaktionelle Unterstützung.

Frankfurt am Main, Dezember 1998 Philipp Nimmermann

Inhaltsverzeichnis

1 Einleitung 17

1.1 Globalisierung und Doppelbesteuerung 17

1.2 Der Untersuchungsgegenstand 19

1.3 Gang der Untersuchung 19

2 Internationale Faktor- und Faktoreinkommensströme, Besteuerungsprinzipien und Doppelbesteuerung 21

2.1 Internationale Faktor- und Faktoreinkommensströme 21

2.1.1 Nationale versus internationale Ströme 21

2.1.2 Arbeits- und Arbeitseinkommenströme 22

2.1.3 Kapital- und Kapitaleinkommenströme 23

2.1.3.1 Grundsätzliche Abgrenzung 23

2.1.3.2 Ausländische Direktinvestitionen 24

2.1.3.3 Portfolioinvestitionen 25

2.1.3.4 Sonstige Kapitalströme 25

2.1.4 Empirische Relevanz einzelner Faktorströme und Faktoreinkommen 25

2.1.4.1 Grundsätzliche Probleme der Datenerfassung 25

2.1.4.2 Die Entwicklung der Faktorströme und Faktoreinkommen 28

2.1.5 Zwischenbilanz der empirischen Betrachtung 32

2.2 Internationale Besteuerungsprinzipien 33

2.2.1 Die Rechtfertigung des Besteuerungszugriffs aus staatsrechtlicher Sicht 33

2.2.2 Die Rechtfertigung des Besteuerungszugriffs aus ökonomischer Sicht 36

2.2.3 Kriterien zur Bestimmung des steuerlichen Anknüpfungspunktes 47

2.2.3.1 Die Bestimmung der Staatsangehörigkeit 47

2.2.3.2 Die Bestimmung des Wohnsitzes 48

2.2.3.3 Die Bestimmung des Ortes der Einkommensquelle 50

2.2.4 Exkurs: Bestimmung der Einkommensquelle bei multinationalen Unternehmen bzw. Konzernen 51

2.2.4.1 Die Verwendung von Verrechnungspreisen 51

2.2.4.2 Fremdvergleichsmethode versus formelhafte globale Aufteilung 52

2.2.4.2.1 Möglichkeiten der Gewinnbestimmung 52

2.2.4.2.2 Fremdvergleichsmethode (Direkte Gewinnermittlung): 52

2.2.4.2.3 Globale formelhafte Aufteilung (Indirekte Gewinnermittlung) 53

2.2.4.3 Vor- und Nachteile der beiden Ansätze 54

2.3 Internationale Doppelbesteuerung 56
2.3.1 Begriffsdefinition 56
2.3.2 Mögliche Doppelbesteuerungskonflikte 58
2.3.3 Folgen der Doppelbesteuerung 63

3 Eine Theorie der internationalen Kooperation zur Vermeidung von Doppelbesteuerung 75

3.1 Wohlfahrtsmaximierung und freiwillige Kooperation 75
3.1.1 Die Wahl des Bewertungsmaßstabes 75
3.1.2 Die Entstehung freiwilliger internationaler Kooperationen 75
3.1.3 Klassischer Utilitarismus 82
3.1.4 Pareto-Optimalität 87
3.1.5 Der zweistufige Ansatz: Trennung zwischen Regeln und Ergebnissen 91
3.2 Der wohlfahrtsoptimale Kooperationsrahmen 93

4 Methoden zur Vermeidung von Doppelbesteuerung 103

4.1 Die grundsätzlichen Optionen 103
4.2 Freistellungsmethoden 111
4.2.1 Uneingeschränkte Freistellung 111
4.2.2 Freistellung mit Progressionsvorbehalt 114
4.3 Anrechnungsmethoden 115
4.3.1 Uneingeschränkte Anrechnung 115
4.3.2 Eingeschränkte Anrechnung 117
4.4 Die Abzugsmethode 119
4.5 Die vollständige Vermeidung von Doppelbesteuerung 120

5 Die Bewertung der Vermeidungsmethoden 124

5.1 Die relevanten Bewertungsparameter 125
5.2 Die Bestimmung der Effizienzgrenze 125
5.2.1 Steuer- und Ausgabenneutralität 125
5.2.2 Szenario 1: Allokationseffizienz bei vollkommenen Märkten 126
5.2.2.1 Die neutrale Allokation des Kapitals 126
5.2.2.2 Die neutrale Allokation der Arbeit 135
5.2.2.3 Zwischenbilanz für Szenario 1 137
5.2.3 Szenario 2: Die Existenz externer Effekte 138
5.2.4 Szenario 3: Staatliche Vorleistungen zum Produktionsprozeß 145
5.2.5 Fazit aus der Effizienzanalyse 159
5.3 Die Bestimmung der Ausgangssituation 161
5.3.1 Szenario 1 161
5.3.2 Szenario 2 168

5.3.3 Szenario 3 171
5.4 Fazit: Das effiziente Doppelbesteuerungsabkommen 177

6 Die Vermeidung internationaler Doppelbesteuerung zwischen Deutschland und Entwicklungsländern 182

6.1 Die relevanten Rechtsnormen 183
6.2 Unilaterale Maßnahmen des deutschen Steuerrechts 183
6.2.1 Die Einkommensbesteuerung bei unbeschränkter Steuerpflicht 183
6.2.2 Die Einkommensbesteuerung bei beschränkter Steuerpflicht 186
6.2.3 Die Bewertung der unilateralen Maßnahmen 189
6.3 Bilaterale Maßnahmen zur Vermeidung von Doppelbesteuerung 191
6.3.1 Das OECD-Musterabkommen 191
6.3.1.1 Darstellung des Abkommens 191
6.3.1.2 Die Bewertung des OECD-Musterabkommens 193
6.3.2 Das Musterabkommen der Vereinten Nationen 196
6.3.2.1 Darstellung des Abkommens 196
6.3.2.2 Die Bewertung des UN-Musterabkommens 199
6.3.3 Die deutschen Doppelbesteuerungsabkommen mit Entwicklungsländern 200
6.3.3.1 Die Relevanz der deutschen Doppelbesteuerungsabkommen 200
6.3.3.2 Überblick über die einzelnen Abkommen 205
6.3.3.3 Die Bewertung der Abkommen 215

7 Fallstudie 219

7.1 Die Auswahl der Länder 219
7.2 Argentinien 224
7.2.1 Die relevanten Rechtsnormen 224
7.2.2 Unilaterale Maßnahmen des argentinischen Steuerrechts 224
7.2.2.1 Die Besteuerung von im Ausland entstandenen Einkommen 224
7.2.2.2 Die Einkommensbesteuerung bei nicht-ansässigen Personen 225
7.2.3 Das deutsch-argentinische Doppelbesteuerungsabkommen 227
7.2.4 Die Bewertung des deutsch-argentinischen Abkommens 229
7.3 Brasilien 236
7.3.1 Die relevanten Rechtsnormen 236
7.3.2 Unilaterale Maßnahmen des brasilianischen Steuerrechts 237
7.3.2.1 Die Besteuerung von im Ausland entstandenen Einkommen 237
7.3.2.2 Die Einkommensbesteuerung bei nicht-ansässigen Personen 238
7.3.3 Das deutsch-brasilianische Doppelbesteuerungsabkommen 240
7.3.4 Die Bewertung des deutsch-brasilianischen Abkommens 243
7.4 Chile 248
7.4.1 Die relevanten Rechtsnormen 248

7.4.2 Unilaterale Maßnahmen des chilenischen Steuerrechts 249
7.4.2.1 Die Besteuerung von im Ausland entstandenen Einkommen 249
7.4.2.2 Die Einkommensbesteuerung bei nicht-ansässigen Personen 250
7.4.3 Die Bewertung der Vermeidung von Doppelbesteuerung zwischen Chile
und Deutschland 253

8 Zusammenfassende Schlußbemerkungen 261

9 Anhang 271

9.1 Ausgewählte Indikatoren für Argentinien, Brasilien und Chile 271
9.2 Die Entwicklung der Pro-Kopf-Einkommen ausgewählter Länder zwischen 1932 und 1994 in US$ 273
9.3 Die Bestimmung des Infrastrukturindikators 274
9.4 Die Berechnung der formalen Durchschnittssteuersätze 275
9.4.1 Deutschland 275
9.4.2 Argentinien 276
9.4.3 Brasilien 278
9.4.4 Chile 279

10 Quellenverzeichnis 282

10.1 Literatur 283
10.2 Rechtsnormen 298

Abbildungsverzeichnis

Abb. 2.1: Die staatsrechtliche Rechtfertigung des Besteuerungszugriffs 35
Abb. 2.2: Die ökonomische Rechtfertigung des Besteuerungszugriffs 45
Abb. 2.3: Mögliche Doppel- und Mehrfachbesteuerungskonflikte 62
Abb. 2.4: Internationale Kapitalbewegungen 67
Abb. 2.5: Internationale Doppelbesteuerung von Kapitaleinkommen 70
Abb. 2.6: Kapitalbewegungen bei Doppelbesteuerung in Abhängigkeit der Steuersätze t^A und t^B 72
Abb. 3.1: Die Bestimmung der optimalen Kooperation 79
Abb. 3.2: Wohlfahrtsmehrende Kooperation im klassischen Utilitarismus 83
Abb. 3.3: Pareto-verbessernde Kooperation 89
Abb. 3.4: Die Entwicklung der Pro-Kopf-Einkommen ausgewählter Länder 1932 - 1994 96
Abb. 3.5: Wohlfahrtsoptimale Kooperation bei Unsicherheit 99
Abb. 4.1: Faktorbewegungen mit und ohne Vermeidungsmethoden in Abhängigkeit der Steuersätze t^A und t^B 122
Abb. 5.1: Globale Kapitalallokation bei unterschiedlichen Steuersätzen 131
Abb. 5.2: Globale Kapitalallokation bei der Existenz von externen Effekten 140
Abb. 5.3: Kapitalallokation bei staatlichen Vorleistungen 152
Abb. 5.4: Die Vermeidung von Doppelbesteuerung bei Szenario 1 163
Abb. 5.5: Die Verteilung der Kooperationsgewinne bei Szenario 1 167
Abb. 5.6: Die Vermeidung von Doppelbesteuerung bei Szenario 2 169
Abb. 5.7: Die Verteilung der Kooperationsgewinne bei Szenario 2 171
Abb. 5.8a: Die Vermeidung von Doppelbesteuerung bei Szenario 3 173
Abb. 5.8b: Die Vermeidung von Doppelbesteuerung bei Szenario 3 (Ausschnitt aus Abb. 5.8a) 175
Abb. 5.9: Die Verteilung der Kooperationsgewinne bei Szenario 3 177

Tabellenverzeichnis

Tab. 2.1:	Kapitalexporte und -importe in Form ausländischer Direktinvestitionen	29
Tab. 2.2:	Die Verteilung der ausländischen Direktinvestitionen	30
Tab. 2.3a:	Einkommen aus grenzüberschreitenden Faktorströmen	31
Tab. 2.3b:	Die Verteilung der Einkommen aus grenzüberschreitenden Faktorströmen zwischen Industrie- und Entwicklungsländern 1994	31
Tab. 3.1:	Ergebnismatrix der Kooperationsgewinn hinter einem 'Schleier der Unsicherheit'	98
Tab. 4.1:	Fiktives Zahlenbeispiel für den Zwei-Länder-Fall	107
Tab. 4.2:	Steuerschuld und -sätze bei Doppelbesteuerung	110
Tab. 4.3:	Steuerschuld und -sätze bei uneingeschränkter Freistellung	112
Tab. 4.4:	Steuerschuld und -sätze bei Freistellung mit Progressionsvorbehalt	114
Tab. 4.5:	Steuerschuld und -sätze bei uneingeschränkter Anrechnung	116
Tab. 4.6:	Steuerschuld und -sätze bei Verwendung der Abzugsmethode	120
Tab. 5.1a:	Infrastrukturausstattung und Pro-Kopf-Einkommen ausgewählter Industrieländern im Jahre 1990	156
Tab. 5.1b:	Infrastrukturausstattung und Pro-Kopf-Einkommen ausgewählter Entwicklungsländer im Jahre 1990	157
Tab. 5.2:	Die effiziente Zuweisung der Besteuerungsprinzipien	179
Tab. 6.1:	Quellensteuersätze in Deutschland 1996	189
Tab. 6.2:	Die Zuweisung des Besteuerungszugriffs nach dem OECD-MA	193
Tab. 6.3:	Die Zuweisung des Besteuerungszugriffs nach dem UN-MA	198
Tab. 6.4:	Deutsche Doppelbesteuerungsabkommen mit Entwicklungsländern	201
Tab. 6.5a:	Anteil der deutscher Direktinvestitionen in Entwicklungsländern mit Doppelbesteuerungsabkommen	202
Tab. 6.5b:	Anteil der deutscher Direktinvestitionen in Entwicklungsländern ohne Doppelbesteuerungsabkommen	201
Tab. 6.6:	Deutsche Einkommen aus Entwicklungsländern	205
Tab. 6.7:	Das Besteuerungsrecht in den deutschen DBA mit EL	204
Tab. 6.8:	Die Erweiterung des Quellenlandzugriffs im Vergleich zum OECD-MA	212
Tab. 6.9:	Die Begrenzung der Quellensteuersätze in den DBA	213
Tab. 7.1:	Die Aufteilung der ausländischen Direktinvestitionen in Brasilien nach Investorländern	224

Tab. 7.2:	Die Aufteilung der ausländischen Direktinvestitionen in Argentinien nach Investorländern	222
Tab. 7.3:	Die Aufteilung der ausländischen Direktinvestitionen in Chile nach Investorländern	223
Tab. 7.4:	Quellensteuersätze auf Bruttoeinkommen aus Argentinien	226
Tab. 7.5a:	Die Zuweisung des Besteuerungsrechts nach dem deutsch-argentinischen DBA (WL = Deutschland; QL = Argentinien)	228
Tab. 7.5b:	Die Zuweisung des Besteuerungsrechts nach dem deutsch-argentinischen DBA (WL = Argentinien; QL = Deutschland)	229
Tab. 7.6:	Die bilateralen Einkommensströme zwischen Argentinien und Deutschland im Jahre 1994	232
Tab. 7.7:	Die formale Steuerbelastung der bilateralen Einkommensströme zwischen Argentinien und Deutschland im Jahre 1996	233
Tab. 7.8:	Quellensteuersätze auf Bruttoeinkommen aus Brasilien	239
Tab. 7.9a:	Die Zuweisung des Besteuerungsrechts nach dem deutsch-brasilianischen DBA (WL = Deutschland; QL = Brasilien)	241
Tab. 7.9b:	Die Zuweisung des Besteuerungsrechts nach dem deutsch-brasilianischen DBA (WL = Brasilien; QL = Deutschland)	242
Tab. 7.10:	Die bilateralen Einkommensströme zwischen Brasilien und Deutschland im Jahre 1994	245
Tab. 7.11:	Die Formale Steuerbelastung der bilateralen Einkommensströme zwischen Brasilien und Deutschland im Jahre 1996	246
Tab. 7.12:	Quellensteuersätze für Bruttoeinkommen aus Chile	252
Tab. 7.13:	Die bilateralen Einkommensströme zwischen Chile und Deutschland im Jahre 1994	254
Tab. 7.14:	Tatsächliche und potentielle formale Steuerbelastung der bilateralen Einkommensströme zwischen Chile und Deutschland im Jahre 1996	256

Abkürzungsverzeichnis

ADI	ausländische Direktinvestitionen
AE	Arbeitseinkommen
AEDI	andere Einkommen aus ausländischen Direktinvestitionen
AEI	andere Investitionseinkommen;
AO	deutsche Abgabenordnung
DBA	Doppelbesteuerungsabkommen
$E(.)$	Erwartungswert
EL	Entwicklungsländer,
EStG	deutsches Einkommensteuergesetz
E_Z	externer Grenzertrag der Kapitalbewegungen Z
F^j	gesamtwirtschaftliche Produktion des Landes j
F_i^j	Grenzproduktivität des Faktors i in Land j
G^j	staatlich bereitgestellte Produktionsfaktoren in Land j
IL	Industrieländer
IR	brasilianisches Einkommensteuergesetz
IWF	Internationaler Währungsfonds
K	Kapital
$\overline{K}^j$	Kapitelbestand in Land j
KStG	deutsches Körperschaftsteuergesetz
L	Arbeit
$\overline{L}^j$	Bestand an Arbeit in Land j
LIG	argentinisches Einkommensteuergesetz
LIR	chilenisches Einkommensteuergesetz
M	internationale Migrationsbewegungen
MC	Grenzkosten der Kooperation
MOEL	Mittel- und Osteuropäische Länder
MR	Grenzertrag der Kooperation
N	Menge der potentiellen Kooperationspartner

NP	Nash-Produkt
OECD	Organisation für wirtschaftliche Zusammenarbeit und Entwicklung
OECD-MA	OECD Musterabkommen
P	Raum aller möglichen Einkommenskombinationen $Y(s)$
P_C	akzeptabler Auszahlungssubraum aus Sicht des Pareto-Kriteriums
PKE	Pro-Kopf-Einkommen
Q	Kooperationsgrad
Q^*	optimaler Kooperationsgrad
QL	Quellenland
QLP	Quellenlandprinzip
REDI	Reinvestierte Einkommen aus ausländischen Direktinvestitionen
RIG	Anwendungsverordnung zum LIG
RIR	Anwendungsverordnung zum IR
s	Kooperationsvereinbarung
S	Strategiemenge der alternative Kooperationsvereinbarungen s
S_C	Menge der pareto-optimalen Kooperationsvereinbarungen
StL	Land der Staatsangehörigkeit
t^A	Durchschnittssteuersatz in Land A
t^B	Durchschnittssteuersatz in Land B
t^j	Durchschnittssteuersatz in Land j
t_Y^A	Grenzsteuersatz in Land A
t_Y^B	Grenzsteuersatz in Land B
T^A	Steuerschuld in Land A
T^B	Steuerschuld in Land B
TC	Kooperationskosten
TP	Kooperationsgewinn
TR	Kooperationsertrag

U.F.	Entwicklungseinheit in Chile
U.T.A.	jährliche Steuereinheit in Chile
U.T.M.	monatliche Steuereinheit in Chile
U_C	akzeptabler Auszahlungssubraum aus utilitaristischer Sicht
UNDP	Entwicklungsprogramm der Vereinten Nationen
UN-MA	Musterabkommen der Vereinten Nationen
W	soziale Wohlfahrt
WL	Wohnsitzland
WLP	Wohnsitzlandprinzip
Y^j	Sozialprodukt in Land j
Y_T^A	steuerpflichtiges Einkommen in Land A
Y_T^B	steuerpflichtiges Einkommen in Land B
Z	internationalen Kapitalbewegungen
z	Umweltzustand beim 'Schleier der Unsicherheit'

1 Einleitung

1.1 Globalisierung und Doppelbesteuerung

Seit geraumer Zeit spielt die sogenannte **Globalisierung der Weltwirtschaft** und deren Auswirkung auf die einzelnen Volkswirtschaften eine wichtige Rolle in der wissenschaftlichen Diskussion. Ein elementarer Aspekt dieser Globalisierung ist die zunehmende internationale Mobilität von Produktionsfaktoren, d.h. Arbeit und Kapital werden zunehmend außerhalb des Herkunftslandes der Faktoreigner eingesetzt. Eine Begleiterscheinung dieser internationalen Faktorbewegungen ist ein ansteigender Strom an internationalen Faktoreinkommen in gegenläufiger Richtung.

Aus Sicht der Einkommensbesteuerung führen diese grenzüberschreitenden Einkommensströme zu einem Problem, das bei im Inland entstandenen Einkommen nicht auftritt, nämlich daß jetzt mindestens zwei staatliche Hoheitsgebiete auf diese Einkommen steuerlich zugreifen können: einerseits das Land, in dem das Einkommen entstanden ist (Quellenland) und andererseits das Land, aus dem der Einkommensbezieher stammt (Wohnsitzland oder Land der Staatsangehörigkeit). Machen beide Staaten von dieser Zugriffsmöglichkeit Gebrauch, dann kommt es zu einem Phänomen, das als **internationale Doppelbesteuerung** bezeichnet wird. Die mit der oben angesprochenen Globalisierung einhergehende Zunahme an internationalen Faktorströmen erhöht somit auch die potentielle Doppelbesteuerung von international entstandenem Faktoreinkommen.[1]

Es gibt nun eine Vielzahl von Möglichkeiten, wie diese Doppelbesteuerung vermieden werden kann bzw. wie die Auswirkungen dieser Doppelbesteuerung kompensiert werden können. So könnte z.B. im Zwei-Länder-Fall eines der beteiligten Länder auf den Steuerzugriff verzichten oder aber bereits im Ausland gezahlte Steuern im Inland anrechnen. Die einzelnen Möglichkeiten diese Doppelbesteuerung zu vermeiden bzw. zu kompensieren wirken sich jedoch unterschiedlich auf die Gesamtsteuerbelastung der Faktoreinkommen und damit auch auf die Faktorströme selbst aus. Außerdem ergeben sich auch Auswirkungen auf die Verteilung der Steuereinnahmen zwischen den beteiligten Ländern. Die Art und Weise, wie internationale Doppelbesteuerung vermieden bzw. kompensiert wird, hat somit sowohl allokative als auch distributive Auswirkungen.

Die konkrete Besteuerung internationaler Faktoreinkommen wird zumeist im Rahmen bilateraler **Doppelbesteuerungsabkommen** geregelt. Die Gesamtheit

---

[1] Vgl. für diese Schlußfolgerung auch OECD (1998), S. 13.

dieser bilateralen Verträge kann sodann als System der internationalen Einkommensbesteuerung interpretiert werden. Diesem System wird oftmals unterstellt, daß es weitgehend solche Länder bevorteile, die *per Saldo* mehr Kapital exportieren als sie importieren.[2] Da es sich bei den Nettokapitalexporteuren zumeist um Industrieländer und bei den Nettokapitalimporteuren um Entwicklungsländer handelt, führe das gegenwärtige System, so die Kritiker, zu einer Benachteiligung der Entwicklungsländer. Beispielhaft sei hier auf Easson verwiesen, der zu dem Schluß kommt, daß "*given that the existing system has come into being largely at the instigation of the more developed countries, it is not unreasonable to assume that any bias in the system is likely to favor capital-exporting countries*"[3].

Wenn nun in der Tat das gegenwärtige System der internationalen Besteuerung von Einkommen systematisch die Entwicklungsländer benachteiligt, dann bedeutet dies zwangsläufig auch, daß sich die anfangs beschriebene Globalisierung der Weltwirtschaft nachteilig für diese auswirkt.

Da die gegenwärtigen Doppelbesteuerungsabkommen jedoch das Resultat bilateraler Verhandlungen sind, stellt sich allerdings die Frage, warum Entwicklungsländer Abkommen zugestimmt haben bzw. solche Abkommen nicht aufkündigen, die sie systematisch benachteiligen. Um dies beantworten zu können bedarf es einer positiven, also einer erklärenden, **Theorie der internationalen Kooperation zur Vermeidung von internationaler Doppelbesteuerung**. Diese Theorie müßte dabei in erster Linie erklären können, wie ein Doppelbesteuerungsabkommen auszusehen hätte, das von allen Verhandlungspartnern als effizient und fair angesehen werden könnte. Außerdem wäre es zu klären, unter welchen Bedingungen es überhaupt zum Abschluß solcher Abkommen kommt.

Wenn in der empirischen Prüfung die tatsächlichen Abkommen von dem theoretischen Referenzmodell derart abweichen, daß einer Verhandlungspartner systematisch benachteiligt werden sollte, könnten daraus zwei unterschiedliche Schlüsse gezogen werden. Entweder könnte aus der Abweichung gefolgert werden, daß eine ungleiche Verteilung der Machtverhältnisse zwischen den Verhandlungspartnern, quasi eine Zwang für den benachteiligten Verhandlungspartner darstellt, so daß er ein für ihn nachteiliges Abkommen eingeht. Oder aber der benachteiligte Verhandlungspartner wird von altruistischen Interessen geleitet und akzeptiert seine Benachteiligung zum Wohle der Kooperationsgemeinschaft.

---

2 Die Hervorhebung des Produktionsfaktors Kapital liegt daran, daß die international entstandenen Kapitaleinkommen quantitativ wesentlich bedeutender sind als die international entstandenen Arbeitseinkommen. Vgl. auch Tabelle 2.3a.

3 Easson, A. J. (1991), S. 469.

1.2 Der Untersuchungsgegenstand

Idealtypisch müßte das gesamte System der internationalen Einkommensbesteuerung anhand einer positiven Theorie der Doppelbesteuerungsabkommen bewertet werden, um eine abschließende und allgemeingültige Aussage über eine mögliche systematische Diskriminierung einer bestimmten Ländergruppe zu treffen. Dafür wäre aber sowohl die Kenntnis über alle international einkommensteuerrelevanten gesetzlichen Normen sowie über alle tatsächlichen bilateralen Faktor- und Einkommensströme notwendig.

Dies würde jedoch den Rahmen des in einer Monographie leistbaren überschreiten, so daß eine Begrenzung der Untersuchung stattfinden muß. Deshalb beschäftigt sich diese Arbeit im empirischen Teil lediglich mit den Beziehungen Deutschlands zu drei ausgewählten Entwicklungsländern. Da Deutschland einerseits ein wichtiger Kapitalexporteur ist[4] und andererseits mit fast allen Entwicklungsländern, die aus Deutschland Kapital importieren, ein Doppelbesteuerungsabkommen geschlossen hat[5], kann mit der hier durchzuführende Arbeit zumindest für einen wichtigen Teil der Weltwirtschaft die Frage der Diskriminierung von Entwicklungsländern durch Doppelbesteuerungsabkommen untersucht werden.

1.3 Gang der Untersuchung

Nach einer anfänglichen Definition der relevanten Faktor- und Faktoreinkommensströme wird in Kapitel 2 zunächst genauer untersucht, warum mehrere staatliche Hoheitsgebiete auf ein und dasselbe Einkommen zugreifen können und in wieweit dies sowohl aus völkerrechtlicher Sicht als auch aus ökonomischer Sicht gerechtfertigt werden kann. Im Anschluß daran werden die einzelnen möglichen Doppelbesteuerungkonflikte abgeleitet sowie deren Folgen untersucht.

Auf diesen möglichen Doppelbesteuerungkonflikten aufbauend wird in Kapitel 3 der theoretische Rahmen der Untersuchung entwickelt. Hierfür muß zunächst herausgearbeitet werden, unter welchen Bedingungen eine Kooperation überhaupt von Vorteil sein könnte, um danach unter alternativen Wohlfahrtskonzepten dasjenige auszuwählen, das für die Vermeidung von Doppelbesteuerung zwischen Industrieländern und Entwicklungsländern geeignet erscheint.

---

4 Zum Ende des Jahres 1996 betrug der deutsche Anteil an den aggregierten weltweiten Kapitalexporten etwas mehr als 9%. Deutschland ist damit der viertwichtigste Kapitalexporteur der Welt. Vgl. Tabelle 2.2.

5 Vgl. Tabelle 6.2a.

Nachdem dieser grundsätzliche Verhandlungsrahmen definiert ist, sollen in Kapitel 4 theoretisch mögliche Methoden zur Vermeidung von Doppelbesteuerung identifiziert werden, um anschließend in Kapitel 5 unter Annahme unterschiedlicher Bedingungen die effiziente Vermeidung dieser Doppelbesteuerung zu bestimmen.

In Kapitel 6 wird dann das gegenwärtig vorliegende System zur Vermeidung internationaler Doppelbesteuerung zwischen Deutschland und der Gruppe der von dort Kapital importierenden Entwicklungsländer genauer beleuchtet. Hierfür werden zunächst die von Deutschland unilateral durchgeführten Maßnahmen vor dem Hintergrund einer optimalen Kooperation analysiert und dann die existierenden Doppelbesteuerungsabkommen zwischen Deutschland und diesen Entwicklungsländern bewertet.

Da eine abschließende Bewertung der Vor- und Nachteile von Doppelbesteuerungsabkommen die genaue Kenntnis der einkommensteuerlich relevanten Normen in den beteiligten Ländern und der disaggregierten Einkommensströme voraussetzt, wird in Kapitel 7 die Untersuchung auf drei Entwicklungsländer eingegrenzt. Bei diesen Ländern handelt es sich um Argentinien, Brasilien und Chile.

Diese Länderwahl läßt sich einerseits dadurch rechtfertigen, daß ein Großteil der deutschen Direktinvestitionen in Entwicklungsländern auf diese drei Länder entfällt.[6] Andererseits hat die Bundesrepublik Deutschland mit Argentinien und Brasilien jeweils unterschiedliche Doppelbesteuerungsabkommen abgeschlossen, mit Chile jedoch keines, so daß hier sowohl die Auswirkungen unterschiedlicher Doppelbesteuerungsabkommen, als auch die Auswirkungen des Fehlens derselben komparativ analysiert werden können. Da in den drei Ländern zudem relativ ähnliche wirtschaftliche und politische Gegebenheiten herrschen[7], kann den zu untersuchenden steuerlichen Aspekten durchaus eine gewisse Signifikanz zugesprochen werden.

---

[6] Zum Ende 1995 betrug der Anteil dieser Länder am Bestand der deutschen Direktinvestitionen in Entwicklungsländern mehr als 36%. Vgl. Tabelle 6.2a und 6.2b.

[7] Siehe Anhang 9.1.

2 Internationale Faktor- und Faktoreinkommensströme, Besteuerungsprinzipien und Doppelbesteuerung

2.1 Internationale Faktor- und Faktoreinkommensströme

2.1.1 Nationale versus internationale Ströme

Für die Analyse der Doppelbesteuerungsproblematik ist es unerläßlich, zwischen nationalen und internationalen Faktor- und Faktoreinkommensströmen zu unterscheiden. Deshalb wird von folgender Zuordnung ausgegangen:

(1) die jeweiligen Produktionsfaktoren werden jenem Land zugerechnet, aus dem die Faktoreigner 'stammen'[8];

(2) von **nationalen Faktorströmen** soll gesprochen werden, wenn die Faktoren ausschließlich in dem Land eingesetzt werden, aus dem die Faktoreigner stammen (von nun an auch als Inland oder als Heimatland bezeichnet). Von grenzüberschreitenden bzw. **internationalen Faktorströmen** soll gesprochen werden, wenn Faktoren außerhalb des Landes eingesetzt werden, aus dem die Faktoreigner stammen (also im Ausland);

(3) als **nationale Faktoreinkommen** sollen dementsprechend solche Einkommen bezeichnet werden, die aus dem Faktoreinsatz im Land des Faktoreigners resultieren und unter grenzüberschreitende bzw. **internationale Faktoreinkommen** sind solche zu verstehen, die aus dem Faktoreinsatz außerhalb des Landes des Faktoreigners resultieren.[9]

(4) Dabei wird jeweils zwischen Einkommen aus Arbeits- und Kapitaleinsatz unterschieden.

---

[8] Dieses Herkunftsland soll i.d.R. das Land sein, in dem die Faktoreigner ihren Wohnsitz bzw. Unternehmenssitz haben (Wohnsitzland); für einen erweiterten Analyserahmen kann es sich aber auch um das Land der Staatsangehörigkeit der Faktoreigner handeln. Für eine genauere Definition dieser Begriffe sei auf den Abschnitt 2.2 verwiesen.

[9] Im weiteren werden die Bezeichnungen 'nationales Einkommen' und 'inländisches Einkommen' sowie die Bezeichnungen 'internationales Einkommen', 'ausländisches Einkommen' und 'grenzüberschreitende Einkommen' synonym verwendet. Für eine Definition von internationalen Einkommen vgl. auch Kingston, Charles I. (1981), S. 1152. Vgl. aber auch Biehl, Dieter (1969), S. 379-380, für die Definition internationaler Einkommenstransaktionen.

2.1.2 Arbeits- und Arbeitseinkommensströme

Da der Einsatz des Produktionsfaktors Arbeit in aller Regel auch die physische Präsenz des Faktoreigners voraussetzt[10], gehen **internationale Arbeitsströme** mit dem Grenzübertritt des Faktoreigners einher. In einer engen Definition handelt es sich dabei um Grenzgänger und im Ausland arbeitende Saison- und Kurzarbeiter. Charakteristisch ist hierfür, daß die Arbeitnehmer lediglich den Ort des Arbeitseinsatzes in das Ausland verlegen; ihren Wohnsitz wechseln sie jedoch nicht. Der Internationale Währungsfonds (IWF) folgt dieser engen Interpretation und definiert **internationale Arbeitseinkommen** in seinen Zahlungsbilanzstatistiken dementsprechend als "*wages, salaries, and other benefits, in cash or in kind, earned by individuals - in economies other than those in which they are resident - for work performed for (and paid for by) residents of those economies.*"[11]

Löst man sich von dieser engen Definition, so kann man unter internationalen Arbeits- und Arbeitseinkommensströmen auch der Aspekt der Migration von Arbeitnehmern sowie die finanziellen Rückführungen dieser Arbeitnehmer an ihre Heimatländer subsumieren. Charakteristisch für diese Art der Arbeitsströme ist, daß die Arbeitnehmer sowohl den Ort ihres Arbeitseinsatzes als auch ihren Wohnsitz ins Ausland verlegen. In der weitesten Definition kann es zudem zu einem Wechsel der Staatsangehörigkeit kommen.[12]

Für die Beziehung zwischen Entwicklungsländern und Industrieländern sind zwei Migrationsarten besonders relevant. Einerseits die Migration hoch bzw. besser qualifizierter Arbeitskräfte aus Entwicklungsländern in Industrieländer (sog. "b*rain drain*" [13]) und andererseits die Migration von ungelernten Arbeitskräften in dieselbe Richtung (sog. "*muscle drain*" [14]).

---

[10] Ausnahmen hiervon mögen z.B. Dienstleistungen über internationale Datennetze sein.

[11] International Monetary Fund (1993), S. 70.

[12] Von dieser Möglichkeit wird jedoch in dieser Arbeit weitgehend abstrahiert.

[13] Vgl. Zu diesem Begriff und die damit zusammenhängende Problematik Bhagwati, Jagdish, N. (1979), S. 17. Der Begriff "*drain*" suggeriert dabei, daß es sich hierbei um nichtmarginale Arbeitsströme handeln muß. Siehe Berry, R. Albert / Soligo, Ronald (1969), S. 778.

[14] Vgl. Bird, Richard M. / McLure, Charles E. Jr. (1990), S. 249-251. Aus Sicht der Industrieländer geht diese Form der Migration oft mit illegaler Einwanderung einher (sog. "*brawn drain*"), vgl. Ruffin, Roy J. (1984), S. 238.

2.1.3 Kapital- und Kapitaleinkommensströme

2.1.3.1 Grundsätzliche Abgrenzung

Im Gegensatz zum Arbeitseinsatz ist der Einsatz des Produktionsfaktors Kapital nicht an die Präsenz des Faktoreigners gebunden. So entfällt auch die Notwendigkeit zwischen einer engeren und einer weiteren Definition zu unterscheiden. **Internationale Kapitalströme** entstehen demnach, wenn der Faktor Kapital außerhalb des Landes eingesetzt wird, aus dem der Faktoreigner stammt. Der IWF verknüpft analog zu oben die Herkunft mit dem Wohnsitz, so daß **internationale Kapitaleinkommen** als *"income derived from a resident entity's ownership of foreign financial assets*" definiert werden. "*The most common types of investment income are income on equity (dividends) and income on debt (interest)*"[15]. Es handelt sich bei diesen demnach weitgehend um Dividenden- und Zinseinkommen. Die Kapitalanlagen, aus denen dieselben resultieren, werden dabei hauptsächlich in Form von ausländischen Direktinvestitionen, Portfolioinvestitionen und Krediten vorgenommen.[16]

Eine Unterscheidung zwischen diesen Formen der Kapitalanlagen - und somit auch für die daraus resultierenden Einkommensströme - scheint aus zweierlei Sicht angebracht. Einerseits stehen hinter diesen unterschiedlichen Formen eventuell divergierende Interessen, wie z.B. Gewinnerzielung, Einflußnahme auf Unternehmenspolitik oder die Sicherung von Bezugs- und Absatzmärkten mit daraus resultierenden unterschiedlichen Folgen für das Kapitalimportland.[17] Andererseits unterscheiden sich diese Anlageformen auch in ihrer statistischen Erfaßbarkeit. Kapitalströme und daraus resultierende Einkommensströme können zwar aus den jeweils relevanten Zahlungsbilanzen entnommen werden; eine detaillierte Disaggregation - insbesondere in Ströme zwischen einzelnen Ländern - ist allerdings i.d.R. nicht für alle Anlageformen möglich. So existieren regionale Aufgliederungen zumeist nur für ausländische Direktinvestitionen. Außerdem unterscheiden sich in einzelnen Ländern die Definitionen der einzelnen Anlageformen bzw. die Form der Erhebung z.T. erheblich.[18]

---

15 International Monetary Fund (1993a), S. 70.

16 Nicht zu vernachlässigen sind dabei neben den privaten Kapitaltransaktionen die öffentlichen Direktinvestitionen sowie öffentliche Kapitaltransfers in Form von zinsgünstigen Krediten und nicht-rückzahlbaren Finanzbeiträgen.

17 Vgl. etwa International Monetary Fund (1992), S. 24.

18 Hierzu mehr in Abschnitt 2.1.4.1.

2.1.3.2 Ausländische Direktinvestitionen

Direktinvestitionen unterscheiden sich von anderen dadurch, daß dem Investor ein wesentliches Interesse an dem Unternehmen selbst unterstellt wird. So liegen nach der Definition der Deutschen Bundesbank Direktinvestitionen vor, "*wenn ein Unternehmen ("Muttergesellschaft") oder ein Investor bzw. eine Gruppe verbundener Unternehmen oder Investoren einen spürbaren Einfluß auf die Geschäftspolitik eines anderen Unternehmens ("Tochtergesellschaft") ausüben kann.*"[19] Und der Internationale Währungsfonds definiert **ausländische Direktinvestitionen** als "*... the category of international investment that reflects the objective of obtaining a lasting interest by a resident entity in one economy in an enterprise resident in another economy. [...] The lasting interest implies the existence of a long-term relationship between the direct Investor and the enterprise and a significant degree of influence by the Investor on the management of the enterprise*"[20].

Dieses wesentliche Interesse stellt sich demnach durch den Grad der Einflußnahme auf die Unternehmenspolitik sowie durch Dauerhaftigkeit der Investitionsbeziehung dar. Direktinvestitionen sind somit ein Element multinationaler Unternehmensstrategien, die über die einfache Gewinn- bzw. Renditenmaximierung hinausgehen.

Zusätzlich kann zwischen unmittelbaren und mittelbaren Direktinvestitionen unterschieden, wobei es sich bei letzteren um indirekte Kapitalbeziehungen handelt, die durch Investitionen von abhängigen Unternehmen zustande kommen[21]. Zu den ausländischen Direktinvestitionen zählen zudem auch die direkten Kredite der inländischen Kapitaleigner an ihre im Ausland liegenden Unternehmen.[22] Das Einkommen aus solchen Investitionen besteht also aus Dividendeneinkommen und anderen Gewinnausschüttungen, aus reinvestierten Gewinnen und aus Zinseinkommen.[23]

---

[19] Deutsche Bundesbank (1990), S. 80.

[20] International Monetary Fund (1993a), S. 86.

[21] Für eine genaue Definition von abhängigen Unternehmen vgl. § 56a Außenwirtschaftsverordnung (AWV), Bundesanzeiger Jg. 44, Nr. 100a, S. 95 sowie Deutsche Bundesbank (1993), S. 75-76.

[22] Vgl. International Monetary Fund (1993a), S. 87.

[23] Vgl. Deutsche Bundesbank (1990), S. 68, Tabelle 9.

2.1.3.3 Portfolioinvestitionen

Ist die Dauerhaftigkeit der Investitionsbeziehung bzw. ein wesentlicher Einfluß auf die Unternehmenspolitik nicht gegeben, so handelt es sich um Wertpapieranlagen oder **Portfolioinvestitionen**. Bei dieser Anlageform steht eindeutig die Renditeerwartung im Vordergrund. Sobald sich eine der Determinanten dieser Erwartungen verändert (z.B. die Risikosituation der Anlage), wird der Investor seine Kapitalanlagen umschichten. Er hat demnach kein wesentliches Interesse an dem Unternehmen selbst.[24] Laut der Deutschen Bundesbank handelt es sich hierbei um "*Anlagen in langfristigen Schuldverschreibungen, in Dividendenpapieren, soweit die letzteren nicht zu den Direktinvestitionen zählen, und in Investmentzertifikaten.*"[25]

2.1.3.4 Sonstige Kapitalströme

Eine weitere Quelle von Kapitaleinkommen sind die sogenannten '**Sonstigen Kapitalströme**'. Hierbei handelt es sich um ein Residuum, das vom Internationalen Währungsfond trefflich als "*flows other than direct investment, portfolio investment, and liabilities constituting foreign authorities'reserves*"[26] definiert werden. Diese extrem heterogene Gruppe wird i.d.R. zunächst nach Anlageformen untergliedert (Handelskredite, Anleihen, Devisen und Einlagen). Im nächsten Schritt erfolgt eine sektorale Zuordnung (Zentralbank, Regierung, Banken, Andere Sektoren - insbesondere die privaten Nichtbanken), und im letzten Schritt eine zeitliche Unterteilung in langfristige und kurzfristige sonstige Kapitalanlagen.[27]

2.1.4 Empirische Relevanz einzelner Faktorströme und Faktoreinkommen

2.1.4.1 Grundsätzliche Probleme der Datenerfassung

Zur Beurteilung der Auswirkungen der internationalen Besteuerung von Faktoreinkommen anhand der Empirie benötigt man sowohl detaillierte Daten über die Faktoreinkommensströme als auch über die Faktorströme selbst. Diese Daten sollten, wenn möglich, in disaggregierter Form vorliegen, um die unterschiedlichen Steuersysteme der unterschiedlichen Staaten berücksichtigen zu können.

---

24 Vgl. auch Mintz, Jack M. (1992), S. 19.

25 Deutsche Bundesbank (1990), S. 83.

26 International Monetary Fund (1992), S. 47.

27 Vgl. International Monetary Fund (1993a), S. 95.

Wie bereits angesprochen, existieren solche vollständige Datensätze derzeit nicht. Zwar lassen sich Einkommensdaten für einzelne Faktoreinkommen aus den Zahlungsbilanzen ablesen, jedoch nur nach Ländergruppen untergliedert; eine nach einzelnen Ländern unterteilte Statistik liegt jedoch selten vor. Im Fall der Kapitaleinkommen könnte man die Einkommensdaten generieren, wenn Angaben über die ausländischen Kapitalbestände vorliegen würden. Aber auch hier mangelt es zumeist an disaggregierten Daten.[28] Eine so gewünschte Disaggregation findet sich bedauerlicherweise zumeist nur für ausländische Direktinvestitionen; für andere Kapitalströme existieren wiederum in den meisten Fällen nur nach Ländergruppen unterteilte Daten. Beim Faktor Arbeit erschwert sich die Analyse zusätzlich, da die Faktorströme statistisch nicht erfaßt werden. Hier sind lediglich Angaben über die internationalen Einkommen erhältlich, und diese wiederum weitgehend nur in aggregierter Form.

Neben diesen Problemen der Disaggregation muß zusätzlich auf die allgemeinen Probleme der Datenerfassung, insbesondere bei Kapitalströmen, hingewiesen werden. Blickt man auf die globale Kapitalbilanz, so stellt man fest, daß die Kapitalimporte z.T. erheblich von den Kapitalexporten abweichen. Der Internationale Währungsfond hat deshalb in einer Studie versucht, Ausmaß und Ursache dieser Diskrepanzen zu untersuchen.[29]

Probleme bei der vollständigen Erfassung der ausländischen Direktinvestitionen entstehen dadurch, daß die einzelnen Länder den Grenzwert für wesentliche Beteiligungen unterschiedlich festgelegt haben. So besteht in Deutschland lediglich eine detaillierte, nach Ländern aufgegliederte Meldepflicht für inländische Unternehmen bei direkten ausländischen Beteiligungen von mehr als 20% (bei einer Bilanzsumme des ausländischen Unternehmens von mindestens 500.000 DM) bzw. falls das inländische Unternehmen im Ausland eine Betriebsstätte (mit einem Betriebsvermögen von mehr als 500.000 DM) unterhält.[30] Andere Länder, wie z.B. die USA, verwenden einen Schwellenwert von 10%.[31] Ein weitaus wichtigerer Schwachpunkt bei der Erfassung von ausländischen Direktinvestitio-

---

28 Für ein diesbezügliches Schätzmodell und die damit verbundenen Schwierigkeiten sei repräsentativ auf Coe, David T. / Herd, Richard / Bonnefous, Marie-Christine (1987), S. 5 verwiesen.

29 Vgl. International Monetary Fund (1992).

30 Vgl. § 56a Außenwirtschaftsverordnung (AWV), Bundesanzeiger Jg. 44, Nr. 100a, S. 94-95.

31 Vgl. U.S. Department of Commerce (1981), S. 2.

nen scheint hingegen darin zu liegen, daß einige Länder die reinvestierten Gewinne der multinationalen Unternehmen nicht als ausländische Direktinvestitionen klassifizieren, so daß in der globalen Kapitalbilanz diese Form der Kapitalexporte regelmäßig die Kapitalimporte übersteigen.[32]

Auch bei der Erfassung von Portfolioinvestitionen ergeben sich z.T. erhebliche Probleme, wobei die jährlichen Diskrepanzen in der globalen Kapitalbilanz teilweise negativ, teilweise positiv sind. Die Probleme resultieren hier hauptsächlich aus der schleppenden Erfassung neuer Finanzinnovationen sowie aus Abgrenzungsproblemen, insbesondere zwischen Wertpapieren und Eigenkapital sowie zwischen Wertpapieren und Anleihen.[33]

In der globalen Kapitalbilanz weist der Posten des 'Sonstigen Kapitals' jedoch die größten Abweichungen aus, wobei regelmäßig die Kapitalimporte die Kapitalexporte übersteigen. Dies liegt wohl hauptsächlich daran, daß die Transaktionen der privaten Nichtbanken nur sehr schwer zu bestimmen sind. Es ergeben sich jedoch auch Erfassungsprobleme daraus, daß einige Länder Sicherungsgeschäfte (sog. Effektentransaktionen) dem 'Sonstigen Kapital' zuordnen, und nicht den Portfolioinvestitionen. Außerdem werden Kreditströme zwischen verbundenen Unternehmen teilweise auch dem 'Sonstigen Kapital' zugeordnet, obwohl diese eigentlich den ausländischen Direktinvestitionen zuzurechnen sind.[34]

Ein weiteres Problem stellen sogenannte "*Offshore Financial Centers*" dar. I.d.R. dokumentieren diese Länder Kapitaltransaktionen, die zwar durch ihr Finanzsystem fließen, die aber keinen engeren Bezug zur heimischen Wirtschaft aufweisen (sog. "*entrepôt transactions*"[35]), nicht in ihren Zahlungsbilanzen. Sofern es sich hierbei nur um Durchlaufposten handelt, ergeben sich keine Erfassungsprobleme; oftmals handelt es sich jedoch um Transaktionen, die als ausländische Direktinvestitionen in das betreffende Land fließen, dieses Land jedoch als Portfolioinvestitionen wieder verlassen.[36]

In Bezug auf internationalen Kapitaltransaktionen von internationalen Organisationen, wie z.B. der Weltbank, den Vereinten Nationen oder des IWF, lassen

---

32 Vgl. International Monetary Fund (1992), S. 2 sowie S. 24-25.

33 Vgl. International Monetary Fund (1992), S. 3.

34 Vgl. International Monetary Fund (1992), S. 3 und S. 48.

35 *entrepôt* ≅ Zwischenlager.

36 Vgl. International Monetary Fund (1992), S. 77.

sich weitere Diskrepanzen festhalten, da diese Kapitalbewegungen bis Ende der 80er Jahre nur ungenügend dokumentiert vorliegen.[37]

Abschließen soll noch auf eine allgegenwärtige Problematik hingewiesen werden: Kapitalströme, die vom Kapitaleigner absichtlich verdeckt bleiben sollen sind *per definitionem* nicht direkt erfaßbar. Hierzu zählt insbesondere die sog. Kapitalflucht[38] sowie Kapitalbewegungen, die mit illegalen Transaktionen, wie z.B. Drogenhandel, in Verbindung stehen.[39]

2.1.4.2 Die Entwicklung der Faktorströme und Faktoreinkommen

Tabelle 2.1 dokumentiert die Entwicklung ausländischer Direktinvestitionen der letzten Dekade. Hier ist ein deutlicher Anstieg der internationalen Kapitalverflechtung zu erkennen, bei der auch die Entwicklungsländer im starken Maße partizipieren. Das Volumen der jährlichen ausländischen Direktinvestitionen hat sich demnach seit Mitte der 80er Jahre mehr als verdoppelt.

Der Anteil der Entwicklungsländer sowohl an den Kapitalexporten als auch an den Kapitalimporten hat sich dabei ebenfalls mehr als verdoppelt und betrug 1996 fast 15% bzw. 37%. Daraus muß geschlossen werden, daß die mit diesem Kapitalverkehr zusammenhängende Doppelbesteuerungsproblematik, die es in dieser Arbeit zu untersuchen gilt, sich demnach in der letzten Dekade enorm verstärkt hat.

Überdies läßt sich feststellen, daß es sich bei der Gruppe der Industrieländer um Netto-Kapitalexporteure und bei der Gruppe der Entwicklungsländer um Netto-Kapitalimporteure handelt. Die USA nehmen hierbei jedoch eine Sonderstellung ein: Sie sind zugleich wichtigster Kapitalexporteur und wichtigster Kapitalimporteur.[40]

---

37 Vgl. International Monetary Fund (1992), S. 85-87.

38 Für eine Definition dieser Ströme vgl. Kant, Chander (1996). Als ein anschauliches Beispiel für solch eine Kapitalflucht gilt z.B. Mexiko während der Schuldenkrise in den 80er Jahren. Vgl. Ize, Alain / Ortiz, Guillermo (1989), S. 50 und S. 64.

39 Vgl. International Monetary Fund (1992), S. 89.

40 1996 betrugen die U.S. amerikanischen Kapitalexporte in Form von ausländischen Direktinvestitionen US$ 84 902 Mio. Die Kapitalimporte betrugen im gleichen Jahr US$ 84 629 Mio. Vgl. UNCTAD (1997), S. 303 und 308.

Tabelle 2.1: Kapitalexporte und -importe in Form ausländischer Direktinvestitionen (in Millionen US $)

	1985 bis 1990	*1991*	*1992*	*1993*	*1994*	*1995*	*1996*	*Bestand Ende 1996*
				Kapitalexporte				
IL	145 005	189 782	179 671	204 818	209 726	291 271	294 732	2 893 406
EL	10 554	8 324	21 695	34 067	40 711	47 034	51 469	282 216
MOEL	18	37	99	205	679	424	623	2 546
Summe	155 578	198 143	201 465	239 090	251 117	338 792	346 824	3 178 169
				Kapitalimporte				
IL	116 744	114 792	119 692	138 762	142 395	205 876	208 226	2 269 313
EL	24 736	41 696	49 625	73 045	90 462	96 330	128 741	917 553
MOEL	449	2 448	4 444	6 287	5 882	1 4317	12 261	46 363
Summe	141 930	158 963	173 761	218 094	238 738	316 524	349 227	3 233 228

Quelle: UNCTAD (1997), S. 303-324, Tabellen B1-B4.[41]

An der internationalen Kapitalverflechtung partizipieren jedoch nicht alle Länder gleichermaßen. Bei den Industrieländern stammen über 60% der Kapitalexporte aus fünf Ländern (vgl. Tabelle 2.2), wobei Mitte der 80er Jahre zunächst das Vereinigte Königreich eine dominierende Stellung einnahm, seit Beginn der 90er Jahre jedoch von den USA überholt wurde. Bei den Entwicklungsländern entfallen fast die Hälfte der Kapitalimporte ebenfalls auf fünf Länder (vgl. Tabelle 2.2), wobei China seit Anfang der 90er Jahre das Hauptkapitalimportland darstellt, gefolgt von Brasilien, das zu Beginn der 90er Jahre einen kleinen Einbruch bei den ausländischen Direktinvestitionen hinnehmen mußte.

Die Einkommen, die aus den grenzüberschreitenden Faktorströmen resultieren, sind in den Tabellen 2.3a und 2.3b zusammengestellt. Wie bereits aufgrund der Faktorströme zu erwarten, kam es seit Mitte der 80er Jahre auch bei den internationalen Faktoreinkommen (gemessen als Einkommen aus dem Ausland) zu einer erheblichen Zunahme. Den größten Anteil an dieser Entwicklung haben dabei die

---

41 Anmerkungen: IL: Industrieländer, EL: Entwicklungsländer, MOEL: Mittel- und Osteuropäische Länder. Die globalen Kapitalexporte und -importe sind aus den o.g. Gründen nicht deckungsgleich. Die Werte für 1985 bis 1990 sind Jahresdurchschnittswerte. Die Werte für 1996 beruhen auf vorläufigen Schätzungen. Bei der letzten Spalte handelt es sich um den gesamten Bestand der ausländische Direktinvestitionen zum Ende 1996. Diese beinhaltet auch ausländische Direktinvestitionen, die vor 1985 getätigt wurden.

Kapitaleinkommen, die sich seit Mitte der 80er Jahre fast verdoppelt haben. Die jährlichen grenzüberschreitenden Arbeitseinkommen haben in dem betrachteten Zeitraum zwar auch stark zugenommen; ihr Anteil am Gesamtvolumen hat jedoch leicht abgenommen und betrug 1994 nur noch 2,1%.

Tabelle 2.2: Die Verteilung der ausländischen Direktinvestitionen

	1985-1990	*1991*	*1992*	*1993*	*1994*	*1995*	*1996*	*Bestand Ende 1996*
	Anteil an allen Kapitalexporten							
Deutschland	8,26%	11,97%	9,76%	6,39%	6,65%	10,30%	8,26%	9,07%
Frankreich	9,18%	12,08%	15,52%	8,62%	9,08%	5,53%	7,26%	6,50%
Japan	17,88%	15,96%	8,63%	5,78%	7,20%	6,65%	6,76%	10,39%
UK	16,18%	8,23%	9,43%	10,67%	11,26%	12,51%	15,43%	11,21%
USA	13,88%	16,88%	19,35%	31,30%	20,31%	27,43%	24,48%	24,99%
Gesamtanteil	65,38%	65,12%	62,69%	62,77%	54,50%	62,42%	62,19%	62,16%
	Anteil an den Kapitalimporten aller Entwicklungsländer							
Brasilien	5,32%	2,65%	4,15%	1,77%	3,40%	5,04%	7,38%	11,81%
China	10,73%	10,47%	22,48%	37,67%	37,35%	37,21%	32,86%	18,43%
Malaysien	4,26%	9,59%	10,44%	6,85%	4,80%	4,29%	4,12%	4,59%
Mexiko	10,58%	11,42%	8,85%	6,01%	12,13%	7,23%	5,85%	7,80%
Singapur	11,93%	11,72%	4,44%	6,42%	6,06%	7,18%	7,33%	7,28%
Gesamtanteil	42,82%	45,85%	50,37%	58,71%	63,73%	60,95%	57,54%	49,90%

Quelle: UNCTAD (1997), S. 303-324, Tabellen B1-B4.[42]

Betrachtet man Industrieländer und Entwicklungsländer getrennt, so stellt man einerseits fest, daß die Industrieländer den überwiegenden Anteil der internationalen Einkommen erhalten.

[42] Anmerkungen: Die Werte für 1985-90 sind jährliche Durchschnittswerte. Die Werte für 1996 beruhen auf vorläufigen Schätzungen. Da es sich bei dem Bestand der ausländischen Direktinvestitionen (ADI) zum Ende 1996 auch um ADI handelt, die vor 1985 getätigt wurden, handelt es sich bei den angegebenen Werten nicht um eine Addition der vorherigen Spalten.

Tabelle 2.3a: Einkommen aus grenzüberschreitenden Faktorströmen (in Mio. US$)

	'86-'88	*1989*	*1990*	*1991*	*1992*	*1993*	*1994*
Kapital	460 578	680 366	815 644	844 642	854 563	862 242	917 526
darunter:							
REDI	30 253	39 557	44 563	33 543	26 573	48 285	65 819
AEDI	50 092	76 448	75 244	74 583	83 339	77 069	83 307
EAI	380 233	564 361	695 882	736 516	744 651	736 888	768 400
Arbeit	13 007	16 488	19 538	20 126	21 902	21 395	19 648
Summe	473 585	696 854	835 227	864 768	876 465	883 637	937 174

Tabelle 2.3b: Die Verteilung der Einkommen aus grenzüberschreitenden Faktorströmen zwischen Industrie- und Entwicklungsländern 1994 (in Mio. US$)

	REDI	*AEDI*	*AEI*	*AE*	*Summe*
	Einkommen aus dem Ausland				
IL	65 564	81 745	679 860	15 873	843 042
EL	255	1 562	58 767	3 775	64 359
IO	0	0	29 773	0	29 773
Summe	65 819	83 307	768 400	19 648	937 174
	Einkommen an das Ausland				
IL	16 749	63 408	767 307	24 670	872 134
EL	3 624	23 290	105 194	2 963	135 071
IO	0	0	21 710	6 552	28 262
Summe	20 372	86 699	89 4211	34 184	1 035 467

Quelle: International Monetary Fund (1993b), S. 50-57; International Monetary Fund (1995), S. 33-42.[43]

---

[43] Anmerkungen zu den Tabellen 2.3a und 2.3b: REDI= Reinvestierte Einkommen aus ausländischen Direktinvestitionen; AEDI= andere Einkommen aus ausländischen Direktinvestitionen; AEI= andere Investitionseinkommen; AE = Arbeitseinkommen; EL= Entwicklungsländer; IL = Industrieländer; IO = Internationale Organisationen. Bei Tabelle 2.3a handelt es sich um die Einkommen, die aus dem Ausland stammen (also um die '*Credit*' Position in der angegebenen Quelle). Bei den Werten für 1986-88 handelt es sich um Jah-

Andererseits sind diese Länder jedoch auch die Zahler des überwiegenden Anteils der Einkommen an das Ausland. Entwicklungsländer sind sowohl als Empfänger als auch als Zahler nur in relativ geringem Maße an den internationalen Einkommensströmen beteiligt. Theoretisch müßte es möglich sein, aus der globalen Einkommensbilanz die Nettozahler- bzw. Nettoempfängerposition der jeweiligen Ländergruppe zu bestimmen. Aus Tabelle 2.3b erkennt man jedoch, daß ebenso wie bei der Kapitalbilanz auch hier die Summe der Aktivseite nicht mit der Summe der Passivseite übereinstimmt. So überstiegen 1994 die Einkommenszahlungen an das Ausland diejenigen aus dem Ausland um fast US$ 100 000 Mio. Die absoluten Zahlungsströme sind demnach eigentlich nicht vergleichbar. Der Anteil der einzelnen Ländergruppen an den jeweiligen Einkommenszahlungen aus dem Ausland und an denen an das Ausland, spricht jedoch dafür, daß es sich bei den Industrieländern um Nettoempfänger und bei den Entwicklungsländern um Nettozahler handelt.[44]

Weiterhin zeigt Tabelle 2.3b, daß obwohl die Entwicklungsländer insgesamt mehr Einkommen an das Ausland zahlen als sie vom dort erhalten, bei Arbeitseinkommen die umgekehrte Relation gilt. Hieraus läßt sich indirekt schließen, daß es sich bei der Gruppe der Entwicklungsländer um Netto-Arbeitsexporteure und bei der Gruppe der Industrieländer um Netto-Arbeitsimporteure handeln muß.

2.1.5 Zwischenbilanz der empirischen Betrachtung

Die empirische Betrachtung hat zunächst ergeben, daß in der vergangenen Dekade sowohl die internationalen Faktorströme als auch die internationalen Faktoreinkommensströme deutlich zugenommen haben. Gleichzeitig erscheint Kapital weitaus mobiler als Arbeit, denn sowohl das Gesamtvolumen der Kapitalströ-

---

resdurchschnittswerte. Die in der angegebenen Quelle verwendete Einteilung der einzelnen Länder in die jeweiligen Ländergruppen (EL/IL) weicht unwesentlich von der ansonsten in dieser Arbeit verwendeten Aufteilung ab. Die Differenzen zwischen den globalen Einkommen aus dem Ausland und den Einkommenszahlungen an das Ausland beruhen auf den oben erwähnten Erfassungsproblemen.

44 1994 betrug der Anteil der Industrieländer an den Einkommen aus dem Ausland fast 90%, ihr Anteil an den Einkommenszahlungen an das Ausland lag jedoch nur bei knapp über 84%. Die Entwicklungsländer bezogen hingegen lediglich knapp 7% aus dem Ausland, zahlten jedoch mehr als 13% an dasselbe.

me als auch das Gesamtvolumen der Kapitaleinkommensströme stellen ein Vielfaches der Arbeits- und Arbeitseinkommensströme dar.[45]

Die Ursache hierfür könnte in den unterschiedlich hohen Mobilitätskosten (Transaktionskosten) liegen. Im Gegensatz zum Produktionsfaktor Kapital, setzt der Einsatz des Produktionsfaktors Arbeit i.d.R. auch die physische Präsenz seines Eigentümers voraus. Wenn dessen Mobilität durch die Existenz zwischenstaatlicher rechtlicher Normen beschränkt wird (neben Einreisevisa sei hier insbesondere auf Arbeitsgenehmigungen für Ausländer verwiesen), dann führt eben dies auch zu einem Anstieg der Mobilitätskosten.

2.2 Internationale Besteuerungsprinzipien

2.2.1 Die Rechtfertigung des Besteuerungszugriffs aus staatsrechtlicher Sicht

Die Bestimmung der Steuerhoheit bzw. der steuerlichen Jurisdiktion ist eines der ältesten Probleme der Besteuerung.[46] Gerade für die Bewertung des gegenwärtigen Systems der Besteuerung internationaler Faktoreinkommen ist es aber von großer Bedeutung, welche Staaten auf Einkommen steuerlich zugreifen dürfen und wie dieser Besteuerungszugriffs gerechtfertigt wird, denn die Bestimmung der Besteuerungshoheit hat Auswirkungen auf die Verteilung der Steuereinnahmen zwischen den betroffenen Fisci; sie kann aber auch die Faktorallokation beeinflussen, falls mehrere Fisci auf das gleiche Einkommen zugreifen und/oder in den verschiedenen Jurisdiktionen unterschiedliche Steuersysteme herrschen.[47]

De facto gibt es keine international bindende Regelungen und Gesetze, die einen staatlichen Steuerzugriff einschränken; begrenzt wird dieser Steuerzugriff nur durch die Möglichkeit eines Staates, Subjekte oder Objekte in der Realität zur

---

[45] Obwohl für die Höhe der Arbeitsströme keine Daten vorliege, kann aufgrund der weitaus geringeren Arbeitseinkommensströme auf relativ geringere Arbeitsströme geschlossen werden.

[46] Vgl. z.B. Kay, J. A. / King, M. A. (1990), S. 202. Für eine guten geschichtlichen Überblick der Einkommensbesteuerung siehe auch Schmölders, Günter (1965).

[47] Aus finanzwissenschaftlicher Sicht handelt es sich hier um Fragen des internationalen Finanzausgleichs. Vgl. hierzu z.B. Hilber, Günter (1974), S. 2-3; Biehl, Dieter (1980) sowie Andel, Norbert (1992), Kap. 28.

Besteuerung heranzuziehen.[48] Folgt man jedoch der herrschenden völkerrechtlichen Argumentation, so ist die Steuerhoheit eine Ausprägung staatlicher Souveränität und wird dementsprechend auch durch die Souveränität anderer Staaten beschränkt.[49] Staatliche Souveränität hat dabei sowohl eine territoriale als auch eine politische Dimension. So konstatiert Oppenheim, daß "*as comprising the power of a State to exercise supreme authority over all persons and things within its territory, sovereignty is territorial supremacy (dominium,* ***territorial sovereignty****). As comprising the power of a State to exercise supreme authority over its citizens at home or abroad, sovereignty is personal supremacy (imperium,* ***political sovereignty****)*"[50].

Die politische Dimension der staatlichen Souveränität läßt sich als Ausdruck der Mitgliedschaft einer Person in einer Gemeinschaft oder eines Staates interpretieren.[51] Für die Bestimmung der Besteuerungshoheit impliziert diese politische Souveränität das Recht eines Staates alle Personen, die diesem Staate angehören, zur Einkommensbesteuerung heranzuziehen, und zwar unabhängig ihres gegenwärtigen Aufenthaltsortes. Es handelt sich bei dieser Art des Besteuerungszugriffs um eine Besteuerung nach dem **Staatsangehörigkeitsprinzip**.[52]

Die territoriale Dimension der staatlichen Souveränität beruht auf dem räumlichen Wirkungsbereich der Staatsgewalt. Für die hier relevante Besteuerungsho-

---

48 Vgl. z.B. Ongwamuhana, Kibuta (1991), S. 5. Dies gilt insbesondere dann, wenn sich die Steuerobjekte oder -subjekte außerhalb des Hoheitsgebietes des besteuernden Staates befinden. Vgl. hierzu auch Biehl, Dieter (1969), S. 26-27.

49 Vgl. Martha, Rutsel S. J. (1989), S. 43. Martha bezeichnet die zuerst genannte Begründung des Steuerzugriffs als die 'realistische Theorie' und die letztere als 'Souveränitätstheorie'. Neben diesen beiden Theoriesträngen werden dort auch zwei weitere Theorien zur Begründung der Steuerhoheit diskutiert, nämlich die 'ethische oder redistributive Theorie' und die 'Kontrakttheorie'. Vgl. ebenda, S. 18-23.

50 Oppenheim, L. (1937), S. 233 (Hervorhebung nicht im Original).

51 Vgl. Williams, David W. (1991), S. 103.

52 Diese Interpretation der politischen Souveränität findet sich insbesondere in der frühen Literatur zur Besteuerung und in älteren Gesetzestexten. So konstatiert Marshall zu Beginn des letzten Jahrhunderts, daß "*all subjects over which the sovereign power of a state extends are objects of taxation*" . Marshall, C. J. (1819), zitiert in, Beale, Joseph H. (1919), S. 587. Das Staatsangehörigkeitsprinzip findet jedoch z.B. auch im Preußischen Einkommensteuergesetz von 1891 seine Anwendung, in dem es heißt, "*Einkommensteuerpflichtig sind die preußischen Staatsangehörigen*" zitiert in Bühler, Ottmar (1964), S. 161.

heit folgt aus der territorialen Souveränität, daß ein Staat sowohl alle Personen, als auch alle Einkommensquellen, die sich innerhalb seines Territoriums befinden, zur Einkommensbesteuerung heranziehen kann.[53]

Da es sich hier um zwei Anknüpfungspunkte handelt, spricht Biehl in diesem Zusammenhang auch von einem 'doppelten Territorialitätsprinzip': "*Das erste, auf den Ort des Einkommensempfänger abstellende Kriterium soll als subjektbezogenes, das zweite, auf den Ort der Einkommensquelle abstellende als objektbezogenes bezeichnet werden*" [54]. Das subjektbezogene Territorialitätsprinzip knüpft am Wohnsitz einer Person an und wird infolgedessen als Wohnsitz- oder **Wohnsitzlandprinzip** bezeichnet. Das objektbezogene Territorialitätsprinzip knüpft an dem Ort der Einkommensquelle an und wird deshalb auch Quellen- oder **Quellenlandprinzip** genannt.[55]

Abbildung 2.1: Die staatsrechtliche Rechtfertigung des Besteuerungszugriffs

staatliche Souveränität

↙ ↘

politische Souveränität | territoriale Souveränität

↙ ↙ ↘

Staatsangehörigkeitsprinzip | Wohnsitzlandprinzip | Quellenlandprinzip

Quelle: Eigene Darstellung.

In der Literatur wird der Begriff des Territorialitätsprinzips zuweilen jedoch einengend nur für das objektbezogene Territorialitätsprinzip verwendet und somit mit dem Quellenlandprinzip gleichgesetzt.[56] Wenn das Territorialitätsprinzip der

---

[53] Vgl. Bühler, Ottmar (1964), S. 130-132.

[54] Biehl, Dieter (1969), S. 259.

[55] Vgl. z.B. Ebling, Klaus (1970), S. 63-64 sowie Sinn, Hans-Werner (1985), S. 170.

[56] Auf dieses Problem weisen bereits Biehl und Ebling hin. Vgl. Biehl, Dieter (1969), S. 259-61 sowie Ebling, Klaus (1970), S. 61-62. Die beschriebene begriffliche Einengung findet

Besteuerung wie oben gleichwohl als Ausprägung territorialer Souveränität interpretiert wird, so läßt sich diese Einengung nicht aufrechterhalten. Deshalb sollte bei einer Besteuerung in Anknüpfung an den Ort der Einkommensquelle auch stets vom Quellenlandprinzip gesprochen werden. Abbildung 2.1 faßt die staatsrechtliche Rechtfertigung der Besteuerungsprinzipien zusammen.

Sowohl das Staatsangehörigkeitsprinzip als auch das Wohnsitzlandprinzip basieren auf der persönlichen Verbundenheit eines Wirtschaftsubjektes zu einem Staat. Im ersten Fall ist das betrachtete Wirtschaftsubjekt ein Mitglied der durch den Staat definierten Gemeinschaft, im letzten Fall hält sich das betrachtete Wirtschaftsubjekt im Rechts- und Zuständigkeitsbereich dieses Staates auf. Da es sich hier um eine subjektgebundene Zuordnung handelt, kann bei dieser Art der Besteuerung auch die Gesamtheit der persönlichen Verhältnisse des betrachteten Wirtschaftssubjektes berücksichtigt werden. Für die Einkommensbesteuerung bedeutet dies, daß das gesamte Einkommen (also das sogenannte 'Welteinkommen') dieser Person zur Besteuerung herangezogen werden kann; man spricht folglich bei dieser Art des Besteuerungszugriffs auch vom Welteinkommen-, Universal- oder Globalprinzip.[57]

Beim Quellenlandprinzip fehlt dieser persönliche Anknüpfungspunkt, so daß die persönlichen Umstände des Steuersubjekts irrelevant werden; hier kann vielmehr von einer Objektbesteuerung gesprochen werden.[58] Da nicht mehr die Person, sondern die Einkommensquelle im Vordergrund steht, wird hier auch nicht das gesamte, sondern nur das im Quellenland entstandene Einkommen zur Besteuerung herangezogen.[59]

2.2.2 Die Rechtfertigung des Besteuerungszugriffs aus ökonomischer Sicht

Sowohl die persönliche als auch die territoriale Souveränität mögen zwar die Existenz des staatlichen Steuerzugriffs erklären; für die Aufgabenstellung dieser Arbeit ist es jedoch wichtig zu untersuchen, ob und wie mögliche Steuerzugriffe eines Staates auch aus ökonomischer Sicht begründet werden können.

---

man z.B. bei Schaumburg, Harald (1993), S. 249 sowie bei Debatin, Helmut (1983), S. 273-274.

57 Vgl. z.B. Debatin, Helmut (1983), S. 273-275. Aus steuerrechtlicher Sicht handelt es sich hier um eine 'unbeschränkte Steuerpflicht'.

58 Vgl. Sinn, Hans-Werner (1985), S. 170.

59 Vgl. Debatin, Helmut (1983), S. 274 und 276. Aus steuerrechtlicher Sicht handelt es sich hier um eine 'beschränkte Steuerpflicht'.

Zur Beantwortung dieser Frage kann auf die Wicksellianische Tradition zurückgegriffen werden, die den Austausch als zentrales Organisationsprinzip sieht.[60] Folgt man der Auffassung von R. E. Wagner, dann kann aus dieser Sicht Besteuerung nie isoliert betrachtet werden, denn "*there must be a reason for taxation, and that reason lies in the transaction, ... of which the tax represents only one side*"[61]. Hält man sich vor Augen, daß ein Staat bestimmte Leistungen - zumeist öffentliche Güter im Sinne von Samuelson und Musgrave[62] - zur Verfügung stellt, die einerseits bestimmten Personen Nutzen stiften und andererseits via staatlicher Zwangsabgaben von diesen Personen finanziert werden, so kann auch in diesem Falle durchaus von einer wirtschaftlichen, marktähnlichen Tauschbeziehung gesprochen werden.

Folgt man Breton und Oates, dann läßt sich zeigen, daß eine gruppenspezifische pareto-optimale Bereitstellung der öffentlichen Güter nur dann erreicht wird, wenn die Personen, die dieses Gut nutzen und die Personen, die über dessen Bereitstellung entscheiden, räumlich miteinander verbunden sind. Ist diese Anforderung erfüllt, so spricht man von "*perfect mapping*"[63] bzw. "*perfect correspondence*"[64]. Über die konkrete Finanzierung dieser öffentlicher Güter wird damit jedoch noch keine Aussage getroffen. Wenn jedoch die Beziehung zwischen dem Staat und Individuen als Quasi-Marktbeziehung interpretiert wird, dann kann auch eine Analogie zum Markt für private Güter gezogen werden, bei dem Leistungen nur gegen Gegenleistungen getauscht werden, also das Äquivalenzprinzip Gültigkeit hat. So stellt bereits Hobbes fest, daß "*when the impositions, are laid upon those things which men consume, every man payeth equally for what he useth*"[65]. Und auf Gruppen als ganzes angewendet zieht Schanz bei der Beantwortung der Frage, welche Bevölkerungsgruppe zur Finanzierung des Staates und damit zur Besteuerung herangezogen werden sollte, den Schluß, daß "*es angesichts dieser Korrelation von Aufwand und Vorteil als das Natürlichste [erscheint], wenn eine Gemeinschaft ihre steuerliche Stütze in der wirtschaftlichen Zugehörigkeit sucht*", denn in diesem Falle trägt "*jeder, der wirtschaftlich*

---

60 Vgl. zu dieser Tradition z.B. Blankart, Charles B. (1995).

61 Wagner, Richard. E. (1997), S. 160.

62 Vgl. Samuelson, P.A. (1954) sowie Musgrave, Richard A. (1959), S. 8-11.

63 Breton, Albert (1965), S. 180.

64 Oates, Wallace. E. (1972), S. 34-35.

65 Hobbes, Thomas (1651), S. 334.

an eine Gemeinschaft gekettet ist, d.h. jeder, dem aus der Erfüllung der Aufgaben des Gemeinwesens Vorteile erwachsen, [...] zu den Lasten bei"[66].

Die Finanzierung öffentlicher Güter durch das Äquivalenzprinzip entspricht dabei ursprünglich einer bestimmten Gerechtigkeitsvorstellung. Die Besteuerung wird dabei als gerechtes äquivalentes 'Entgelt' für den Empfang staatlicher Leistungen und Vorteile (in Form staatlich bereitgestellter Güter) interpretiert.[67] Diese individuelle Äquivalenz mag nun gleichwohl nicht von allen Betrachtern als gerecht empfunden werden.[68] Aber selbst wenn man das Äquivalenzprinzip i.e.S., also für die Steueraufteilung auf einzelnen Individuen ablehnt, so läßt es sich nach Buchanan jedoch i.w.S. auf einzelne Gruppen oder eine Gemeinschaft als Ganzes anwenden, denn "*regardless of the kind of fiscal system, there should exist the quid pro quo relationship between government and all individuals taken together*"[69].

Das gruppenbezogene Äquivalenzprinzip läßt sich aber auch gerade aus allokativer Sicht rechtfertigen. Nach Olson kann die Allokation von öffentlichen Produktionsfaktoren bzw. öffentlichen Gütern nämlich nur dann optimal erfolgen, wenn das Prinzip der "*fiscal equivalence*" verwirklicht wird. Fiskalische Äquivalenz fordert dabei die Identität der Gruppe der Zahler mit der Gruppe der Nutzer, also "*a match between those who receive the benefits of a collective good*

---

66 Schanz, Georg (1892), S. 9 und S. 8. Schanz geht dabei von vier Gruppen aus, die mit einem Territorium grundsätzlichen verbunden sein können: (1) die gesamte 'ortsanwesende Bevölkerung', (2) die 'Wohnbevölkerung', (3) die 'rechtliche Bevölkerung (Staatsangehörige, Gemeindebürger u.s.w.)' und (4) die 'wirtschaftlich-zugehörige Bevölkerung'. Vgl. ebenda, S. 4. Vgl. zur Rechtfertigung des Steuerzugriffs aufgrund der wirtschaftlichen Zugehörigkeit aber auch Bühler, Ottmar (1964), S. 148 und S. 162.

67 So diskutiert z.B. Peggy Richman (jetzige Musgrave) den gesamten Problembereich der öffentlichen Güter und Besteuerung internationaler Faktoreinkommen im Rahmen der Inter-Nationen-Gerechtigkeit. Vgl. Richman, Peggy B. (1963), S. 16 und S. 24 sowie Musgrave, Richard A. / Musgrave, Peggy B. (1972), S. 68. Vgl. aber auch Richter, Wolfram F. (1992), S. 575.

68 Seit spätestens dem letzten Jahrhundert wird die personengebundene Besteuerung auf der Basis der persönlichen Leistungsfähigkeit als 'gerechter' empfunden. Vgl. hierzu z.B. Mill, John St. (1848), Book V, Chapter II.

69 Buchanan, James M. (1949), S. 502. Für die Verteilung der Finanzierungslast auf die einzelnen Gruppenmitglieder kann dann, falls dies gesellschaftlich gewünscht wird, die Leistungsfähigkeit der Einzelnen herangezogen werden. Vgl. zu ähnlichen Überlegungen auch Oates, Wallace. E. (1972), S. 35, FN 5.

and those who pay for it"[70]. Dies liegt im wesentlichen daran, daß die Nutzer nur dann ihre wahren Präferenzen offenbaren, wenn sie auch für die Kosten der Bereitstellung aufkommen müssen. Das Gruppenäquivalenzprinzip ist damit auch oder gerade ein allokatives Kriterium.

Für die Rechtfertigung des Besteuerungszugriffs verschiedener Steuerhoheitsgebiete aus ökonomischer Sicht erscheint es daher angebracht, die Austauschbeziehungen zwischen diesen Hoheitsgebieten und den zu besteuernden Wirtschaftssubjekten genauer zu analysieren.[71] Im folgenden wird deshalb das Kriterium der Gruppenäquivalenz angewendet, um die drei weiter oben definierten Besteuerungsprinzipien (Quellenlandprinzip, Wohnsitzlandprinzip, Staatsangehörigkeitsprinzip) zu rechtfertigen oder zu verwerfen.

Folgt man Schanz, dessen Kriterium der 'wirtschaftlichen Zugehörigkeit' der Idee nach dem Gruppenäquivalenzprinzip entspricht, kann zunächst festgehalten werden, daß diese wirtschaftliche Zugehörigkeit unterschiedlich intensiv sein kann. Laut Schanz ist diese gering, wenn es sich lediglich um den Konsum innerhalb eines Territoriums handele; bei Teilnahme am inländischen Produktionsprozeß werde die Verbindung intensiver und am stärksten sei sie, wenn sowohl Produktion als auch Konsum innerhalb des Territoriums stattfinden.[72]

Die wirtschaftliche Zugehörigkeit aufgrund der Teilnahme am Produktionsprozeß läßt sich dabei grundsätzlich aus den Vorteilen ableiten, die den Produzenten aus der Verwendung von öffentlichen Produktionsfaktoren entstehen.[73] Die konsumtionelle Zugehörigkeit ergibt sich hingegen im wesentlichen daraus, daß öffentliche Güter nicht nur in Form von Vorleistungen für den Produktionsprozeß, sondern auch in Form von Konsumgütern Nutzen stiften. Wenn also ein staatlich bereitgestelltes Gut nicht ausschließlich von Produzenten sondern auch von Konsumenten genutzt wird, dann erscheint es zwingend, daß auch beide Gruppen an der Finanzierung beteiligt werden, um eine optimale Bereitstellung dieses Gutes sicherzustellen.

---

70 Olson, Jr. M. (1969), S. 483. Streng genommen müßte diese Gruppe auch mit der Gruppe der Entscheider übereinstimmen. Vgl. hierzu auch Biehl's Interpretation des Korrespondenzprinzips als funktionales Kongruenzprinzip in Biehl, Dieter (1994), S. 106.

71 Vgl. hierzu auch Buchanan, James M. (1976), S. 17.

72 Vgl. Schanz, Georg (1892), S. 4.

73 Diese Argumentation wird im Verlauf dieser Arbeit noch ausführlicher diskutiert. Vgl. Abschnitt 5.2.5.

Bei der Rechtfertigung der einzelnen Besteuerungsprinzipien auf Basis des Gruppenäquivalenzprinzips muß nun untersucht werden, ob das Steuersubjekt in den steuerlich zugreifenden Ländern entweder produziert oder konsumiert oder gar sowohl an der Produktion als auch am Konsum beteiligt ist.[74] Aus analytischen Gründen ist es dabei von Vorteil, wenn man unterstellt, daß es sich bei dem Land der Staatsangehörigkeit, dem Wohnsitzland und dem Quellenland um drei unterschiedliche Länder handele. Beginnt man mit dem Quellenland, so handelt es sich hier um das Land, in dem das Einkommen entsteht. Die Ursache der Einkommensentstehung liegt ihrerseits in der Produktion. Werden bei der Produktion staatliche Vorleistungen in Anspruch genommen, dann liegt eine wirtschaftliche Zugehörigkeit im Sinne von Schanz vor und das daraus resultierende Einkommen sollte nach dem Gruppenäquivalenzprinzip auch in diesem Land besteuert werden. Der Steuerzugriff nach dem Quellenlandprinzip ist somit ökonomisch gerechtfertigt.

Beim Wohnsitzlandprinzip wird das gesamte Einkommen des Einkommensempfängers am Ort des Wohnsitzes besteuert. Falls ein Wirtschaftsubjekt sein Einkommen an dem Ort konsumiert, an dem es auch wohnt, dann fallen Wohnort und Konsumort zusammen. Werden vom Einkommensempfänger im Wohnsitzland auch öffentliche Güter konsumiert, so kann hier ebenfalls die wirtschaftliche Zugehörigkeit bejaht und der Steuerzugriff nach dem Wohnsitzlandprinzip ökonomisch gerechtfertigt werden.

Liegt dieser Wohnsitz (und damit auch der überwiegende Konsumort) wie oben angenommen nicht im Quellenland (und damit nicht am Produktionsort) und werden in dieser Situation sowohl im Quellenland als auch im Wohnsitzland öffentliche Leistungen in Anspruch genommen, dann entsteht gleichwohl das Problem, wie das Gesamtsteueraufkommen zwischen dem Wohnsitzland und dem Quellenland aufgeteilt werden sollte.[75]

Quellenlandprinzip und Wohnsitzlandprinzip sind i.d.R. unumstritten, da hier die Anknüpfungspunkte der wirtschaftlichen Zugehörigkeit unmittelbar sind. Dem Staatsangehörigkeitsprinzip wird hingegen oftmals die ökonomische Rechtfertigung abgesprochen, so daß an dieser Stelle etwas ausführlicher auf dieses Prinzip

---

74 Für eine ähnliche Herangehensweise bei der Bestimmung des steuerlich zugreifenden Landes vgl. bereits Shoup, Carl S. (1966), S. 29 sowie Biehl, Dieter (1969), S. 321.

75 Schanz kommt in seiner Analyse wohl mehr aus distributiven als aus allokativen Gesichtspunkten zu dem Schluß, daß es falls Wohnsitz (bzw. Konsumort) und Ort der Einkommensquelle auseinanderfallen 'passend' sei, "*wenn das Gemeinwesen der Einkommensquelle ¾ und das Gemeinwesen des Wohnsitzes ¼ der nach seinen Bestimmungen schuldigen Steuer in Anspruch nimmt*". Schanz, Georg (1892), S. 11.

eingegangen wird. Wenn das Recht an einem bestimmten Ort zu produzieren von der Staatsangehörigkeit des Produzenten abhängt, dann besteht auch ein direkter Zusammenhang zwischen dem Produktionsort und dem Land der Staatsangehörigkeit.[76] In aller Regel ist die Möglichkeit der Produktion jedoch nicht an die Staatsangehörigkeit gekoppelt, so daß die Staatsangehörigkeit aus dieser Perspektive auch nicht als steuerliches Zugriffskriterium gerechtfertigt werden kann.

Auch der Konsum staatlich bereitgestellter öffentlicher Güter ist nicht an die Staatsangehörigkeit des Konsumenten gekoppelt, denn die Nichtanwendbarkeit des Ausschlußprinzips, das neben der Nichtrivalität im Konsum öffentliche Güter als solche charakterisiert, schließt dies definitiv aus. Bestimmte staatliche Leistungen und Rechte können jedoch ausschließlich von Staatsangehörigen in Anspruch genommen werden, und zwar unabhängig davon, ob sich diese im Land ihrer Staatsangehörigkeit Staat aufhalten. Hierzu zählt z.B. das Recht, sich über Wahlen am politischen Willensprozeß zu beteiligen oder das Recht, sich jederzeit in seinem Land der Staatsangehörigkeit aufzuhalten.[77]

Doernberg stellt in diesem Zusammenhang für die U.S.A. fest, daß "*in a very real sense, U.S. citizens have an insurance policy; they can return to the United States whenever they want, and they have the protection of the U.S. government wherever they are abroad*"[78]. Und auch Sinn vergleicht diesbezüglich "*die Wahl der Nationalität ... mit der Wahl von Versicherungssystemen innerhalb der ... Nationalstaaten*"[79]. Der Abgrenzung halber sollte jedoch klargestellt werden, daß die hier betrachteten Leistungen eher immaterieller Natur sind, wie z.B. die bereits genannten Bürgerrechte. In Abgrenzung zu den weiter oben angesprochenen öffentlichen Konsumgütern und Produktionsfaktoren, die auch als öffentliche

---

[76] So dürfen Ausländer in manchen Ländern nicht in 'sensible' Industrien investieren, wie dies z.B. vor 1989 in Argentinien der Fall war. Vgl. CEPAL (1995), S. 34.

[77] So lautet z.B. § 12(2) Satz 3 des Bundeswahlgesetzes: „*Wahlberechtigt sind bei Vorliegen der sonstigen Voraussetzungen auch diejenigen Deutschen im Sinne des Artikels 116 Abs. 1 des Grundgesetzes, die am Wahltage: ... in anderen Gebieten außerhalb der Bundesrepublik Deutschland leben, sofern sie vor ihrem Fortzug mindestens drei Monate ununterbrochen in der Bundesrepublik Deutschland eine Wohnung innegehabt oder sich sonst gewöhnlich aufgehalten haben und seit dem Fortzug nicht mehr als zehn Jahre verstrichen sind.*" Und in Art. 11(1) GG heißt es: „*Alle Deutschen genießen Freizügigkeit im ganzen Bundesgebiet.*"

[78] Doernberg, Richard L. (1989), S. 7.

[79] Sinn, Hans-Werner (1995), S. 247.

Güter i.e.S. bezeichnet werden könnten, handelt es sich bei den immateriellen staatlichen Leistungen eher um öffentliche Güter i.w.S.[80]

Ob die so dargestellte Verbindung auch wirklich für die Rechtfertigung eines steuerlichen Zugriffs ausreicht, wird jedoch bereits seit den Anfängen der Einkommensbesteuerung kontrovers diskutiert. So stellt diesbezüglich der englische Finanzwissenschaftler Bastable zum Ende des letzten Jahrhunderts fest, daß "*where a citizen emigrates with all his property ... it is plain that he is only amenable to the laws of his adopted country; there is no power on the part of his native land to levy taxes on him and no justice in doing so. ... [Therefore] the income tax should be levied by the country of residence*" [81]. Und bereits seit Einführung der Einkommensbesteuerung im Jahre 1799 erfolgt im Vereinigten Königreich die Besteuerung ausschließlich nach dem Wohnsitzlandprinzip. Die Einkommen von Staatsangehörigen, die im Ausland leben und die nicht im Inland entstanden sind, werden dabei sogar explizit ausgenommen.[82]

In den U.S.A. werden dahingegen neben denjenigen Personen, die dort ihren steuerlichen Wohnsitz haben, auch alle U.S.-Staatsangehörigen, die außerhalb der U.S.A. wohnen, zur Einkommensteuer herangezogen.[83] Gerechtfertigt wird diese gleichzeitige Anwendung des Wohnsitzlandprinzips und des Staatsangehörigkeitsprinzips durch die enge Beziehung der Staatsangehörigen mit ihrem Staat. Hierzu stellt Hyde bereits am Anfang dieses Jahrhunderts fest, daß "*it must be clear that the rights of the territorial sovereign to impose a personal tax upon an individual depends upon the intimacy and closeness of the relationship that has been established between itself and him. Internationally, a sufficient relationship always exists between the State and its national, and that regardless of his residence*"[84].

---

80 Die staatliche Bereitstellung dieser immateriellen Leistungen entspricht dabei der sog. 'Verfassungsfunktion' des Staates i.S.v. Biehl. Vgl. Biehl, Dieter (1995a), S. 115.

81 Bastable, C.F. (1892), S. 303-4.

82 Vgl. Bhagwati, Jagdish N. / Wilson, John D (1989), S. 25. Weitere Quellen ebenda in Anmerkung 15.

83 § 1 Internal Revenue Code (IRC). Für einheimischen Körperschaften gilt laut § 11 IRC dasselbe. Vgl. auch Doernberg, Richard L. (1989), S. 9-10.

84 Hyde, C.C. (1922), S. 205. Zitiert in, Bhagwati, Jagdish N. / Wilson, John D.(1989), S. 28. Eine ausdrückliche Bestätigung dieser heute noch gültigen Auffassung erfuhr das Staatsangehörigkeitsprinzip im Jahre 1924 durch den obersten Gerichtshof ("*Supreme Court*") in dem oft zitierten Fall *Cook vs. Tait,* bei der oberste Gerichtshof dem U.S.-

Die Diskussion über eine Besteuerung auf Basis der Staatsangehörigkeit wurde Anfang der 70er Jahre erneut entfacht.[85] Im Rahmen der Diskussion über das sogenannte "*brain drain*", also der Migrationsbewegungen hochqualifizierter Personen aus Entwicklungsländern in Richtung Industrieländer, erhob Bhagwati erstmals die Forderung nach einer Besteuerung dieser Personen auf Basis der Staatsangehörigkeit ("*tax the brain drain*")[86]. Seine grundsätzliche Überlegung begründet er damit, daß Menschen in einem Land geboren werden, ihre Erziehung und Ausbildung in diesem Land und in anderen Ländern erfahren, während ihres Lebens in mehreren Ländern arbeiten, und sich letztendlich in einem Land zur Ruhe setzen, das nicht unbedingt ihr Geburtsland sein muß. Oftmals behalten diese Personen jedoch ihre Staatsbürgerschaft bei. Mit der Beibehaltung der Staatsbürgerschaft genießen diese Personen aber immer noch die Bürgerrechte ihres Geburtslandes, wie z.B. das Recht zu wählen. Sie kommen ihren Bürgerpflichten, und hier in erster Linie der Steuerpflicht, i.d.R. jedoch nicht nach. Die aus der staatsrechtlichen Diskussion bekannte Forderung nach "*no taxation without representation*" könne somit zu "*no representation without taxation*" umformuliert werden.[87]

Letztendlich greift auch hier wieder das anfangs formulierte Prinzip der Gruppenäquivalenz.[88] Wer sich dieser Gruppenäquivalenz entziehen will, der kann durchaus auf diese staatlichen Leistungen verzichten, indem er seine Staatsangehörigkeit aufgibt, um eventuell die seines jetzigen Wohnsitzlandes anzunehmen; eine Person ist somit nicht auf alle Ewigkeit fiskalisch an sein gegenwärtiges

---

Fiskus das Recht zusprach, das aus Mexiko stammende Einkommen eines in Mexiko lebenden U.S.-Bürgers zu besteuern. Vgl. Martha, Rutsel S. J. (1989), S. 49.

85 Vgl. hierzu Bhagwati, Jagdish, N. / Partington, M. (1976) sowie Bhagwati, Jagdish, N. (1976). Die Diskussion über die Vor- und Nachteile des "*brain drain*" geht jedoch noch weiter zurück. Vgl. z.B. Grubel, Herbert B. / Scott, Anthony D. (1966), S. 268-74 sowie Weisbrod, Burton A. (1966).

86 Vgl. Bhagwati, Jagdish, N. (1979), S. 23.

87 Vgl. ebenda S. 22-23.

88 Man könnte zudem argumentieren, daß falls öffentliche Ausbildung eine gesellschaftliche Investition in Individuen darstellt, Emigranten diese 'Schuld gegenüber der Gesellschaft' im Falle einer ausschließlichen Besteuerung nach dem Wohnsitzlandprinzip nicht zurück zahlen. Für die ausführlichere Diskussion des Aspektes 'Schuld gegenüber der Gesellschaft' sei auf Grubel, Herbert B. / Scott, Anthony D. (1966), S. 272, verwiesen.

Land der Staatsangehörigkeit gebunden[89]. Für die ökonomische Rechtfertigung des steuerlichen Zugriff auf das Einkommen aller Staatsangehöriger unabhängig ihres gegenwärtigen Wohnsitzes lassen sich demnach überzeugende Argumente finden. So machte sich auch eine Expertengruppe der UNCTAD diese Auffassung zu eigen und empfahl Ende der 70er Jahre den Industrieländern "*[to] render assistance, either on a bilateral or multilateral basis, to developing countries which exercise or wish to exercise their internationally recognised jurisdiction to tax their citizens abroad under a 'global' tax system*"[90].

Die Ergebnisse der obigen Analyse zur ökonomische Rechtfertigung der Besteuerungsprinzipien werden in Abbildung 2.1 noch einmal zusammengefaßt. Der Übersicht halber werden jedoch nur die wesentlichen bzw. ausschlaggebenden Argumentationsketten dargestellt.

Bejaht man also grundsätzlich die Besteuerung nach dem Staatsangehörigkeitsprinzip (neben dem Quellenlandprinzip und dem Wohnsitzlandprinzip), so bleibt jedoch noch zu klären, ob deshalb auch alle Staatsangehörigen genauso behandelt werden sollten, wie diejenigen, die in ihrem Staat auch ihren Wohnsitz bzw. ihre Einkommensquelle haben. Folgt man der anfangs dargestellten Auffassung von Schanz, so scheint die ökonomische Verbindung zwischen dem Staat und den Staatsangehörigen, die innerhalb ihres Staatsgebietes leben und hier auch intensiv am Wirtschaftsleben teilnehmen, deutlich enger zu sein, als die Verbindung zwischen dem Staat und seinen nicht-ansässigen Staatsangehörigen. Wenn dem so ist, dann sollte sich dies auch in der Höhe der Besteuerung widerspiegeln. Sinn schlägt deshalb auch eine Zweiteilung des Steuersystems vor; zur Finanzierung der allgemeinen öffentlichen Güter (hier: öffentliche Güter i.e.S.) soll weiterhin das Wohnsitzlandprinzip und/oder das Quellenlandprinzip herangezogen werden, die 'Versicherungsleistungen', die mit der Nationalität einhergehen (hier:

---

89 Vgl. Musgrave, Richard A. (1989), S. XIII. Bei dieser Schlußfolgerung wird gleichwohl ignoriert, daß die Staatsangehörigkeit des Wohnsitzlandes eventuell nicht ohne weiteres angenommen werden kann. Außerdem erlischt in einigen Fällen mit der Aufgabe der Staatsangehörigkeit nicht automatisch auch die Steuerpflicht. So gilt in der U.S.A. z.B. folgendes: Falls ein US-Staatsbürger seine Staatsangehörigkeit aufgibt und ein Hauptgrund hierfür die Steuervermeidung ist, so wird er in einem Zeitraum von 10 Jahren immer noch nach dem Staatsangehörigkeitsprinzip besteuert, falls die Steuer für Nichtansässige niedriger ist. Vgl. Doernberg, Richard L. (1989), S. 15-16.

90 UNCTAD (1978), S. 3, Section A(2)(d); zitiert in Bhagwati, Jagdish, N. (1979), S. 25 FN10.

öffentliche Güter i.w.S.), sollen dagegen durch das Staatsangehörigkeitsprinzip finanziert werden.[91]

Abbildung 2.2: Die ökonomische Rechtfertigung des Besteuerungszugriffs

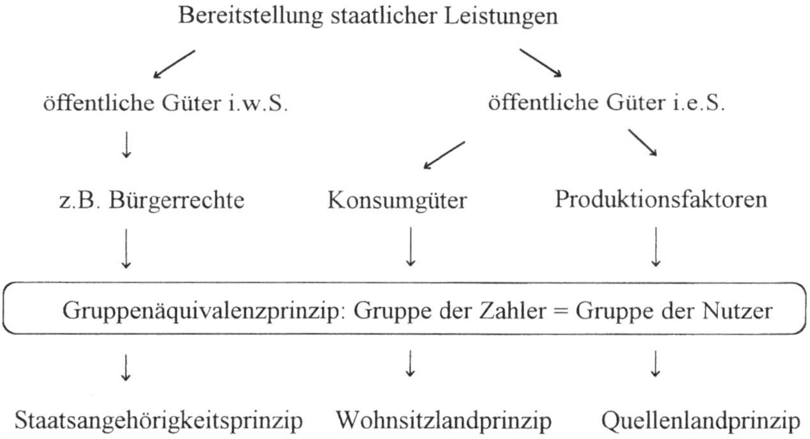

Quelle: Eigene Darstellung

So könnten z.B. die im Ausland lebenden Staatsangehörigen niedriger besteuert werden als die im Inland ansässigen. In den Philippinen wird z.B. seit 1972 auf das Einkommen der nicht-ansässigen Staatsangehörigen ein einstelliger Steuersatz erhoben; diese im Ausland lebenden Filipinos werden darüber hinaus durch den philippinischen Fiskus nicht weiter belangt.[92] In Sudan erfolgt die Besteuerung der im Ausland lebenden Staatsangehörigen durch eine relativ niedrige Pro-Kopf-Steuer.[93] Eine andere Möglichkeit der Minderbelastung im Ausland lebender Staatsangehöriger ist die Einführung eines Steuerfreibetrags, wie dies die

---

91 Vgl. Sinn, Hans-Werner (1995), S. 247.

92 Vgl. Pomp, Richard D. (1989), S. 52.

93 Vgl. Bird, Richard M. / McLure, Charles E. Jr. (1990), S. 251.

U.S.A. seit spätestens 1953 seinen im Ausland lebenden Staatsangehörigen gewährt.[94]

Der Spielraum für eine Besteuerung nach dem Staatsangehörigkeitsprinzip ist jedoch letztendlich dadurch begrenzt, daß ein Staat seinen Besteuerungsanspruch nur dann geltend machen kann, wenn er auf das Einkommen der zu besteuernden Person auch *de facto* zugreifen kann. Da beim Staatsangehörigkeitsprinzip ein territorialer Anknüpfungspunkt fehlt, kann die Besteuerung nach diesem Prinzip nur mit Hilfe des gegenwärtigen Wohnsitzlandes oder des Quellenlandes bewerkstelligt werden. So ist es nicht verwunderlich, daß z.B. in den USA effektiv nur die vorübergehend (also kurzfristig) im Ausland lebenden Staatsangehörigen die hier diskutierten Steuern zahlen. Bei U.S.-Staatsangehörigen, die langfristig im Ausland leben, wird lediglich von einer Steuerzahlerquote von ca. 10% ausgegangen.[95] Eine Möglichkeit, dennoch auf alle Staatsangehörige steuerlich zuzugreifen wurde bis 1973 durch den philippinischen[96] und wird immer noch durch den sudanesischen[97] Fiskus genutzt, nämlich die Vorlage der Bestätigung der Steuerzahlung bei Paßverlängerung und bei Gewährung von Ausreisevisa.

Die große, wenn nicht überwiegende Mehrheit der Staatengemeinschaft hat sich jedoch, so sie überhaupt nach dem Welteinkommensprinzip besteuert, dazu entschlossen, nicht nach dem Staatsangehörigkeitsprinzip, sondern nach dem Wohnsitzlandprinzip zu besteuern.[98] Lediglich ein hochindustrialisiertes Land, nämlich die USA, und einige weniger entwickelte Länder, die sich z.T. stark an dem US-amerikanischen Rechtssystem orientieren, wie z.B. die bereits erwähnten Philippinen, besteuern grundsätzlich nach dem Staatsangehörigkeitsprinzip.[99] Die Ursache für die eindeutige Dominanz des Wohnsitzlandprinzip gründet aber wohl

---

[94] Vgl. hierzu auch Doernberg, Richard L. (1989), S. 99-101 und S. 106-108.

[95] Vgl. Musgrave, Richard A. (1989), S. XV.

[96] Vgl. Pomp, Richard D. (1989), S. 48 und 55.

[97] Vgl. Bird, Richard M. / McLure, Charles E. Jr. (1990), S. 251.

[98] In Deutschland wird das Wohnsitzlandprinzip für natürliche Personen in § 1 EStG und das für juristische Personen in § 1 KStG festgelegt. Einen Überblick über die verwendeten Besteuerungsprinzipien in der EU findet sich in Giovannini, Alberto (1989), S. 351.

[99] Vgl. Pomp, Richard D. (1989), S. 45. In Mexiko wurde bis 1981 auch nach dem Staatsangehörigkeitsprinzip besteuert. Vgl. ebenda S. 60.

weniger auf der am Anfang dieses Abschnitts vorgebrachten theoretischen Kritik, sondern eher auf fiskalischen und administrativen Überlegungen.[100]

2.2.3 Kriterien zur Bestimmung des steuerlichen Anknüpfungspunktes

2.2.3.1 Die Bestimmung der Staatsangehörigkeit

Bei einer Anwendung des Staatsangehörigkeitsprinzips läßt sich das Steuersubjekt normalerweise relativ unkompliziert einem Territorium zuordnen, da der Begriff der Staatsangehörigkeit als rechtlicher in den einzelnen Ländern eindeutig definiert ist. Der Erwerb der Staatsangehörigkeit setzt bei der Geburt entweder an der Staatsangehörigkeit der Eltern (”*Jus sanguinis*”) oder am Geburtsort (”*Jus soli*”) an. Die Staatsangehörigkeit kann jedoch i.d.R. auch nach der Geburt verliehen werden. Da die Staatsangehörigkeit gleichwohl nach unterschiedlichen Prinzipien geregelt wird, kann es zu Mehrfachstaatsangehörigkeit oder zur Staatenlosigkeit kommen.[101] Eine juristische Person kann als einem Staat angehörig angesehen werden, wenn sie ihren rechtlichen Sitz dort hat; also nach dem Recht dieses Staates gegründet wurde.[102] Da eine juristische Person jedoch nur einen rechtlichen Sitz haben kann, ist hier die Zuordnung eindeutig. Problematisch wird es gleichwohl, wenn ein Staat auf seine Staatsangehörigen auch durch die Rechtsform der juristischen Person hindurch zugreift. Sind die Eigentümer einer juristischen Person Staatsangehörige eines bestimmten Staates und liegt der rechtlichen Sitz dieser juristischen Person in einem anderen Staat und besteuern beide nach dem Staatsangehörigkeitsprinzip, dann wird das Einkommen der besagten juristischen Person aufgrund des Steuerdurchgriffs des ersten Staates doppelt besteuert.[103] Obwohl diese juristische Person rechtlich gesehen ihren Sitz im

---

[100] Administrativen Probleme sind dabei insbesondere bei Entwicklungsländern relevant, die oftmals schon Probleme bei einer Besteuerung nach dem Wohnsitzlandprinzip haben und deshalb häufig effektiv nur das Quellenlandprinzip anwenden können. Vgl. hierzu auch Pomp, Richard D. (1989), S. 59-61.

[101] Für eine staatsrechtliche Diskussion der Staatsangehörigkeit vgl. z.B. Groot, Gerard-René (1989), S. 10-17.

[102] Vgl. hierzu Schaumburg, Harald (1993), S. 176.

[103] Ein solcher Steuerdurchgriff findet z.B. in den U.S.A. statt, wenn es sich bei der im Ausland befindlichen juristischen Person um eine sog. ‘kontrollierte ausländische Gesellschaft’ („*controlled foreign corporation*“), im Sinne der Sec. 957 des *Internal Revenue Codes* (IRC) handelt Vgl. hierzu auch Sec. 951-958 IRC sowie Zschiegner, Hans (1990), S. 70-71 und Biehl, Dieter (1969), S. 268.

zweiten Staat hat, betrachtet hier der erste Staat diese juristische Person im Prinzip ebenfalls als ihm angehörig, so daß es hier auch wie bei natürlichen Personen zu einer Art Mehrfachstaatsangehörigkeit kommen kann.[104]

2.2.3.2 Die Bestimmung des Wohnsitzes

Bei der Anwendung des Wohnsitzlandprinzips ist eine Zuordnung ungleich schwieriger, da der Begriff des Wohnsitzes einer eindeutigen Definition entbehrt. So heißt es z.B. in § 7 BGB: „*Wer sich an einem Ort ständig niederläßt, begründet an diesem Ort seinen Wohnsitz*". Der Wohnsitz einer natürlichen Person ist demnach der Ort, an dem sich eine Person ständig aufhält. Das Adjektiv 'ständig' kann dabei auch als 'überwiegend' interpretiert werden. So gilt z.B. bereits seit 1848 in England, daß zur Besteuerung nach dem Wohnsitzlandprinzip nur Personen herangezogen werden, die sich während eines Jahres mindestens sechs Monate in England aufgehalten haben.[105] Diese sogenannte '183-Tage-Regel' findet sich zumindest für nicht-selbständige Arbeit auch in den Steuerordnungen der meisten Länder.[106]

Falls der überwiegende Aufenthalt nicht bestimmt werden kann, so kann auch der Ort herangezogen werden, zu dem diese Person engere persönliche und wirtschaftliche Beziehungen hat; also der Ort, an dem der Mittelpunkt der Lebensinteressen zu finden ist. Hierzu stellte der oberste Richter von England, Lord Campell, bereits 1852 fest, daß "*a man's residence where he lives with his family and sleeps at night is always his place of abode*" [107]. Kann auch der Mittelpunkt des Lebensinteresses nicht bestimmt werden, dann bleibt oftmals nur der Rückgriff

---

[104] Es muß aber noch einmal festgehalten werden, daß hier rechtlich gesehen nicht die ausländische juristische Person selbst der Steuerpflichtige ist, sondern weiterhin die Staatsangehörigen des ersten Staates, also die Eigentümer der juristischen Person, und zwar in bezug auf ihren Anteil am Einkommen der juristischen Person. Vgl. hierzu bereits Bühler, Ottmar (1964), S. 164.

[105] Vgl. Ongwamuhana, Kibuta (1991), S. 11.

[106] So auch in der deutschen Abgabenordnung (AO) § 9. Vgl. hierzu aber ebenfalls Art. 15 des OECD-Musterabkommen zur Vermeidung von Doppelbesteuerung. Siehe OECD (1977) sowie OECD (1992/1997). Eine deutsche Übersetzung des Abkommens findet man bei Debatin, Helmut / Wassermeyer, Franz (1997), Bd. I.

[107] zitiert aus Ongwamuhana, Kibuta (1991), S. 7. Vgl. aber auch Art. 4 des OECD-Musterabkommen zur Vermeidung von Doppelbesteuerung. Siehe OECD (1977) sowie OECD (1992/1997).

auf die Staatsangehörigkeit, wie es in solch einem Falle die OECD in Art. 4 ihres Muster-Doppelbesteuerungsabkommens vorschlägt.[108]

Einen anderen Weg gehen die U.S.A. Dort gilt die steuerliche Ansässigkeit sobald einer der drei folgenden Tests positiv ausfällt: (1) gesetzlicher Aufenthalt ("*green card*" Test), (2) substantieller Aufenthalt ("*substantial presence*" Test) sowie (3) der freiwillige Antrag auf Behandlung als Ansässiger.[109] Ein weiterer Sonderfall der Bestimmung des steuerlichen Wohnsitzes findet sich in Japan. Hier wird zwischen dauerhaftem Wohnsitz und nicht-dauerhaftem Wohnsitz unterschieden. Ein Wohnsitz gilt dann als dauerhaft, wenn die Person mindestens fünf Jahre in Japan gewohnt hat. Bei einem Aufenthalt zwischen einem und fünf Jahren handelt sich lediglich um einen nicht-dauerhaften Wohnsitz. Bei Vorliegen eines dauerhaften Wohnsitzes wird eine Person mit ihrem gesamten Welteinkommen besteuert; bei einem nicht-dauerhaften Wohnsitz, wird das im Ausland erwirtschaftete Einkommen nur dann besteuert, wenn es nach Japan retransferiert wird.[110]

Bei der Bestimmung des Ortes der steuerlichen Ansässigkeit von juristischen Personen wird grundsätzlich dieselbe Herangehensweise gewählt. So stellte das Britische Oberhaus anfangs dieses Jahrhunderts fest, daß "*in applying the conception of residence to a company, we ought ... to proceed as nearly as we can upon the analogy of an individual. A company cannot eat or sleep, but it can keep house and do business. We ought therefore to see where it really keeps house and does business...*".[111] Zur Bestimmung des steuerlichen (Wohn-)Sitzes wird hier also der Ort herangezogen, an dem ein Unternehmen seine Geschäfte betreibt bzw. leitet.[112]

---

[108] Siehe Art. 4 des OECD-Musterabkommen zur Vermeidung von Doppelbesteuerung. Vgl. OECD (1977) sowie OECD (1992/1997).

[109] Vgl. Sec. 7701(b) des *Internal Revenue Code* sowie Rothschild, L. W. / Magilligan, R. J. (1988). Der substantielle Aufenthalt bedingt dabei, daß eine Person im laufenden Jahr mindestens 31 Tage und während einer dreijährigen Periode (laufendes Jahr plus letzte zwei Jahre) mindestens 183 Tage (gewichteter Durchschnitt, bei dem die Tages des laufenden Jahres mit 1, die des vorangegangenen Jahres mit 1/3 und die des davorigen Jahres mit 1/6 gewichtet werden) in den USA physisch präsent war.

[110] Vgl. Beyer, Vicky L. (1993), S. 436.

[111] Britisches Oberhaus, 1906, zitiert aus Ongwamuhana, Kibuta (1991), S. 12.

[112] Hierunter versteht z.B. die deutsche AO in ihrem § 10 den "*Mittelpunkt der geschäftlichen Oberleitung*".

2.2.3.3 Die Bestimmung des Ortes der Einkommensquelle

Traditionell werden als Quellen des Einkommens die Produktionsfaktoren Arbeit, Kapital und Boden betrachtet.[113] Bei weitgehend unbeweglichen Einkommensquellen, wie z.B. Land oder Immobilien, ist die geographische Zuordnung mit Hilfe des 'Belegenheitskriteriums' problemlos.[114] Probleme der Zuordnung entstehen allerdings dann, wenn die Einkommensquelle mobil ist und sich nicht dauerhaft innerhalb eines Territoriums lokalisieren läßt.

Der Einsatz des Faktors Arbeit ist zumeist an die Präsenz einer natürlichen Person gekoppelt. Die Besteuerung von Arbeitseinkommen ist dementsprechend abhängig von der Präsenz des Faktoreigners, also des Arbeitnehmers. Diese Präsenz läßt sich unschwer bestimmen, wenn davon ausgegangen wird, daß sich eine Person nicht gleichzeitig in zwei unterschiedlichen Territorien aufhalten kann. Probleme können sich jedoch ergeben, wenn aufgrund neuer Kommunikationstechnologien die physische Präsenz des Faktoreigners nicht mehr notwendig ist, wie z.B. im Fall sog. 'Telearbeit'.

Der Einsatz des Faktors Kapital setzt hingegen nicht die physische Präsenz des Kapitaleigners voraus, so daß sich Kapital und Kapitaleigner in unterschiedlichen Territorien aufhalten können. Die geographische Lokalisierung ist dann relativ problemlos, wenn das Kapital in Form eines rechtlich eigenständigen Unternehmens gebunden ist, denn in diesem Falle handelt es sich um eine juristische Person, deren steuerlicher Sitz anhand der weiter oben diskutierten Kriterien bestimmt werden kann. Ist das Kapital indes in einer Unternehmensform bzw. -aktivität gebunden, die nicht rechtlich eigenständig ist, so liegt eine Betriebsstätte vor. Laut deutschem Steuerrecht handelt es sich hierbei um "*jede feste Einrichtung oder Anlage, die der Tätigkeit eines Unternehmens dient*"[115]. Da es sich bei einer Betriebsstätte *per definitionem* um ein Residuum handelt, können hierunter eine Vielzahl von Aktivitäten subsumiert werden. Um diesen großen Spielraum einzuengen, wird deshalb in den Steuerordnungen der meisten Länder explizit eine Liste möglicher Betriebsstätten formuliert.[116]

---

[113] Für einen anderen Ansatz vgl. Biehl et. al. (1975), S. 14-15. Dort wird zwischen Potentialfaktoren und Produktionsfaktoren unterschieden. Potentialfaktoren sind dabei solche Faktoren, die hochgradig limitational, polyvalent, unteilbar und immobil sind.

[114] Vgl. Biehl, Dieter (1969), S. 264. Siehe aber auch schon Bastable, C.F. (1892), S. 304.

[115] § 12(1) AO.

[116] Vgl. hierzu z.B. auch Art. 5 des OECD-Musterabkommen zur Vermeidung von Doppelbesteuerung. Siehe OECD (1977) und OECD (1992/1997) sowie § 12(2) AO. International

2.2.4 Exkurs: Bestimmung der Einkommensquelle bei multinationalen Unternehmen bzw. Konzernen

2.2.4.1 Die Verwendung von Verrechnungspreisen

Ökonomische Transaktionen innerhalb multinationaler Unternehmen bzw. Konzernen[117] werden zumeist mit 'künstlichen' Verrechnungspreisen bewertet, d.h. mit Preisen, die oftmals nicht dem Marktwert dieser Transaktionen entsprechen. Wenn sich die beiden beteiligten Unternehmensteile nicht im selben Steuerhoheitsgebiet befinden, ergeben sich hieraus Probleme für die steuerlich-relevante Gewinnermittlung, denn durch Verwendung von Verrechnungspreisen kann die Gewinnsituation der einzelnen Unternehmensteile beeinflußt werden. Die Verwendung von Verrechnungspreisen kann also zu einer Verschiebung der Einkommensquellen führen.

Durch solch eine Verschiebung werden ebenfalls die Steueraufkommen in den jeweiligen Hoheitsgebieten beeinflußt. Will ein Unternehmens seine Steuerlast minimieren, dann wird es diese Verrechnungspreise so berechnen, daß der Gewinn des gesamten Unternehmens zum größten Teil in dem Land anfällt, in dem die niedrigeren Steuern erhoben werden (umgekehrt werden Kosten bzw. Verluste in Hochsteuerländer transferiert, um diese dort Gewinn mindernd abzusetzen).[118] So kann ein Unternehmen seinen Gewinn bei einem Unternehmensteil in einem Niedrigsteuerland anfallen lassen, indem z.B. die vom Stammhaus an diesen Unternehmensteil geleisteten Transaktionen (in Form von Waren oder Dienstleistungen) mit einem zu niedrigen Preis veranschlagt werden.[119] Neben der

---

ist dabei im besonderen Maße die Definition von Bausausführungen und Montagen strittig. Vgl. auch die Diskussion in Kapitel 6.

[117] Unter multinationalen Unternehmen können solche Unternehmen verstanden werden, die im Ausland Betriebsstätten unterhalten und unter multinationalen Konzernen solche Konzerne, die im Ausland rechtlich-selbständige Tochterunternehmen haben. Im folgenden soll aufgrund der Vereinfachung nur noch von Unternehmen und Unternehmensteilen gesprochen werden. Unter Unternehmensteile sollen sowohl Betriebsstätten als auch verbundene Unternehmen (Tochtergesellschaften) subsumiert werden, wohlwissend, daß aus betriebswirtschaftlicher und rechtswissenschaftlicher Sicht eine Unterscheidung von großer Bedeutung ist. Für die volkswirtschaftliche Analyse ist diese Unterscheidung nach Ansicht des Autors jedoch nicht relevant.

[118] Vgl. auch Hines, James R. (1993), S. 69.

[119] Vgl. z.B. Harris, David / Morck, Randall / Slemrod, Joel et. al. (1993), S. 277. Die Autoren belegen in ihrem Artikel empirisch, daß insbesondere große multinationale Unterneh-

Beeinflussung der Steuerverteilung zwischen den betroffenen Staaten kann die Verwendung von Verrechnungspreisen aber auch dazu führen, daß eventuell bezweckte Allokationseffekte unterschiedlicher Steuersätze nicht zum Tragen kommen, denn durch die Verschiebung der Bemessungsgrundlagen verändert sich auch die effektive Steuerbelastung der einzelnen Unternehmensteile.[120] [121]

2.2.4.2 Fremdvergleichsmethode versus formelhafte globale Aufteilung

2.2.4.2.1 Möglichkeiten der Gewinnbestimmung

Um eine gezielte Manipulation der Gewinnallokation zu vermeiden, können grundsätzlich zwei methodische Ansätze verwendet werden: Einerseits kann man eine völlige Unabhängigkeit der einzelnen Unternehmensteile unterstellen, welche dazu führt, daß die zwischen diesen Teilen getätigten Transaktionen mit Marktpreisen bewertet werden. Dadurch kann der Gewinn direkt ermittelt werden. Andererseits kann von der Einheit des gesamten Unternehmens ausgegangen werden, d.h., man unterstellt eine unmittelbare Abhängigkeit zwischen den einzelnen Unternehmensteilen. Der Gesamtgewinn muß dann indirekt auf diese einzelnen Einheiten aufgeteilt werden.

2.2.4.2.2 Fremdvergleichsmethode (Direkte Gewinnermittlung):

Bei der direkten Gewinnermittlungsmethode, die sich im deutschen Außensteuerrecht im sogenannten 'Fremdvergleichspreis' ("*Arm's Length Price*") widerspiegelt, werden Unternehmensteile so behandelt, als ob es sich bei ihnen um 'fremde' Unternehmen handeln würde. Die unternehmensinternen Leistungen werden nicht mit 'künstlichen' Verrechnungspreisen bewertet, sondern "*für die Abgrenzung ist maßgebend, wie Fremde die Entgelte für gleichartige Lieferungen oder Leistungen angesetzt hätten ... oder welche Erträge oder Aufwendungen bei einem Verhalten wie unter Fremden beim Steuerpflichtigen angefallen wären*"[122]. Auch die OECD schlägt in ihrem Musterabkommen grundsätzlich so-

---

men aus der USA massiv von den Möglichkeiten des Gewinntransfers in Niedrig-Steuer-Gebieten Gebrauch machen. Vgl. ebenda S. 301-302.

[120] Vgl. z.B. Atchabahian, A. (1977), S. 148-150 sowie Mintz, Jack M. (1992), S. 24.

[121] Für weitere Motive für Verrechnungspreismanipulationen, wie z.B. Verringerung von Import- oder Exportzöllen, siehe Plasschaert, Sylvain (1994), S. 2.

[122] Der Bundesminister der Finanzen (1983), S. 221.

wohl für Betriebsstättengewinne als auch für Gewinne von verbundenen Unternehmen den Fremdvergleich vor.[123]

Zur Prüfung von Verrechnungspreisen lassen sich einmal traditionelle Methoden, wie z.B. die Preisvergleichsmethode (Vergleich anhand von Preisen, die bei vergleichbaren Geschäften zwischen Fremden bezahlt worden wären), die Wiederverkaufspreismethode (Korrektur des Wiederverkaufspreis durch einen marktüblichen Abschlag) oder die Kostenaufschlagsmethode (Korrektur des Einkaufspreises um einen marktüblichen Gewinnzuschlag), heranziehen. Zusätzlich kann aber auch auf neuere Methoden, wie z.B. die Gewinnvergleichsmethode (Vergleich von Nettoerträgen) oder die Gewinnaufteilungsmethode (Aufteilung anhand einer Funktionsanalyse), zurückgegriffen werden.[124] Die drei ersten Methoden werden als Fremdvergleichs*preis*methoden bezeichnet. In Anlehnung daran könnte man bei den letzten beiden von Fremdvergleichs*ergebnis*methoden sprechen.

Wenn der jeweils zuständige Fiskus eine Manipulation der Verrechnungspreise feststellt, so muß das betroffene Unternehmen i.d.R. seine Steuerbilanzen dementsprechend korrigieren und gegebenenfalls Steuern nachbezahlen, falls die Gewinnaufteilung vor der Berichtigung nicht der entspricht, die der Fiskus für angemessen hält.[125] Zusätzlich zur Steuernachzahlung können der Verrechnungspreismanipulation auch weitere rechtliche Schritte folgen, wie dies z.B. in den U.S.A. der Fall ist.[126]

2.2.4.2.3 Globale formelhafte Aufteilung (Indirekte Gewinnermittlung)

Die indirekte Gewinnermittlung geht davon aus, daß der ökonomische Erfolg eines (im Ausland befindlichen) Unternehmensteils unweigerlich von ökonomischen Aktivitäten anderer Unternehmensteile desselben (multinationalen) Unternehmens abhängt. Diese ökonomischen Verbindungen ergeben sich insbesondere

---

[123] Vgl. Art. 7(2) und 9(1) des OECD Musterabkommens. Siehe OECD (1977) sowie OECD (1992/1997).

[124] Für eine genaue Darstellung und Diskussion dieser Methoden vgl. Der Bundesminister der Finanzen (1983), S. 222-223. Sowie den Diskussionsentwurf der OECD (1994), S. 30-32 und S. 44-61.

[125] Falls die Überprüfung zu dem Ergebnis führt, daß der Gewinn in einem Steuerhoheitsgebiet zu hoch ausgewiesen wurde, so muß dies im Umkehrschluß zu einer Steuerrückzahlung seitens des Fiskus führen.

[126] Vgl. Sec. 482, 486, 6662 und 6664 IRC sowie Zschiegner, Hans (1994).

aus steigenden Skaleneffekten sowie durch gemeinsame Verwaltungskosten und zentrale Ausgaben für Forschung und Entwicklung. Es ist deshalb unmöglich, den Erfolg dieser Unternehmensteile separat zu bewerten. Die Aufteilung des Gesamterfolges auf die einzelnen Unternehmensteile wird deswegen nach bestimmten Formeln getätigt (sog. "*formula apportionment*").[127]

Bei der Bestimmung der Formel wird davon ausgegangen, daß sich der Gewinn eines Unternehmensteils proportional zu der ökonomischen Aktivität dieses Unternehmensteils verhält. Eine mögliche Vorgehensweise wäre eine zu den eingesetzten Produktionsfaktoren proportionale Gewinnallokation, gemessen in Lohnsumme und investiertem Kapital (sog. "*Factor Location Formula*").[128] Da der Gewinn eines Unternehmensteils möglicherweise nicht nur durch die eben genannten Angebotsfaktoren bestimmt wird, sondern auch durch die Nachfrage nach den produzierten Gütern, kann hierfür repräsentativ die Formel um den Umsatz erweitert werden (sog. "*Source of Profit Formula*")[129].

2.2.4.3 Vor- und Nachteile der beiden Ansätze

Zu den Vor- und Nachteilen der beiden unterschiedlichen Herangehensweisen herrscht in der wissenschaftlichen Literatur eine rege und intensive Diskussion, so daß hier auf eine ausführlichere Behandlung dieser Thematik verzichtet wird.[130] Lediglich auf einige grundsätzlichen Probleme sei hier eingegangen.

Ein Vorteil der indirekten Gewinnallokation ist der vergleichsweise geringere administrative Aufwand, wenn bei der Berechnung der Formel lediglich Daten verwendet werden, die vom Unternehmen ohnehin erhoben werden. Die Verrechnungspreise müssen nicht erst mit eventuell neu zu bestimmenden Fremdpreisen bzw. die Gewinne nicht mit Gewinnen fremder Unternehmen verglichen wer-

---

[127] Vgl. hierzu Jacob, Friedhelm (1984), hier S 101 und S. 115.

[128] Vgl. Musgrave, Peggy (1972), S. 400.

[129] Diese erweiterte Formel ist auch als sog. "*Massachusetts Formula*" bekannt geworden. Siehe hierzu Musgrave, Peggy (1972), S. 400 sowie FN 15.

[130] Neben Peggy Musgrave, der eine Führungsrolle bei den Befürwortern des unitarischen Ansatzes zugesprochen werden muß, sei z.B. noch auf Bird, Richard M. (1988) verwiesen. Gegen diesen Ansatz und somit für das Prinzip des Fremdvergleichs spricht sich neben der OECD in ihrem bereits erwähnten Diskussionsentwurf z.B. auch Mutén, Leif (1988) in seiner Antwort auf Bird aus.

den.[131] Diese Vorgehensweise ist insbesondere für solche Länder attraktiv, die nur über eine schlecht ausgerüstete Steuerverwaltung verfügen.[132] Es verwundert nicht, daß neben den USA gerade Entwicklungsländer, wie z.B. Ghana, Chile, Venezuela, Kenia und Ägypten eine indirekte Gewinnermittlung zunehmend anwenden, um einem Gewinntransfer via manipulierter Verrechnungspreise zu verhindern.[133]

Eine indirekte Gewinnermittlung durch einheitliche formelmäßige Aufteilung läßt sich gleichwohl nur dann rechtfertigen, wenn gewährleistet ist, daß alle Bestandteile auch wirklich stets derselben Formel entsprechend zum ökonomischen Erfolg beitragen und zwar unabhängig der geographischen Lage und der dort herrschenden Wettbewerbssituation.[134] Da dies in der Realität nicht der Fall sein wird, müßte deshalb für jedes Unternehmen eine Produktionsfunktion bestimmt werden, auf deren Basis die Gewinne zu verteilt wären. Finden international zudem verschiedene Formeln zur Bestimmung der Gewinnallokation Anwendung, dann kann dies zusätzlich zur Doppelbesteuerung führen, so daß ein koordiniertes Vorgehen in Form von multilateralen Abkommen eine wesentliche Bedingung für eine effiziente internationale Anwendung der indirekten Gewinnermittlungsmethode ist.[135]

Probleme der internationalen Kooperation zur Bestimmung der Gewinnallokation ergeben sich auch bei der Verwendung von Fremdvergleichen, da die verschiedenen Methoden nicht unbedingt auch zu demselben Ergebnis kommen müssen. Aufgrund ihrer jahrzehntelangen Anwendung haben diese Methoden jedoch einen enormen Vorsprung in der technischen Durchführung. Dennoch ist ein Fremdvergleich nur dann gerechtfertigt, wenn die einzelnen Betriebseinheiten

---

131 Die jeweiligen Fisci müßten jedoch in der Lage sein Daten über die gesamten Gewinne eines multinationalen Unternehmens bzw. Konzerns zu erhalten. Da es jedoch keine internationale Auskunft bzw. Datenaustauschpflicht gibt, müßten hierüber erst bilaterale oder multilaterale Abkommen vereinbart werden.

132 Den Ersparnissen auf Seiten der Steuerverwaltung stehen jedoch eventuell höhere Kosten auf Seiten der Unternehmen gegenüber. Vgl. Easson, A. J. (1991), S. 466. Hier findet sich auch ein gelungener Überblick der gesamten Diskussion zu den Methoden der Gewinnallokation.

133 Siehe Jacob, Friedhelm (1984), S. 107-108 und S. 110-114.

134 Vgl. Jacob, Friedhelm (1984), S. 101. Bei der Factor-Location Formel müßten z.B. die Faktorintensitäten übereinstimmen.

135 Siehe hierzu das Rechenbeispiel bei Jacob, Friedhelm (1984), S. 109-110.

auch wirklich vollkommen unabhängig voneinander sind. Da sich multinationalen Unternehmen aber gerade durch ihre Fähigkeit auszeichnen, auf den Weltmärkten als eine Einheit aufzutreten, um so höhere Nettoerträge zu erwirtschaften, als bei getrenntem Vorgehen, kann die Annahme der völligen Unabhängigkeit durchaus bezweifelt werden.[136]

Aufgrund der Vielschichtigkeit der Diskussion wird aber auf eine abschließende und endgültige Aussage über die theoretische Dominanz einer der beiden Ansätze verzichtet und statt dessen auf Vann verwiesen, der diesbezüglich feststellt, daß "*the relationship between the two methods is not determined by theoretical superiority, but by the nature of international trade. The more economically interdependent the various parts of transnational enterprises become, the greater should be the role of formulary apportionment.*"[137]

2.3 Internationale Doppelbesteuerung

2.3.1 Begriffsdefinition

Unter dem Begriff der Doppelbesteuerung werden in der wissenschaftlichen Literatur eine Vielfalt von unterschiedlichen Formen der Mehrfachbelastung diskutiert[138], wobei grundsätzlich eine steuerliche Mehrfacherfassung derselben wirtschaftlichen Aktivität mit gleichartigen Steuern für denselben Zeitraum als Doppel- oder Mehrfachbelastung im weiteren Sinne interpretiert wird.[139] Folgt man der allgemein anerkannten Definition von Dorn, so liegt "***internationale Doppelbesteuerung*** *(Mehrfachbelastung) ... vor, wenn mehrere selbständige Steuerhoheitsträger (insbesondere mehrere selbständige Staaten) denselben Steuerpflichtigen wegen desselben Gegenstandes gleichzeitig zu einer gleichartigen Steuer heranziehen*"[140].

---

[136] Vgl. Bird, Richard M. (1988), S.294.

[137] Vann, Richard J. (1991a), S. 107.

[138] Für einen Überblick hierzu vgl. z.B. Lornsen, Birgit (1987), S. 9-10 sowie Ebling, Klaus (1970), S. 50-52.

[139] Vgl. Bühler, Ottmar (1964), S. 32.

[140] Dorn, Herbert (1927), S. 190 (Vorhebung nicht im Original). Neben Dorn wird insbesondere aus juristischer Sicht gleichwertig auch auf die Definition von Spitaler verwiesen, vgl. z.B. Flick, Hans (1961), S. 88.

Folgende qualitative Kriterien müssen demnach für das Vorhandensein internationaler Doppelbesteuerung erfüllt sein:

(1) die Besteuerung durch verschiedene Hoheitsträger,

(2) die Identität des Steuersubjekts,

(3) die Identität des Steuerobjekts,

(4) die Identität des Besteuerungszeitraums sowie

(5) die Gleichartigkeit der Steuer.

Bei dieser engen juristischen Abgrenzung ist insbesondere die Subjektidentität von großer Bedeutung, d.h. die Steuern müssen bei derselben Person erhoben werden. Betrachtet man z.B. die Besteuerung der Gewinne bei international verbundenen, aber rechtlich unabhängigen Unternehmen, dann können Gewinne eines Tochterunternehmens einmal durch die direkte Besteuerung des Unternehmensgewinns und ein zweites Mal durch die Besteuerung der Dividendeneinkommen beim Mutterunternehmen belastet werden. Juristisch handelt es sich hier jedoch nicht um internationale Doppelbesteuerung, da es sich bei den rechtlich unabhängigen Unternehmen um unterschiedliche Steuersubjekte handelt.[141]

Verzichtet man auf die strenge Subjektidentität, dann ist ausschließlich die Doppel- oder Mehrfachbelastung des Steuerobjekts relevant und die Zahl der relevanten internationalen Doppelbesteuerungsfälle erhöht sich. Da hier der rein ökonomische Tatbestand der Doppelbesteuerung im Vordergrund steht, spricht man bei dieser erweiterten Definition auch von wirtschaftlicher Doppelbesteuerung.[142] Für den internationalen Charakter der Doppelbesteuerung ist es obendrein wesentlich, daß hier zwei oder mehrere souveräne Staaten ihr Recht auf Besteuerung von ökonomischen Aktivitäten bzw. Tatbeständen ausüben.[143]

Abschließend sei noch angemerkt, daß das Phänomen der Doppelbesteuerung stets aus qualitativer und nicht aus quantitativer Sicht interpretiert werden muß. Bei der Betrachtung von Doppelbesteuerung kommt es weniger darauf an, ob eine vergleichsweise höhere oder niedrigere Steuerlast vorliegt, sondern vielmehr dar-

---

141 Vgl. hierzu z.B. Debatin, Helmut (1983), S. 281.

142 Versteht man unter dem Steuersubjekt jedoch nicht den Steuerschuldner, sondern den effektiven Steuerträger, dann entspricht die juristische Doppelbesteuerung auch der wirtschaftlichen. Vgl. hierzu Ebling, Klaus (1970), S. 34.

143 Vgl. Dornelles, Francisco (1989), S. 383.

auf, daß zwei oder mehrere Staaten auf dasselbe Einkommen einen steuerlichen Anspruch erheben können.

2.3.2 Mögliche Doppelbesteuerungskonflikte

Wie oben bereits diskutiert, können Staaten eine Steuer auf Faktoreinkommen sowohl nach dem Quellenlandprinzip, nach dem Wohnsitzlandprinzip als auch nach dem Staatsangehörigkeitsprinzip erheben. Sobald sich diese Besteuerungsansprüche in irgendeiner Art und Weise überschneiden, kann es zur internationalen Doppelbesteuerung kommen. Berücksichtigt man alle diese drei Besteuerungsprinzipien, so lassen sich die Folgen dieser Überschneidungen in Anlehnung an Biehl in drei Kategorien zusammenfassen:[144]

A. Totale subjektbezogene internationale Doppelbesteuerung,

B. partielle subjektbezogene internationale Doppelbesteuerung und

C. partielle objektbezogene internationale Doppelbesteuerung.

Bei Konflikten der Kategorie A erfolgt in zwei oder mehreren Ländern eine uneingeschränkte subjektbezogene Besteuerung des Welteinkommens. Unter diese Kategorie fallen dabei die folgenden drei Doppelbesteuerungsfälle:

A(1): Wenn der Ort des Wohnsitzes nicht eindeutig bzw. unterschiedlich definiert wird, mag es sein, daß mehrere Länder den Anspruch erheben, Wohnsitzland zu sein. Begründet z.B. bei natürlichen Personen in einem Land der Ort des ständigen Aufenthalts und in einem anderen Land der Ort der ständigen Wohnstätte den steuerlichen Wohnsitz, dann kommt es zur unbeschränkten Doppelbesteuerung des Welteinkommens, wenn diese Orte nicht im selben Land liegen. Bei juristischen Personen kann es zu solch einer Doppelbesteuerung kommen, wenn eines der beteiligten Länder für die Bestimmung der steuerlichen Ansässigkeit bei Unternehmen als Kriterium den Ort der formalen Geschäftsführung, ein anderes beteiligtes Land jedoch den Ort der tatsächlichen Geschäftsleitung verwendet. Falls ein Unternehmen, das in diesen beiden Ländern tätig ist, gleichermaßen unter die jeweilige Definition fällt, so werden beide Länder den Anspruch erheben, Wohnsitzland zu sein, und es kommt zur Doppelbesteuerung.[145]

---

[144] Vgl. Biehl, Dieter (1969), S. 271-272 sowie Biehl, Dieter (1980), S. 693.

[145] Vgl. aber auch Ongwamuhana, Kibuta (1991), S. 23. Bei umgekehrter Verwendung der Wohnsitz Kriterien kommt es zur Doppelbefreiung.

A(2): Wenn eine natürliche Person Staatsbürger mehrerer Länder ist und alle diese Länder auf der Grundlage des Staatsangehörigkeitsprinzip steuerlich zugreifen, dann wird ebenfalls das gesamte Welteinkommen dieser Person doppelt bzw. mehrfach besteuert.[146] Aber auch bei juristischen Personen ist eine solche Doppel- bzw. Mehrfachbesteuerung denkbar. So mag z.B. ein Land auf das Welteinkommen einer juristischen Person unbeschränkt zugreifen, wenn diese nach dem Recht des besagten Landes gegründet wurde und somit dort auch ihren rechtlichen Sitz hat. Sind die Eigentümer dieser juristischen Person jedoch Staatsangehörige eines anderen Landes und greift dieses andere Land aufgrund der dort herrschenden Besteuerung nach dem Staatsangehörigkeitsprinzip unabhängig der Rechtsform auch auf die Gewinne der besagten juristischen Person durch (Beispiel: U.S.A.), dann kommt es auch in diesem Falle zur Doppel- bzw. Mehrfachbesteuerung desselben Einkommens.[147]

A(3): Jedoch auch bei eindeutiger bzw. einheitlicher Bestimmung des Wohnsitzlandes und des Landes der Staatsangehörigkeit kann es zu einer totalen subjektbezogenen Doppelbesteuerung kommen. Dies liegt daran, daß sowohl nach dem Wohnsitzlandprinzip als auch nach dem Staatsangehörigkeitsprinzip auf das gesamte Welteinkommen des Steuersubjekts zugegriffen werden kann. Falls das Wohnsitzland nicht auch gleichzeitig das Land der Staatsangehörigkeit ist, tritt genau dann eine solche Doppelbesteuerung auf, wenn das Wohnsitzland nach dem Wohnsitzlandprinzip und das Land der Staatsangehörigkeit nach dem Staatsangehörigkeitsprinzip besteuert.

Bei Konflikten der Kategorie B wird im Gegensatz zu denen der vorherigen Kategorie nicht das gesamte Welteinkommen uneingeschränkt subjektbezogen besteuert, sondern nur der Teil dieses Einkommens, dessen Quelle nicht im Wohnsitzland oder im Land der Staatsangehörigkeit liegt. Unter diese Kategorie fallen drei Doppelbesteuerungsfälle:

B(1) : Partielle subjektbezogene Doppelbesteuerung kann dann eintreten, wenn der Ort der Einkommensquelle nicht im Wohnsitzland liegt. Besteuert in dieser Situation das Wohnsitzland nach dem Wohnsitzlandprinzip und das Quellenland nach dem Quellenlandprinzip, dann kommt es zur partiellen Doppelbesteuerung des Welteinkommens. Bei natürlichen Personen tritt dieser Fall ein, wenn diese in einem bestimmten Land ihren Wohnsitz haben, jedoch auch Einkommen, z.B. in Form von Zinsen, aus einem anderen Land

---

146 Bei Staatenlosigkeit kommt es dementsprechend zur Doppelbefreiung.

147 Vgl. hierzu auch Abschnitt 2.2.3.1.

beziehen. Wenn diese Zinseinkommen mit einer Quellensteuer belastet und außerdem in der Bemessungsgrundlage des Steuersubjekts im Wohnsitzland voll berücksichtigt werden, dann greift sowohl das Quellenland als auch das Wohnsitzland auf diese Einkommen steuerlich zu und es kommt zu der besagten Doppelbesteuerung derselben. Bei einer juristischen Person, z.B. einer Kapitalgesellschaft, tritt diese Art der Doppelbesteuerung auf, wenn ein solches Unternehmen seine Geschäfte in einem Land leitet und in einem anderen Land eine (rechtlich-)abhängige Betriebsstätte betreibt. Wenn in dem Land, in dem die Betriebsstätte liegt, nach dem Quellenlandprinzip und in dem Land, in dem das Unternehmen seine Geschäfte leitet, nach dem Wohnsitzlandprinzip (mit Anknüpfungspunkt: Ort der Geschäftsleitung) besteuert wird, dann wird der Gewinn dieser Betriebsstätte in beiden Ländern und damit doppelt besteuert.[148]

B(2) : Liegt der Ort der Einkommensquelle nicht im Land der Staatsangehörigkeit, dann tritt dieser Fall der partiellen subjektbezogenen Doppelbesteuerung auf, wenn das Quellenland auf ein dort entstandenes Einkommen aufgrund des Quellenlandprinzips und das Land der Staatsangehörigkeit auf dasselbe Einkommen aufgrund des Staatsangehörigkeitsprinzips steuerlich zugreifen. Die unter B(1) diskutierten Fälle lassen sich hier direkt übertragen. Bei natürlichen Personen kommt es zur Doppelbesteuerung, wenn diese Staatsangehörige eines bestimmten Landes sind, jedoch auch Einkommen, z.B. in Form von Zinsen, aus einem anderen Land beziehen. Wenn diese Zinseinkommen mit einer Quellensteuer belastet und außerdem in der Bemessungsgrundlage des Steuersubjekts im Land der Staatsangehörigkeit voll berücksichtigt werden, dann greift sowohl das Quellenland als auch das Land der Staatsangehörigkeit auf diese Einkommen steuerlich zu und es kommt zu der besagten Doppelbesteuerung. Bei einer juristischen Person, z.B. einer Kapitalgesellschaft, kann diese Art der Doppelbesteuerung auftreten, wenn ein solches Unternehmen seinen rechtlichen Sitz in einem Land hat und in einem anderen Land eine (rechtlich-)abhängige Betriebsstätte betreibt. Wenn in dem Land, in dem die Betriebsstätte liegt, nach dem Quellenlandprinzip und in dem Land, in dem das Unternehmen seine rechtlichen Sitz hat, nach dem Staatsangehörigkeitsprinzip (mit Anknüpfungspunkt: Unternehmensitz (vgl. Abschnitt 2.2.3.1)) besteuert wird, dann wird der

---

[148] Vgl. für weitere Beispiele auch United Nations Centre of Transnational Corporations (1989), S. 12. Zur Doppelbefreiung kommt es hier, wenn im Wohnsitzland ausschließlich das Quellenlandprinzip und im Quellenland ausschließlich das Wohnsitzlandprinzip angewendet wird.

Gewinn dieser Betriebsstätte in beiden Ländern und damit wie auch im Fall B(1) doppelt besteuert.

B(3) : Kombiniert man die Fälle B(1) und B(2), so daß weder das Wohnsitzland noch das Quellenland gleichzeitig auch das Land der Staatsangehörigkeit ist und das Land der Staatsangehörigkeit nach dem Staatsangehörigkeitsprinzip, das Wohnsitzland nach dem Wohnsitzlandprinzip und das Quellenland nach dem Quellenlandprinzip besteuern, so führt dies dazu, daß nun drei steuerliche Juristiktionen einen Anspruch auf die Besteuerung des im Quellenland entstandenen Einkommens erheben. Sowohl das Land der Staatsangehörigkeit als auch das Wohnsitzland besteuern diese Einkommen, da es ein Bestandteil der Bemessungsgrundlage der von ihnen besteuerten Steuersubjekte darstellt. Das Quellenland besteuert dieses Einkommen, da es dort entstanden ist.[149] Eigentlich kommt es hier nicht nur zu einer partiellen subjektbezogen Doppelbesteuerung des Welteinkommens, sondern auch zu einer uneingeschränkten, denn sowohl das Land der Staatsangehörigkeit als auch das Wohnsitzland greifen vollständig auf das Welteinkommen desselben Steuersubjekt zu. Man hätte diesen Doppelbesteuerungsfall deshalb auch unter der Kategorie A subsumieren können (also als A(4)). Da jedoch erst bei Kategorie B die objektbezogene Besteuerung eingeführt wird, erscheint dem Verfasser die hier gewählte Kategorisierung passender.

Unter die Kategorie C fällt nur ein einziger Doppelbesteuerungsfall, nämlich der, bei dem mehrere Länder den Anspruch erheben Quellenland zu sein. Dies hat seine Ursache darin, daß der Ort der Einkommensquelle in den beteiligten Ländern nicht eindeutig bzw. unterschiedlich definiert wird, so daß dieses Einkommen in mehreren Ländern einer objektbezogenen Besteuerung unterworfen wird.[150] Dieses Doppelbesteuerungsproblem ergibt sich insbesondere bei unterschiedlich definierten Betriebsstätten. Werden z.B. in Land A Waren gelagert, die in Land B verkauft werden, dann kommt es zur Doppelbesteuerung der mit dem

---

[149] Zur Doppelbefreiung kommt es hier z.B. in der etwas unrealistischen Situation, bei der das Land der Staatsangehörigkeit ausschließlich nach dem Wohnsitzland- oder Quellenlandprinzip, das Wohnsitzland ausschließlich nach dem Quellenland- oder Staatsangehörigkeitsprinzip und das Quellenland ausschließlich nach dem Wohnsitzland- oder Staatsangehörigkeitsprinzip besteuert.

[150] Da hier die Besteuerung am Steuerobjekt und nicht am Steuersubjekt ansetzt, geht es hier auch nur um Quelleneinkommen und nicht um das Welteinkommen eines Steuersubjekts.

Verkauf dieser Waren einhergehenden Einkommen, wenn in Land A ein Warenlager bereits eine Betriebsstätte begründet und in Land B eine Verkaufsstellen.[151]

Abbildung. 2.3: Mögliche Doppel- und Mehrfachbesteuerungskonflikte

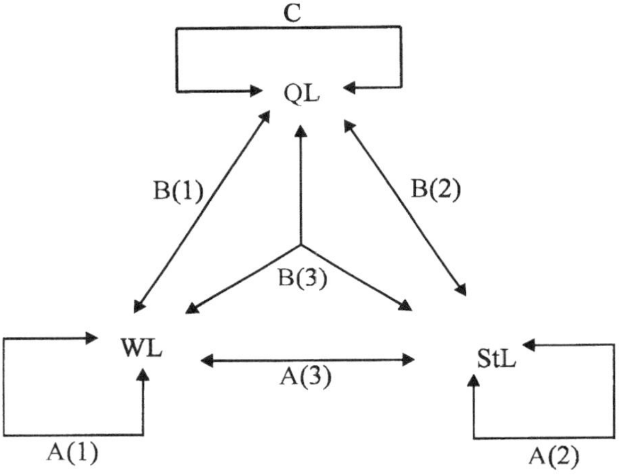

Quelle: Eigene Darstellung.[152]

Abbildung 2.3 faßt die Doppelbesteuerungsfälle graphisch zusammen. Aus dieser Abbildung erkennt man nun, daß sich die Doppelbesteuerungskonflikte nicht nur, wie bereits geschehen, nach den Folgen, sondern auch nach den Ursachen kategorisieren kann:

---

[151] Wenn dagegen die Kriterien in umgekehrter Reihenfolge angewendet werden, Land A also den Ort des Verkaufs und Land B den Ort der Lagerung als Ort der Einkommensquelle heranzieht, dann kommt es hier zur Doppelbefreiung dieser Einkommen. Vgl. zu dieser Problematik im Übrigen auch Art. 5 (4a) des OECD-MA. Für andere Beispiele vgl. auch Sato, Mitsuo / Bird, Richard M. (1975), S. 396, FN 29 und 30. Für weitere Probleme bei der Bestimmung des Ortes der Einkommensquelle in Verbindung mit Betriebsstätten und Zinszahlungen bzw. Lizenzgebühren vgl. z.B. Lombardi, Marco (1997).

[152] Anmerkungen: QL = Quellenland; WL = Wohnsitzland; StL = Land der Staatsangehörigkeit.

I. Doppelbesteuerungskonflikte aufgrund gleicher Besteuerungsansprüche, d.h. zwei oder mehrere Länder greifen aufgrund desselben Besteuerungsprinzips zu und

II. Doppelbesteuerungskonflikte aufgrund unterschiedlicher und deshalb kollidierender Besteuerungsansprüche, d.h. zwei oder mehrere Länder greifen aufgrund unterschiedlicher Besteuerungsprinzipien zu.

Unter die Gruppe I fallen dann die Besteuerungskonflikte A(1), A(2) und C; unter die Gruppe II fallen die verbleibenden Besteuerungskonflikte A(3), B(1), B(2) und B(3). Eine solche Kategorisierung ist dann von Vorteil, wenn es darum geht, die Ursachen der Doppelbesteuerung zu vermeiden.

2.3.3 Folgen der Doppelbesteuerung

In einer erstbesten Welt, d.h. in einer Welt ohne Marktunvollkommenheiten und ohne staatliche Eingriffe, führen internationale Faktorbewegungen zu einem Ausgleich der Grenzerträge und so zu einer optimalen globalen Allokation der Produktionsfaktoren. Diese Erkenntnis läßt sich anhand eines einfachen partialanalytischen Modells internationaler Faktorbewegungen rekapitulieren.[153]

Diese wohl einfachste Modell internationaler Faktorbewegungen läßt sich mindestens auf Hobson zurückführen[154] und für die erstmalige Erweiterung zwecks Analyse der Steuerinzidenz wird i.d.R. auf MacDougall und Kemp verwiesen[155].

---

[153] Der Verfasser ist sich dabei durchaus bewußt, daß diese partialanalytische Vorgehensweise nicht die absolute Genauigkeit einer allgemeinen Gleichgewichtsanalyse zu erreichen vermag. Er teilt jedoch die Auffassung von Tait, daß "*despite the ingenious advances to make models more "real"... it is difficult to see... that the conclusions are more powerful than partial equilibrium analysis while the fundamental underpinnings are unrealistic. There is also the question of the cost and the marginal benefit; if partial analysis explain, say, 80 per cent of the effects of change, is the (very large) input of labor and capital needed to produce the general equilibrium solution worth the time and effort, especially if it is not truly general*". Tait, Alan A. (1989), S. 173.

[154] Vgl. Hobson, C. K. (1914), S. 57-60.

[155] Vgl. MacDougall, G. D. A. (1960), Kemp, Murray C. (1962a), Kemp, Murray C. (1962b). Aber auch der Beitrag von Jasay sei diesbezüglich erwähnenswert. Vgl. Jasay, A. E. (1960), Zum besseren Verständnis sei zudem auf Hamada, Koichi (1966), Ruffin, Roy J. (1984), Frenkel, Jacob A. / Razin, Assaf / Sadka, Efraim (1991), Kap. 2 sowie auf Janeba, Eckhard (1997), S. 24-54, verwiesen.
Das hier verwendete Modell wird zudem auch in der neueren deutschsprachigen Literatur verwendet. Vgl. Zelgert, Jörg Erwin (1993), Fuest, Clemens (1995) sowie Weichenrieder, Alfons J. (1995),

Das Modell besteht aus zwei Ländern, dem Inland und dem Ausland. In beiden Ländern wird jeweils nur ein Gut mit Hilfe zweier Produktionsfaktoren, nämlich Arbeit und Kapital, produziert. Die Produktionsfunktionen sind neo-klassischer Natur, so daß von positiven, jedoch abnehmenden Grenzerträgen sowie von konstanten Skalenerträgen ausgegangen wird. Beide Länder sind mit einem konstanten Kapitalangebot und einem konstanten Arbeitsangebot (das der Einfachheit halber als mit der Bevölkerung des jeweiligen Landes gleichgesetzt wird) ausgestattet. Zahlungsbilanz- und '*Terms-of-Trade*'-Effekte aufgrund von Faktorbewegungen werden vernachlässigt.[156] Es handelt sich also um ein einfaches statisches Modell, das dynamische Überlegungen weitgehend ignoriert.[157] Dieser Einfachheit und Eingeschränktheit bewußt, muß mit MacDougall festgehalten werden, *"that [this model] is mainly theoretical and does not attempt to reach clear-cut practical conclusions"*[158].

Die Erweiterung des Modells auf internationale Arbeitsströme geht auf Ramaswami, V. K. (1968) sowie auf Berry, R. Albert / Soligo, Ronald (1969) zurück.
Für die explizite Anwendung dieses Modells auf Faktorwanderungen zwischen Industrieländern und Entwicklungsländern vgl. Hamada, Koichi (1977), S. 125-155 (auch abgedruckt in, Hamada, Koichi (1996), S. 318-348.).
Für eine vollkommen andere graphischer Herangehensweise, die jedoch zu den gleichen Ergebnissen kommt, sei auf Sinn, Stefan (1993), Kap. III, verwiesen.

156 Diese Annahme ist von großer Bedeutung, denn normalerweise führen Kapitalimporte *ceteris paribus* zu einem Anstieg des Wechselkurses des Importlandes. Aufgrund der Vergleichbarkeit mit anderen Untersuchungen wird jedoch auch hier diese Annahme getroffen. Wie MacDougall gezeigt hat, ist zudem zu erwarten, daß diese Vernachlässigung bei flexiblen Wechselkursen zumeist nur zu geringen Wohlfahrtseffekte führt. Vgl. MacDougall, G. D. A. (1960), S. 28-30. Für eine ausführlichen Diskussion der einzelnen Annahmen und mögliche Erweiterungen sei auf Berry, R. Albert / Soligo, Ronald (1969), FN 6-21, verwiesen. Für eine Untersuchung, die in einem nicht-formalisierten Modell explizit Wechselkurseffekte mit berücksichtigt, sei Biehl, Dieter (1969), S. 379-386, empfohlen.

157 Auf elastische Faktorangebote soll jedoch noch im weiteren Verlauf der Analyse kurz eingegangen werden.

158 MacDougall, G. D. A. (1960), S. 13. Dem Leser sollte deshalb auch stets bewußt sein, daß die hier getroffenen Aussagen qualitativer und nicht quantitativer Natur sind. Für eine vergleichbare Vorgehensweise sei zudem auf Fuest verwiesen, der im wesentlichen ein ähnliches Modell verwendet und dazu kritisch bemerkt, daß die *"angeführten Gleichgewichtsbedingungen auch nicht als strenge Beschreibung eines zu erwartenden empirischen Zustand zu verstehen [sind]. Der Sinn der neoklassischen Gleichgewichtsanalyse liegt hier eher darin, Anreizwirkungen dezentraler fiskalpolitischer Arrangements aufzuzeigen"*. Fuest, Clemens (1995), S. 156.

Die wesentlichen Elemente des Modells seien hier noch einmal dargestellt:

(1) die Welt bestehe lediglich aus zwei Ländern, und zwar aus Land A (dem Inland) und aus Land B (dem Ausland), die jeweils mit Hilfe von Arbeit (L) und Kapital (K) ein Gut produzieren.

(2) das Inland sei im Vergleich zum Ausland relativ reichhaltig (knapp) mit Kapital (Arbeit) ausgestattet, d.h. $\overline{K}^A > \overline{K}^B$ (bzw. $\overline{L}^A < \overline{L}^B$), so daß im Autarkiezustand das Grenzprodukt des Kapitals (der Arbeit) im Inland niedriger (höher) ist als das Grenzprodukt des Kapitals (der Arbeit) im Ausland,[159]

(3) aufgrund der unterschiedlichen Grenzprodukte des Kapitals (der Arbeit), kommt es in einer erstbesten Situation, d.h. in einer Situation ohne Marktunvollkommenheiten und ohne Steuern, zu internationalen Kapitalbewegungen (bzw. Migrationsbewegungen) in Höhe von Z (bzw. M) zwischen dem Inland und dem Ausland, wobei das Inland (das Ausland) Kapital exportiert (importiert) und das Ausland (das Inland) Kapital (Arbeit) importiert (exportiert).

Die Bedingungen der gesamtwirtschaftliche Produktion des Inlandes F^A bzw. die des Auslandes F^B werden durch folgende Funktionen beschrieben:[160]

$$F^A = F^A(\overline{K}^A - Z, \overline{L}^A + M) \qquad \text{und} \qquad F^B = F^B(\overline{K}^B + Z, \overline{L}^B - M)$$

$$\text{mit} \qquad F_K^j > 0,\ F_L^j > 0,\ F_{KK}^j < 0,\ F_{LL}^j < 0 \qquad \text{für j =A, B}$$

Wenn die Produktionsfaktoren mit ihrem Grenzprodukt entlohnt werden und die Produktionsfunktionen zudem linear-homogen sind, dann bestimmt sich das gemeinsame Sozialprodukt[161] Y als:

---

159 Streng genommen sind nicht die jeweiligen Länder mit Kapital und Arbeit ausgestattet, sondern es handelt sich um den Kapital- und Arbeitsbestand der jeweils in Land A oder B ansässigen Wirtschaftssubjekte, die der Einfachheit halber auch Staatsangehörige dieser Länder sind. Unter internationalen Kapitalbewegungen werden zudem ausländische Direktinvestitionen verstanden, die ausschließlich durch Eigenkapital finanziert werden. Vgl. zum Aspekt der Eigenkapitalfinanzierung Janeba, Eckhard (1997), S. 27, FN 3.

160 Der Vollständigkeit halber sei darauf verwiesen, daß es sich bei allen hier verwendeten Variablen um reale Größen handelt; das Preisniveau wird also stets gleich Eins gesetzt.

$$Y = F_K^A \cdot (\overline{K}^A - Z) + F_K^B \cdot (\overline{K}^B + Z) + F_L^A \cdot (\overline{L}^A + M) + F_L^B \cdot (\overline{L}^B - M) \quad (2.1)$$

und der Einfluß der Kapitalexporte Z und der Migration M auf das gemeinsame Sozialprodukt *Y* ergibt sich aus dem totalen Differential:

$$dY = -F_K^A \cdot dZ + F_K^B \cdot dZ + F_L^A \cdot dM - F_L^B \cdot dM \quad (2.2)$$

Aus Gleichung (2.2) sieht man, daß das gemeinsame Sozialprodukt durch Ausweitung der Kapitalexporte erhöht werden kann, falls die Grenzproduktivität des Kapitals in Land B über der in Land A liegt. Das Sozialprodukt kann jedoch auch durch Migrationsbewegungen erhöht werden, falls die Grenzproduktivität der Arbeit in Land A über der in Land B liegt.

Annahmegemäß ist Land A relativ reichhaltig mit Kapital, jedoch relativ knapp mit Arbeit ausgestattet, so daß bei der gegebenen Faktorausstattung in der Autarkiesituation die Grenzproduktivität des Kapitals in Land A unter der in Land B und die Grenzproduktivität der Arbeit in Land A über der in Land B liegt. Hebt man jetzt die Autarkieannahme auf, dann kommt es solange zu Kapital- und Migrationsbewegungen zwischen Land A und Land B, bis sich die Grenzprodukte der Produktionsfaktoren egalisiert haben, d.h. bis:

$$F_K^A = F_K^B \quad (2.3a)$$

und

$$F_L^A = F_L^B \quad (2.3b)$$

Für Kapitalbewegungen soll dies noch einmal näher anhand von Abbildung 2.4 erklärt werden. Dort ist der aggregierte Kapitalstock von Land A und Land B auf der Abszisse abgetragen. Punkte auf dieser Abszisse charakterisieren die Verteilung des Kapitals zwischen Land A und Land B. Für Land A ist die Graphik von links nach rechts (Koordinatenursprung bei 0^A) und für Land B von rechts nach links (Koordinatenursprung bei 0^B) zu lesen. Es wird angenommen, daß im

---

[161] Da auch nach den vollzogenen Kapitalbewegungen, das Kapital und die daraus entstehenden Erträge dem ursprünglichem Herkunftsland zugeordnet werden, wird hier das 'Inländer-' und nicht das 'Inlandskonzept' verfolgt. Deshalb ist die bei dieser Effizienzanalyse zu maximierende Größe auch das Sozialprodukt und nicht das Inlandsprodukt.

Autarkiezustand $0^A R$ Einheiten Kapital in Land A und $0^B R$ Einheiten Kapital in Land B eingesetzt werden. Auf der linken Ordinate ist das Grenzprodukt des in Land A eingesetzten Kapitals und auf der rechten Ordinate das Grenzprodukt des in Land B eingesetzten Kapitals abgetragen. Punkte auf den jeweiligen Ordinaten geben demnach die zu einer bestimmten Kapitalallokation gehörenden Grenzprodukte des Kapitals in Land A und in Land B an. Die beiden Grenzproduktkurven sind dabei der Einfachheit halber als lineare Funktionen dargestellt.

Abbildung 2.4: Internationale Kapitalbewegungen

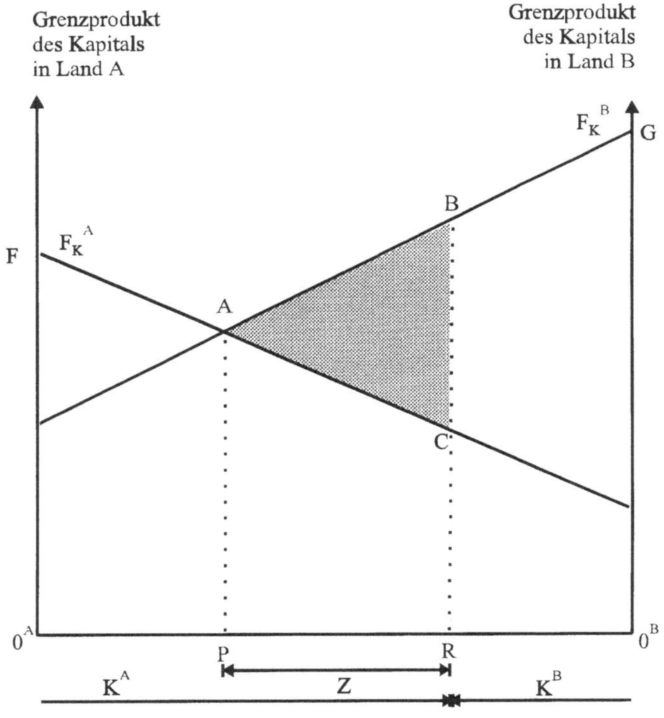

Quelle: Eigene Darstellung in Anlehnung an Kemp, Murray C. (1964), S. 199 sowie Hamada, Koichi (1966), S. 363.

In der Autarkiesituation herrscht der Annahme gemäß in Land B relative Kapitalknappheit, so daß dort das Grenzprodukt des Kapitals höher ist als in Land A (und zwar entsprechend der Strecke BC). Läßt man jetzt Kapitalbewegungen zu, dann fließt solange Kapital von Land A nach Land B, bis sich die Grenzprodukte des Kapitals egalisieren (gekennzeichnet durch Punkt A). Es kommt zu Kapitalbewegungen in Höhe von Z und die Kapilatallokation in dieser erstbesten Situation ohne Marktunvollkommenheiten und ohne Steuern entspricht Punkt P auf der Abszisse.

Wie schon aus den Gleichung (2.2) und (2.3a) zu erwarten war, haben die Kapitalbewegungen zu einer Maximierung des gemeinsamen Sozialprodukts geführt. Der Einkommenszuwachs im Vergleich zur Autarkiesituation entspricht dabei der Fläche des schraffierten Dreiecks ABC.[162]

Führt man an dieser Stelle die Besteuerung von Faktoreinkommen ein, dann läßt sich zeigen, wie sich die doppelte Besteuerung international entstandener Faktoreinkommen auf die bilaterale Faktorallokation und auf das gemeinsame Sozialprodukt auswirkt. Es wird dabei der Einfachheit halber unterstellt, daß sowohl Land A als auch Land B proportionale Steuern auf die Faktoreinkommen erheben (Steuersatz in Land A: t^A; Steuersatz in Land B: t^B; mit $t^A, t^B \in [0,1]$). Bezüglich der Gesamtheit der staatlichen Aktivitäten wird von einem ausgeglichenen Budget ausgegangen; die gesamten Steuereinnahmen werden in Form von Pro-Kopf-Transfers an die jeweiligen Inländer verteilt, so daß diese Transfers selbst keine Auswirkungen auf das globale Allokationsoptimum haben.[163]

Um die Analyse so überschaubar wie möglich zu halten, wird an dieser Stelle explizit nur der Doppelbesteuerungskonflikt zwischen Wohnsitzland und Quellenland, der weiter oben als Fall B(1) beschriebene wurde, analysiert. Dies wird ermöglicht, indem einerseits davon ausgegangen wird, daß Abgrenzungsprobleme bereits einvernehmlich geklärt seien und andererseits unterstellt wird, daß das Wohnsitzland mit dem Land der Staatsangehörigkeit identisch sei.

Beide Länder besteuern sowohl nach dem Wohnsitzlandprinzip als auch nach dem Quellenlandprinzip. Für den Fall der internationalen Kapitalbewegungen handelt es sich bei Land A um das Wohnsitzland und bei Land B um das Quellenland, da es bei den hier unterstellten Annahmen zu Kapitalexporten aus Land A nach Land B kommt. Aufgrund der Besteuerung reduziert sich nun die Netto-

---

162 Das gemeinsame Sozialprodukt der beiden Länder entspricht also bei optimaler Allokation des Kapitals der Fläche $0^A FAG 0^B$.

163 Vgl. für eine solche Vorgehensweise z.B. Wang, Lih-Jau / Pereira, Alfredo M. (1993), S. 290.

entlohnung der Faktoreigner um die jeweils zu entrichtende Steuer, und Entscheidungen über die Faktorallokation werden jetzt anhand der Nettogrenzprodukte getroffen und nicht mehr anhand der Bruttogrenzprodukte.

Wenn die Einkommen aus Kapitalexporte sowohl im Quellenland als auch im Wohnsitzland und somit doppelt besteuert werden, dann wird das bilaterale Kapitalmarktgleichgewicht jetzt durch folgende Gleichung bestimmt: [164]

$$F_K^A = \frac{1 - t^A - t^B}{1 - t^A} \cdot F_K^B \qquad (2.4a)$$

Bei positiven Steuersätzen führt die Doppelbesteuerung von Kapitaleinkommen also dazu, daß im Kapitalmarktgleichgewicht das Bruttogrenzprodukt des Kapitals in Land A kleiner ist als das in Land B. Das gemeinsame Sozialprodukt ist in dieser Situation demzufolge nicht maximal (vgl. Gleichungen (2.2) und (2.3a)).

Betrachtet man nun den bilateralen Arbeitsmarkt, dann ist jetzt Land B das Wohnsitzland und Land A das Quellenland, da unterstellt wird, daß es nach Aufhebung der Autarkieannahme zu Migrationsbewegungen von Land B nach Land A kommt. Wenn die Einkommen aus Arbeitsexporten ebenfalls sowohl im Quellenland als auch im Wohnsitzland und somit doppelt besteuert werden, dann wird das bilaterale Arbeitsmarktgleichgewicht wie folgt bestimmt:

$$F_L^A = \frac{1 - t^B}{1 - t^A - t^B} \cdot F_L^B \qquad (2.4b)$$

Bei positiven Steuersätzen führt die Doppelbesteuerung von Arbeitseinkommen jetzt dazu, daß im bilateralen Arbeitsmarktgleichgewicht das Bruttogrenzprodukt der Arbeit in Land A höher ist als das in Land B. Das gemeinsame Sozialprodukt ist in dieser Situation wiederum nicht maximal (vgl. Gleichungen (2.2) und (2.3b)).

---

[164] Vgl. für die Bedingung des Kapitalgleichgewichts bei Doppelbesteuerung auch Oakland, William H. / Xu, Yongsheng (1996), S. 47. In der angegebenen Quelle wird jedoch vereinfachend unterstellt, daß nur das Einkommen aus Kapitalexporten besteuert wird.

Abbildung 2.5: Internationale Doppelbesteuerung von Kapitaleinkommen

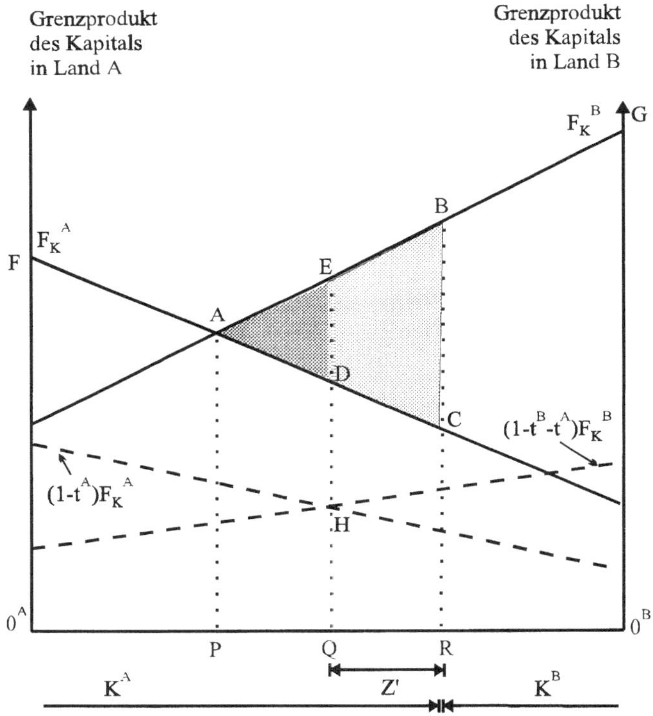

Quelle: Eigene Darstellung in Anlehnung an Kemp, Murray C. (1964), S. 199 sowie Hamada, Koichi (1966), S. 369.

Geht man wiederum von der Ausgangssituation der Autarkie aus, dann fließt zwar ebenfalls nach Aufhebung der Autarkieannahme Kapital von Land A nach Land B. Dieser Kapitalexport kommt jedoch zum Erliegen, sobald sich die Nettogrenzprodukte des Kapitals egalisiert haben (gekennzeichnet durch Punkt H). Im Vergleich zur der Situation ohne Steuern kommt es jetzt lediglich zu Kapitalbewegungen in Höhe von Z'. Dadurch erhöht sich zwar auch das gemeinsame Sozialprodukt im Vergleich zur Autarkiesituation entsprechend der hellschraffierten Fläche BCDE; da bei dieser Kapitalallokation (gekennzeichnet durch Punkt Q auf der Abszisse) das Bruttogrenzprodukt des Kapitals in Land B immer noch über dem in Land A liegt, ist das gemeinsame Sozialprodukt der beiden Länder hier auch nicht maximal. Durch Ausweitung der Kapitalexporte in Höhe der Strecke QP kann dieses Sozialprodukt nämlich noch entsprechend des dunkelschraffierten Dreiecks ADE erhöht werden.

Die oben angesprochenen Doppelbesteuerung verhindert folglich die optimale Höhe an Kapitalbewegungen. Würde in Land B sogar ein höherer als in Abbildung 2.5 geltender Steuersatz herrschen, dann könnten die Kapitalbewegungen im Extremfall sogar vollständig zum Erliegen kommen, so daß der Effizienzverlust durch Doppelbesteuerung der gesamten schraffierten Fläche des Dreiecks ABC entsprechen würde.

Wie man aus den Abbildungen 2.4 und 2.5 sieht, hängt die Maximierung des gemeinsamen Sozialprodukts im wesentlichen von der Höhe der Kapitalbewegungen ab (vgl. auch Gleichung (2.2)). Diese werden wiederum durch die Doppelbesteuerung von Kapitaleinkommen beeinflußt. Je höher dabei bei einem gegebenen Steuersatz in Land A der Steuersatz in Land B ist, desto geringer fallen diese Kapitalexporte aus und ab einer bestimmten Höhe der Steuersatzkombination kommen sie sogar zum vollständigen Erliegen. Die Kapitalbewegungen (und damit auch die Maximierung des gemeinsamen Sozialprodukts) sind somit *ceteris paribus* eine Funktion der beiden Steuersätze, d.h.:

$$Z = Z(t^A, t^B) \tag{2.5}$$

Liegt in der Autarkiesituation das Grenzprodukt der Kapitals in Land A unter dem in Land B, so daß Janeba folgend:

$$F_K^A(\overline{K}^A) \equiv c \cdot F_K^B(\overline{K}^B), \qquad \text{mit } 0 < c < 1 \quad (2.6)$$

gilt[165], und setzt man zudem die Steuern auf Einkommen aus Kapital, das jeweils von Inländern im Inland eingesetzt wird, auf Null[166], dann kommt es bei

---

165 Vgl. Janeba, Eckhard (1997), S. 27.

166 Dies läßt sich dadurch rechtfertigen, daß diese Steuern via Pro-Kopf-Transfers den Inländern sowieso wieder zu Gute kommen. Vgl. für solch eine Herangehensweise z.B. Bond, Eric, W. / Samuelson, Larry (1989), S. 1101.

Doppelbesteuerung nur dann zu Kapitalexporten von Land A nach Land B, d.h. $Z > 0$, wenn gilt:

$$t^A + t^B < 1 - c \qquad (2.7)$$[167]

Bei Aufhebung der Autarkieannahme kann es also nur in den Fällen zu Sozialprodukt steigernden Kapitalexporten kommen, für die die Ungleichung (2.7) gilt. Abbildung 2.6 faßt dieses Ergebnis noch einmal zusammen. Wenn die Doppelbesteuerung der Kapitaleinkommen nicht vermieden werden kann, dann kann es nur bei den Steuersatzkombinationen unterhalb der Geraden Z=0 zu Kapitalbewegungen von Land A nach Land B kommen.

Abbildung 2.6: Kapitalbewegungen bei Doppelbesteuerung in Abhängigkeit der Steuersätze t^A und t^B

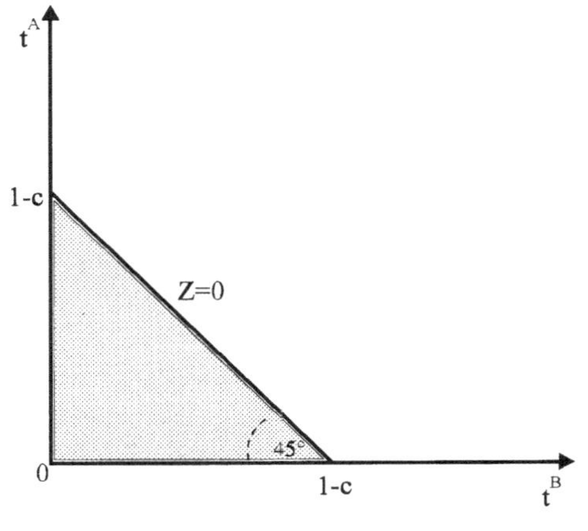

Quelle: Angelehnt an Oakland, William H. / Xu, Yongsheng (1996), S. 48.

Die Maximierung des gemeinsamen Sozialprodukts hängt jedoch nicht nur von der Höhe der Kapitalbewegungen, sondern auch von den Migrationsbewegungen ab. Hier gilt ebenfalls, daß diese geringer ausfallen, je höher bei einem gegebenen

---

167 Dies ergibt sich aus der Umformulierung der Gleichung (2.4) als Ungleichung und des Einsetzens der Gleichung (2.6), d.h. $Z > 0$ wenn $F_K^A(\overline{K}^A) < (1 - t^A - t^B) \cdot F_K^B(\overline{K}^B) \Leftrightarrow c < 1 - t^A - t^B \Leftrightarrow t^A + t^B < 1 - c$.

Steuersatz in Land A der Steuersatz in Land B ist. Ab einer bestimmten Höhe der Steuersatzkombination kommen dabei auch die Migrationsbewegungen zum vollständigen Erliegen, so daß Migrationsbewegungen (und damit auch die Maximierung des gemeinsamen Sozialprodukts) ebenfalls *ceteris paribus* eine Funktion der beiden Steuersätze sind, d.h.:

$$M = M(t^A, t^B) \tag{2.7}$$

Liegt in der Autarkiesituation das Grenzprodukt der Arbeit in Land A über der in Land B, so gilt:

$$F_L^A(\bar{L}^A) \equiv \frac{1}{d} \cdot F_L^B(\bar{L}^B), \qquad \text{mit } 0 < d < 1 \tag{2.8}$$

Setzt man ebenfalls die Steuern auf Einkommen aus Arbeit, die jeweils von Inländern im Inland eingesetzt wird, auf Null, dann kommt es bei Doppelbesteuerung nur dann zu Arbeitsexporten von Land B nach Land A, d.h. $M > 0$, wenn gilt:

$$t^A + t^B < 1 - d \tag{2.9}$$

An dieser Stelle muß jedoch noch einmal darauf hingewiesen werden, daß in dieser Arbeit nicht unterstellt wird, daß Steuerdifferentiale die einzigen Determinanten der Faktorbewegungen - insbesondere der Direktinvestitionen - darstellen. So mögen Aspekte, wie z.B. der Zugangs zu Absatzmärkten oder die Nähe zu Lieferanten aber auch die politische Situation im Faktorimportland, eine weitaus wichtigere Rolle spielen, als die fiskalischen Aspekte. Es hat sich jedoch empirisch bestätigt, daß die fiskalischen Aspekte durchaus signifikant für die Richtung der Faktorströme sind.[168]

---

[168] Vgl. hierzu z.B. Hartman, David G (1981), Boskin, Michael J. / Gale, William G. (1987) sowie Devereux, Michael P. / Freeman, Harold (1995).
Für die grundsätzliche Relevanz von Steuern auf die Investitionsentscheidungen vgl. auch Cummins, Jason G. / Hasset, Kevin A. / Hubbard, Glenn R. (1996).

Entwicklungsländer, die ansonsten ähnliche Bedingungen aufweisen, können also durchaus mittels fiskalischer Anreize Einfluß auf den Wettbewerb um die für sie u.U. so wichtigen Kapitalimporte nehmen.[169]

[169] Ein Überblick über fiskalische Anreize seitens Entwicklungsländer und deren Wirkung findet sich in Lim, David (1983) sowie bei Shihata, Ibrahim F.I. (1984).

3 Eine Theorie der internationalen Kooperation zur Vermeidung von Doppelbesteuerung

3.1 Wohlfahrtsmaximierung und freiwillige Kooperation

3.1.1 Die Wahl des Bewertungsmaßstabes

Obwohl internationale Doppelbesteuerung und deren Vermeidung ein globales Problem darstellen, so daß eine globale Lösung erstrebenswert erscheinen mag, sind es weiterhin die Nationalstaaten, die aufgrund ihrer Souveränität über die Ausgestaltung der Besteuerung internationaler Faktoreinkommen entscheiden. Kooperationen mit anderen Staaten werden deshalb auch weitgehend in Form von freiwilligen Kooperationsveträgen stattfinden, es sei denn, daß sich einzelne Staaten zu einem neuen Gesamtstaat zusammenschließen, und dadurch ihre Souveränität aufgeben.

Diese Freiwilligkeit wirkt sich gleichwohl auf die Bestimmung der als optimal angesehenen Situation oder genauer gesagt, auf die Bestimmung des wohlfahrtsoptimalen Gleichgewichts aus. In dieser, auf freiwilliger Basis entstehenden Kooperation kann aus Sicht der an der Kooperation beteiligten Länder nur solch ein Zustand als optimal angesehen werden, der von allen Beteiligten als effizient und gerecht akzeptiert wird. Die Akzeptanz der unmittelbar Beteiligten wird deshalb stets im Vordergrund stehen, wenn es gilt, alternative Kooperationsergebnisse zu bewerten. Länder, die nicht kooperieren, mögen die Kooperationsergebnisse eventuell nicht als wohlfahrtsoptimal bewerten. 'Außenstehende' spielen jedoch für die Kooperationspartner keine Rolle, so daß hier unter Wohlfahrtsoptimum auch nicht eine Situation verstanden werden soll, die stets auch von einer imaginären Weltgesellschaft befürwortet wird.[170]

3.1.2 Die Entstehung freiwilliger internationaler Kooperationen

Bevor die möglichen Ergebnisse freiwilliger Kooperationen analysiert werden, soll kurz das grundsätzliche Kalkül für die Bildung bzw. Entstehung freiwilliger Kooperationen diskutiert werden. Hierfür wird auf die Sozialkontrakttheorie zu-

---

[170] Für eine Bewertung von Kooperationen im Zusammenhang der internationalen Besteuerung aus dieser exogenen Sicht sei auf Peggy und Richard Musgrave verwiesen, die dies im Rahmen ihres Konzepts der *'Inter-Nation Equity'* diskutieren. Vgl. z.B. Richman, Peggy B. (1963) sowie Musgrave, Richard M. / Musgrave, Peggy B. (1972).

rück gegriffen, die z.B. in Rawls' '*Theory of Justice*'[171] aber insbesondere auch bei Buchanan und Tullock in ihrem '*Calculus of Consent*'[172] zu finden ist.[173] Potentielle Mitglieder einer freiwilligen Kooperation werden eine wie auch immer geartete Kooperation nur eingehen, wenn ihnen daraus Vorteile erwachsen. Falls solche Vorteile nicht existieren, dann wäre es für eine Person oder einen Staat nicht rational, einer solchen Kooperationsgemeinschaft beizutreten.

Folgt man zunächst Rawls, dann ist es für ein Individuum genau dann von Vorteil mit anderen Individuen zu kooperieren, wenn "*many individuals coexist together at the same time on a definite geographic territory. These Individuals are roughly similar in physical and mental powers; or at any rate, their capacities are comparable in that no one among them can dominate the rest. They are vulnerable to attack, and all are subject to having their plans blocked by united force of others*" [174]. Wenn man diese Überlegungen nun auf die Problematik der Faktoreinkommensbesteuerung überträgt, dann wäre eine Kooperation zwischen Staaten genau dann von Vorteil, wenn die wirtschaftliche Entwicklung der einzelnen Staaten durch die Art und Weise der Einkommensbesteuerung in den anderen Staaten signifikant beeinflußt werden kann. Genauer gesagt: Wenn die eigene Wohlfahrtsmaximierung durch andere Staaten vermindert oder sogar verhindert wird.[175]

Diese Ratio kollektiven Handelns läßt sich folgendermaßen formalisieren: Interpretiert man in Anlehnung an Buchanan und Tullock die Auswirkungen einer möglichen Blockade der eigenen Aktivitäten durch andere Akteure als Opportunitätskosten in Form von Einkommensverlusten, so kann Kooperation als Mittel zur Verringerung bzw. Vermeidung dieser Kosten angesehen werden.[176] Dies deckt sich mit der Erkenntnis aus dem vorangegangenen Abschnitt, in dem ge-

---

171 Vgl. Rawls, John (1971).

172 Vgl. Buchanan, James M. / Tullock, Gordon (1962).

173 Für einen Überblick über Sozialkontrakttheorien vgl. z.B. Mueller, Dennis C. (1980).

174 Rawls, John (1971), S. 126-127.

175 Vgl. hierzu auch Cooper, Richard N. (1985), S. 1200 und S. 1231.

176 Buchanan und Tullock sprechen hier von externen Kosten, da die Ursache dieser Kosten in den Aktivitäten anderer Akteure - also Externer - liegt. Vgl. Buchanan, James M. / Tullock, Gordon (1962), S. 45. Ähnliche Überlegungen finden sich auch bei Meade, der diesbezüglich von Realeinkommensexternalitäten spricht. Vgl. Meade, James E. (1973), S. 28-29.

zeigt wurde, daß die Maximierung des gemeinsamen Sozialprodukts aufgrund der Doppelbesteuerung internationaler Faktoreinkommen verhindert wird. Angenommen diese Doppelbesteuerung kann nur vermieden werden, wenn die beteiligten Staaten miteinander kooperieren, dann kann der daraus resultierende Anstieg des Sozialprodukts als Ertrag der Kooperation verstanden werden. Betrachtet man Abbildung 2.5 des vorherigen Abschnitts, dann wird deutlich, daß die kooperative Verminderung von Doppelbesteuerung zunächst zu einem starken Anstieg des gemeinsamen Sozialprodukts führt; mit zunehmender Vermeidung nimmt dieser Anstieg jedoch ab. Der Kooperationsertrag TR ist demnach eine Funktion des Kooperationsgrades Q und der Grenzertrag der Kooperation MR nimmt mit zunehmender Kooperation ab[177], d.h.:

$$TR = f(Q) \qquad \text{mit} \qquad \frac{dTR(Q)}{dQ} = MR < 0 \qquad (3.1)$$

Wenn die Interessen potentieller Mitglieder einer Kooperation jedoch ein gewisses Maß an Heterogenität aufweisen, dann verursacht der Kooperationsprozeß selbst Kosten, die im wesentlichen durch die Entscheidungs- und Konsensfindung hervorgerufen werden. Es scheint nun plausibel davon auszugehen, daß mit zunehmender Kooperation diese Kooperationskosten TC auch zunehmend ansteigen[178], so daß gilt:

$$TC = f(Q) \qquad \text{mit} \qquad \frac{dTC(Q)}{dQ} = MC > 0 \qquad (3.2)$$

Um den Nettovorteil bzw. den Gewinn der Kooperation TP zu bestimmen, müssen deshalb von den Kooperationserträgen die Kooperationskosten abgezo-

---

177 Vgl. hierzu auch Buchanan, James M. / Tullock, Gordon (1962), S. 86, die diesbezüglich von einer Vorteilskurve sprechen.

178 Sicherlich entstehen dem Entscheider auch bei völliger Abwesenheit von Kooperation individuelle Entscheidungsfindungskosten; hier sollen jedoch nur solche Kosten berücksichtigt werden, die daraus resultieren, daß mindestens zwei Personen eine Entscheidung treffen müssen. Vgl. Buchanan, James M. / Tullock, Gordon (1962), S. 45 und 70.

gen werden. Der optimale Kooperationsgrad Q^*, ist dann der Grad, bei dem der Kooperationsgewinn maximiert wird[179]:

$$TP(Q) = TR(Q) - TC(Q) \rightarrow \max!$$

$$\text{d.h.} \qquad Q = Q^* \qquad \text{wenn } \frac{dTR(Q)}{dQ} = MR = MC = \frac{dTC(Q)}{dQ} \tag{3.4}$$

Trägt man auf einer Ordinate den Gegenwartswert der erwarteten Erträge und Kosten, die einem Akteur durch potentielle Kooperation entstehen, auf der Abszisse den zunehmenden Kooperationsgrad ab, so lassen sich sowohl die Kooperationserträge *TR* als auch die Kooperationskosten *TC* als steigende Funktion des Kooperationsgrades *Q* darstellen. Die Kooperationserträge nehmen dabei mit zunehmender Kooperation ab; die Kooperationskosten steigen hingegen mit zunehmender Kooperation an. Die Kooperationsgewinne nehmen dann bei zunehmender Kooperation zunächst zu; ab einem bestimmten Kooperationsgrad nehmen die Gewinne aufgrund der überproportional steigenden Kooperationskosten jedoch wieder ab. Abbildung 3.1 soll dieses Kosten-Nutzen-Kalkül verdeutlichen.

Der Kooperationsgewinn wird dann maximal, wenn auch der Abstand zwischen Kooperationserträgen und Kooperationskosten maximal ist (dargestellt durch den gestrichelten Pfeil im oberen Teil der Abbildung 3.1). Aus Gleichung (3.4) ist ersichtlich, daß dies bei einem Kooperationsgrad Q^* der Fall ist, bei dem sich die Grenzerträge und die Grenzkosten der Kooperation egalisieren, die Kurven der Kooperationserträge und -kosten also die gleiche Steigung aufweisen. In der oberen Teilgraphik von Abbildung 3.1 wird dieses Kalkül in absoluten Größen und in der unteren Teilgraphik in marginalen Größen dargestellt. Aus Abbildung 3.1 läßt sich nun ableiten, daß weder die Ausgangssituation der Nicht-Kooperation ($Q = 0\%$) noch eine vollständige Kooperation ($Q = 100\%$) optimal ist. Es ist sogar durchaus vorstellbar, daß die Kooperationskosten bei vollständiger Kooperation die Kooperationserträge übersteigen und vollständige Kooperation somit inferior gegenüber der Ausgangssituation ist.

---

179 Definiert man die Vorteile der Kooperation, also die Kooperationserträge, als nicht entstandene bzw. vermeidbare Kosten, dann lassen sich alternativ die Kooperationsgesamtkosten (die von Buchanan und Tullock auch als Interdependenzkosten bezeichnet werden) minimieren. Der Ratio bleibt jedoch derselbe. Vgl. Buchanan, James M. / Tullock, Gordon (1962), S. 44, S. 71 sowie S. 85-87.

Abbildung 3.1: Die Bestimmung der optimalen Kooperation

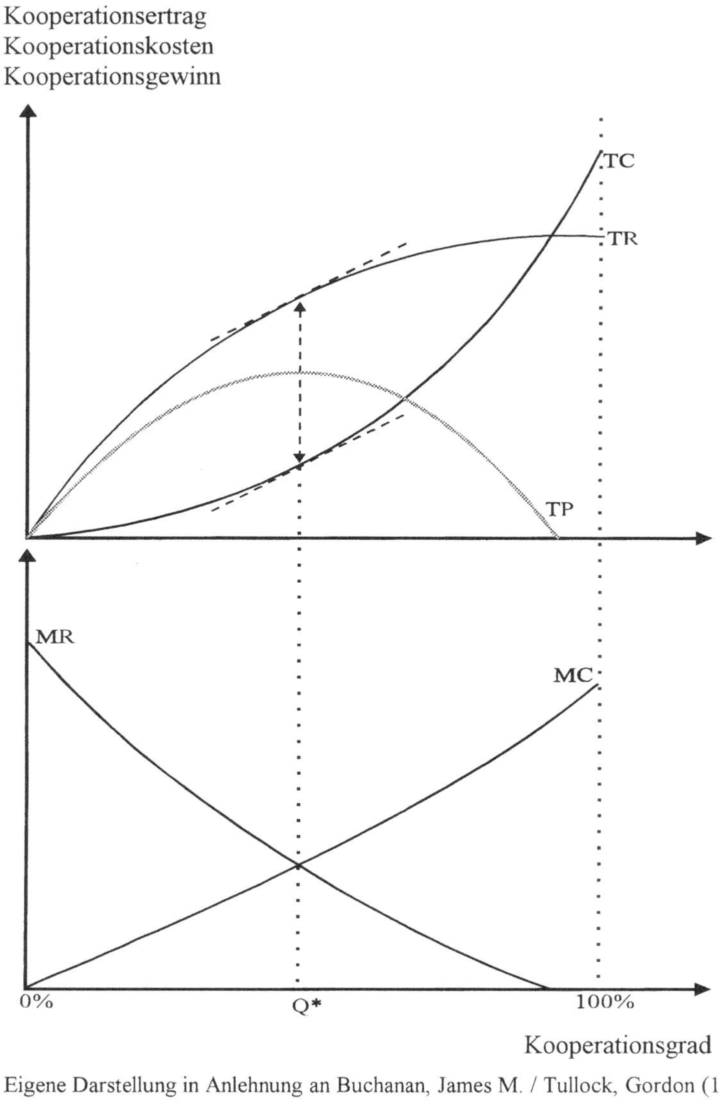

Quelle: Eigene Darstellung in Anlehnung an Buchanan, James M. / Tullock, Gordon (1962), S. 86, Figure 7.

Für die Besteuerung internationaler Faktoreinkommen läßt sich aus diesem Kooperationskalkül folgendes ableiten: die Doppelbesteuerung der Einkommen liegt darin begründet, daß mindestens zwei Staaten auf diese steuerlich zugreifen. Das genaue Ausmaß dieser Doppelbesteuerung ist nicht nur von der Gesamtheit der einkommensteuerrechtlichen Normen dieser Ländern abhängig, sondern auch von anderen Rechtsnormen (wie z.B. von den nationalen Handelsgesetzen), die die einkommensteuerrechtlich relevanten Parameter beeinflussen können.[180]

Wenn $Q = 100\%$ die Gesamtheit der Aspekte, die im Zwei-Länder-Fall Einfluß auf die Einkommensbesteuerung haben, darstellt, dann ist es aufgrund positiver Entscheidungs- und Konsensfindungskosten jedoch nicht optimal, alle diese Aspekte durch einen bilateralen Kooperationsvertrag zu koordinieren, auch wenn nur so Doppelbesteuerung vollständig vermieden werden kann. Es werden in etwaigen Kooperationsverträgen deshalb nur solche Aspekte berücksichtigt, die zu relativ hohen Grenzerträgen führen. Bei optimalem Kooperationsgrad Q^*, d.h. bei der Vertragsgestaltung, bei der eine optimale Teilmenge an doppelbesteuerungsrelevanten Aspekten berücksichtigt wird, entspricht der Grenzertrag des zuletzt berücksichtigten Aspekts genau den Grenzkosten dieser Berücksichtigung.

Ist die optimale Teilmenge an doppelbesteuerungsrelevanten Aspekten für den bilateralen Fall erst einmal ermittelt, dann kann das Konsens- und Kooperationskalkül auch auf den multilateralen Fall angewendet werden. Dies wird genau dann notwendig, wenn mehr als zwei Länder auf ein bestimmtes Einkommen steuerlich zugreifen können. In diesem Fall kann der Kooperationsgrad als Anteil der tatsächlichen Mitglieder einer Kooperation an der Gesamtheit aller möglichen Beteiligten interpretiert werden. Im Gegensatz zur Bestimmung der optimalen Anzahl an kooperativen Aspekten, soll hier die optimale Anzahl der kooperierenden Akteure bestimmt werden. Bei einer Kooperation aller Länder werden die Entscheidungs- und Konsensfindungskosten jedoch maximal, so daß die optimale Anzahl der kooperierenden Länder somit kleiner sein muß als die Gesamtheit aller Länder. Die Anzahl der kooperierenden Länder ist dabei genau dann optimal, wenn der Grenzertrag des zuletzt berücksichtigten Landes den Grenzkosten dieser Berücksichtigung entspricht.

Bei der Bestimmung der optimalen Anzahl der kooperierenden Akteure muß gleichwohl noch ein weiterer wesentlicher Kostenfaktor berücksichtigt werden. Im Zwei-Akteur-Fall wurde implizit davon ausgegangen, daß alle Entscheidungen, die innerhalb bzw. nach Abschluß eines Kooperationsvertrages getroffen werden, der Zustimmung beider Vertragspartner bedürfen. Bei zunehmender

---

[180] So sieht z.B. das deutsche Einkommensteuergesetz in § 5(1) vor, daß die Steuerbilanz nach handelsrechtlichen Grundsätzen erstellt wird (Stichwort: Maßgeblichkeit).

Gruppengröße mag es jedoch kostenminimierend sein, eine andere als die Einstimmigkeitsregel bei Gruppenentscheidungen einzuführen, denn dadurch können die Entscheidungsfindungskosten innerhalb einer kooperierenden Gruppe verringert werden. Jede Entscheidung, die nicht einstimmig beschlossen wird, birgt jedoch die Gefahr, daß Entscheidungen gegen die Interessen einer Minderheit beschlossen werden. Wenn z.B. mehrheitlich über die Bereitstellung eines kollektiven Gutes entschieden wird, jedoch alle Mitglieder dieses Kollektivs an der Finanzierung der Bereitstellung beteiligt sind, dann entstehen der Minderheit, die dieser Bereitstellung nicht zugestimmt hat, reale Kosten in Form höherer Finanzierungsbeiträge.[181] In einem multilateralen Doppelbesteuerungsabkommen können z.B. mehrheitlich Regelungen geändert werden, die zum Nachteil einer Minderheit ausfallen, so daß sich die Kooperationserträge dieser Minderheit verringern.

Diese Kosten der Mehrheitsentscheidungen müssen also bei der Bestimmung des Netto-Vorteils einer potentiellen Kooperation berücksichtigt werden.[182] Der Einfachheit halber wird jedoch in dieser Arbeit davon ausgegangen, daß postkonstitutionelle Entscheidungen, also Entscheidungen nach Abschluß des Kooperationsvertrages, stets einstimmig getroffen werden.[183] Dies gilt um so mehr, als daß es sich bei den später zu diskutierenden Doppelbesteuerungsabkommen i.d.R. um bilaterale Verträge handelt, bei denen definitionsgemäß die Einstimmigkeitsregel herrscht.

Jeder freiwillig abgeschlossene Kooperationsvertrag soll nun als wohlfahrtsoptimal bezeichnet werden. Der Grund liegt darin, daß ein Land einem wie auch immer gearteten Kontrakt nur dann zustimmen wird, wenn dadurch sein Nutzen erhöht wird; das Ergebnis ist somit individuell effizient. Zugleich wird dieses Land solch einem Vertrag ebenfalls nur dann zustimmen, wenn er dem besagtem Land auch in der Zukunft eine faire, und damit gerechte Behandlung garantiert. Hier wird also nicht eine exogen durch eine imaginäre Weltgesellschaft be-

---

181 Vgl. zu diesen Überlegungen auch Meade, James E. (1973), S. 16.

182 Neben diesen realen Kosten können bei solchen Mehrheitsentscheidungen jedoch auch die Präferenzen der Minderheit verletzt werden. Diese potentielle Präferenzenverletzung muß dann ebenfalls in Form von Kosten bei der Bestimmung des optimalen Kooperationsgrades berücksichtigt werden. Vgl. für eine solche Berücksichtigung auch Biehl, Dieter (1994), S. 99-100, der in diesem Zusammenhang von Präferenzen- bzw. Frustrationskosten spricht.

183 Für eine ausführliche Diskussion möglicher Abstimmungsregeln sei auf Vgl. Buchanan, James M. / Tullock, Gordon (1962), Kap. 6-17, verwiesen.

stimmte Optimalsituation verwirklicht, sondern endogen eine sowohl effiziente als auch gerechte Situation simultan herbeigeführt.[184]

Um das Zustandekommen von Doppelbesteuerungabkommen zu erklären, ist es zwar wichtig zu wissen, daß jedes tatsächlich abgeschlossene Abkommen aus Sicht der Vertragspartner wohlfahrtsoptimal sein muß, sofern der Vertragsabschluß freiwillig war. Diese Erkenntnis reicht jedoch noch nicht aus, um die genaue Form und Ausgestaltung dieser Abkommen zu bestimmen. Da unterschiedliche Kooperationsformen und -veträge auch zu unterschiedlichen Kooperationerergebnissen führen können, ist es notwendig diese Ergebnisse bewerten zu können. Um diese Bewertung zu vereinfachen, erscheint es dabei hilfreich, bereits existierende Bewertungskriterien heranzuziehen. Es sollen deshalb im folgenden alternative wohlfahrtstheoretische Herangehensweisen kurz vorgestellt und untersucht werden, ob sie für die hier durchzuführende Analyse geeignet erscheinen. Insbesondere gilt es hierbei zu klären, ob das betrachtete Optimum von allen Beteiligten einer potentiellen Kooperation akzeptiert werden kann.

3.1.3 Klassischer Utilitarismus

Der klassische Utilitarismus überträgt das Konzept der rationalen Entscheidung individueller Wohlfahrtsmaximierung auf die gesellschaftliche Ebene als Ganze, so daß die soziale Wohlfahrt dann als maximal begriffen wird, wenn auch die Summe aller individuellen Nutzen maximal ist. Als Beispiel sei hier auf Hutcheson verwiesen, der als einer der ersten das moralisch 'Gute' maximieren will, in dem er postuliert, daß "*that Action is best, which accomplishes the greatest Happiness for the greatest number; and that worst, which, in like manner, occasions Misery*"[185]. Nun gilt ebenso wie beim Individuum auch für die Gesellschaft als Ganzes, daß der gesellschaftliche Nutzen erhöht werden kann, wenn dieser Gesellschaft eine größere Menge an Gütern zur Verfügung gestellt wird. Oder mit Hicks' Worten: "*For a society as a whole, the only obstacles to satisfaction are the limited quantity of physical resources, and the limited quantities of products which can be got from those resources*"[186]. Bei gegebener Ressourcenausstattung einer gesamten Gesellschaft kann also durch eine Verbesserung der Allokations-

---

[184] Vgl. hierfür Buchanan, James M. (1967), S. 293- 295.

[185] Hutcheson, Fransis (1725), S. 164. Für eine Definition des 'moralisch Guten' sei auf S. 101 und S. 150, ebenda, verwiesen. Weitere Vertreter des klassischen Utilitarismus sind bekanntlich Hume, Adam Smith, Bentham, J. St. Mill sowie Edgworth. Für einen Überblick vgl. Rawls, John (1971), S. 22-34.

[186] Hicks, J. R. (1939), S. 700.

effizienz der Nutzen und damit die Wohlfahrt der gesamten Gesellschaft grundsätzlich erhöht werden.

Überträgt man diese Überlegungen auf die Situation der im Bereich der Einkommensbesteuerung freiwillig kooperierenden Staaten, so kann die Wohlfahrt der Beteiligten *ceteris paribus* maximiert werden, indem Doppelbesteuerung von internationalen Faktoreinkommen derart vermieden wird, daß die bi- bzw. multilaterale Faktorallokation optimiert und dadurch das gemeinsame Sozialprodukt maximal wird. Abbildung 3.2 verdeutlicht noch einmal diese Überlegungen. Dort werden die Sozialprodukte zweier Länder A und B in einer Graphik abgetragen. Die Ausgangssituation ohne Kooperation sei durch Punkt C dargestellt.

Abbildung 3.2: Wohlfahrtmehrende Kooperation im klassischen Utilitarismus

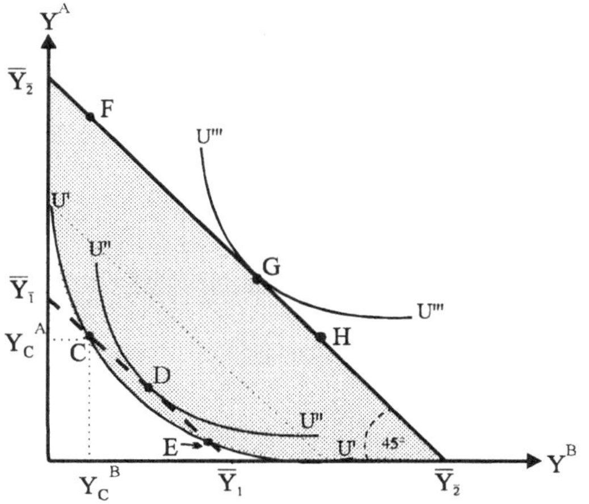

Quelle: Eigene Darstellung

Die Geraden $\overline{Y}_2$, die durch die Punkte F, G und H geht, kann als maximal durch Kooperation erreichbare Isogesamtprodukt- oder auch als Budgetgerade bezeichnet werden, und stellt somit die Effizienzgrenze der Kooperation dar. Dieses maximale gemeinsame Sozialprodukt berechnet sich aus der Summe der Sozialprodukte der jeweiligen Länder Y_C^A und Y_C^B in der Ausgangssituation und dem gesamten Kooperationsgewinn $\overline{Y}_2 - \overline{Y}_1$ bei optimalem Kooperationsgrad.[187] Die gesamte Fläche oberhalb des Koordinatenursprungs bis einschließlich der Effizienzgrenze, entspricht demnach einem Auszahlungsraum, der alle möglichen Kooperationsergebnisse beinhaltet.

Wenn P den Raum aller möglichen Einkommenskombinationen $Y(s)$ darstellt, die sich bei m alternativen Kooperationsvereinbarungen $s \in S$ der Strategiemenge $S \subset R^m$ ergeben können, dann läßt sich dieser Auszahlungsraum einer Kooperation bei n potentiellen Kooperationspartnern der Menge N = {1,...,n} formal wie folgt beschreiben:[188]

$$P = \{Y(s) | s \in S; \overline{Y} \geq Y^i \geq 0, \forall i \in N\} \tag{3.5}$$

U'U', U''U'' und U'''U''' entstammen der Schar bilateraler Indifferenzkurven einer sozialen Wohlfahrtsfunktionen $W = f(u^A(Y^A), u^B(Y^B))$ á la Burk und Samuelson[189]. Aufgrund abnehmenden Grenznutzens des Einkommens verlaufen diese konkav, wobei mit zunehmender Entfernung vom Koordinatenursprung die Nutzenniveaus ansteigen.

Ausgehend von Punkt C stellt nun die schraffierte Fläche oberhalb der Nutzenindifferenzkurve U'U' bis einschließlich der Effizienzgrenze die Menge der wohlfahrtsverbessernden Sozialproduktskombinationen dar. Auf den n-dimensionalen Fall bezogen, sind aus klassisch-utilitaristischer Sicht alle Kooperationsergebnisse akzeptabel, die im Auszahlungssubraum

$$U_C = \{Y(s) | s \in S; W^i \geq W(u^i(Y_C^i)), \forall i \in N\} \subset P \tag{3.6}$$

liegen.

Sofern eine soziale Wohlfahrtsfunktion spezifiziert ist, läßt sich diese unter der Nebenbedingung U_C maximieren.

---

[187] Die Existenz einer Isoprodukt- oder Einkommensgeraden wird dadurch ermöglicht, daß Transferzahlungen zwischen den Beteiligten zugelassen werden, so daß mit der Allokationsentscheidung noch keine abschließende Verteilung der Einkommen einhergeht.

[188] Die Notation entspricht dabei im wesentlichen Holler, Manfred, J. / Illing, Gerhard (1996), S. 31-41.

[189] Vgl. Burk, Abram (1938), S. 312 und S. 330-334. sowie Samuelson, Paul A. (1947).

Sieht man von einigen wenigen Kombinationen ab, so kann verallgemeinert festgestellt werden, daß eine Erhöhung des gemeinsamen Sozialprodukts auch die Erhöhung der gemeinsamen Wohlfahrt bedingt. Wenn die Vermeidung von internationaler Doppelbesteuerung die bilaterale Allokationseffizienz verbessert und somit auch das gemeinsame Sozialprodukt vermehrt, dann ist eben diese Vermeidung auch wohlfahrtsmehrend. Die Bestimmung des exakten Wohlfahrtsoptimum hängt von dem Verlauf der bilateralen Nutzenfunktion ab. Es muß jedoch auf jeden Fall auf der Effizienzgrenze liegen, wie z.B. in Punkte F, G oder H. Falls die beiden nationalen Nutzenfunktionen ähnlich verlaufen, und zudem gleichwertig in die bilaterale Wohlfahrtsfunktion eingehen, dann kommt das bilaterale Wohlfahrtsoptimum bei einer relativen Gleichverteilung des gemeinsamen Sozialprodukts zustande. In Abbildung 3.2 stellt Punkt G ein solches Gleichgewicht dar, denn dort wird die Effizienzgrenze zur Tangente des maximal noch erreichbaren bilateralen Nutzenniveaus U'''U'''.

Vergleicht man nun Punkte zwischen C und E, die alle auf der gleichen Isoproduktgeraden $\bar{Y}_1$ liegen, wie z.B. Punkt D, dann stellt man fest, daß die bilaterale Wohlfahrt aber auch alleine schon dadurch erhöht werden kann, indem das gemeinsame Sozialprodukt zu Gunsten von Land B umverteilt wird, denn Punkt D wird von der Indifferenzkurve U''U'' tangiert, die oberhalb der ursprünglichen Kurve U'U' liegt. Dies liegt daran, daß Land B in der Ausgangssituation C einen höheren Grenznutzen des Einkommens hat als Land A, d.h. durch eine reine Umverteilungsmaßnahme zwischen den Beteiligten werden die Nutzeneinbußen der Geber aufgrund der Nutzengewinne der Nehmer überkompensiert. Somit kann eine Einkommensumverteilung von 'reich' nach 'arm' im klassisch-utilitaristischen Sinne als wohlfahrtsmehrend gerechtfertigt werden.

Auf die Kooperation im Bereich der Einkommensbesteuerung angewendet, bedeutet dies, daß die gemeinsame Wohlfahrt auch dadurch maximiert werden kann, indem durch die Wahl einer bestimmten Doppelbesteuerungsvermeidungsmaßnahme zwar nicht das gemeinsame Sozialprodukt maximiert wird, jedoch das bestehende gemeinsame Sozialprodukt zu Gunsten ärmerer Kooperationsteilnehmer - hier also die Entwicklungsländer, dargestellt durch Land B - umverteilt wird.

Die Wahl solch eines klassisch-utilitaristischen Wohlfahrtsmaßes ist jedoch nur möglich, wenn die Nutzen der beteiligten Länder miteinander verglichen werden können, stellt doch allein diese Voraussetzung sicher, daß etwaige Nutzenverluste durch Nutzengewinne überkompensiert werden. I.d.R. wird jedoch davon ausgegangen, daß intersubjektive Nutzenvergleiche weitgehend unmöglich sind, da Nutzen nicht kardinal meßbar sei.[190]

Lassen sich Nutzen jedoch nicht intersubjektiv vergleichen, dann kann Arrow folgend eine soziale Wohlfahrtsfunktion nur unter sehr begrenzten Bedingungen formuliert und verwendet werden.[191] Aber noch aus einem weiteren Grund erscheinen reine Einkommensumverteilungen problematisch. Bei einer reinen Umverteilung handelt es sich nämlich um ein Null-Summen-Spiel; es gibt also immer mindestens einen Verlierer und mindestens einen Gewinner. Der Vorteil einer Umverteilung wird im klassischen Utilitarismus damit gerechtfertigt, daß dadurch die Summe der Nutzen maximal wird. Der Verlierer akzeptiert dabei seinen Verlust, da dies dem Wohle Aller dient. Auf die Industrieländer-Entwicklungsländer-Problematik angewendet, würde dies bedeuten, daß die Industrieländer einen Einkommensverlust zum Wohle der Entwicklungsländer und damit zum Wohle der Kooperationsgemeinschaft akzeptieren würden.

Offen bleibt hierbei jedoch die Frage, wieso der Verlierer dieses akzeptieren sollte. Geschieht dies freiwillig oder durch Zwang? Da internationale Steuerpolitik nicht im Rahmen einer Zwangsgemeinschaft bzw. innerhalb eines souveränen Weltstaates stattfindet, die die Industrieländer zu eben solch einer Umverteilung zwingen könnte, findet diese Steuerpolitik auf Basis freiwilliger Kooperation statt. Freiwillige Umverteilungsmaßnahmen zu Gunsten von Entwicklungsländern werden jedoch nur stattfinden, wenn in den Industrieländern ein genügend hohes Maß an altruistischen Interessen vorliegt.[192] So gerne man zwar persönlich Boulding's "*first dream ... of a world in which poverty shall be no more; in which nobody shall go hungry, or lack adequate shelter and clothing, or be deprived of those things which are necessary for the development of the personality, for*

---

[190] Vgl. hierzu z.B. Sen, Amartya (1995), S. 3.

[191] Vgl. Arrow, Kenneth J. (1963), S. 59. Für eine ausführliche Diskussion von Arrow's '*General Possibility Theorem*' sei der Überblicksartikel von Sen, Amartya (1995) empfohlen.

[192] Unter Altruismus soll hier selbstloses und uneigennütziges Handeln verstanden werden. Altruistisches Verhalten darf deshalb streng genommen keinen Nutzen beim Geber stiften. Denn wenn das 'Geben' dem Geber selbst Nutzen stiftet, dann könnte eine reine Umverteilungsmaßnahme nicht mehr zwangsläufig als nutzenmäßiges Null-Summen-Spiel angesehen werden, da die Nutzenmehrung, die mit dem 'Geben' verbunden ist, die Nutzenminderung aufgrund des Einkommensverlusts beim Geber überkompensieren könnte. Zum Begriff des Altruismus vgl. aber auch Maurer, R. K. (1971), S. 200-201.

sheer lack of means"[193] teilen mag, so wenig realistisch erscheint es dem Verfasser jedoch, daß die Industrieländer grundsätzlich und in allen Situationen, die für die Verwirklichung dieses 'Traumes' notwendigen materiellen Verluste akzeptieren werden.[194] Die Verwendung eines im klassisch-utilitaristischen Sinne definierten Wohlfahrtsoptimum als generelles Bewertungskriterium scheint deshalb für die hier durchzuführende Analyse auch wenig fruchtbar, so daß nach anderen Wohlfahrtsmaßen gesucht werden muß.

3.1.4 Pareto-Optimalität

Schließt man altruistische Motive aus (bzw. stellt man sie in den Hintergrund), so verbleibt die Maximierung des Eigeninteresses als primäres Handlungsmotiv. Ein beteiligter Staat wird in diesem Falle nur dann einer ihn betreffenden Maßnahme zustimmen, wenn er selbst einen unmittelbaren Vorteil aus dieser Maßnahme bezieht. Abstrahiert man zusätzlich von der Existenz intersubjektiven Neids[195], dann mündet diese Argumentationskette letztendlich in Pareto's bekannter Aussage, "*that the members of a collectivity enjoy maximum ophelimity in a certain position when it is impossible to find a way of moving from that position very slightly in such a manner that the ophelimity enjoyed by each of the individuals of that collectivity increases or decreases*" [196]. Dieses als Pareto-Optimum bezeichnete Maximum ist also eine Gleichgewichtssituation, in der keinerlei Maßnahme zur Bevorteilung irgendeines Gemeinschaftsmitgliedes durchgeführt werden kann, ohne daß dadurch ein anderes benachteiligt wird.[197]

Neben der Erklärung für die individuelle Akzeptanz dieses Optimums hat das Pareto-Kriterium noch einen weiteren Vorteil gegenüber dem klassischen Utilitarismus: Da bei der Bestimmung des Optimums etwaige Nutzenkompensationen

---

193 Boulding, Kenneth E. (1959), S. 419.

194 Dies schließt jedoch nicht aus, daß einige Industrieländer im Einzelfall dennoch auch altruistische Interessen verfolgen.

195 Dies ist deshalb von Bedeutung, da dadurch die Bewertung der eigenen Situation nicht von der relativen Positionierung innerhalb der Gesellschaft abhängt.

196 Pareto, Vilfredo I. (1909), Kap. VI, § 33, S. 261.

197 Eine Lockerung bzw. eine Modifikation dieses Kriteriums durch Kaldor und Hicks besagt, daß eine Maßnahme als potentielle Pareto-Verbesserung interpretiert werden kann, wenn nach einer Kompensation der potentiellen Verlierer durch die potentiellen Gewinner eine Nettovorteil verbleibt. Vgl. hierzu Kaldor, Nicholas (1939), S. 550 sowie Hicks, J. R. (1939), S. 706 und S. 709-710.

keine Rolle spielen, kann vollständig auf intersubjektive Nutzenvergleiche verzichtet werden.[198] Nicht zuletzt deshalb dominiert auch das Pareto-Kriterium in der neueren Wohlfahrtsökonomie.[199]

Nun existieren bekanntermaßen gleichwohl für jede Primärverteilung der Ressourcen auch ein Pareto-Optimum. Je nach Primärverteilung sind also unterschiedliche Gleichgewichtspunkte pareto-optimal, die, für sich genommen, aus Sicht des Pareto-Kriteriums in keiner wertenden Rangfolge zueinander stehen. Pareto selbst stellt bei der Formulierung seiner Theorie auch klar, daß Verteilungsfragen durch sein Kriterium nicht beantwortet werden sollen. Es geht bei ihm schlicht darum, "*how to produce the economic goods in such a way, that distributing them according to the rules obtained by the solution of the first problem* [nämlich die Verteilungsfrage, Anm. d. Verf.], *the members of society obtain maximum ophelimity*"[200]. Es ist deshalb angebracht im Zusammenhang mit dem Pareto-Kriterium nicht von einem Wohlfahrtsoptimum zu sprechen, sondern es vielmehr als ein allokatives Effizienzkriterium zu verstehen.[201] [202]

Unabhängig davon, kann jedoch untersucht werden, ob es sich hierbei um ein akzeptables Kriterium für eine freiwillige Kooperation im Bereich der Einkommensbesteuerung handelt. Für das erste kann festgehalten werden, daß die aus einer Kooperation resultierenden Zunahme der gemeinsamen Nutzensumme bzw. des gemeinsamen Sozialprodukts allein noch keine Pareto-Verbesserung darstellt. Eine solche Verbesserung findet nur dann statt, wenn sicher gestellt wird, daß in dieser Kooperation keiner der beteiligten Staaten schlechter dar steht als in der Ausgangssituation. Damit werden zugleich auch alle Maßnahmen abgelehnt, die zu einer reinen Umverteilung führen.

---

198 Dies gilt auch für das modifizierte Pareto-Kriterium von Kaldor und Hicks, siehe, Kaldor, Nicholas (1939), S. 551, FN 1.

199 Für eine gute Darstellung und Kritik der sog. 'Neuen Wohlfahrtsökonomik' sei z.B. auf Little, I. M. D. (1958), Kap. VI, verwiesen.

200 Pareto, Vilfredo I. (1909), Kap. VI, § 53, S. 267.

201 Vgl. zu diesen Überlegungen z.B. Koopmans, Tjalling C. (1957), S. 49. Vgl. aber auch bereits Wicksell, Knut (1913), S. 129-137.

202 Es hat allerdings auch nicht an Versuchen gemangelt, Verteilungsaspekte mit dem Pareto-Kriterium in Einklang zu bringen. Vgl. z.B. Hochman, H. M. / Rodgers, J. D. (1969). Es hat sich dabei aber gezeigt, daß jegliche (pareto-) optimale Einkommensumverteilung ein Mindestmaß an Altruismus voraussetzt. Vgl. Brennan, Geoffrey (1973), S. 43 und S. 52-54.

Abbildung 3.3 stellt dieses Ergebnis dar. Unterstellt man plausibler Weise einen streng positiven Zusammenhang zwischen dem Nutzen eines Akteurs und seinem individuellen Einkommen, dann werden die beteiligten Länder einer Kooperation nur dann zustimmen, wenn sich dadurch ihr Sozialprodukt nicht vermindert. Das Kooperationsergebnis muß dann in dem schraffierten Dreieck oberhalb und rechts von Punkt C liegen. Punkt D, der nach klassisch-utilitaristischer Sicht noch Punkt C bevorzugt wurde, ist bei Anwendung des Pareto-Kriteriums jetzt inferior. Ebenso liegen nun nicht mehr alle Punkte auf der Effizienzgrenze im Bereich der Pareto-verbessernden Kooperationsergebnisse, sondern nur noch die Punkte zwischen F und H.

Abbildung 3.3: Pareto-verbessernde Kooperation

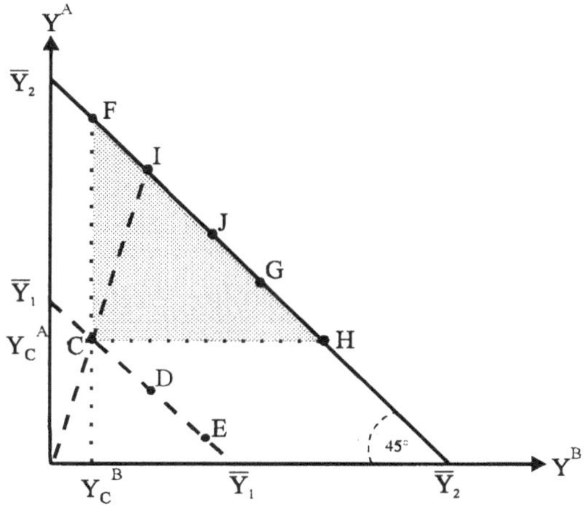

Quelle: Eigene Darstellung auf Basis der Abbildung 3.2.

Für den akzeptablen Auszahlungsraum der Kooperation P_C im n-dimensionalen Fall gilt dann:

$$P_C = \{Y(s) | s \in S; Y^i \geq Y_C^i, \forall i \in N\} \subset P \tag{3.7}$$

Und für die Menge der Pareto-optimalen Kooperationsvereinbarungen S_C gilt:

$$S_C = \{s \in S | Y(s) \subset P_C \wedge Y^i(\tilde{s}) > Y^i(s) \Rightarrow Y^j(\tilde{s}) < Y^j(s) \textit{ für } i \neq j,\ i, j \in N\} \quad (3.8)$$

D.h. ausgehend von den Kooperationsvereinbarungen S_C , gibt es keine Vereinbarung $\tilde{s}$, die einen Kooperationspartner besser stellt, ohne gleichzeitig einen anderen Kooperationspartner schlechter zustellen.

Alle Kooperationvereinbarungen S_C , bzw. die daraus folgenden Kooperationsergebnisse, sind für sich genommen gleichwertig, d.h. aus Sicht des Pareto-Kriteriums dominiert keines von ihnen. Jeder der potentiellen Kooperationspartner bevorzugt jedoch aus seiner Sicht das Kooperationsergebnis, das ihm einen möglichst großen Anteil an dem Kooperationsgewinn zuspricht. Da diese Präferenz für alle potentiellen Kooperationspartner gilt, reicht das Pareto-Kriterium auch nicht aus, um zwischen diesen unterschiedlichen Kooperationsmöglichkeiten eine dominante Lösung auszuwählen.

Der wohl bekannteste Lösungsansatz für dieses Wahlproblem ist die Nash-Lösung der kooperativen Spieltheorie.[203] Dort erfordert eine akzeptable Lösung, daß neben der Pareto-Optimalität auch die Symmetrie des Verhandlungsspiels sowie die Unabhängigkeit von äquivalenter Nutzentransformation und von irrelevanten Alternativen gegeben ist.[204] Trifft dies zu, dann kann im Zwei-Länder-Fall durch die Maximierung des folgenden, in Geldwerte übertragenen, Nash-Produkts

$$NP = (Y^A - Y_C^A) \cdot (Y^B - Y_C^B) \quad (3.9)$$

eine eindeutige Lösung (wie etwa Punkt J) gefunden werden. Diese Nash-Lösung ist jedoch nach dieser Übertragung nur noch sehr bedingt gültig, so daß ihre empirische Relevanz häufig bezweifelt wird.[205]

Eine weitere mögliche Herangehensweise zur Lösung dieser Wahlentscheidung könnte nun in der stärkeren Berücksichtigung der Anfangssituation liegen. Diese wurde bisher nur insofern berücksichtigt, als daß sich keines der beteiligten Län-

---

203 Für eine ausführliche Diskussion der kooperativen Spieltheorie sei z.B. auf Moulin, Hervé (1988), verwiesen. Ein etwas einfacherer Überblick findet sich bei Holler, Manfred, J. / Illing, Gerhard (1996), Kap. 5.

204 Die von Nash, J. F. (1950) definierten Axiome werden anschaulich in Luce, Duncan R. / Raiffa, Howard (1957) diskutiert.

205 Vgl. insbesondere Roth, Alvin E. (1979).

der schlechter als in dieser Situation stellen will. Ein Land stimmt danach auch dann einer Kooperation zu, wenn die gesamten Kooperationsgewinne dem anderen Land zufallen würden, jedenfalls solange ihm dadurch kein Nachteil entsteht. Das relativ arme Land B stimmt also auch einer Kooperation mit Land A zu, die zu Punkt F führt. Da bisher von positiv-verbundenen Nutzenfunktionen abstrahiert wurde, ist dieses Verhalten auch rational. Wenn nun aber Land B seine Ausgangssituation im Vergleich zu Land A als derart unbefriedigend empfindet, daß es eine Verschlechterung dieser relativen Position nicht akzeptieren wird, dann wird eine auf absoluten Pareto-Verbesserungen basierende Argumentation eventuell nicht ausreichen, um die Zustimmung des 'ärmeren' Kooperationpartners herbeizuführen.[206] Wenn Land A ebenfalls auf einer relativen Bestandswahrung besteht, dann bleibt nur Punkt I als einziges von allen Beteiligten akzeptiertes, Kooperationsergebnis. Das modifiziertes Pareto-Kriterium müßte in diesem Falle lauten, daß nur solche Ergebnisse als Verbesserung angesehen werden, die eines der beteiligten Länder besser stellt, ohne dabei gleichzeitig die relativen Positionen der anderen beteiligten Länder zu verschlechtern.

Es lassen sich sicherlich eine Vielzahl auf dem Pareto-Kriterium und der Nash-Lösung aufbauende Ansätze diskutieren, die alle für sich genommen vor dem Hintergrund der jeweiligen Annahmen plausibel erscheinen. Die Bestimmung eines von allen Beteiligten akzeptierten Optimums scheint dagegen derart schwierig, daß man sich allerdings mit Dobb fragen kann, ob sich die Mühe überhaupt lohnt, solch ein Optimum bzw. Maximum zu definieren, denn "*one is tempted to the suspicion that to strive after such a maximum is very much like looking in a dark room for a black hat which may be entirely subjective after all*"[207].

3.1.5 Der zweistufige Ansatz: Trennung zwischen Regeln und Ergebnissen

In der Tat scheint es für die in dieser Arbeit relevante Problematik der Besteuerung von internationalen Faktoreinkommen äußerst schwierig, ein von allen Beteiligten akzeptiertes Wohlfahrtsmaß - insbesondere zur Verteilung der potentiellen Kooperationsgewinne - zu finden.

Es besteht jedoch eventuell die Möglichkeit, Kooperationen bzw. Kooperationsverträge derart zu gestalten, daß durch diese Verträge nicht schon automatisch

---

[206] In solch einer Ausgangsposition befindet sich Land B demnach in relativer Armut und die Verringerung dieser Armut mag für Land B stets als Nebenbedingung gelten. Für die Definition von Armut sei z.B. auf Sautter, Hermann / Serries, Christoph (1993), S. 8-12, verwiesen.

[207] Dobb, Maurice (1933), S. 594.

eine bestimmte Einkommensverteilung festgelegt wird. Solche Verträge hätten dann vielmehr die grundsätzlichen Kooperationsregeln zum Inhalt, innerhalb derer die Kooperation vonstatten geht. Potentielle Kooperationspartner werden dabei diesen Regeln genau dann zustimmen, wenn sie sich durch diese Regeln fair und gerecht behandelt fühlen und ihre Situation verbessern können.

Die Trennung zwischen Regeln und Ergebnissen, also zwischen dem Kooperationsrahmen und dem Kooperationsergebnis, ist charakteristisch für die anfangs kurz vorgestellte Sozialkontrakttheorie. Der Vorteil dieser Vorgehensweise liegt nach Auffassung ihrer Vertreter im wesentlichen darin, daß bei der Bestimmung des optimalen Rahmens noch keine abschließende Aussage über das endgültige, im traditionellen Sinne definierte, Wohlfahrtsoptimum getätigt werden muß. Dies gilt insbesondere bezüglich einer gerechten Einkommens- und Vermögensverteilung.[208] Stimmt man nämlich Mueller grundsätzlich zu, daß "*most theories of justice are built around the prescription that one put one's self in the other fellow's shoes - more to the point, that the rich man place himself in the position of the poor*"[209], dann ist es plausibel, daß es einem Akteur weitaus einfacher fallen wird, sich bei grundsätzlichen Fragen der Kooperation in die Situation anderer 'hineinzuversetzen', als wenn es um Fragen der konkreten Einkommens- und Vermögensverteilung geht, die seinen materiellen Status Quo unmittelbarer beeinflussen können. Um es mit den Worten Muellers auszudrücken: Es wird dem 'Reichen' einfacher fallen, sich die Schuhe des 'Armen' anzuziehen, wenn diese Schuhe selbst nicht unmittelbarer Verhandlungsgegenstand sind. Dieser Ansatz entspricht im Grunde genommen Sens Charakterisierung von Buchanans "*Procedural Approach*", welcher "*would look for 'right' institutions rather than 'good' outcomes and would demand the priority of appropriate procedures (including the acceptance of what follows from these procedures)*"[210].

Ist erst einmal ein optimaler rechtlich-institutioneller Rahmen geschaffen, dann könnte dies - folgt man Buchanan und Tulock - sogar dazu führen, daß ein eventuelles post-konstitutionelles Umverteilungsvolumen reduziert werden kann, denn "*if the legal and institutional framework is such that the distribution of emerging rewards is tolerably acceptable, the direct intervention to effect redistribution that may be dictated is reduced*"[211]. Insbesondere dem 'Armen' wird es nun auch

---

208 Vgl. für eine ausführliche Diskussion insbesondere Rawls, John (1971).

209 Mueller, Dennis C. (1974), S. 147.

210 Sen, Amartya (1995), S. 2.

211 Buchanan, James / Tullock, Gordon (1962), S. 196-197.

einfacher fallen, sich in die Situation des 'Reichen' hineinzuversetzen, weil er aufgrund der gerechten und effizienten Rahmenbedingungen die Verbesserung seiner eigene Position für weitaus realistischer einschätzen mag als zuvor.

Für die hier vorzunehmende Bewertung des Systems der Besteuerung internationaler Faktoreinkommen scheint es angebracht, ebenfalls sozialkontraktstheoretisch vorzugehen, denn nach Ansicht des Verfassers stellt eine solche Herangehensweise die geringsten Anforderungen an kooperative Verhaltensweisen und verspricht deshalb auch die höchste Akzeptanz bei den Beteiligten. Im folgenden sollen deshalb zunächst die rechtlich-institutionellen Rahmenbedingungen formuliert werden. Die konkreten Auswirkungen dieser Kooperation auf die Faktorallokation und die Verteilung der Kooperationsgewinne (inklusive der Steuereinnahmen) bei gegebener Anfangsaustattung werden erst in einem zweiten Schritt untersucht. Bei dieser Vorgehensweise bezieht sich das Attribut 'Wohlfahrtsanalyse' freilich streng genommen nur auf den ersten Schritt, also auf den Kooperationsrahmen. Bezüglich der allokativen und distributiven Auswirkungen unterschiedlicher Besteuerungssysteme, bei gegebener Ausgangssituation, kann jedoch keine abschließende wohlfahrtsökonomische Bewertung, im Sinne einer eindeutigen optimalen Gleichgewichtssituation, vorgenommen werden. Daher wird Schotter folgend in dieser Arbeit "*welfare economics not as a study that ranks social states or prescribes optimal resource allocation*" verstanden, "*but as one that ranks the system of rules which dictate social behavior*"[212].

3.2 Der wohlfahrtsoptimale Kooperationsrahmen

Potentielle Kooperationspartner werden einer bestimmten Kooperation nur dann zustimmen, wenn die Regeln dieser Kooperation ihre individuelle Wohlfahrt maximieren. Dazu müssen diese Regeln sowohl effizient, als auch individuell gerecht bzw. fair sein. Diese allgemeine Feststellung gilt es nun zu präzisieren.

Folgt man Rawls, dann sind genau diejenigen Regeln oder Bedingungen einer Kooperation fair, die 'vernünftigerweise' von allen Kooperationspartnern anerkannt werden.[213] Also solche, "*that would be unanimously agreed to in an appropriate initial situation that is fair between individuals conceived as free and equal moral persons*"[214]. Kooperationsregeln sind demzufolge dann 'fair', wenn

---

[212] Schotter, Andrew (1981), S. 6.

[213] Vgl. Rawls, John (1992), S. 266.

[214] Rawls, John (1974), S.141.

sie in einer oftmals auch als 'Urzustand' beschriebenen 'fairen' Ausgangslage getroffen werden.

Explizit auf die Beziehungen zwischen Nationen angewendet, gelte laut Rawls in einem solchen Urzustand für die Repräsentanten der unterschiedlichen Staaten, daß "*while they know that they represent different nations each living under the normal circumstances of human life, they know nothing about particular circumstances of their own society, their power and strength in comparison with other nations, nor do they know their place in their own society*"[215]. In dieser Ausgangslage werden alle Entscheidungen hinter einem sog. 'Schleier der Unwissenheit' (dem "*veil of ignorance*") getroffen. Deshalb befinden sich in diesem Urzustand auch alle Beteiligten in der gleichen Position, und keiner dieser Beteiligten sei in der Lage, solche Regelungen zu erkennen, die ausschließlich zu ihrem Vorteil seien könnten.

Das Problem bei der Anwendung des Rawls'schen Konzepts auf die hier behandelte Problematik der freiwilligen Kooperation im Zusammenhang mit der Besteuerung von internationalen Faktoreinkommen liegt nun darin, daß die potentiellen Kooperationspartner sehr wohl über ihre derzeitige Situation informiert sind. Für die Bereitschaft zur Kooperation ist dieses Wissen um den Status Quo sogar notwendig, denn eine wie auch immer geartete Kooperation wird schließlich nur eingegangen, wenn die Beteiligten dadurch ihre Situation verbessern; eine Verbesserung kann jedoch nur als solche erkannt werden, wenn auch die Ausgangssituation bekannt ist.

Geht man also davon aus, daß wichtige Elemente der Ausgangslage bekannt sind, dann impliziert dies jedoch noch lange nicht, daß damit auch die Entwicklung der eigenen Position in der Zukunft mit Gewißheit feststeht. Existiert diesbezüglich eine gewisse Unsicherheit, dann kann dies Buchanan folgend gleichwohl ausreichen, um fairen Regeln zuzustimmen, denn "*if no prospective player can predict his own position in the various rounds of play anticipated, consensus on rules move in the realm of possibility. In this situation, each prospective player will be motivated to select a set of rules, that will seem 'efficient' or 'fair' in the private or individualized sense that, whatever may be his own position, he will stand a 'fair' chance of winning*"[216].

---

[215] Rawls, John (1971), S. 378. Rawls geht bei der Anwendung seines Konzepts jedoch nur auf das Völkerrecht in bezug auf Kriege etc. ein. Völkerrechtliche Steuerabkommen bzw. Fragen nach einer gerechten Weltgesellschaft werden von ihm nicht explizit untersucht.

[216] Buchanan, James M. (1967), S. 219.

Für die Zustimmung zu fairen Regeln ist es demnach nicht notwendig, daß die potentiellen Kooperationspartner hinter dem Rawls'schen 'Schleier der Unwissenheit' entscheiden. Die Voraussetzung des Buchanan'schen 'Schleiers der Unsicherheit' scheint hierfür auszureichen.[217] Auf die Problematik der internationalen Faktoreinkommensbesteuerung angewendet bedeutet dies, daß die potentiellen Beteiligten einer Kooperation fairen Regeln zustimmen werden, wenn ihre zukünftige Situation, insbesondere ihre relative Einkommensposition und die Auswirkungen einer etwaigen Kooperation auf diese Einkommensposition, nicht mit Gewißheit bekannt ist.

In der Tat ist die Entwicklung der relativen Einkommensposition einzelner Länder oftmals nicht genau vorhersehbar und zudem in den seltensten Fällen stabil. Betrachtet man z.B. die Entwicklung der Pro-Kopf-Einkommen (PKE) ausgewählter Länder in den vergangenen 65 Jahren, die in Abbildung 3.4 der Übersicht halber als Prozent des PKE des jeweils reichsten Landes ausgedrückt sind, so stellt man fest, daß die Einkommenspositionen dieser Länder keineswegs stabil bzw. sicher waren.

War das Vereinigte Königreich 1937 noch das zweitreichste Land der Welt (mit einem PKE von knapp 85% des damals reichsten Landes, der U.S.A.), so fiel es bis 1994 auf Rang 17 (mit nur noch 48% des PKE des reichsten Landes, nämlich der Schweiz). Argentinien mußte ebenfalls seine Einkommensposition aufgeben und fiel zwischen 1937 und 1990 von Rang 15 (mit 36% des U.S. amerikanischen PKE) auf Platz 39 (mit nur noch 10% des höchsten PKE), konnte sich jedoch bis 1994 wieder auf Rang 25 verbessern (mit 21 % des höchsten PKE).[218]

---

217 Für die Relevanz der Unterscheidung zwischen dem Rawls'schen 'Schleier der Unwissenheit' und einem 'Schleier der Unsicherheit' vgl. auch Buchanan, James M. (1976), S. 27, insbesondere FN 6 sowie Neumärker, Karl J. B. (1995), S. 43-45. Zu solchen Regeln kommt man im übrigen auch, wenn ein 'Schleier der Unbedeutsamkeit' vorliegt. Vgl. Kliemt, Hartmut (1986), S. 334. Letzterer spielt in dieser Arbeit jedoch keine Rolle.

218 Im Jahre 1913 hatte Argentinien mit einem PKE von knapp 60% des damals reichsten Landes - der USA - sogar das dritthöchste PKE weltweit und lag damit vor Ländern wie Spanien und Frankreich. Vgl. Maddison, Angus (1983), S. 30, Tabelle 2. Hier finden sich auch weitere PKE Daten der in Abbildung 3.2 dargestellten Länder, die aber wegen der mangelnden Vergleichbarkeit dort nicht integriert werden konnten.

Abbildung 3.4: Die Entwicklung der Pro-Kopf-Einkommen ausgewählter Länder 1932-1994 (in % des 'reichsten' Landes des jeweilige Jahres)

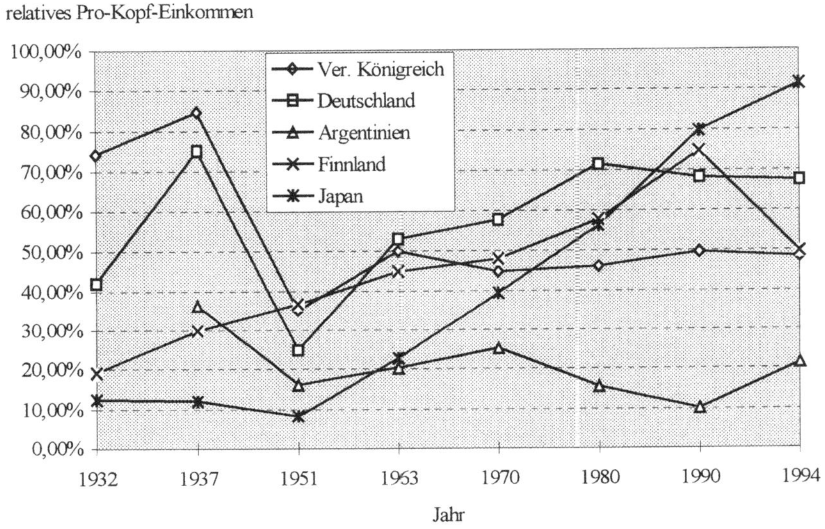

Quelle: Eigene Berechnung auf Basis von Anhang 9.2.

Am stärksten veränderte sich jedoch die Einkommensposition von Japan, das 1932 lediglich ein PKE von 12% des damals reichsten Landes aufwies und damit auf Rang 19 hinter Griechenland und bei einem ähnlichen Niveau wie Mexiko lag, 1994 jedoch mit mehr als 91% das zweitreichste Land der Welt wurde. Finnland konnte seine Position bis 1990 ebenfalls wesentlich verbessern (von Rang 16 auf Rang 3), sackte jedoch 1994 auf Platz 17 zurück. Die Entwicklung der Einkommensposition Deutschlands war ebenfalls starken Schwankungen unterworfen, mit einem maximalen prozentualen PKE-Wert von 75% vor dem 2. Weltkrieg und einem minimalen prozentualen PKE-Wert von knapp 25% danach. 1994 lag Deutschland mit einem prozentualen PKE-Wert von 67% auf Rang 6.[219]

Bezüglich der Auswirkungen von möglichen Kooperationsregeln auf die langfristige Einkommensentwicklung der jeweiligen Kooperationspartner läßt sich folgendes sagen: Aus Abbildung 2.5 erkennt man, daß der individuelle Sozialpro-

---

219 Vgl. Anhang 9.2.

duktszuwachs durch Vermeidung von Doppelbesteuerung insbesondere von der relativen Faktorausstattung der beteiligten Länder und der Steigung der Grenzproduktkurven abhängt. In der Ausgangssituation sind diese Parameter mehr oder weniger bekannt, so daß die Auswirkungen möglicher Kooperationsregeln auf die Sozialprodukte der Beteiligten in der unmittelbar nach Beginn dieser Kooperation folgenden Periode bestimmt werden können. In den darauf folgenden Perioden können sich allerdings die relevanten Parameter verändern und zwar einerseits in Abhängigkeit der endogenen Sozialproduktsveränderung und andererseits in Abhängigkeit von exogenen Variablen, wie z.B. der Entwicklungen auf den globalen Faktormärkten und dem technischen Fortschritt. Die Bestimmung der Auswirkungen möglicher Kooperationsregeln auf die Sozialprodukte der weiter in der Zukunft liegenden Perioden stellt sich somit nicht nur komplex sondern auch mit Ungewißheit behaftet dar. Die Voraussetzungen für einen 'Schleier der Unsicherheit' sind deshalb durchaus gegeben.

Mit Hilfe dieser Überlegungen zur Fairneß kann jetzt die im Rahmen des Pareto-Kriteriums geführte Argumentation modifiziert werden. Dort wurde konstatiert, daß das Pareto-Kriterium zwar grundsätzlich für die Analyse von freiwilligen Kooperationsverhandlungen geeignet ist, eine Einigung auf Basis dieses Kriteriums jedoch nicht realistisch erscheint, da das Pareto-Kriterium alleine nicht ausreicht, um zwischen unterschiedlichen Pareto-optimalen Kooperationslösungen eine dominante Lösung auszuwählen. Führt man jedoch an dieser Stelle einen 'Schleier der Unsicherheit' ein, dann kann gezeigt werden, daß der Abschluß einer sowohl individuell fairen als auch effizienten und damit auch wohlfahrtsoptimalen Kooperation in die Nähe rückt.

Ein einfaches Beispiel veranschaulicht dies (vgl. Tabelle 3.1). Gesetzt den Fall, es gäbe nur drei prinzipielle Kooperationsvereinbarungen (s_1, s_2 und s_3), die beide Kooperationspartner (A und B) nicht schlechter stellen, als in der Ausgangssituation[220], und die Höhe der Kooperationsgewinne sei in der Art bekannt, daß Vereinbarung s_1 zu dem geringsten und Vereinbarung s_3 zu dem höchsten Gesamtkooperationsgewinn führe. Mit der Wahl der Vereinbarung wird jedoch noch nicht die Verteilung der daraus resultierenden Kooperationsgewinne bestimmt. Je nach Umweltzustand (z_1 bis z_5) erhält einer der Kooperationspartner mehr oder weniger.

---

220 Aus Abbildung 3.2 und 3.3 kann man erkennen, daß Kooperation durchaus auch zu einer Verschlechterung der eigenen Situation führen kann. Diese Verschlechterung kann jedoch ausgeschlossen werden, indem sich die Kooperationspartner grundsätzlich darauf einigen, unabhängig der tatsächlich gewählten Kooperationsvereinigung stets dafür zu sorgen, daß ein vermeintlicher Kooperationverlierer durch den Kooperationsgewinner via Transferzahlungen kompensiert wird.

Tabelle 3.1: Ergebnismatrix der Kooperationsgewinne hinter einem 'Schleier der Unsicherheit'

	s_1					s_2					s_3				
	z_1	z_2	z_3	z_4	z_5	z_1	z_2	z_3	z_4	z_5	z_1	z_2	z_3	z_4	z_5
Y^A	0	$\frac{1}{3}\overline{Y}_1$	$\frac{1}{2}\overline{Y}_1$	$\frac{2}{3}\overline{Y}_1$	$\overline{Y}_1$	0	$\frac{1}{3}\overline{Y}_2$	$\frac{1}{2}\overline{Y}_2$	$\frac{2}{3}\overline{Y}_2$	$\overline{Y}_2$	0	$\frac{1}{3}\overline{Y}_3$	$\frac{1}{2}\overline{Y}_3$	$\frac{2}{3}\overline{Y}_3$	$\overline{Y}_3$
Y^B	$\overline{Y}_1$	$\frac{2}{3}\overline{Y}_1$	$\frac{1}{2}\overline{Y}_1$	$\frac{1}{3}\overline{Y}_1$	0	$\overline{Y}_2$	$\frac{2}{3}\overline{Y}_2$	$\frac{1}{2}\overline{Y}_2$	$\frac{1}{3}\overline{Y}_2$	0	$\overline{Y}_3$	$\frac{2}{3}\overline{Y}_3$	$\frac{1}{2}\overline{Y}_3$	$\frac{1}{3}\overline{Y}_3$	0
$\sum$	$\overline{Y}_1$	$\overline{Y}_1$	$\overline{Y}_1$	$\overline{Y}_1$	$\overline{Y}_1$	$\overline{Y}_2$	$\overline{Y}_2$	$\overline{Y}_2$	$\overline{Y}_2$	$\overline{Y}_2$	$\overline{Y}_3$	$\overline{Y}_3$	$\overline{Y}_3$	$\overline{Y}_3$	$\overline{Y}_3$

Quelle: Eigene Darstellung.[221]

Sind beide potentielle Kooperationspartner risikoneutral, dann werden sie diejenige Kooperationsvereinbarung bevorzugen, die ihren erwarteten individuellen Kooperationsgewinn maximiert. Ist der 'Schleier der Unsicherheit' derart, daß einzelnen Umweltzustände unabhängig von der jeweiligen Kooperationsvereinbarungen gleichermaßen ungewiß sind (d.h. die Wahrscheinlichkeit für das Eintreten der Umweltzustände beträgt stets 1/5), dann beträgt der erwartete individuelle Kooperationsgewinn der beiden Akteure je nach gewählter Vereinbarung:

$$E(Y^i(s_1)) = \frac{1}{2}\overline{Y}_1,\ E(Y^i(s_2)) = \frac{1}{2}\overline{Y}_2 \text{ und } E(Y^i(s_3)) = \frac{1}{2}\overline{Y}_3 \qquad \text{für i = A, B}$$

Da s_3 der Annahme gemäß zu dem höchsten Gesamtkooperationsgewinn führt, ist bei s_3 auch der erwartete individuelle Kooperationsgewinn für beide Akteure maximal, so daß beide Akteure diese Vereinbarung bevorzugen werden. Die Maximierung der erwarteten individuellen Kooperationsgewinne geht demnach mit der Maximierung des Gesamtkooperationsgewinns einher. Eine solche Kooperation ist deshalb sowohl individuell gerecht als auch effizient.[222]

---

221 Anmerkung: $\overline{Y}_1 < \overline{Y}_2 < \overline{Y}_3$.

222 Solange die Eintrittswahrscheinlichkeit für alle Umweltzustände gleich ist gilt dieses Ergebnis im übrigen auch bei Risikoscheue oder Risikofreude.

Abbildung 3.5: Wohlfahrtsoptimale Kooperation bei Unsicherheit

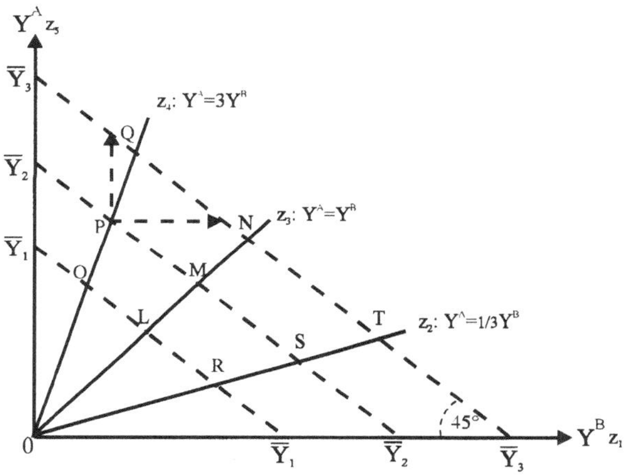

Quelle: Eigene Darstellung

Abbildung 3.5 soll diese Argumentationskette noch einmal zusammenfassen. Diese Abbildung entspricht dabei im wesentlichen der Abbildung 3.3. Der einzige Unterschied liegt darin, daß hier nur die Kooperationsgewinne betrachtet werden und nicht die Sozialprodukte.[223] Die einzelnen Umweltzustände werden durch die Abszisse, die Ordinate und die drei angegebenen Funktionen dargestellt. Ist die Wahrscheinlichkeit für das Eintreten eines bestimmten Umweltzustandes bei allen Umweltzuständen gleich, dann charakterisieren die Punkte L, M bzw. N die Erwartungswerte der individuellen Kooperationsgewinne bei Wahl der Vereinbarung s_1, s_2 bzw. s_3, und zwar für beide Kooperationspartner. Wenn nun diese potentiellen Kooperationspartner ihre erwarteten individuellen Kooperationgewinne maximieren wollen, dann werden sie sich auf die Kooperation einigen, die auch den höchsten Gesamtkooperationsgewinn hervorbringt, also auf s_3.

Um das Einkommensrisiko zu minimieren könnten die Beteiligten unter diesen Bedingungen gleichzeitig auch vertraglich festlegen, daß durch Umverteilung stets eine Gleichverteilung der Kooperationsgewinn herbeigeführt wird. Dies erscheint jedoch höchst unwahrscheinlich. Sind sich nämlich alle potentiellen Ko-

---

[223] Normiert man die Graphik derart, daß der Ursprung des Koordinatenkreuzes bei $(Y_C^A; Y_C^B)$ liegt, dann sind Abbildung 2.3 und Abbildung 3.5 identisch.

operationspartner darüber bewußt, daß die Möglichkeit der Ungleichverteilung von Einkommen bzw. Kooperationsgewinnen als Leistungsanreiz notwendig sein kann, um den Gesamtkooperationsgewinn zu maximieren, dann werden sie diese möglichen Ungleichverteilung auch akzeptieren. Für diese Akzeptanz ist es allerdings notwendig, daß alle Kooperationspartner die gleichen Chancen haben, das für sie bestmögliche Ergebnis zu realisieren. Die Chancengleichheit und die Akzeptanz der Ungleichverteilung stehen somit in einer seriellen (lexiographischen) Ordnung, d.h. die erste Forderung muß vor der zweiten erfüllt sein.[224]

Auf die Problematik der doppelten Besteuerung von internationalen Faktoreinkommen angewendet bedeutet dies nun, daß die betroffenen Länder jedem Doppelbesteuerungsabkommen zustimmen werden, das den gesamten Kooperationsgewinn bzw. das gemeinsame Sozialprodukt maximiert, wenn unabhängig von der Wahl der Kooperationvereinbarung alle beteiligten Länder die gleichen Chancen haben, ein bestimmtes Kooperationsergebnis zu erreichen und wenn sichergestellt ist, daß falls die theoretisch mögliche Situation eintritt, daß einer der Beteiligten sich durch die Kooperation verschlechtert, dieser Kooperationsverlierer durch den Kooperationsgewinner kompensiert wird.

Anders mag es allerdings aussehen, wenn die Wahrscheinlichkeiten der einzelnen Umweltzustände nicht identisch sind. So könnte z.B. die Ausgangssituation doch einen gewissen Einfluß auf die spätere Verteilung der Kooperationsgewinne haben. Ein relativ hohes Anfangseinkommen kann z.B. mit einer relativ hohen Anfangsaustattung an Kapital einher gehen, so daß es sich bei Ländern mit relativ hohem Einkommen auch um Netto-Kapitalexporteure handeln mag. Wenn jetzt eine bestimmte Kooperationsvereinbarung Netto-Kapitalexporteure bevorteilt, eine andere jedoch Netto-Kapitalimporteure, dann führt die Maximierung der individuell erwarteten Kooperationsgewinne nicht mehr zwangsläufig auch zu einer Maximierung des gesamten Kooperationsgewinns.

Angenommen bei Land A handele es sich gegenwärtig um einen Nettokapitalexporteur und bei Land B um einen Netto-Kapitalimporteur und es sei bekannt, daß die Vereinbarung s_2 tendenziell Netto-Kapitalexporteure und Vereinbarung s_3 tendenziell Netto-Kapitalimporteur bevorteilt. Wenn nun z.B. Punkt P in Abbildung 3.5 das von beiden Ländern erwartete Kooperationsergebnis bei Wahl der Vereinbarung s_2 und Punkt T das erwartete Kooperationsergebnis bei Wahl der Vereinbarung s_3 entspricht, dann wird Land A die Vereinbarung s_2 der Vereinbarung s_3 vorziehen und Land B die umgekehrte Reihenfolge. Sind jedoch Kompensationszahlungen zwischen beiden Ländern möglich, dann kann es den-

---

[224] Eine solche Schlußfolgerung findet sich auch bei Rawls, John (1971), S. 42-43 (FN 23) sowie S. 61.

noch zu einer Einigung auf Vereinbarung s_3 kommen. Land B müßte danach mit Land A vereinbaren, daß für den Fall, daß sich letzteres durch die Vereinbarung s_3 tatsächlich schlechter stellt als bei Punkt P, Land B Kompensationszahlungen leistet. Bei großer Verhandlungsmacht könnte Land A auch eine Überkompensation fordern, die maximal der Differenz der Kooperationsgewinne der Vereinbarungen s_2 und s_3 entspricht.[225]

Man könnte nun an dieser Stelle dieselben Argumente anführen, die im Rahmen des Pareto-Kriteriums diskutiert wurden und schlußfolgern, daß unter diesen Bedingungen eine Einigung auf ein bestimmte Verteilung unwahrscheinlich erscheint. Der Verhandlungshintergrund ist hier jedoch ein anderer. Erstens steht es hier nicht fest, daß sich Land A durch Vereinbarung s_3 schlechter stellt als bei Vereinbarung s_2, denn es herrscht weiterhin Unsicherheit. Und zweitens wird hier unterstellt, daß Vereinbarung s_3 nicht systematisch Land B bevorzugt, sondern systematisch Netto-Kapitalimporteure. Die Position eines Landes als Netto-Kapitalimporteur ist jedoch nicht für alle Zeiten unwiderruflich festgelegt. Sowohl durch die Kooperation selbst als auch durch die Veränderung der globalen Rahmenbedingungen kann sich diese Position durchaus ändern. Das beste Beispiel hierfür sind die U.S.A., die zwischen 1985 und 1990 Nettokapitalimporteur waren und seitdem wieder Nettokapitalexporteur sind.[226] Um so höher die Wahrscheinlichkeit, daß ein Land von einer Nettoposition in eine andere Nettoposition wechseln kann, desto höher erscheint auch die Wahrscheinlichkeit einer sowohl fairen als auch effizienten Lösung. Das wesentliche ist dabei, daß sich die vermeintliche systematische Bevor- oder Benachteiligung nicht auf ein Land an sich, sondern lediglich auf eine Position als Nettoimporteur oder -exporteur beziehen darf.

Für die Problematik der internationalen Doppelbesteuerung von Faktoreinkommen läßt sich demnach abschließend folgendes festhalten. Bei gegebenem optimalen Kooperationgrad bezüglich der Anzahl der Kooperationspartner und bezüglich der Anzahl der zu kooperierenden Aktivitäten werden die betroffenen Länder genau dann einer Vereinbarungen zur Vermeidung der Doppelbesteuerung zustimmen, die den Gesamtkooperationsgewinn (und damit auch das Gesamtsozialprodukt) maximiert, wenn durch die Vereinbarung:

(1) noch nicht gleichzeitig die Verteilung der Kooperationsgewinne auf die einzelnen Länder festgelegt wird (es existiert also Unsicherheit),

---

225 Für eine ausführliche Diskussion von Verhandlungen bei ungleicher Machtverteilung vgl. Powell, Robert (1996).

226 Vgl. UNCTAD (1997), S. 303 und 308.

(2) keines der Länder systematisch benachteiligt oder bevorteilt wird und

(3) keines der Länder schlechter gestellt wird als in der Ausgangssituation[227].

Ist diese lexiographische Ordnung erfüllt, dann ist diese Vereinbarung sowohl individuell gerecht als auch effizient und somit wohlfahrtsoptimal im Sinne dieser Arbeit.

227 Dies beinhaltet auch die Möglichkeit einer Kompensationszahlung, die immer ein Sozialprodukt analog der Ausgangssituation garantieren. Bei asymmetrischer Wahrscheinlichkeitsverteilung können diese Kompensationszahlungen auch verwendet werden, um ein relativ sicheres höheres Sozialprodukt zu gewährleisten.

4 Methoden zur Vermeidung von Doppelbesteuerung

4.1 Die grundsätzlichen Optionen

Im vorangegangenen Kapitel wurde gezeigt, daß unter bestimmten Bedingungen solche Vereinbarungen zur Vermeidung von Doppelbesteuerung Zustimmung finden, die den gemeinsamen Kooperationsgewinn bzw. das gemeinsame Sozialprodukt der betroffenen Länder maximieren. Es bleibt nun zu klären, welche Möglichkeiten solch einer Vermeidung grundsätzlich existieren.

Streng genommen kann Doppelbesteuerung nur dann vermieden werden, wenn verhindert wird, daß mehr als nur eine steuerliche Jurisdiktion auf das Einkommen zugreift. Von Vermeidung von Doppelbesteuerung soll hier aber auch dann gesprochen werden, wenn mehrere Jurisdiktionen auf dasselbe Einkommen steuerlich zugreifen, das steuerzahlende Wirtschaftssubjekt jedoch für diesen Mehrfachzugriff derart kompensiert wird, daß es in die gleiche Situation versetzt wird, in der nur eine steuerliche Jurisdiktion zugreift. Die Auswirkungen der Doppelbesteuerung werden hier also neutralisiert.[228]

Bei der Gruppe der Doppelbesteuerungskonflikte, bei der mehrere Fisci aufgrund desselben Besteuerungsprinzips auf dasselbe Einkommen zugreifen (also bei zuvor als A(1), A(2) und C definierten Besteuerungskonflikten), kann Doppelbesteuerung dadurch vermieden werden, daß sich die beteiligten Länder auf eine eindeutige Definition der Zugriffskriterien einigen. So ist es bei der Definition des Quellenlandes und des Wohnsitzlandes durchaus möglich, ausschließende Kriterien zu definieren, die mehrdeutige Interpretationen nicht zulassen. Schwieriger wird es bei der Festlegung des Landes der Staatsangehörigkeit. Akzeptiert man nämlich die Existenz von Mehrfachstaatsbürgerschaften bei natürlichen Personen, so kann auch eine noch so eindeutige Definition eine Doppelbesteuerung dieser Personen nicht verhindern. Hier bedarf es ausdrücklicher Methoden zur Vermeidung der Doppelbesteuerung.

Bei der Gruppe der Doppelbesteuerungskonflikte, bei der aufgrund von unterschiedlichen Besteuerungsprinzipien auf dasselbe Einkommen zugegriffen wird (also bei zuvor als A(3), B(1), B(2) und B(3) definierten Besteuerungskonflikten), kann eine definitorische, abgrenzungstechnische Lösung Doppelbesteuerung nicht vermeiden. In diesen Fällen kann Doppelbesteuerung jedoch dadurch vermieden werden, daß alle beteiligten Länder einheitlich nur eines der Besteuerungsprinzi-

---

[228] Vgl. hierzu Mössner, Jörg M. (1985), S. 141. Mössner spricht dabei im erst genannten Fall von Verhinderung und im letzteren von Beseitigung der Doppelbesteuerung.

pien verwenden; es wird also entweder nur das Quellenlandprinzip, nur das Wohnsitzlandprinzip oder nur das Staatsangehörigkeitsprinzip angewendet. Probleme ergeben sich hier jedoch erneut, wenn Mehrfachstaatsbürgerschaften möglich sind, so daß in diesem Falle die Harmonisierung der Besteuerungsprinzipien nicht alle Doppelbesteuerungskonflikte vermeiden kann. Eine weitere Möglichkeit ist die Zuteilung von einzelnen Steuerquellen. Dieser Lösungsvorschlag unterscheidet sich von dem eben dargestellten dadurch, daß hier nicht alle Einkommensquellen pauschal einem der beteiligten Ländern zugesprochen werden, sondern daß die beteiligten Länder sich auf eine Verteilung der einzelnen Steuerquellen einigen. Dem Wohnsitzland könnte z.B. die Besteuerung von Kapitaleinkommen und dem Quellenland die Besteuerung von Arbeitseinkommen zugesprochen werden.

Eine wesentliche Bedingung für die beiden eben diskutierten Lösungsvorschläge zur Vermeidung von Doppelbesteuerung ist jedoch das Einvernehmen der beteiligten Länder. Denn wenn sich nicht alle beteiligten Länder auf die ausschließliche Verwendung eines Besteuerungsprinzips oder auf eine Verteilung der einzelnen Steuerquellen einigen können, dann kann Doppelbesteuerung auf diese beiden Arten auch nicht wirksam vermieden werden.

Tritt letzteres ein, dann muß analog zum Fall der Mehrfachstaatsbürgerschaft hier mindestens eines der beteiligten Länder ausdrücklich Maßnahmen treffen, um Doppelbesteuerung zu vermeiden. Betrachtet man die *de facto* Möglichkeiten des Steuerzugriffs, so läßt sich eine gewisse Hierarchie feststellen: da die Einkommensquelle im Quellenland liegt, kann das Quellenland aufgrund seiner direkten Zugriffsmöglichkeit auch als erstes das betrachtete Einkommen besteuern; das Wohnsitzland wird aufgrund seiner territorialen Verbindung mit dem Steuersubjekt in aller Regel als zweites auf das betrachtete Einkommen zugreifen können; und dem Land der Staatsangehörigkeit verbleibt aufgrund fehlender territorialer Anknüpfungspunkte lediglich die Schlußposition. Aufgrund dieser Hierarchie sind es auch i.d.R. die beiden nachgelagerten Länder, denen die Aufgabe zufällt, Doppelbesteuerung zu vermeiden bzw. zu kompensieren.[229] Dies kann prinzipiell auf zweierlei Art geschehen:

---

[229] Da das Quellenland im Gegensatz zum Wohnsitzland und zum Land der Staatsangehörigkeit zudem auch nicht den Anspruch erhebt, das gesamte Welteinkommen, sondern lediglich das innerhalb dieses Landes entstandene Einkommen zu besteuern, fehlen dem Quellenland auch die nötigen Informationen zur vollständigen Vermeidung der Doppelbesteuerung. Als einzige Möglichkeit bliebe dem Quellenland demnach nur der vollständige Steuerverzicht.

(1) durch Abzug von der Bemessungsgrundlage und

(2) durch Abzug von der Steuerschuld.

Aus didaktischen Gründen soll im folgenden zunächst das Augenmerk nur auf die einfache Kollision von objekt- und subjektbezogener Besteuerungszugriffe, also auf die Doppelbesteuerungskonflikte B(1) und B(2), gelenkt werden. Das Wohnsitzland bzw. das Land der Staatsangehörigkeit kann nun die Doppelbesteuerung einerseits dadurch vermeiden, daß es die im Ausland (= Quellenland) erwirtschafteten Einkommen aus der inländischen Bemessungsgrundlage (= Bemessungsgrundlage im Wohnsitzland bzw. im Land der Staatsangehörigkeit) herausnimmt und somit nur noch das im Inland erwirtschaftete Einkommen besteuert (sogenannte 'Freistellungsmethode'). Zumindest vermindert werden kann die Doppelbesteuerung auch dadurch, daß die im Quellenland gezahlte Steuer von der inländischen Bemessungsgrundlage abgezogen wird (sogenannte 'Abzugsmethode'). Andererseits können diese Länder Doppelbesteuerung vermeiden, indem sie die im Quellenland gezahlte Steuer bei der Begleichung der inländischen Steuerschuld anrechnen und somit den Steuerzugriff des Quellenlandes kompensieren (sogenannte 'Anrechnungsmethode').

Die beiden noch nicht explizit behandelten Doppelbesteuerungskonflikte A(3) und B(3) lassen sich jetzt unter der Berücksichtigung der eben diskutierten Fälle auf einen Kollisionsfall reduzieren, denn der erste Teilaspekt des Falles B(3) wird bereits durch die Fälle B(1) und B(2) unmittelbar behandelt, so daß nur noch der Fall A(3) verbleibt. Aber selbst dieser Fall läßt sich durch die oben dargestellten Vermeidungsmethoden lösen, wenn man dem Wohnsitzland implizit die Rolle des Quellenlandes zuordnet, da dieses schließlich in aller Regel vor dem Land der Staatsangehörigkeit steuerlich zugreift.

Für eine genauere Betrachtung dieser Methoden sollen im folgenden fiktive Zahlenbeispiele eingeführt werden, die es ermöglichen sollen, neben der wirksamen Vermeidung von Doppelbesteuerung auch die relevanten Allokations- und Verteilungseffekte dieser Methoden zu untersuchen. Betrachtet werden dabei fünf 'Zwei-Länder-Fälle', die allesamt Variationen der Doppelbesteuerungskonflikte B(1) bzw. B(2) darstellen sollen. In allen Fällen hat das Steuersubjekt seinen steuerlichen Wohnsitz in Land A bzw. ist Staatsangehöriger dieses Landes. Daneben besteht die Möglichkeit, auch Einkommen aus einer Quelle in Land B zu beziehen. In Land A werden alle dort ansässigen Personen aufgrund des Wohnsitzlandprinzips bzw. alle Staatsangehörigen dieses Landes aufgrund des Staatsangehörigkeitsprinzips mit ihrem Welteinkommen besteuert.[230] In Land B wird lediglich das Quellenlandprinzip angewendet, so daß in diesem Land auch nur das dort entstanden Einkommen besteuert wird. Dabei werden folgende fünf Situationen oder Fälle unterstellt:[231]

Fall 1: Das Steuersubjekt bezieht lediglich Einkommen aus Land A, so daß lediglich Land A steuerlich zugreifen kann. In Land A und in Land B herrscht ein identisches progressives Steuersystem, d.h. mit steigendem Einkommen steigt die Steuerbelastung in beiden Ländern gleichermaßen überproportional;

Fall 2: Das gesamte Einkommen entsteht in Land B, so daß sowohl Land B als auch Land A einen Besteuerungszugriff auf das gesamte Einkommen anmelden können. Wie im Fall 1 herrschen in beiden Ländern identische progressive Steuersysteme;

Fall 3: Das Welteinkommen des Steuersubjekts entsteht zu gleichen Teilen in den beiden beteiligten Ländern;

Fall 4: Hier bezieht das Steuersubjekt ebenfalls sein Welteinkommen zu gleichen Teilen aus Land A und Land B. Land A soll hier ein Industrieland repräsentieren, in dem, wie auch bei den vorherigen Fällen, ein progressives Steuersystem herrscht. Land B soll in diesem Fall ein Entwicklungsland darstellen, in dem ein einheitlicher, proportionaler Steuersatz herrscht, der durchweg unterhalb des Grenzsteuersatzes des Landes A liegt;

Fall 5: Dieser Fall ist genau die umgekehrte Version von Fall 4. Hier herrscht in Land B, das nun ein Industrieland darstellen soll, ein progressives Steuersystem. Bei Land A handelt es sich jetzt um ein Entwicklungsland, in dem ein einheitlicher, proportionaler Steuersatz gilt, der durchweg unterhalb des Grenzsteuersatzes des Landes B liegt. Das Welteinkommen entsteht zu gleichen Teilen in den beteiligten Ländern.

---

230 Der Einfachheit halber wird im weiteren unterstellt, daß das Wohnsitzland und das Land der Staatsangehörigkeit identisch sein. Alle Aussagen, die bezüglich des Wohnsitzlandes und des Wohnsitzlandprinzips getroffen werden, gelten dann analog auch für das Land der Staatsangehörigkeit und das Staatsangehörigkeitsprinzip, so daß diese Analogie im Text nicht jedes Mal wiederholt wird.

231 Alternativ kann Land B auch als Wohnsitzland und Land A als Land der Staatsangehörigkeit interpretiert werden um so den Besteuerungskonflikt A(3) implizit mit zu untersuchen.

Tabelle 4.1: Fiktives Zahlenbeispiele für den Zwei-Länder Fall[232]

	Fall 1	Fall 2	Fall 3	Fall 4	Fall 5
Y^A	400	0	200	200	200
Y^B	0	400	200	200	200
Y	400	400	400	400	400
T^A	$0{,}3 \cdot Y_T^A$ für $\cdot Y_T^A \leq 300$	siehe Fall 1	siehe Fall 1	siehe Fall 1	$0{,}2 \cdot Y_T^A$
	$0{,}5 \cdot Y_T^A - 60$ für $\cdot Y_T^A > 300$				
T^B	$0{,}3 \cdot Y_T^B$ für $\cdot Y_T^B \leq 300$	siehe Fall 1	siehe Fall 1	$0{,}2 \cdot Y_T^B$	siehe Fall 1
	$0{,}5 \cdot Y_T^B - 60$ für $\cdot Y_T^B > 300$				
t^A	$0{,}3$ für $\cdot Y_T^A \leq 300$	siehe Fall 1	siehe Fall 1	siehe Fall 1	0,2
	$0{,}5 - 60/Y_T^A$ für $\cdot Y_T^A > 300$				
t^B	$0{,}3$ für $\cdot Y_T^B \leq 300$	siehe Fall 1	siehe Fall 1	0,2	siehe Fall 1
	$0{,}5 - 60/Y_T^B$ für $\cdot Y_T^B > 300$				
t_Y^A	$0{,}3$ für $\cdot Y_T^A \leq 300$	siehe Fall 1	siehe Fall 1	siehe Fall 1	0,2
	$0{,}5$ für $\cdot Y_T^A > 300$				
t_Y^B	$0{,}3$ für $\cdot Y_T^B \leq 300$	siehe Fall 1	siehe Fall 1	0,2	siehe Fall 1
	$0{,}5$ für $\cdot Y_T^B > 300$				

Quelle: Eigene Darstellung.[233]

In allen fünf Fällen sei das Welteinkommen des Steuersubjekts identisch, nämlich 400 Geldeinheiten. Fälle 1 bis 3 sollen aufzeigen, welche Auswirkungen die einzelnen Vermeidungsmethoden haben, wenn in den betroffenen Ländern identische Steuersysteme herrschen. Fall 1 spiegelt die Situation der rein nationalen Einkommen wider, so daß dieser Fall als Referenzsituation herangezogen werden kann, um zu untersuchen, inwieweit durch einzelne Vermeidungsmethoden inter-

---

232 Die Zahlen in diesen Beispielen sind willkürlich gewählt. Weitere Beispiele finden sich u.a. in: Mössner, Jörg M. (1985), S. 167 sowie in: United Nations Centre on Transnational Corporations (1988), S. 17-22.

233 Anmerkungen: Y^A = Einkommen des Steuersubjekts aus Land A, Y^B = Einkommen desselben Steuersubjekts aus Land B, Y = Welteinkommen des Steuersubjekts, T^A = Steuerschuld in Land A, T^B = Steuerschuld in Land B, Y_T^A = steuerpflichtiges Einkommen in Land A, Y_T^B = steuerpflichtiges Einkommen in Land B, t^A = Durchschnittssteuersatz in Land A (in Abhängigkeit der relevanten Bemessungsgrundlage), t^B = Durchschnittssteuersatz in Land B (in Abhängigkeit der relevanten Bemessungsgrundlage), t_Y^A = Grenzsteuersatz in Land A (in Abhängigkeit der relevanten Bemessungsgrundlage), t_Y^B = Grenzsteuersatz in Land B (in Abhängigkeit der relevanten Bemessungsgrundlage).

nationale Einkommen gegenüber nationalen Einkommen diskriminiert werden oder nicht. Fall 2 wird in erster Linie dafür herangezogen, um zu zeigen, zu welchen Extremerscheinungen der Doppelbesteuerung es bei konkurrierenden Besteuerungsansprüchen kommen kann. Fall 3 dient der Verdeutlichung von Problemen, die bei den einzelnen Vermeidungsmethoden im Zusammenhang mit Steuerprogressionen auftreten. Die Fälle 4 und 5 sollen dazu herangezogen werden, um auf Besonderheiten hinzuweisen, die bei Doppelbesteuerungkonflikten zwischen einem Industrieland und einem Entwicklungsland auftreten. Tabelle 4.1 stellt diese fünf Beispiele noch einmal zusammenfassend dar.

Die Gesamt-, Durchschnitts und Grenzsteuerbelastung der jeweiligen Einkommen berechnet sich dabei als:[234]

$$T = T^A + T^B \tag{4.1}$$

$$T^A = t^A(Y_T^A) \cdot Y_T^A \tag{4.2}$$

$$T^B = t^B(Y_T^B) \cdot Y_T^B \tag{4.3}$$

$$\frac{T}{Y} = \frac{t^A(Y_T^A) \cdot Y_T^A + t^B(Y_T^B) \cdot Y_T^B}{Y} \tag{4.4}$$

$$\frac{\partial T}{\partial Y^A} = t_Y^A(Y_T^A) \tag{4.5}$$

$$\frac{\partial T}{\partial Y^B} = t_Y^A(Y_T^A) + t_Y^B(Y_T^B) \tag{4.6}$$

Gleichungen (4.1) bis (4.6) lassen sich wie folgt interpretieren: Gleichung (4.1) zeigt, daß sich die Gesamtsteuerschuld T eines in Land A ansässigen Steuersubjektes aus der Addition der Steuerschuld für Einkommen aus Land A und Einkommen aus Land B ergibt. Die Steuerschuld für Einkommen aus Land A (T^A) und aus Land B (T^B) berechnet sich aus der Multiplikation des jeweils relevanten Durchschnittssteuersatzes t^A bzw. t^B mit der jeweiligen Bemessungsgrundlage Y_T^A bzw. Y_T^B (siehe Gleichungen (4.2) und (4.3)). Der durchschnittliche Steuersatz auf das Gesamteinkommen (Gleichung (4.4)) berechnet sich als Quotient aus Gleichung (4.1) und dem Gesamteinkommen. Der Grenzsteuersatz auf Einkommen aus Land A (Gleichung (4.5)) ergibt sich aus der Ableitung von Gleichung (4.2) nach dem relevantem Einkommen. Da in der Ausgangssituation das

[234] Zu den Abkürzungen vgl. Anmerkungen zu Tabelle 4.1.

Einkommen aus Land B, das von einer dort ansässigen Person bezogen wird, sowohl in Land B als auch in Land A besteuert werden kann, berechnet sich der Grenzsteuersatz auf dieses Einkommen (Gleichung (4.6)) aus der Addition des in Land B geltenden Grenzsteuersatzes (Ableitung von Gleichung (4.3)) und des Grenzsteuersatzes auf Einkommen aus Land A.

Um die Wirksamkeit der einzelnen Methoden zur Vermeidung von Doppelbesteuerung sowie deren Auswirkung auf die Allokation der Produktionsfaktoren und auf die Verteilung der Steuereinnahmen zu analysieren, soll zunächst der Fall betrachtet werden, bei dem in Land A das gesamte Welteinkommen besteuert, jedoch keine der Vermeidungsmethoden angewendet wird, um so eine Referenzsituation zu erhalten. Da hier in Land A das gesamte Welteinkommen steuerpflichtig ist, d.h. $Y_T^A = Y^A + Y^B = Y$, müssen Gleichungen (4.2) sowie (4.4) - (4.6) wie folgt modifiziert werden:

$$T^A = t^A(Y) \cdot Y \tag{4.2a}$$

$$\frac{T}{Y} = t^A(Y) + \frac{t^B(Y^B) \cdot Y^B}{Y} \qquad (4.4a)^{235}$$

$$\frac{\partial T}{\partial Y^A} = t_Y^A(Y) \tag{4.5a}$$

$$\frac{\partial T}{\partial Y^B} = t_Y^A(Y) + t_Y^B(Y^B) \tag{4.6a}$$

Die erste Zeile von Tabelle 4.2 zeigt, daß das Wohnsitzland das gesamte Welteinkommen nach dem Wohnsitzlandprinzip besteuert, denn in allen fünf Fällen ist die Steuerbemessungsgrundlage identisch und zwar unabhängig vom Ort der Einkommensentstehung. Die dritte Zeile manifestiert die Anwendung des Quellenlandprinzip im Quellenland, da dort lediglich das jeweils in diesem Land entstandene Einkommen zur Besteuerung herangezogen wird.

Im zweiten Fall findet Doppelbesteuerung im wahrsten Sinne des Wortes statt, denn hier wird das gesamte Einkommen zweimal zur Besteuerung herangezogen. Da bei diesem Fall die Steuersätze in beiden Ländern identisch sind, ist die Gesamtsteuerschuld und auch der durchschnittliche Steuersatz auf das Welteinkommen (Zeile 6) doppelt so hoch wie bei Fall 1, bei dem nur Land A steuerlich zugreift.

---

[235] Da Land B annahmegemäß nur das Quellenlandprinzip anwendet, gilt stets $Y_T^B = Y^B$.

Tabelle 4.2: Steuerschuld und -sätze bei Doppelbesteuerung

		Fall 1	*Fall 2*	*Fall 3*	*Fall 4*	*Fall 5*
(1)	Y_T^A	400	400	400	400	400
(2)	T^A	140	140	140	140	80
(3)	Y_T^B	0	400	200	200	200
(4)	T^B	0	140	60	40	60
(5)	T	140	280	200	180	140
(6)	T/Y	35%	70%	50%	45%	35%
(7)	$\partial T/\partial Y^A$	50%	50%	50%	50%	20%
(8)	$\partial T/\partial Y^B$	80%	100%	80%	70%	50%

Aber auch bei den Fällen 3 bis 5 findet Doppelbesteuerung statt. Da in den Fällen 3 und 4 nur ein Teil des Welteinkommens aus Land B stammt, fällt die Gesamtsteuerbelastung auch geringer aus als bei Fall 2. Weil bei Fall 4 der Steuersatz in Land B zudem durchweg niedriger ist als in Land A, würde auch im Fall, daß das gesamte Einkommen in Land B entstanden wäre, die Gesamtsteuerschuld niedriger sein als bei Fall 2. Im Fall 5 tritt ebenfalls eine doppelte Besteuerung desselben Einkommens auf, obwohl die Gesamtsteuerbelastung hier dem Fall 1 entspricht. Dies liegt selbstverständlich daran, daß bei Fall 5 der Wohnsitzlandsteuersatz stets unter dem Quellenlandsteuersatz liegt, so daß die Gesamtsteuerbelastung nicht als Indiz für die Existenz von Doppelbesteuerung herangezogen werden kann.

Um die Effekte unterschiedlicher Steuersätze vernachlässigen zu können, soll im folgenden das Vorhandensein von Doppelbesteuerung sowie deren wirksame Vermeidung nur anhand des Vergleichs der ersten beiden Fälle analysiert werden. Doppelbesteuerung wird demnach nur dann vollständig vermieden, wenn die Ergebnisse (d.h. die jeweiligen Werte in Zeile 5 und 6) für die Fälle 1 und 2 identisch sind. Für die Auswirkung der einzelnen Methoden auf die Faktorallokation und auf die Verteilung der Steuereinnahmen auf die beteiligten Länder soll indes im wesentlichen der Vergleich von Fall 1 mit den Fällen 3 bis 5 herangezogen werden.

Aus dem Vergleich der Zeile 7 mit der Zeile 8 erkennt man, daß der Grenzsteuersatz für Einkommen aus Land B bei allen fünf Fällen deutlich höher ist als der Grenzsteuersatz für Einkommen aus Land A, da das Einkommen aus Land B sowohl in Land B als auch in Land A besteuert werden kann. Wenn vor Einführung der Einkommensbesteuerung ein Arbitragegleichgewicht mit identischen

Faktorrenditen geherrscht hat, so führt die Einführung dieser Besteuerung ohne gleichzeitige Verwendung von Doppelbesteuerungsvermeidungsmethoden zu einer Diskriminierung internationaler Faktorströme. Wirtschaftssubjekte, die vormals Produktionsfaktoren in einem Land eingesetzt haben, das nicht gleichzeitig ihr Wohnsitzland ist, können jetzt durch Verringerung ihrer Faktorexporte ihre Gesamtsteuerschuld bzw. ihren durchschnittlichen Steuersatz reduzieren und damit ihre Nettofaktorrendite erhöhen.

4.2 Freistellungsmethoden

4.2.1 Uneingeschränkte Freistellung

Die Freistellungsmethode beruht auf dem Abzug des im Ausland (hier Land B) erwirtschafteten Einkommens von der steuerlichen Bemessungsgrundlage im Inland (hier Land A), d.h. daß das ausländische Einkommen keinerlei Einfluß auf die im Inland zu zahlende Steuerschuld hat. Für das im Inland zu versteuernde Einkommen gilt demnach $Y_T^A = Y^A$ und die oben formulierten Gleichungen (4.2) sowie (4.4) - (4.6) müssen nun wie folgt lauten:

$$T^A = t^A(Y^A) \cdot Y^A \tag{4.2b}$$

$$\frac{T}{Y} = \frac{t^A(Y^A) \cdot Y^A + t^B(Y^B) \cdot Y^B}{Y} \tag{4.4b}$$

$$\frac{\partial T}{\partial Y^A} = t_Y^A(Y^A) \tag{4.5b}$$

$$\frac{\partial T}{\partial Y^B} = t_Y^B(Y^B) \tag{4.6b}$$

Tabelle 4.3 faßt die Ergebnisse bei Anwendung der Freistellungsmethode zusammen. Betrachtet man zunächst die Fälle 1 und 2, so stellt man fest, daß Doppelbesteuerung durch die Anwendung der Freistellungsmethode vollständig vermieden werden kann. Unabhängig davon, ob Wohnsitzland und Quellenland identisch sind, d.h. unabhängig davon, ob es sich um rein nationale oder um internationale Einkommen handelt, wird auf das jeweilige Einkommen nur einmal steuerlich zugegriffen. Bei identischen Steuersystemen wird internationales Einkommen deshalb auch nicht höher belastet als das vergleichbare nationale Einkommen, d.h. die jeweiligen Werte in Zeile 5 und in Zeile 6 sind bei Fall 1 und

Fall 2 identisch. Die beiden Fälle unterscheiden sich jedoch bezüglich der Grenzsteuersätze. Bei Fall 1 liegt der Grenzsteuersatz für Einkommen aus Land B unter dem für Einkommen aus Land A, so daß ein Anreiz besteht, Arbeit und Kapital ins Ausland zu verlagern. Bei Fall 2 gilt das Umgekehrte, denn dort liegt der Grenzsteuersatz für Einkommen aus Land B über dem für Einkommen aus Land A, so daß ein Anreiz besteht, Arbeit und Kapital ins Inland zu verlagern.

Tabelle 4.3: Steuerschuld und -sätze bei uneingeschränkter Freistellung

		Fall 1	*Fall 2*	*Fall 3*	*Fall 4*	*Fall 5*
(1)	Y_T^A	400	0	200	200	200
(2)	T^A	140	0	60	60	40
(3)	Y_T^B	0	400	200	200	200
(4)	T^B	0	140	60	40	60
(5)	T	140	140	120	100	100
(6)	T/Y	35%	35%	30%	25%	25%
(7)	$\partial T/\partial Y^A$	50%	30%	30%	30%	20%
(8)	$\partial T/\partial Y^B$	30%	50%	30%	20%	30%

Betrachtet man die Fälle 3 bis 5, so kann man zunächst feststellen, daß die Gesamtbelastung des Welteinkommens bei all diesen Fällen niedriger ist, als bei rein nationalem Einkommen. Bei den Fällen 4 und 5 liegt dies grundsätzlich daran, daß bei diesen Fällen in beiden Ländern unterschiedliche Steuerssysteme herrschen. Im Fall 4 ist der Steuersatz in Land B durchweg niedriger als in Land A und in Fall 5 gilt das Umgekehrte. Jede Verlagerung der Einkommensentstehung aus dem Land mit den höheren Steuersätzen in das Land mit den niedrigeren Steuersätzen reduziert deshalb auch die Gesamtsteuerbelastung. Durch die Freistellungsmethode wird demnach ein sog. 'Steuerwettbewerb' ermöglicht, der zu Faktorexporten aus Hochsteuerländern bzw. zu Faktorimporten in Niedrigsteuerländer führen kann.[236]

---

[236] Ruft man sich ins Gedächtnis, daß diese Varianten für die Beziehung 'Industrieländer-Entwicklungsländer' charakteristisch sein können, so läßt sich aus dieser Analyse schließen, daß steuerliche Anreize für den Zufluß von Faktorströmen aus Industrieländern in Entwicklungsländer bei der Verwendung der Freistellungsmethode wirksam werden können.

Zusätzlich zu diesem Steuerwettbewerbsvorteil kann bei der uneingeschränkten Freistellungsmethode auch ein sogenannter 'Progressionsvorteil' realisiert werden. Dies wird am deutlichsten, wenn man Fall 3 betrachtet, bei dem in beiden Länder identische Steuersysteme herrschen. Dem Wirtschaftssubjekt entsteht bei der Verlagerung der Einkommensentstehung aus Land A nach Land B dadurch ein Vorteil, daß nun das in Land A steuerpflichtige Einkommen in eine niedrigere Progressionsstufe fällt, so daß die Gesamtsteuerbelastung reduziert werden kann. Ein solcher potentieller Progressionsvorteil läßt sich demnach immer dann bei der Anwendung der Freistellungsmethode verwirklichen, wenn im Wohnsitzland (hier Land A) ein progressives Steuersystem herrscht.

Aufgrund der Freistellungsmethode gilt für das Einkommen aus Land A immer der Steuersatz aus Land A und für das Einkommen aus Land B immer der Steuersatz aus Land B (siehe Zeilen 7 und 8), so daß das Ergebnis einer ausschließlichen Zuordnung nach dem Quellenlandprinzip gleich kommt.[237] Falls Land A die Freistellungsmethode anwendet, kann Land B die Faktorströme deshalb zu seinen Gunsten beeinflussen, wenn es seine Steuersätze im Vergleich zu Land A reduziert. Die Freistellungsmethode kann aber aus dem gleichen Grund auch dazu führen, daß ein bestimmter Teil des Welteinkommens überhaupt nicht besteuert wird und es so zu einer internationalen Minderbesteuerung kommt. Dieser Fall tritt dann auf, wenn Einkommen in Land A freigestellt wird, in Land B jedoch aufgrund administrativer Probleme nicht besteuert werden kann. Um diesen Fall der Doppelbefreiung zu vermeiden, kann in Land A eine '*Subject-To-Tax*'-Klausel eingeführt werden. Die Einkünfte aus Land B werden hernach in Land A nur dann freigestellt, wenn sie in Land B auch tatsächlich einer Besteuerung unterworfen wurden.[238] [239]

---

[237] Eventuell sollte man deshalb auch bei der Freistellungsmethode eher von einer expliziten Zuordnung der Steuerquellen als von einer expliziten Vermeidungsmethode sprechen.

[238] Vgl. Schaumburg, Harald (1993), S. 247. Falls Land B nun aber absichtlich einen Null-Steuersatz erheben will, um z.B. Investitionsanreize zu schaffen, so kann es diese Klausel umgehen, indem es einen minimalen Steuersatz von beispielsweise 0,5% einführt, denn sobald das betreffende Einkommen überhaupt der Besteuerung unterworfen wird, greift die Klausel nicht mehr.

[239] Auf einen weiteren Sonderaspekt der Freistellungsmethode soll hier noch abschließend verwiesen werden. Falls in Land B statt einem positiven Einkommen ein Verlust entsteht, so wird dieser bei der Berechnung der Steuerschuld in Land A nicht berücksichtigt. Falls bei der rein nationalen Situation Verluste zu einer Reduzierung der Bemessungsgrundlage führen, so wird das Wirtschaftssubjekt mit internationalen Einkommensbeziehungen insgesamt höher belastet. Da dieser Aspekt nur die Freistellungsmethode betrifft, wurde hier

4.2.2 Freistellung mit Progressionsvorbehalt

Der bei der uneingeschränkten Freistellungsmethode auftretende Progressionsvorteil für Einkommen aus Land A läßt sich verhindern, indem das in Land B entstandene Einkommen bei der Bestimmung des in Land A anzuwendenden Steuersatzes berücksichtigt wird, d.h. das in Land B erwirtschaftete Einkommen wird in Land A nur unter sogenanntem 'Progressionsvorbehalt' freigestellt. Gleichungen (4.2), (4.4) und (4.5) müssen deshalb wie folgt modifiziert werden:

$$T^A = t^A(Y) \cdot Y^A \qquad (4.2c)$$

$$\frac{T}{Y} = \frac{t^A(Y) \cdot Y^A + t^B(Y^B) \cdot Y^B}{Y} \qquad (4.4c)$$

$$\frac{\partial T}{\partial Y^A} = t_Y^A(Y) \qquad (4.5c)$$

Tabelle. 4.4: Steuerschuld und -sätze bei Freistellung mit Progressionsvorbehalt

		Fall 1	*Fall 2*	*Fall 3*	*Fall 4*	*Fall 5*
(1)	Y_T^A	400	0	200	200	200
(2)	T^A	140	0	70	70	40
(3)	Y_T^B	0	400	200	200	200
(4)	T^B	0	140	60	40	60
(5)	T	140	140	130	110	100
(6)	T/Y	35%	35%	32,5%	27,5%	25%
(7)	$\partial T/\partial Y^A$	50%	50%	50%	50%	20%
(8)	$\partial T/\partial Y^B$	30%	50%	30%	20%	30%

Betrachtet man Zeile 7 in Tabelle 4.4, so stellt man fest, daß durch den Progressionsvorbehalt sichergestellt wird, daß bei Wirtschaftssubjekten mit gleichem Welteinkommen zumindest für das im Inland entstandene Einkommen die gleichen Grenzsteuersätze herrschen; der Progressionsvorteil der uneingeschränkten Freistellungsmethode für Einkommen aus Land A wurde somit eliminiert und

keine gesonderte Variante in das dargestellte Fallbeispiel integriert. Für eine ausführliche Diskussion wird auf Mössner, Jörg M. (1985), S. 149-150 verwiesen.

durch Variation der Faktorströme läßt sich der in Land A gültige Steuersatz nicht mehr verändern.

4.3 Anrechnungsmethoden

4.3.1 Uneingeschränkte Anrechnung

Das Wohnsitzland kann Doppelbesteuerung auch dadurch vermeiden, indem es die im Quellenland gezahlte Steuer bei der Begleichung der inländischen Steuerschuld uneingeschränkt anrechnet und somit den Steuerzugriff des Quellenlandes vollständig kompensiert wird. Die Gleichungen (4.2) sowie (4.4) - (4.6) müssen in diesem Falle wie folgt lauten:

$$T^A = t^A(Y) \cdot Y - t^B(Y^B) \cdot Y^B \tag{4.2d}$$

$$\frac{T}{Y} = t^A(Y)^{240} \tag{4.4d}$$

$$\frac{\partial T}{\partial Y^A} = t_Y^A(Y) \tag{4.5d}$$

$$\frac{\partial T}{\partial Y^B} = t_Y^A(Y)^{241} \tag{4.6d}$$

Vergleicht man zunächst wiederum die Fälle 1 und 2, so stellt man fest, daß Doppelbesteuerung auch durch die uneingeschränkte Anrechnungsmethode vollständig eliminiert wird (die Werte in Zeile 5 sind für beide Fälle gleich). Die in Land B gezahlte Steuer wird durch die Anrechnung in Land A vollständig kompensiert. Betrachtet man die marginalen Steuersätze in Land A und in Land B für alle fünf Fälle, so läßt sich zudem festhalten, daß nicht nur bei identischen, sondern auch bei unterschiedlichen Steuersätzen kein steuerlicher Anreiz zur Reallo-

---

240 Da die Quellensteuer im Wohnsitzland durch einen Kredit in gleicher Höhe kompensiert wird ergibt sich:

$$\frac{T}{Y} = \frac{t^A(Y) \cdot Y - t^B(Y^B) \cdot Y^B + t^B(Y^B) \cdot Y^B}{Y} = t^A(Y).$$

241 Das gleiche gilt auch für die Grenzsteuersätze, d.h.:

$$\frac{\partial T}{\partial Y^B} = t_Y^A(Y) - t_Y^B(Y^B) + t_Y^B(Y^B) = t_Y^A(Y).$$

kation von Produktionsfaktoren besteht, denn bei allen fünf Fällen gilt für Einkommen aus Land A und Einkommen aus Land B stets der gleiche Steuersatz (die Werte in Zeilen 7 und 8 sind bei allen Fällen jeweils gleich). Da bei der uneingeschränkten Anrechnungsmethode unabhängig vom Ort der Einkommensentstehung immer der Grenzsteuersatz des Landes A und damit des Wohnsitzlandes gilt, kann hier auch von einer Besteuerung nach dem Wohnsitzlandprinzip gesprochen werden. Der Steuersatz in Land B hat bei dieser Methode lediglich Auswirkungen auf die Verteilung der Steuereinnahmen zwischen Land A und Land B; je höher der Steuersatz in Land B, desto niedriger fällt der Steueranteil für Land A aus.

Tabelle 4.5: Steuerschuld und -sätze bei uneingeschränkter Anrechnung

		Fall 1	*Fall 2*	*Fall 3*	*Fall 4*	*Fall 5*
(1)	Y_T^A	400	400	400	400	400
(2)	T^A	140	0	80	100	20
(3)	Y_T^B	0	400	200	200	200
(4)	T^B	0	140	60	40	60
(5)	T	140	140	140	140	80
(6)	T/Y	50%	50%	50%	50%	20%
(7)	$\partial T/\partial Y^A$	50%	50%	50%	50%	20%
(8)	$\partial T/\partial Y^B$	50%	50%	50%	50%	20%

Wendet Land A die uneingeschränkte Anrechnungsmethode an, so kann Land B durch steuerliche Anreize Faktorbewegungen zu seinen Gunsten nicht beeinflussen, denn jegliche Anreize in Form von Steuererleichterungen werden von Land A wieder abgeschöpft.[242] Andererseits kann Land B auf Kosten von Land A seine Steuereinnahmen erhöhen, ohne daß dies einen Einfluß auf die Faktorallokation hätte, denn für jede Steuererhöhung in Land B wird das Wirtschaftssubjekt in Land A vollständig kompensiert. Man könnte hier sogar davon sprechen, daß bei der Verwendung der Anrechnungsmethode, Land B auf die Einkommens-

242 Um dennoch Anreize im Quellenland wirken zu lassen, wird insbesondere bei Einkommen aus Entwicklungsländern in Industrieländern oftmals fiktiv ein höherer als der tatsächlich gezahlte Betrag auf die Steuer angerechnet (sog. 'fiktive Anrechnung'). Vgl. z.B. Dornelles, Francisco (1989), S. 387.

quellen in Land A zugreifen kann. Betrachtet man nämlich Fall 5, so reduziert sich in Land A aufgrund des höheren Steuersatzes in Land B die eigentliche Steuerschuld für das in Land A entstandene Einkommen von 60 auf 20.[243]

4.3.2 Eingeschränkte Anrechnung

Wenn Land A diesen Steuerzugriff des Landes B auf Einkommensquellen aus Land A vermeiden will, so kann es die Anrechnung der in Land B gezahlten Steuer nach oben begrenzen. In diesem Falle spricht man von einer eingeschränkten Anrechnung. Es wird bei solch einer Begrenzung in Land A maximal der Steuerbetrag angerechnet $T^B_{\max}$, der sich bei Anwendung des in Land A geltenden Steuersatzes ergeben würde. D.h. $T^B_{\max} = t^A(Y) \cdot Y^B$.[244] Gleichungen (4.2), (4.4) und (4.6) werden deshalb wie folgt modifiziert:

$$T^A = t^A(Y) \cdot Y - t^B(Y^B) \cdot Y^B \qquad \text{für } t^B(Y^B) \cdot Y^B \leq T^B_{\max} \quad (4.2e)$$

$$T^A = t^A(Y) \cdot Y^A \text{ [245]} \qquad \text{für } t^B(Y^B) \cdot Y^B > T^B_{\max} \quad (4.2e')$$

$$\frac{T}{Y} = t^A(Y) \qquad \text{für } t^B(Y^B) \cdot Y^B \leq T^B_{\max} \quad (4.4e)$$

$$\frac{T}{Y} = \frac{t^A(Y) \cdot Y^A + t^B(Y^B) \cdot Y^B}{Y} \qquad \text{für } t^B(Y^B) \cdot Y^B > T^B_{\max} \quad (4.4e')$$

$$\frac{\partial T}{\partial Y^B} = t^A_Y(Y) \qquad \text{für } t^B(Y^B) \cdot Y^B \leq T^B_{\max} \quad (4.6e)$$

$$\frac{\partial T}{\partial Y^B} = t^B_Y(Y^B) \text{ [246]} \qquad \text{für } t^B(Y^B) \cdot Y^B > T^B_{\max} \quad (4.6e')$$

---

[243] Im Extremfall könnte die in Land B gezahlte Steuer die Gesamtsteuerschuld in Land A übersteigen, so daß es in Land A zu einer Steuerrückzahlung kommen müßte. Für eine ausführlichere Diskussion dieses Aspektes vgl. auch Doernberg, Richard L. (1989), S. 106.

[244] Diese Formel wird im übrigen auch implizit im deutschen EStG (§ 34c Abs. 1) verwendet, welches festlegt, daß das Verhältnis zwischen dem Anrechnungshöchstbetrag und der im Inland fälligen Gesamtsteuer auf das Welteinkommen im gleichen Verhältnis stehen soll, wie das ausländische Einkommen zum Welteinkommen. Vgl. hierzu auch Mössner, Jörg M. (1985), S. 160-161.

[245] Aufgrund des maximalen Anrechnungsbetrages reduziert sich die Steuer in Land A auf:
$$T^A = t^A(Y) \cdot Y^A + t^A(Y) \cdot Y^B - t^A(Y) \cdot Y^B = t^A(Y) \cdot Y^A.$$

Bezieht sich die Begrenzung der Anrechnung auf die Summe aller im Ausland erwirtschafteten Einkommen, so spricht man von einer "*Overall-Limitation*" (wie z.B. in der Türkei). Erfolgt eine "*Per-Country-Limitation*" (wie z.B. in Deutschland), dann wird dieser Höchstbetrag auf alle ausländischen Länder getrennt angewendet, d.h. falls die Höchstgrenze für ein Land nicht ausgeschöpft wurde, so kann im Gegensatz zur "*Overall-Limitation*" hier dieser Überschuß nicht dazu verwendet werden, um eine etwaige Überschreitung der Höchstgrenze in andern Ländern auszugleichen. Wird der Anrechnungshöchstbetrag zudem für jede Einkommensart getrennt ermittelt, so spricht man von einer "*Basket-Limitation*". Gilt diese Begrenzung der Einkommensarten für alle Quellenländer zusammen, dann handelt es sich um eine "*Overall-Basket-Limitation*" (wie z.B. in den USA).[247] Falls hierbei wiederum jedes Quellenland getrennt herangezogen wird, spricht man von einer "*Per-Country-Basket-Limitation*" (wie z.B. in Frankreich)[248].

Da es sich bei dem hier verwendeten Zahlenbeispielen lediglich um Zwei-Länder-Fälle handelt und zudem nicht zwischen unterschiedlichen Einkommen unterschieden wird, spielen die im vorherigen Absatz gemachten Einschränkungen hier keine Rolle. Im Fall 2 beträgt der Anrechnungshöchstbetrag 140 und in den Fällen 3 und 4 jeweils 70. Weil in diesem Fallbeispiel die in Land B gezahlten Steuern jedoch stets kleiner oder gleich diesen Höchstbeträgen ist, unterscheiden sich die Ergebnisse bei der eingeschränkten Anrechnung nicht von denen der uneingeschränkten. Lediglich im Fall 5, bei dem der Höchstbetrag 40 beträgt, überschreitet die in Land B gezahlte Steuer den Anrechnungshöchstbetrag um 20; hier werden also die Ergebnisse der eingeschränkten Anrechnung von denen der uneingeschränkten abweichen.

Vergleicht man Gleichungen (4.2e'), (4.4e') und (4.6e') mit den Gleichungen (4.2c), (4.4c) und (4.6b), so stellt man fest, daß die Ergebnisse der eingeschränkten Anrechnung bei Überschreiten der Anrechnungshöchstgrenze den Er-

---

246 Aufgrund des maximalen Anrechnungsbetrages reduziert sich der Grenzsteuersatz für Einkommen aus Land B auf:

$$\frac{\partial T}{\partial Y^B} = t_Y^T(Y) - t_Y^A(Y) + t_Y^B(Y^B) = t_Y^B(Y^B).$$

Die Gleichungen (4.6e) und (4.6e') lassen sich aber auch wie folgt zusammenfassen:

$$\frac{\partial T}{\partial Y^B} = \max\{t_Y^T(Y), t_Y^B(Y^B)\}.$$

247 Vgl. Tischer, Frank (1993), S. 219.

248 Vgl. hierzu z.B. Jacobs, Otto H. (1995), S. 13-14 und S. 174-175.

gebnissen der Freistellungsmethode mit Progressionsvorbehalt entsprechen.[249] Die Ergebnisse der eingeschränkten Anrechnung im Fall 5 entsprechen also denen von Fall 5 in Tabelle 4.4. Bei Überschreitung der Anrechnungshöchstgrenze bei der eingeschränkten Anrechnung entspricht der Grenzsteuersatz für Einkommen aus Land B stets dem des Quellenlandes und nicht mehr wie bei Anwendung der uneingeschränkten Anrechnungsmethode dem des Wohnsitzlandes.

4.4 Die Abzugsmethode

Obwohl Doppelbesteuerung durch die Abzugsmethode lediglich vermindern und nicht vollständig vermeiden kann, soll sie dennoch hier kurz erläutert werden, da sie nach dem deutschen EStG (§ 34c Abs. 2) anstelle der Anrechnungsmethode gewählt werden kann.[250] Bei der Abzugsmethode kann die im Ausland gezahlte Steuer nicht von der im Inland fälligen Steuerschuld, sondern lediglich von der inländischen Bemessungsgrundlage abgezogen werden. Für das im Inland zu versteuernde Einkommen gilt dann $Y_T^A = Y - t^B(Y^B) \cdot Y^B$ und Gleichungen (4.2) sowie (4.4) - (4.6) lauten dementsprechend nun wie folgt:

$$T^A = t^A(Y - t^B(Y^B) \cdot Y^B) \cdot (Y - t^B(Y^B) \cdot Y^B) \tag{4.2f}$$

$$\frac{T}{Y} = \frac{t^A(Y - t^B(Y^B) \cdot Y^B) \cdot (Y - t^B(Y^B) \cdot Y^B) + t^B(Y^B) \cdot Y^B}{Y} \tag{4.4f}$$

$$\frac{\partial T}{\partial Y^A} = t_Y^A(Y - t^B(Y^B) \cdot Y^B) \tag{4.5f}$$

$$\frac{\partial T}{\partial Y^B} = t_Y^A(Y - t^B(Y^B) \cdot Y^B) + t_Y^B(Y^B) \tag{4.6f}$$

Der Vergleich der Fälle 1 und 2 in Tabelle 4.6 bestätigt zunächst, daß Doppelbesteuerung durch die Abzugsmethode nicht vermieden werden kann; im Vergleich zur Situation ohne Anwendung von Methoden zur Vermeidung von Dop-

---

249 Es an dieser Stelle noch einmal darauf hingewiesen, daß Gleichung (4.6b) sowohl für die Freistellungsmethode ohne als auch mit Progressionsvorbehalt gilt.

250 In einigen anderen Ländern (z.B. Norwegen, Portugal und die Schweiz) wird sie zudem angewendet, wenn es sich um im Ausland erwirtschaftetes Einkommen aus Ländern handelt, mit denen keine Doppelbesteuerungsabkommen bestehen. Vgl. Mintz, Jack M. (1992), S. 8.

pelbesteuerung (siehe Tabelle 4.1) wird die Doppelbesteuerung jedoch zumindest vermindert. Ebenso wie bei der Anwendung der uneingeschränkten Freistellungsmethode besteht hier auch die Möglichkeit, einen Progressionsvorteil zu realisieren, und zwar genau dann, wenn die in Land B gezahlte Steuer die Bemessungsgrundlage in Land A derart reduziert, daß in Land A nun eine niedrigere Progressionsstufe greift (siehe Fall 2). Die Gesamtsteuerschuld ist dennoch höher als bei national entstandenen Einkommen.

Tabelle. 4.6: Steuerschuld und -sätze bei Verwendung der Abzugsmethode

		Fall 1	*Fall 2*	*Fall 3*	*Fall 4*	*Fall 5*
(1)	Y_T^A	400	260	340	360	340
(2)	T^A	140	78	119	126	68
(3)	Y_T^B	0	400	200	200	100
(4)	T^B	0	140	60	40	60
(5)	T	140	218	179	166	128
(6)	T/Y	35%	54,5%	44,75%	41,5%	32%
(7)	$\partial T/\partial Y^A$	50%	30%	50%	50%	20%
(8)	$\partial T/\partial Y^B$	80%	80%	80%	70%	50%

4.5 Die vollständige Vermeidung von Doppelbesteuerung

Grundsätzlich kann Doppelbesteuerung nur dann vermieden werden, wenn ausschließlich eine Jurisdiktion auf ein und dasselbe Einkommen steuerlich zugreift. Erheben dennoch mehrere Jurisdikationen einen steuerlichen Anspruch auf dasselbe Einkommen, kann Doppelbesteuerung streng genommen zwar nicht vermieden werden, deren Folgen können jedoch derart kompensiert werden, daß das Ergebnis einer ausschließlichen Zuweisung der Besteuerungshoheit gleichkommt. Aus Sicht des Steuerzahlers geschieht dies nur bei der Verwendung der Freistellungsmethode mit und ohne Progressionsvorbehalt und bei der uneingeschränkten Anrechnungsmethode.

Der Vorteil der Methoden drückt sich auch in der Menge der Steuersatzkombinationen aus, bei denen es zu Faktorbewegungen (unter der Annahme homogener Staatsausgaben) kommt, falls in der Autarkiesituation unterschiedliche Faktorgrenzproduktivitäten in den betrachteten Ländern geherrscht haben. Hierfür wird noch einmal Abbildung 2.2 herangezogen und erweitert.[251]

Es wird erneut angenommen, daß falls das Wohnsitzland (hier Land A) nur die internationalen Einkommen besteuert, bei Aufrechterhaltung der Doppelbesteuerung nur die Steuersatzkombinationen innerhalb der schraffierten Fläche in Abbildung 4.1 zu internationalen Faktorbewegungen führen, denn nur bei diesen Kombinationen ist die Gesamtsteuerbelastung geringer als die Differenz der Grenzprodukte in der Autarkiesituation.

Durch Anwendung der Abzugsmethode kann die Doppelbesteuerung vermindert und damit die Menge der Steuersatzkombinationen, bei denen es zu Faktorbewegungen kommt erhöht werden. Diese Erhöhung entspricht der Fläche A. Durch die Anwendung der eingeschränkten Anrechnungsmethode kann Doppelbesteuerung nur dann vollständig vermieden bzw. kompensiert werden, wenn der Steuersatz im Quellenland nicht über dem im Wohnsitzland liegt. Dadurch erhöhen sich die Steuersatzkombinationen im Vergleich zur Abzugsmethode entsprechend der Fläche B.

Doppelbesteuerung kann jedoch nur dann vollständig vermieden werden, wenn die uneingeschränkte Anrechnungsmethode oder die Freistellungsmethode angewendet wird. Im ersten Fall führt dies zu einer Erhöhung der Steuersatzkombinationen, bei denen es zu Faktorbewegungen kommt, im Vergleich zur eingeschränkten Anrechnung entsprechend der Fläche C. Das bedeutet, daß die Steuer im Quellenland irrelevant wird, denn die Faktoreigner werden stets für die im Quellenland gezahlten Steuern vollständig kompensiert. Solange für den Steuersatz im Wohnsitzland $t^A < 1-c$ gilt, kommt es also zu internationalen Faktorbewegungen.

---

[251] Es wird dabei wie auch bei Abbildung 2.2 unterstellt, daß inländische Einkommen weder in Land A noch in Land B besteuert werden. Die jeweiligen Grenzen der einzelnen Bereiche bestimmen sich dann durch alle Steuersatzkombinationen, bei denen die Gleichung $Z(t^A, t^B) = 0$ wird.
Bei Aufrechterhaltung der Doppelbesteuerung gilt dies für: $t^A + t^B = 1-c$;
bei Anwendung der Abzugsmethode gilt dies für: $t^A + t^B - t^A \cdot t^B = 1-c$;
bei Anwendung der eingeschränkten Anrechnungsmethode gilt dies für: $\max\{t^A, t^B\} = 1-c$;
bei Anwendung der unbeschränkten Anrechnungsmethode gilt dies für: $t^A = 1-c$ und bei Anwendung der Freistellungsmethode gilt dies für: $t^B = 1-c$.
Für die Interpretation der Abbildung 4.1 wird aber auch auf Oakland, William H. / Xu, Yongsheng (1996), 447-48, und auf Bond, Eric, W. / Samuelson, Larry (1989), S. 1102, verwiesen.

Abbildung 4.1: Faktorbewegungen mit und ohne Vermeidungsmethoden in Abhängigkeit der Steuersätze t^A und t^B

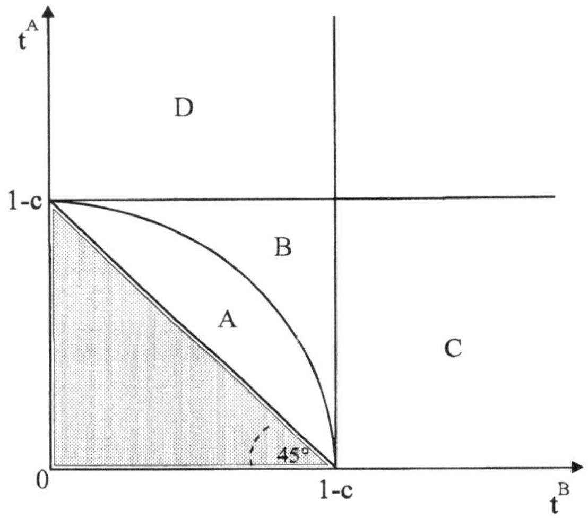

Quelle: Eigene Darstellung in Anlehnung an Oakland, William H. / Xu, Yongsheng (1996), S. 48.

Wird die Freistellungsmethode angewendet, dann erhöht sich die Menge der Steuersatzkombinationen, bei denen es zu Faktorbewegungen kommt, im Vergleich zur eingeschränkten Anrechnung entsprechend der Fläche D. Das bedeutet, daß nun die Steuer im Wohnsitzland irrelevant wird, denn für die Besteuerung der internationalen Faktoreinkommen ist ausschließlich die Steuer des Quellenlandes von Bedeutung. Solange für den Steuersatz im Quellenland $t^B < 1 - c$ gilt, kommt es hier also zu internationalen Faktorbewegungen. Die Fläche, die der Menge der Steuersatzkombinationen entspricht, bei denen es zu Faktorbewegungen kommt, ist dabei im Fall der Freistellungsmethode genauso groß, wie im Fall der uneingeschränkten Anrechnungsmethode. Diese beiden Methoden sind also auch in bezug auf Steuersatzkombinationen gleichwertig.

Abschließend soll auch noch auf folgendes hingewiesen werden: Wird die Freistellungsmethode verwendet, dann entspricht dies einer Zuteilung der Besteuerungshoheit nach dem Quellenlandprinzip. Für die Allokationsentscheidungen bedeutet dieses, daß ausschließlich der Grenzsteuersatz des Quellenlands relevant ist. Aus distributiver Sicht bedeutet dies, daß die gesamte Steuer auf

Einkommen aus einem bestimmten Quellenland ausschließlich diesem Quellenland zufließt. Wird hingegen die Anrechnungsmethode verwendet, dann bedeutet dies, daß für die Allokationsentscheidungen ausschließlich der Grenzsteuersatz des Wohnsitzlands relevant ist. Die Anrechnungsmethode kann deshalb jedoch nicht grundsätzlich mit dem Wohnsitzlandprinzip gleichgesetzt werden, denn bei einer Zuteilung der Besteuerungshoheit nach dem Wohnsitzlandprinzip würde dem Wohnsitzland auch das gesamte Steueraufkommen zufallen. Eine Gleichsetzung der Anrechnungsmethode mit dem Wohnsitzlandprinzip ist also nur für die allokative, nicht aber für die distributive Analyse gerechtfertigt.[252]

---

[252] Vgl. hierzu auch Biehl, Dieter (1980), S. 696.

5 Die Bewertung der Vermeidungsmethoden

5.1 Die relevanten Bewertungsparameter

Für die konkrete Ausgestaltung einer optimalen Kooperation sind zwei Punkte wesentlich:

(1) die Bestimmung der Effizienzgrenze und

(2) die Bestimmung der Ausgangssituation.

Diese beiden Punkte oder Parameter bestimmen den Auszahlungsraum einer Kooperation. Im folgenden soll deshalb zunächst untersucht werden, welche Vermeidungsmethode bzw. welches Besteuerungsprinzip das gemeinsame Sozialprodukt maximiert. Im Anschluß daran wird geprüft, ob diese Grenze auch ohne Kooperation erreicht werden kann. Es werden dabei drei Szenarien analysiert:

Szenario 1: Bei ansonsten vollkommenen Märkten werde von den jeweiligen Länder Steuern lediglich erhoben, um sie via Pro-Kopf-Transfers an die Inländer zu transferieren,

Szenario 2: Durch Faktorexporte (insbesondere durch Kapitalexporte) werden positive externe Effekte hervorgerufen und

Szenario 3: Der Staat der jeweiligen Länder stellt Vorleistungen für die private Güterproduktion bereit.

5.2 Die Bestimmung der Effizienzgrenze

5.2.1 Steuer- und Ausgabenneutralität

Nachdem in Kapitel 4 gezeigt wurde, welche Möglichkeiten bzw. Methoden zur Vermeidung von Doppelbesteuerung prinzipiell existieren, kann nun untersucht werden, wie sich diese Vermeidungsmethoden auf die potentiellen Kooperationsgewinne auswirken. Genauer gesagt: es wird geprüft, welche dieser Methoden zu dem höchsten Gesamtkooperationsgewinn führt, da in Kapitel 3 deutlich wurde, daß sich die freiwillig kooperierenden Länder unter bestimmten Annahmen auf genau die Vereinbarung oder Methode einigen werden, die diesen Gesamtgewinn maximal werden läßt. Aus Abbildung 2.4 in Kapitel 2 wurde ersichtlich, daß die Höhe des Produktions- bzw. Einkommensverlusts durch Doppelbesteuerung dem Kooperationsertrag entspricht. Unterstellt man plausibler Weise, daß die Konsens- bzw. Entscheidungsfindungskosten bei allen Methoden zur Vermeidung von Doppelbesteuerung identisch sind, dann führt diejenige Methode zu dem höchsten Kooperationsgewinn, die auch das Sozialprodukt der Kooperationspartner maximiert.

Bei vollkommenen Märkten führen die Marktkräfte normalerweise automatisch zu einer effizienten Allokation der Ressourcen und damit auch zu einem maximalen Sozialprodukt. Wenn in dieser Ausgangssituation der Staat in den Markt eingreift, indem er Steuern erhebt und Ausgaben tätigt, dann muß aus allokativer Sicht gefordert werden, daß der Staat dies möglichst in einer neutralen Art und Weise tun soll, um die Allokationsentscheidungen der einzelnen Wirtschaftssubjekt und damit die Marktkräfte möglichst nicht zu beeinflussen. Vor diesem Hintergrund muß auch Neumarks Definition der Besteuerungsneutralität als Wettbewerbsneutralität verstanden werden.[253] Widmet man sich zunächst den rein steuerlichen Aspekten, indem man der Einfachheit halber international homogene und konstante Staatsausgaben unterstellt, so bedeutet staatliche oder fiskalische Neutralität, daß sich das System der internationalen Besteuerung hinsichtlich jeglicher Allokationsentscheidungen neutral verhalten sollte.[254] [255]

Wenn die doppelte Besteuerung von internationalen Faktoreinkommen zu einer ineffizienten Faktorallokation führt und dadurch nicht das maximal mögliche Sozialprodukt erwirtschaftet werden kann, dann bedeutet die Forderung nach Steuerneutralität, daß diejenige Methode zur Vermeidung von Doppelbesteuerung gewählt werden sollte, die eine effiziente Faktorallokation wieder herbei führt.

5.2.2 Szenario 1: Allokationseffizienz bei vollkommenen Märkten

5.2.2.1 Die neutrale Allokation des Kapitals

Wie weiter oben festgestellt wurde, kann Doppelbesteuerung entweder dadurch vermieden werden, indem einem beteiligten Land explizit die Besteue-

---

[253] Vgl. Neumark, Fritz (1970), S. 262. Eine Forderung nach neutraler Steuerpolitik findet sich aber auch schon bei Adam Smith. Vgl. Smith, Adam (1776), S. 353.

[254] Vgl. Richman, Peggy B. (1963), S. 7. Bei dieser Publikation von Peggy B. Richman (jetzige Peggy B. Musgrave) handelt es sich nach Auffassung des Verfassers um die erste Untersuchung, die umfassend alle Wohlfahrtsaspekte der internationalen Besteuerung von Kapitaleinkommen analysiert, und ist deshalb hervorzuheben.

[255] Allokationsentscheidungen sollen hier im engeren Sinne verstanden werden. Aspekte wie z.B. die Wahl des Wohnsitzes oder der Unternehmensform werden hier nicht diskutiert. Hierfür sei auf Richman, Peggy B. (1963), S. 9-11, verwiesen. Das gleiche gilt auch für die sog. 'nationale Neutralität'. Vgl. Doernberg, Richard L. (1989), S. 4.

rungshoheit zugesprochen wird oder falls mehrere Länder steuerlich zugreifen können, die Methode der uneingeschränkten Anrechnung oder die der Freistellung verwendet wird. Je nach Methodenwahl, gilt für das im Ausland erwirtschaftete Einkommen stets der inländische oder stets der ausländische Grenzsteuersatz. Falls im Inland und im Ausland unterschiedliche Grenzsteuersätze gelten, dann werden dieselben Einkommen je nach verwendeter Methode unterschiedlich stark belastet. Für die Allokation der Produktionsfaktoren ist es jedoch von großer Bedeutung, welcher Steuersatz letztendlich greift, so daß die allokative Neutralität dieser unterschiedlichen Möglichkeiten der Vermeidung untersucht und bewertet werden muß.

Für den Bereich der internationalen Besteuerung von Investitionseinkommen haben sich in der wissenschaftlichen Literatur zwei Neutralitätsdefinitionen durchgesetzt, die auf Richard Musgrave zurückgehen: Kapitalexportneutralität und Kapitalimportneutralität.

"***Export neutrality*** *means that the investor should pay the same total (domestic plus foreign) tax, whether he receives a given investment income from foreign or from domestic sources. As a result, the investor's choice between foreign and domestic investment will be free of tax considerations, as will be his choice between alternative foreign investments.*"[256] Kapitalexportneutralität wird demnach dann erreicht, wenn, die Entscheidung eines inländischen Investors entweder im Inland (d.h. in dem Land aus dem der Investor stammt) oder im Ausland zu investieren, von steuerlichen Überlegungen unbeeinflußt bleibt; sein Entscheidungskriterium ist weiterhin die Maximierung der Bruttokapitalrendite und das Kapital wird dort eingesetzt, wo es auch bei Nichtvorhandensein von Steuern eingesetzt werden würde. Dies ist gewährleistet, wenn für das gesamte Einkommen unabhängig vom jeweiligen Ort der Einkommensentstehung die gleiche Steuerschuld fällig wird.

"***Import neutrality*** *means that capital funds originating in various countries should compete at equal tax terms in the capital market of any one country.*"[257] Kapitalimportneutralität wird somit gewährleistet, wenn das im Inland entstandene Kapitaleinkommen unabhängig der Herkunft der Investoren steuerlich gleich behandelt wird. D.h. daß diese Neutralitätsanforderung dann erfüllt ist, wenn die Steuerschuld, die für das im Inland entstandene Einkommen fällig wird, unabhängig der Herkunft der Investoren immer identisch ist. Wenn in den jeweiligen Kapitalimportländern unterschiedliche Steuersätze herrschen, muß demzufolge die

---

[256] Musgrave, Richard A. (1960), S. 84 (Hervorhebung nicht im Original).

[257] Musgrave, Richard A. (1960), S. 85-86 (Hervorhebung nicht im Original).

steuerliche Belastung der Kapitaleinkommen in Abhängigkeit des Kapitaleinsatzortes variieren.

Wenn in allen beteiligten Ländern die gleichen Steuerstrukturen (d.h. gleiche Steuersätze und gleiche Steuerbemessungsgrundlagen[258]) gelten, dann wird die Forderung nach Kapitalexportneutralität und die nach Kapitalimportneutralität stets gleichzeitig verwirklicht, denn dann ist unabhängig vom Ort der Einkommensentstehung und unabhängig des Herkunftslandes des Investors die steuerliche Belastung von Kapitaleinkommen immer identisch. Herrschen jedoch in den jeweiligen Ländern unterschiedliche Steuerstrukturen, dann schließen sich diese beiden Neutralitätspostulate gegenseitig aus.[259]

Betrachtet man die effiziente Allokation der Produktionsfaktoren auf die inländische und die ausländische Produktion, so muß Neutralität bedeuten, daß die Entscheidungen über die globale Allokation von Produktionsfaktoren (hier von Kapital) von steuerlichen Überlegungen nicht beeinflußt werden dürfen, denn nur so kann bei ansonsten vollkommenen Märkten gewährleistet werden, daß im Arbitragegleichgewicht die Bruttorenditen (d.h. die Renditen vor Abzug der Steuer) der Investitionen egalisiert werden. Wie man leicht erkennt, entspricht Musgraves Forderung nach Kapitalexportneutralität genau dieser Neutralitätsvorstellung für Investitionsentscheidungen, so daß hier auch von Investitions- oder Produktionsneutralität gesprochen werden kann.[260]

Was nun die Kapitalimportneutralität betrifft, so ist deshalb auch Musgrave Recht zugeben, der diesbezüglich konstatiert, daß "*the proposition, that investors residing in different countries also should be subject to the same tax when competing in a third country is not an efficiency rule. Investors from high-tax countries may feel that such a treatment is unfair when they are forced to compete against investors from low-tax countries, but this situation will be the same wherever they invest.*"[261] Es handelt sich bei der Kapitalimportneutralität aus dieser Sicht also nicht um ein Effizienzkriterium, sondern eher um ein Kriterium des

---

[258] Zur Relevanz der Steuerbemessungsgrundlage vgl. z.B. Musgrave, Peggy B. (1966), S. 76-78.

[259] Vgl. Musgrave, Richard A. (1960), S. 86.

[260] Vgl. zu dieser Schlußfolgerung z.B. auch Sato, Mitsuo / Bird, Richard M. (1975), S. 408.

[261] Musgrave, Richard A. (1989), Anmerkung 3 auf Seite XVII (Hervorhebung nicht im Original). Es sei hier im übrigen angemerkt, daß Musgrave in seinen frühen Untersuchungen zu diesem Thema noch nicht uneingeschränkt dieser Auffassung war. Vgl. z.B. Musgrave (1960), S. 86.

nationalen oder inländischen Wettbewerbs.[262] Einige Autoren bezeichnen diese Situation deshalb auch nicht als Kapitalimportneutralität sondern als Wettbewerbsneutralität (*"competitive neutrality"*).[263]

Diese Argumentation läßt sich auch anhand des bereits in Kapitel 2 eingeführten Modells bestätigen, das grundsätzlich von vollkommenen Faktormärkten ausgeht. Der Annahme gemäß werden in dieser Ausgangslage Steuern ausschließlich zu dem Zweck erhoben, Pro-Kopf-Transfers an die jeweiligen Inländer der Länder A und B zu tätigen. Für den Einfluß des staatliche Eingriffs auf die Allokation ist somit nur die Steuerinzidenz relevant.[264] Für den Fall internationalen Kapitalbewegungen, soll Land A auch als Wohnsitzland bezeichnet werden, da es bei dem hier verwendeten Modell zu Kapitalexporten aus Land A kommt. Prinzipiell könnte Land A jedoch auch das Land der Staatsangehörigkeit sein; um die Analyse so überschaubar wie möglich zu halten, wird jedoch unterstellt, daß das Wohnsitzland mit dem Land der Staatsangehörigkeit identisch sei. Land B kann infolgedessen auch als Quellenland bezeichnet werden, da die zu betrachtenden Kapitalexporte (Z) dort zum Einsatz kommen und dort dementsprechend auch das potentiell doppelt besteuerbare Einkommen entsteht. Es sei zudem angenommen, daß zunächst keines der Länder auf sein Besteuerungsrecht verzichtet, so daß eine explizite Methode zur Vermeidung von Doppelbesteuerung angewendet werden muß.

In Kapitel 4 wurde gezeigt, daß Doppelbesteuerung nur durch die Freistellungsmethode oder durch die uneingeschränkte Anrechnungsmethode vollständig vermieden werden kann.[265] Wird Doppelbesteuerung durch die uneingeschränkte Anrechnung im Wohnsitzland vermieden, gilt stets der Grenzsteuersatz des Wohnsitzlandes, so daß im Rahmen der Effizienzanalyse auch von einer Verwirklichung des Wohnsitzlandprinzips (WLP) gesprochen werden kann. Für den Fall, daß Doppelbesteuerung dadurch vermieden werden soll, daß Land A die Freisstellungsmethode anwendet, gilt für das im Quellenland (Land B) erwirtschaftete Einkommen immer auch der Grenzsteuersatz des Quellenlands, so daß

---

[262] Vgl. etwa Alsworth, Julian S. (1988), S. 31.

[263] Vgl. z.B. Doernberg, Richard L. (1989), S. 5.

[264] Für die detaillierten Annahmen des Modells sei noch einmal auf Abschnitt 2.2.2 verwiesen.

[265] Falls der Steuersatz des Quellenlandes nicht höher ist als der des Wohnsitzlandes, dann kann Doppelbesteuerung auch durch die eingeschränkte Anrechnung im Wohnsitzland vollständig vermieden werden.

hier auch von der Verwirklichung des Quellenlandprinzip (QLP) gesprochen wird.[266]

Bei Anwendung des Quellenlandprinzips gilt nun folgende Bedingung für das Kapitalmarktgleichgewicht:

$$F_K^A \cdot (1-t^A) = F_K^B \cdot (1-t^B) \Leftrightarrow \quad F_K^A = \frac{(1-t^B)}{(1-t^A)} \cdot F_K^B \tag{5.1}$$

Bei Anwendung des Wohnsitzlandprinzips gilt hingegen:

$$F_K^A \cdot (1-t^A) = F_K^B \cdot (1-t^A) \Leftrightarrow \quad F_K^A = F_K^B \tag{5.2}$$

Wenn in beiden Ländern die gleichen Steuersätze (bzw. streng genommen die gleichen Steuersysteme) herrschen, dann führen beide Methoden zu einem Ausgleich der Bruttokapitalrenditen. Da beim Ausgleich der Bruttorenditen die Faktorallokation effizient ist, maximieren unter diesen Bedingungen auch beide Besteuerungsprinzipien das gemeinsame Sozialprodukt.

Anders sieht es jedoch aus, wenn in beiden Ländern unterschiedliche Steuersätze herrschen. In diesem Falle führt nur das Wohnsitzlandprinzip zu einem Ausgleich der Bruttokapitalrenditen. Beim Quellenlandprinzip werden hingegen beim Arbitragegleichgewicht der Nettorenditen nicht auch gleichzeitig die Bruttorenditen egalisiert. Gilt $t^A > t^B$, dann ist bei Anwendung des Quellenlandprinzips im Arbitragegleichgewicht auch $F_K^A > F_K^B$ und bei $t^A < t^B$ gilt $F_K^A < F_K^B$ (siehe Gleichung (5.1)).

Abbildung 5.1 verdeutlicht noch einmal diese Schlußfolgerung. Dort sind erneut die Brutto- und Nettogrenzproduktkurven des Kapitals in Land A und B abgebildet. Um den Unterschied zwischen dem Wohnsitzlandprinzip und dem

266 Da es sich bei dem Wohnsitzland auch gleichzeitig um das Land der Staatsangehörigkeit handelt, werden durch diese Herangehensweise sowohl der Doppelbesteuerungskonflikt 'Wohnsitzland - Quellenland' als auch der des 'Land der Staatsangehörigkeit - Quellenland' behandelt. Der verbleibende Kollisionsfall 'Wohnsitzland - Land der Staatsangehörigkeit' wird hier nicht explizit untersucht; implizit lassen sich durch die hier gewählte Herangehensweise dennoch auch diesbezüglich einige relevante Schlüsse ziehen.

Quellenlandprinzip zu verdeutlichen, werden für Land B zwei verschiedene Steuersätze und für Land A ein Steuersatz unterstellt. Es gilt dabei $t_1^B < t_2^B = t^A$.

Abbildung 5.1: Globale Kapitalallokation bei unterschiedlichen Steuersätzen

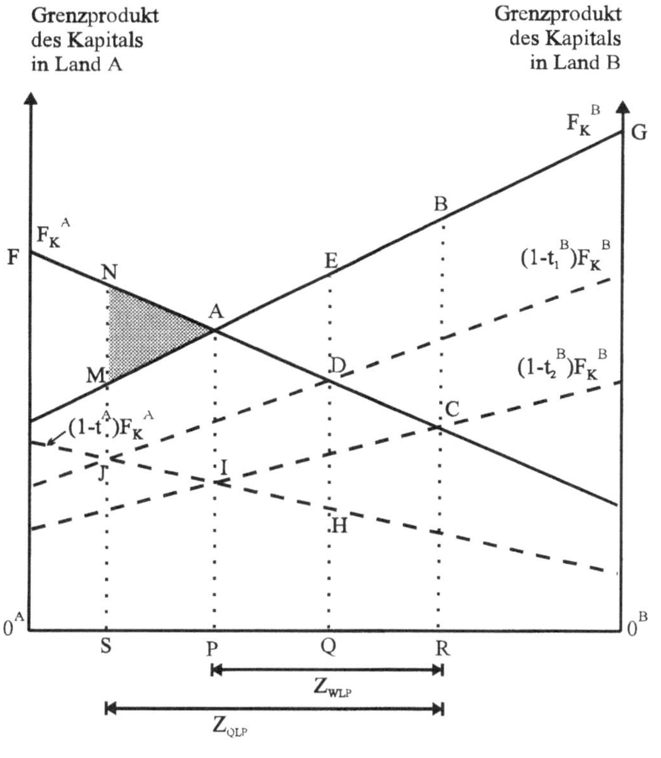

Quelle: Eigene Darstellung in Anlehnung an Abbildung 2.5.

Unabhängig vom Steuersatz in Land B gilt für die Einkommen aus Kapitalexporten bei Anwendung des Wohnsitzlandprinzip immer der Steuersatz aus Land A. In diesem Falle wird die Kapitalallokation durch den Schnittpunkt der beiden Nettogrenzproduktkurven $(1-t^A)F_K^A$ und $(1-t_2^B)F_K^B$ (mit $t^A = t_2^B$) bestimmt (gekennzeichnet durch Punkt I). Die mit diesem Kapitalmarktgleichgewicht einhergehende Kapitalexporten in Höhe von Z_{WLP} entsprechen dabei genaue denen in der erstbesten Situation in Abbildung 2.4, da bei Anwendung des Wohnsitzlandprinzip die Egalisierung der Nettogrenzprodukte mit der der Bruttogrenzprodukte (gekennzeichnet durch Punkt A) einher geht. Analog zur erstbesten Situation wird auch hier das gemeinsame Sozialprodukt maximal (d.h. es entspricht auch hier der Fläche $0^A FAG0^B$).

Bei der Anwendung des Quellenlandprinzip hängen die Kapitalbewegungen vom Steuersatz in Land B ab. Ist dieser Steuersatz identisch mit dem von Land A, dann führt dies ebenfalls zu Kapitalexporten in Höhe von Z_{WLP}. Ist der Steuersatz in Land B jedoch niedriger als in Land A, dann wird das Kapitalmarktgleichgewicht durch den Schnittpunkt der Nettogrenzproduktkurven $(1-t^A)F_K^A$ und $(1-t_1^B)F_K^B$ (mit $t^A > t_1^B$) bestimmt (gekennzeichnet durch Punkt J). Diese bilaterale Kapitalallokation geht gleichwohl mit Kapitalexporten in Höhe von Z_{QLP} einher, die höher sind als in der erstbesten Situation. Da in diesem Falle die Egalisierung der Nettogrenzprodukte nicht mit der der Bruttogrenzprodukte einher geht, ist das gemeinsame Sozialprodukt auch nicht maximal. Im Vergleich zur erstbesten Situation und zum Wohnsitzlandprinzip, fällt dieses Sozialprodukt entsprechend der Fläche des schraffierten Dreiecks AMN geringer aus.

Setzt man den Steuersatz in Land A auf Null, dann läßt sich auch die Auswirkung des Quellenlandprinzips für den Fall untersuchen, bei dem der Steuersatz im Quellenland über dem des Wohnsitzlands liegt. In diesem Fall wird die Kapitalallokation durch den Schnittpunkt der Bruttogrenzproduktkurve des Landes A mit den jeweiligen Nettogrenzproduktkurven des Landes B bestimmt (gekennzeichnet durch die Punkte C bzw. D). Man erkennt sofort, daß auch in diesem Fall, das Quellenlandprinzip zu einem geringeren gemeinsamen Sozialprodukt als in der erstbesten Situation bzw. als beim Wohnsitzlandprinzip führt.[267]

Bei ungleichen Steuersätzen führt das Quellenlandprinzip im Vergleich zum Wohnsitzlandprinzip also zu Einkommensverlusten, so daß bei ungleichen Steuersätzen nur das Wohnsitzlandprinzip das gemeinsame Sozialprodukt maximieren kann. Dies liegt daran, daß bei unterschiedlichen Steuersätzen nur das Wohnsitzlandprinzip gewährleisten kann, daß trotz Steuersatzunterschiede, die Egalisierung der Nettorenditen mit der der Bruttorenditen einhergeht und somit Musgrave's Forderung nach Kapitalexportneutralität erfüllt wird.

Wenn freiwillig kooperierende Länder hinter dem 'Schleier der Unsicherheit' stets die Vereinbarung wählen, die das gemeinsame Sozialprodukt maximiert,

---

[267] Herrscht in Land B der Steuersatz t_2^B, dann finden zudem keinen Kapitalexporten statt.

dann kann davon ausgegangen werden, daß sich die betroffenen Länder unter den hier getroffenen Annahmen auf die Vermeidung der Doppelbesteuerung durch die Anwendung des Wohnsitzlandprinzips einigen. Dies kann entweder dadurch geschehen, indem die Steuerhoheit ausschließlich dem Wohnsitzland zugewiesen wird oder indem das Wohnsitzland die (uneingeschränkte) Anrechnungsmethode verwendet. Nur in dem Fall, bei dem beide Länder identische Steuersysteme haben, wird alternativ auch das Quellenlandprinzip gewählt. Das Quellenlandprinzip könnte gleichwohl auch dann vereinbart werden, wenn in der Ausgangssituation unterschiedliche Steuersysteme vorliegen, aber gleichzeitig eine Harmonisierung dieser Systeme vereinbart wird. Falls diese Harmonisierung jedoch Kosten in Form der Umstellung der jeweiligen Steuersysteme hervorruft, dann dominiert weiterhin das Wohnsitzlandprinzip, denn in dem Falle würde die Anwendung des Quellenlandprinzips aufgrund der zusätzlichen Harmonisierungskosten zu einem vergleichsweise niedrigeren Kooperationsgewinn führen.

Hebt man die Annahme eines konstanten Kapitalangebots auf, dann müssen bei der Bewertung der Besteuerungsprinzipien zusätzlich auch deren Auswirkungen auf die Ersparnisbildung analysiert werden. Die Höhe der Ersparnis bestimmt sich normalerweise über die Optimierung des intertemporalen Tausch des Konsums. Dieser Tausch ist auf ein Land bezogen dann effizient, wenn die gesamtwirtschaftliche Zeitpäferenzrate der gesamtwirtschaftlichen Kapitalrendite entspricht. Wird auf den Kapitalertrag eine Steuer erhoben, dann ist die Netto-Kapitalrendite der relevante Entscheidungsparameter. Betrachtet man nun die Ersparnisbildung in beiden betroffenen Ländern zusammen, dann ist die Verteilung der Ersparnisbildung zwischen diesen Ländern genau dann effizient, wenn sich die Zeitpräferenzraten dieser Länder ausgleichen.[268]

Bei unterschiedlichen Steuersätzen in beiden Ländern führt die Anwendung des Wohnsitzlandprinzips zwar zu einer Egalisierung der Nettorendite aus Sicht des Wohnsitzlandes; für das Kapital, das Faktoreignern gehört, die aus Land B stammen, gilt jedoch eine andere Nettorendite. Ist der Steuersatz in Land B niedriger

---

[268] Anhand einer Edgeworth-Box kann gezeigt werden, daß für die Verwirklichung eines optimalen globalen intertemporalen Tauschs die Zeitpräferenzraten in Land A und Land B identisch sein müssen. Dies impliziert einen Ausgleich der Netto-Kapitalrenditen in beiden Ländern. Vgl. Hierzu auch Frenkel, Jacob A. / Razin, Assaf / Sadka, Efraim (1991), S. 30-31. Das gleiche läßt sich auch anhand eines zwei Perioden Konsummodells á la Fischer zeigen. Vgl. dazu Sinn, Stefan (1993), S. 3.
Ein flexibles Kapitalangebot läßt sich zudem auch in das hier verwendete MacDougall-Kemp Modell integrieren. Die erste Berücksichtigung dieser Art findet sich bei Berry, R. Albert / Soligo, Ronald (1969), S. 786-790, jedoch in einem anderen Zusammenhang und nicht für den Zwei-Länder-Fall.

als in Land A, dann erhalten Kapitaleigner aus Land B eine höhere Nettorendite für den Kapitaleinsatz in diesem Land, als die Kapitaleigner aus Land A. Da die Höhe der jeweiligen Nettorenditen aber die jeweils relevante Größe für die Ersparnisbildung in beiden Ländern darstellt, impliziert dies auch, daß in diesem Falle in Land B eine höhere Zeitpräferenzrate herrscht als in Land A.

Die Folge ist eine Verzerrung der globalen Ersparnisbildung, denn eine globaleffiziente Ersparnisbildung ist dadurch charakterisiert, daß im Inland und im Ausland die gleichen Zeitpräferenzraten herrschen.[269] In Abbildung 5.1 erkennt man, daß der für den Ausgleich der Zeitpräferenzraten notwendige Ausgleich der Nettorenditen nur erreicht werden kann, wenn für die gesamten im Ausland erwirtschafteten Kapitalerträge auch der ausländische Steuersatz gilt. Wenn fiskalische Neutralität also aus der Perspektive der effizienten Ersparnisbildung betrachtet wird (und nicht mehr aus Sicht einer effizienten Allokation der Investitionen), dann ist die Forderung nach Kapitalimportneutralität das relevante Neutralitätskonzept und das Quellenlandprinzip das effiziente Besteuerungsprinzip.[270] Aus dieser Sicht würden sich die freiwillig kooperienden Länder also darauf einigen, dem Quellenland die alleinige Steuerhoheit zu zusprechen oder aber darauf, daß das Wohnsitzland die Freistellungsmethode anwendet.

Betrachtet man zusammenfassend sowohl die Aufteilung der Investitionen als auch die Aufteilung der Ersparnisbildung auf beide Länder, so muß man feststellen, daß weder das Wohnsitzlandprinzip noch das Quellenlandprinzip ein globales Allokationsoptimum gewährleisten kann.[271] Eine abschließende Aussagen über die beiden Besteuerungsprinzipien ist in diesem Fall nur dann zu treffen, wenn deren jeweilige Netto-Effizienzeffekte bestimmt werden können. Wenn z.B. der Effizienzverlust bei Anwendung des Wohnsitzlandprinzips geringer ist als der Effizienzverlust bei Anwendung des Quellenlandprinzips, dann ist das Wohnsitzlandprinzip zu bevorzugen; gilt der umgekehrte Fall, dann ist das Quellenlandprinzip vorteilhafter.

---

[269] Bei Anwendung des Wohnsitzlandprinzips kommt es deshalb auch zu unterschiedlichen Wachstumsraten in den beiden Ländern. Vgl. Razin, Assaf / Yuen, Chi-Wa (1993), S. 7-8.

[270] Vgl. z.B. auch Giovannini, Alberto (1989), S.366-367, Sinn, Stefan (1993), S. 20-22 sowie Weichenrieder, Alfons J. (1995), S. 15.

[271] Je nach dem, ob Kapitalexportneutralität oder Kapitalimportneutralität verwirklicht werden, unterscheidet sich zudem auch die Höhe der Weltersparnisse und damit des Weltkapitalstocks. Hierzu stelle man sich eine Graphik vor, in der die aggregierte Weltkapitalnachfrage (Investitionen) auf das aggregierte Weltkapitalangebot (Ersparnisse) treffe. Vgl. hierzu auch Frenkel, Jacob A. / Razin, Assaf / Sadka, Efraim (1991), S. 31

Wie leicht zu erkennen ist, hängt der Netto-Effizienzeffekt der jeweiligen Prinzipien davon ab, wie stark die Kapitalexporte bzw. die Ersparnisse auf Veränderungen der Kapitalrenditen (und damit der Zinssätze) reagieren. Bei zinsunelastischer Ersparnis führt das Wohnsitzlandprinzip zum Allokationsoptimum; das Quellenlandprinzip ist hingegen effizient, wenn die Investitionen zinsunelastisch sind. Sind jedoch sowohl die Investitionen als auch die Ersparnisse zinselastisch, so kann man mit Horst nur zu dem Schluß kommen, daß "*the combined tax on international investment income should fall between that in the capital-exporting country and that in the capital-importing country*"[272], also eine Mischung aus dem Wohnsitzlandprinzip und dem Quellenlandprinzip angewendet werden sollte.

In der wissenschaftlichen Literatur wird jedoch zumeist darauf verwiesen, daß die internationalen Ersparnisse relativ zinsunelastisch seien, so daß von einem relativ konstanten Kapitalangebot ausgegangen und demnach dem Wohnsitzlandprinzip der Vorrang gegeben wird.[273] Aus Gründen der Vergleichbarkeit wird deshalb auch in dieser Untersuchung für den weiteren Verlauf ein konstantes Kapitalangebot unterstellt; wohl wissend, daß dadurch die Schlußfolgerungen mit einer besonderen Sorgfalt gezogen werden müssen. Hier wird also unterstellt, daß sich die freiwillig kooperienden Länder am Konzept der Kapitalexportneutralität orientieren und sich demnach auf das Wohnsitzlandprinzip einigen.

5.2.2.2 Die neutrale Allokation der Arbeit

Analog zum Konzept der Kapitalexportneutralität läßt sich auch eine Forderung nach **Arbeitsexportneutralität** formulieren, die dann erfüllt ist, wenn die Entscheidung darüber, ob Arbeit im Inland oder im Ausland eingesetzt werden soll, von steuerlichen Sachverhalten unbeeinflußt bleibt.[274] Im Allokationsoptimum muß dementsprechend Wilson folgend überall für den Faktor Arbeit das gleiche Bruttogrenzprodukt gelten, so daß "*under an optimal world tax system, each individual's contribution to output is at least as great as it would be if he or she performed the same labor in any other country.*"[275] **Arbeitsimportneu-**

---

[272] Horst, Thomas (1980), S. 797.

[273] Vgl. z.B. Giovannini, Alberto (1989), S. 369. Oftmals wird jedoch auf diese Bedingung überhaupt nicht eingegangen, sondern ohne weitere Diskussion ein konstantes Kapitalangebot unterstellt. Dies gilt selbst für allgemeine Gleichgewichtsmodelle, die der Definition gemäß einen Allgemeingültigkeitsanspruch haben müßten. Vgl. z.B. Feldstein, Martin / Hartman, David (1979), S. 615 sowie Wang, Lih-Jau / Pereira, Alfredo M. (1993), S. 294.

[274] Vgl. Musgrave, Richard A. (1989), S. XVII, FN 7.

[275] Wilson, John D. (1982), S. 382.

tralität, von der man dann sprechen mag, wenn alle im Inland entstandenen Arbeitseinkommen unabhängig der Herkunft der Faktoreigner im Inland steuerlich gleich behandelt werden, ist dabei ebenso wie Kapitalimportneutralität als Effizienzkriterium zur Aufteilung von Produktionsfaktoren auf die inländische und die ausländische Produktion abzulehnen.

Diese Schlußfolgerung läßt sich ebenfalls anhand des bereits eingeführten Faktormodells zeigen. Da der Annahme gemäß Land B Arbeit exportiert und Land A diese importiert, bedeutet hier nun die Anwendung des Wohnsitzlandprinzips, daß die Einkommen aus Arbeitsexporten, also die sog. internationalen Arbeitseinkommen, stets mit dem Steuersatz des Landes B besteuert werden. Das Arbitragegleichgewicht auf dem bilateralen Arbeitsmarkt herrscht demnach bei:

$$F_L^A \cdot (1-t^B) = F_L^B \cdot (1-t^B) \quad \Leftrightarrow \quad F_L^A = F_L^B \tag{5.3}$$

Bei Anwendung des Quellenlandprinzips gilt hingegen folgende Bedingung für das Arbeitsmarktmarktgleichgewicht:

$$F_L^A \cdot (1-t^A) = F_L^B \cdot (1-t^B) \quad \Leftrightarrow \quad F_L^A = \frac{(1-t^B)}{(1-t^A)} \cdot F_L^B \tag{5.4}$$

Aus Gleichung (5.4) sieht man nun, daß das Quellenlandprinzip nur dann zu einer effizienten Allokation der Arbeit führt, wenn die Steuersätze in beiden Ländern gleich sind. Führt die Harmonisierung der Steuersätze jedoch zu Kosten, dann werden sich die freiwillig kooperierenden Länder auf die Anrechnungsmethode und damit auf das Wohnsitzlandprinzip einigen.[276]

Wie auch bei der Analyse der Kapitalbewegungen, gelangt man zu einem anderen Ergebnis, wenn explizit das Arbeitsangebot betrachtet wird. Die Entscheidung in welcher Höhe in einem Land Arbeit angeboten wird, um durch Konsum den Nutzenverlust aufgrund eines Freizeitverzichts zu kompensieren, hängt von der Höhe des Nettolohnsatzes ab; für ein effizientes globales Arbeitsangebot ist deshalb auch die Egalisierung dieser Nettolohnsätze notwendig. Dies wird jedoch

[276] Diese Schlußfolgerung läßt sich ebenfalls graphisch verdeutlichen. Hierauf wird jedoch in dieser Arbeit verzichtet. Nur soviel: Bei Anwendung des Quellenlandprinzips sind sie Migrationsbewegungen im Vergleich zum Allokationsoptimum bei $t^A > t^B$ zu gering und bei $t^A < t^B$ zu hoch.

nur erreicht, wenn alle Erträge, die aus dem Arbeitseinsatz in einem bestimmten Land resultieren, in diesem Land auch identisch besteuert werden, also das Quellenlandprinzip angewendet wird. Die Forderung nach Arbeitsimportneutralität ist somit gleichzusetzen mit der Forderung nach einer effizienten globalen Bildung des Arbeitsangebots.[277]

Analog zur Diskussion der Kapitalallokation hängt auch hier der Netto-Effizienzseffekt der jeweiligen Neutralitätskonzepte und damit der jeweiligen Besteuerungsprinzipien davon ab, wie stark die Arbeitsexporte bzw. das Arbeitsangebot auf Veränderungen der Lohnsätze reagieren. Ohne darauf weiter ausführlich einzugehen, wird auch hier davon ausgegangen, daß das globale Arbeitsangebot relativ unelastisch sei[278], so daß auch aus Gründen der Vergleichbarkeit mit anderen Untersuchungen im weiteren Verlauf dieser Arbeit ebenfalls ein konstantes Arbeitsabgebot unterstellt wird. Dies führt deshalb auch unvermeidlich dazu, daß die freiwillig kooperierenden Länder gleichfalls im Bereich der Besteuerung von Arbeitseinkommen dem Wohnsitzlandprinzip den Vorrang geben werden.

5.2.2.3 Zwischenbilanz für Szenario 1

Zusammenfassend läßt sich für Szenario 1 folgendes festhalten: Unter den oben gemachten Annahmen vollkommener Faktormärkte, neutraler Staatsausgaben und Inelastizität des Faktorangebotes ist das System der Besteuerung internationaler Faktoreinkommen dann allokationsoptimal, wenn sowohl Kapitalexportneutralität als auch Arbeitsexportneutralität - von nun an als totale **Faktorexportneutralität** bezeichnet - gewährleistet wird. Totale Faktorexportneutralität wird unter diesen Bedingungen dadurch erreicht, daß alle Faktoreinkommen eines Faktoreigners stets mit dem Steuersatz des Landes belastet werden, aus dem der Faktoreigner auch stammt. Die Anwendung des Wohnsitzlandprinzips zur Besteuerung von Faktoreinkommen ist unter diesen Umständen also effizient.

Wenn sich also zwei Staaten grundsätzlich darauf einigen, Doppelbesteuerung von Faktoreinkommen derart zu vermeiden, daß dadurch auch das gemeinsame Sozialprodukt maximiert wird, dann werden sich diese beiden Länder im Rahmen

---

[277] Es gilt hier die gleiche Argumentationskette, wie bei der optimalen globalen Ersparnisbildung. Vgl. hierzu aber auch (zwar in einem leicht anderen Zusammenhang) Frenkel, Jacob A. / Razin, Assaf / Sadka, Efraim (1991), S. 37-39.

[278] Vor dem Hintergrund der großen Armut in den meisten Ländern dieser Welt unter denjenigen, die für ihre Einkommenserzielung lediglich auf ihre Arbeitskraft zurück greifen können, scheint die Annahme eines konstant hohen Arbeitsangebots durchaus plausibel.

eines bilateralen Doppelbesteuerungsabkommens unter den in diesem Szenario unterstellten Annahmen rationalerweise auf das Wohnsitzlandprinzip einigen.

5.2.3 Szenario 2: Die Existenz externer Effekte

Bei der Existenz von Marktunvollkommenheiten vermögen es die Kräfte des Marktes alleine nicht, eine effiziente Allokation herbeizuführen. Liegen solche Unvollkommenheiten vor, dann erscheint es angebracht, die oben getätigte Analyse zu erweitern und die Schlußfolgerung bezüglich der steuerlichen Voraussetzungen für die Gewährleistung von Faktorexportneutralität neu zu überdenken. So weist auch schon Peggy Musgrave in ihren frühen Untersuchungen zu diesem Thema darauf hin, daß "*although in general there is a strong case for equalization of effective tax rates on the mobile factor, efficiency conditions might call for differentials in the presence of external economies and social costs*"[279].

Folgt man z.B. einer in der entwicklungspolitischen Diskussion auftauchenden Argumentation, so sind ausländische Direktinvestitionen in Entwicklungsländern oftmals mit positiven externen Effekten verbunden. Diese resultieren insbesondere aus dem Zugang zu ausländischem Wissen im Bereich der Unternehmensführung sowie zu neuen Produktionstechnologien, so daß die in Entwicklungsländern existierenden sog. "*managerial*" und "*technological gaps*" überbrückt werden können.[280] Da sich aber diese positiven externen Effekte *per Definitionem* nicht in den privaten Erträgen der Investoren widerspiegeln, kann eine Besteuerung dieser privaten Erträge auf der Basis des Wohnsitzlandprinzips zu einer ineffizienten Allokation führen.

Dies läßt sich anhand des bereits mehrfach verwendeten Modells zeigen. Wenn Land B ein Entwicklungsland ist und dementsprechend Kapitalexporte aus Land A in Land B neben den privaten Erträgen auch positive externe Erträge hervorrufen, dann entspricht das partielle Differential des gemeinsamen sozialen (d.h. die externen Effekte berücksichtigenden) Einkommens in der Situation ohne Staat:

---

[279] Musgrave, Peggy B. (1966), S. 179. Vgl. aber auch Diamond, Peter A. / Mirrlees, James A. (1971), S. 25, die diesen Aspekt im Rahmen einer regionalen Betrachtung ansprechen sowie Giovannini, Alberto (1989), S. 372.

[280] Vgl. stellvertretend für Viele z.B. Andersson, Thomas (1991), S. 24-29; Meier, Gerald M. (1989), S. 256. sowie Lall, Sanjaya / Streeten, Paul (1977), S. 83. Für ein 'Optimal Taxation' Modell, das sich zwar nicht ausdrücklich mit externen Effekten beschäftigt, aber dennoch unterschiedliche Technologien in Industrieländern und Entwicklungsländern berücksichtigt, sei auf Slemrod, Joel (1993) verwiesen.

$$dY = -F_K^A \cdot dZ + F_K^B \cdot dZ + E_Z \cdot dZ \tag{5.5}$$

D.h. solange die Summe aus dem privaten Grenzprodukt des Kapitals in Land B und dem externen Grenzertrag der Kapitalexporte E_Z größer ist als das Grenzprodukt des Kapitals in Land A, kann das gemeinsame soziale Einkommen durch Kapitalexport erhöht werden. Das soziale Arbitragegleichgewicht des bilateralen Kapitalmarktes ist dann durch folgende Bedingung gekennzeichnet:

$$F_K^A = F_K^B + E_Z \tag{5.6}$$

Im sozialen Arbitragegleichgewicht muß also das private Grenzprodukt des Kapitals in Land A über dem in Land B liegen.

Werden in dieser Situation Steuern auf die privaten Kapitalerträge erhoben, dann führt die Anwendung des Wohnsitzlandprinzips jetzt zu einer ineffizienten Kapitalallokation. Da mit der Egalisierung der Nettokapitalrenditen auch die Egalisierung der privaten Bruttokapitalrenditen einher geht, fallen beim Wohnsitzlandprinzip die Kapitalexporte zu gering aus.

Dies läßt sich leicht an der bereits mehrfach verwendeten Graphik zeigen.[281] Ausgangspunkt sind wiederum die Grenzproduktfunktionen für Kapital, das in Land A bzw. in Land B eingesetzt wird. Treten keine externen Effekte auf, so entsprechen die privaten auch den sozialen Grenzprodukten. Wenn jedoch das Kapital aus Land A, das in Land B eingesetzt wird, mit positiven externen Effekten verbunden ist, dann bedeutet dies, daß das soziale Grenzprodukt dieses Kapitals höher ist als das private.

In der Graphik wird nun angenommen, daß sich diese externen Effekte in einer Verschiebung der Bruttogrenzproduktkurve des Kapitals in Land B nach 'oben' ausdrückt. Das Grenzprodukt der externen Effekte E_Z entspricht dabei der Strecke AA'.[282] Da diese externen Effekte aber nur mit Kapital, das aus Land A

---

281 Auf die mögliche Existenz externer Effekte wird bereits von MacDougall hingewiesen. Die hier verwendete Darstellung weicht jedoch von der MacDougall's ab. Vgl. MacDougall, G. D. A. (1960), S. 22-25.

282 Der Einfachheit halber wird hier von konstanten externen Effekten und somit von einer Parallelverschiebung ausgegangen; je nach Art der externen Effekten kann es aber auch zu einer anderen Verschiebung kommen.

stammt, verbunden sind und das in Land B eingesetzt wird, beginnt die soziale Grenzproduktkurve auch erst mit dessen Einsatz in Land B (also ab Punkt B').

Abbildung 5.2: Globale Kapitalallokation bei der Existenz von externen Effekten

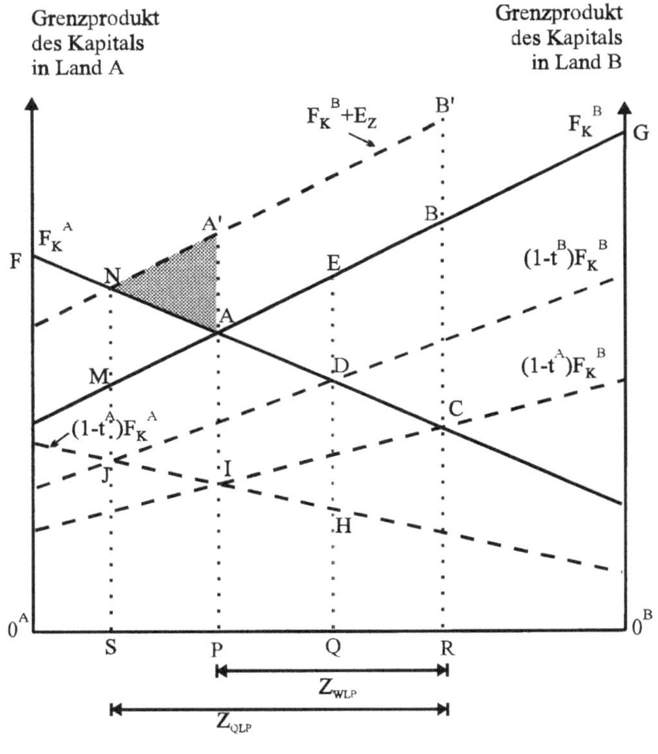

Quelle: Eigene Darstellung in Anlehnung an Abbildung 5.1.

Bei Anwendung des Wohnsitzlandprinzips werden die Erträge aus den Kapitalexporten stets mit dem Steuersatz des Landes A besteuert. Dies führt zu einem Ausgleich der privaten Grenzprodukte des Kapitals (gekennzeichnet durch Punkt A) und somit zu Kapitalexport in Höhe von Z_{WLP}. Die privaten Einkommen entsprechen bei dieser Kapitalallokation der Fläche 0^AFAG0^B.

Das bilaterale soziale Allokationsoptimum wird jedoch erst dann erreicht, wenn sich die sozialen Bruttorenditen ausgleichen.[283] Dies geschieht nur bei der Kapitalallokation, die durch Punkt S auf der Abszisse gekennzeichnet ist. Dort ist zwar das private Einkommen um die Fläche AMN geringer als bei der privaten Kapitalallokation; das soziale Einkommen ist hier jedoch entsprechend der Fläche AMNA' größer als vorher, so daß bei Anwendung des Wohnsitzlandprinzips im Vergleich zum sozialen Optimum ein Nettoeinkommensverlust entsprechend der schraffierten Fläche des Dreieck ANA' entsteht.

Dieser bilaterale Einkommensverlust läßt sich nur durch eine Erhöhung der Kapitalexporte verringern. Die Kapitalexporte werden jedoch nur dann ausgeweitet, wenn in Land B mit einer höheren privaten Nettorendite als in Land A entlohnt wird. Aufbauend auf Pigous bekannten Überlegungen, daß "*under conditions of simple competition, for every industry in which the value of marginal social net product is greater than that of the marginal private net product, there will be certain rates of bounty, the granting of which by the State would modify output in such a way as to make the value of marginal social net product there more equal to the value of the marginal social net product of resources in general, thus increasing the size of national dividend and the sum of economic welfare*"[284], lassen sich diese positiven externen Effekte durch eine Steuersubvention internalisieren, indem diese externen Effekte durch höhere privaten Nettorenditen berücksichtigt werden.[285]

Ist der Steuersatz in Land B niedriger als in Land A und nimmt man der Einfachheit halber an, daß das externe Grenzprodukt der Kapitalexporte E_Z genau der Differenz der Grenzsteuer in Land A und Land B entspräche (d.h. $E_Z = (t^A - t^B) \cdot F_K^B$), so kann die eben beschriebene Internalisierung durch eine Besteuerung nach dem Quellenlandprinzip verwirklicht werden. Dies läßt sich zeigen, wenn man im privaten Arbitragegleichgewicht bei Anwendung des Wohnsitzlandprinzips eine Steuersubvention in genau der Höhe der externen Grenzerträge der Kapitalexport hinzu addiert:

---

283 Da in Land A keine externen Effekte auftreten, entspricht dort das private Grenzprodukt des Kapitals auch dem sozialen Grenzprodukt.

284 Pigou, A. C. (1920), hier aus der 3. Aufl. von 1929 zitiert, S. 225-26.

285 Vgl. Musgrave, Peggy B. (1966), S. 179. Vgl. hierzu aber auch Anderson, Thomas (1991), S. 29-32, der ebenfalls in einem theoretischen Modell zeigt, daß multinationale Unternehmen, die in Entwicklungsländern investieren, für die dadurch erzeugten positiven externen Effekte kompensiert werden müssen.

$$(1-t^A)\cdot F_K^A=(1-t^A)\cdot F_K^B+E_Z \tag{5.7}$$

Wenn das externe Grenzprodukt der Kapitalexporte E_Z genau der Differenz der Grenzsteuer in Land A und Land B entspricht dann gilt:

$$(1-t^A)\cdot F_K^A=(1-t^A)\cdot F_K^B+(t^A-t^B)\cdot F_K^B$$

$$\Leftrightarrow \quad (1-t^A)\cdot F_K^A=(1-t^B)\cdot F_K^B \tag{5.8}$$

D.h. diese Steuersubvention führt genau zu dem privaten Arbitragegleichgewicht, das bei Anwendung des Quellenlandprinzips realisiert wird. Auch in Abbildung 5.2 erkennt man, daß unter diesen Annahmen das Quellenlandprinzip zu Kapitalexporten in Höhe von Z_{QLP} führt und es so zu einem Ausgleich der sozialen Grenzprodukte des Kapitals kommt. Diese Aussage bleibt auch dann gültig, wenn die Steuersatzunterschiede nicht explizit einen Ausdruck der Internalisierung externer Effekte darstellen. Solange diese Unterschiede nicht derart groß sind, daß die Effizienzsgewinne der zusätzlichen Faktorexporte durch Effizienzverluste aufgrund zu hoher (in Abbildung 5.2 über die Strecke RS hinausgehende) Faktorexporte überkompensiert werden, führt das Quellenlandprinzip stets zu einem höheren gemeinsamen, die externen Effekte berücksichtigendes Sozialprodukt, als das Wohnsitzlandprinzip. Lediglich im Fall, daß der Steuersatz in Land B deutlich über dem in Land A liegt, kann das Wohnsitzlandprinzip zu einem höheren Sozialprodukt führen.

Unterstellt man also, daß die in Entwicklungsländern oft niedrigeren Steuern ein Ausdruck der Kenntnis um die oben beschriebenen externen Effekte darstellen, dann kann diese Art der Steuersubvention nur dann zur Geltung kommen, wenn das Kapitaleinkommen mit dem Steuersatz besteuert wird, der im Land des Kapitaleinsatzes (also des Entwicklungslandes) gilt.

Bezüglich der anfangs diskutierten Konzepte der Kapitalexportneutralität und der Kapitalimportneutralität sei an dieser Stelle auf ein definitorisches Problem hingewiesen. Interpretiert man diese Konzepte dem originären Musgrave'schen Wortlaut nach, so mag man mit Gandenberger zu dem Schluß kommen, "*daß Kapitalexport- und -importneutralität ... strikt als steuerliche Gleichbehandlung auf dem Boden des jeweiligen Landes verstanden ...*" und somit "*... explizit in einem partiellen (d.h. nur auf die steuerliche Behandlung abstellend) Sinne in-*

terpretiert ..." werden können und sollten.[286] In diesem Falle geht Kapitalexportneutralität stets mit dem Wohnsitzlandprinzip und Kapitalimportneutralität stets mit dem Quellenlandprinzip einher.[287]

Interpretiert man Kapitalexportneutralität indes allgemeiner als Effizienzkriterium zur globalen Aufteilung der Produktionsfaktoren auf die beteiligten Länder, und damit nach Meinung des Verfassers dem originären Musgrave'schen Sinne nach, dann bedeutet Kapitalexportneutralität oder allgemeiner Faktorexportneutralität, daß die Produktionsfaktoren dort eingesetzt werden, wo sie die höchsten sozialen Bruttorenditen erwirtschaften. In diesem Falle wird mit der Wahl eines Besteuerungsprinzips nicht schon gleichzeitig eine Aussage über die Verwirklichung eines bestimmten Neutralitätskonzepts getroffen (*et vice versa*). Je nach Situation kann eine so definierte Faktorexportneutralität einmal durch die Anwendung des Wohnsitzlandprinzips und ein anderes Mal, wie im Fall externer Effekte, durch die Anwendung des Quellenlandprinzips verwirklicht werden.

Prinzipiell gelten diese Überlegungen auch für Arbeitsexporte aus Industrieländern nach Entwicklungsländer. Faktorexportneutralität wird in dem Fall, bei dem versucht wird externe Effekte durch Steuersubventionen zu internalisieren, dadurch erreicht, daß das Quellenlandprinzip angewendet wird, also für alle Faktoreinkommen stets der Steuersatz des Landes gilt, in dem der Faktor eingesetzt wurde. Die weiter oben geforderte Besteuerung aller inländischer Einkommen nach dem Wohnsitzlandprinzip führt in diesem Fall ebenfalls zu globalen Produktionsverlusten.

Wie sieht es nun aber in dem Fall aus, in dem es zu Faktorbewegungen aus Entwicklungsländern zu Industrieländern kommt? Da die oben beschriebene Vorteile der ausländischen Direktinvestitionen in Form der Überbrückung der sog. "*managerial*" und "*technological gaps*" ausdrücklich mit dem aus Industrieländern stammenden Kapital verbunden sind, kann im Zusammenhang mit Kapital aus Entwicklungsländern auch nicht von einem Auftreten solcher externer Effekte gesprochen werden. Es gilt also diesbezüglich weiterhin der im vorherigen Abschnitt konstatierte Vorteil des Wohnsitzlandprinzips.

Betrachtet man die Migration von Arbeitskräften in Richtung Industrieländer, so muß zwischen der Migration ungelernter Arbeitskräfte (sog. "*muscle drain*") und der Abwanderungen hochqualifizierter Arbeitskräfte (sog. "*brain drain*") unterschieden werden. Bei der Migration ungelernter Arbeitskräfte kann analog

---

[286] Gandenberger, Otto. (1983), S. 2.

[287] Vgl. Gandenberger, Otto. (1983), S. 1.

zur Betrachtung des Kapitals aus Entwicklungsländern die Existenz externer Effekte verneint werden, so daß auch hier der Vorteil des Wohnsitzlandprinzips aufrecht erhalten bleibt.

Anders mag es dagegen aussehen, wenn man hochqualifizierte Arbeitskräfte betrachtet. Grundsätzlich könnte argumentiert werden, daß bei hochqualifizierten Arbeitskräften die Marktentlohnung nicht alle positiven Effekte dieser Arbeit berücksichtigt, so daß hier stets von der Existenz positiver externer Effekte ausgegangen werden kann. Wenn diese externen Effekte jedoch unabhängig davon anfallen, ob diese Arbeit in Entwicklungsländern oder in Industrieländern eingesetzt wird, dann wirkt sich die Existenz bzw. die Nicht-Internalisierung dieser externen Effekte auch nicht auf die Verteilung dieser Arbeit auf die beteiligten Länder aus.[288] Wenn jedoch die externen Effekte hochqualifizierter Arbeit in Entwicklungsländern höher sind als in Industrieländern[289], dann kann eine durch Unterschiede in den privaten Arbeitserträgen verursachte Migration dieser Arbeitskräfte aus Entwicklungsländern zu Industrieländern zu globalen Produktionseinbußen führen[290]. Analog zum Fall der Migration aus Industrieländern zu Entwicklungsländern können auch an dieser Stelle die positiven externen Effekte durch eine Steuersubvention internalisiert werden, wenn die Arbeitseinkommen immer nach dem Quellenlandprinzip besteuert werden.

Es bleibt also abschließend festzuhalten, daß bei der expliziten Berücksichtigung von externen Effekten, die mit Faktorbewegungen zwischen Industrieländern und Entwicklungsländern auftreten können, ein nach Einkommensarten differenziertes System der Besteuerung zu implementieren ist, um Faktorexportneutralität - die in dieser erweiterten Analyse bedeutet, daß die Produktionsfaktoren dort eingesetzt werden, wo sie die höchsten sozialen Bruttoerträge erwirtschaften - zu erreichen. Ist das Ziel der Kooperation die Maximierung des gemeinsamen Sozialprodukts, dann werden sich freiwillig kooperierende Entwicklungs- und Industrieländer rationalerweise darauf einigen, Faktoreinkommen, die Faktoreig-

---

[288] Das globale Angebot an hochqualifizierter Arbeit kann aber durch die Nicht-Internalisierung negativ beeinflußt werden; aufgrund der anfangs unterstellten Annahme des konstanten Arbeitsangebots wird dieser Aspekt hier jedoch nicht weiter diskutiert.

[289] Dies kann z.B. daran liegen, daß in den Industrieländern die positiven Effekte von hochqualifizierter Arbeit bereits in einem größeren Maße in der Marktentlohnung berücksichtigt werden.

[290] Vgl. zu dieser Diskussion Grubel, Herbert B. / Scott, Anthony D. (1966), S. 272. Für eine ausführliche Behandlung der "*brain drain*"-Thematik sei zudem auf Bhagwati, Jagdish, N. (1979) verwiesen.

nern aus Industrieländern zufließen, nach dem Quellenlandprinzip zu besteuern; dasselbe gilt auch für die Arbeitseinkommen hochqualifizierter, aus Entwicklungsländern stammende Arbeitskräfte. Bezüglich der Kapitaleinkommen sowie Einkommen aus ungelernter Arbeit, die Faktoreignern aus Entwicklungsländern zufließen, werden sich die betroffenen Länder hingegen auf das Wohnsitzlandprinzip einigen.

5.2.4 Szenario 3: Staatliche Vorleistungen zum Produktionsprozeß

Bei der bisher durchgeführten Analyse wurden lediglich die Effekte der Einnahmenseite des Staates und damit auch bloß der Entzugseffekt staatlichen Handelns betrachtet. Die allokativen Effekte der Ausgabenseite des staatlichen Budgets konnten durch die spezielle Annahme der Pro-Kopf-Transfers vernachlässigt werden. Die Einnahmeerzielung diente damit bisher ausschließlich der Umverteilung.[291] Werden jedoch vom Staat neben oder anstelle dieser Transferzahlungen an die Haushalte auch andere Leistungen erbracht, die z.B. zu Kostenersparnissen bei der Produktion führen, dann darf die Analyse der Besteuerungsprinzipien nicht auf den Vergleich der Steuerbelastung eingeschränkt bleiben.

Die Idee, bei der Analyse der Auswirkungen staatlicher Aktivitäten auf private Allokationsentscheidungen beide Seiten des staatlichen Budgets zu berücksichtigen, geht im Prinzip auf Buchanan zurück, der diesbezüglich feststellt, daß "*the allocation of total tax load among individuals must be combined with the distribution of benefits from public provided services in any complete theoretical framework*", denn "*it is impossible to speak of the 'burden of taxation' without considering, at the same time, the benefits from expenditure made out of such taxation*" [292]. Nämlich gerade durch die Existenz dieser Staatsausgaben wird der eigentliche Steuerzugriff überhaupt gerechtfertigt.[293]

Nach Buchanan wird die Nettoposition eines Wirtschaftssubjekts, also die "*final economic position of the individual after his relationship with the 'fisc' (...) in the form of a balance between the two sides of the fiscal account*" ausge-

---

[291] Aufgrund der proportionalen Einkommensbesteuerung bei gleichzeitigen Pro-Kopf-Transfers. Vgl. hierzu auch Sinn, Stefan (1993), S. 27.

[292] Buchanan, James M. (1949), S. 499.

[293] Vgl. hierzu auch die in Abschnitt 2.2.2 diskutierte Rechtfertigung des Besteuerungszugriffs aus ökonomischer Sicht.

drückt. "*This balance can be called* '**fiscal residuum**'"[294]. Um, wie er es nennt, 'geographische Neutralität' zu verwirklichen, muß es zu einem Ausgleich der fiskalischen Residua kommen. Ist dies nicht der Fall, so folgt eine Faktor*re*allokation.[295]

Die Konzeption der geographischen Neutralität, die bei Buchanan im Rahmen der nationalen Föderalismusdiskussion seine Anwendung findet, kann ohne weiteres auch auf die hier durchgeführte globale Allokationsanalyse angewendet werden. Erweitert man das Konzept der Faktorexportneutralität um diesen Aspekt, so wird diese genau dann verwirklicht, wenn für den Faktoreigner unabhängig des Faktoreinsatzortes das gleiche fiskalische Residuum gilt; die Gesamtheit der staatlichen Aktivitäten, also die Höhe der Steuern und die Höhe der staatlichen Aktivitäten, darf die Allokationsentscheidungen nicht beeinflussen.[296]

Angenommen in den beiden betrachteten Ländern stellt der jeweilige Staat Güter (G^A und G^B), z.B. Infrastruktur, bereit, die als Produktionsfaktoren in die private Güterproduktion eingehen, dann gilt nun für die private Produktion:

---

294 Buchanan, James M. (1949), S. 501 (Vorhebung nicht im Original). Den gleichen Zusammenhang stellt auch Peggy Musgrave her, die hier von einer 'Nettofiskallast' ("*net fiscal burden*") spricht. Vgl. Musgrave, Peggy B. (1967), S. 212-222.
Der Idee nach wird das Konzept des 'Fiskalischen Residuums' jedoch bereits bei Wicksell im Rahmen seines 'Prinzips der (relativen) Einstimmigkeit' verwendet, indem er die individuellen Steuereinnahmen mit den individuellen Vorteilen durch Staatstätigkeit vergleicht, um so den 'Überschuss an Opfer' bzw. den 'Überschuss an Gewinn' zu bestimmen. Wicksell geht es bei seiner Untersuchung jedoch nicht ausdrücklich um Allokationswirkungen, sondern allgemein um den Vor- und Nachteil von Staatstätigkeiten. Vgl. Wicksell, Knut (1896), S. 81 und S. 112.

295 Buchanan diskutiert das Konzept des *fiscal residuum* ursprünglich nicht im Rahmen der Allokation, sondern im Rahmen der horizontalen Gerechtigkeit, die dann verwirklicht wird, "*if the fiscal Residua of similarly situated individuals are equivalent*". Im weiteren Verlauf seiner Untersuchungen verweist er jedoch auch auf die allokativen Wirkungen unterschiedlicher fiskalischen Residua, denn "*if 'equals' are thus pressed more in one area than in another, there will be provided an incentive for migration of both human and non-human resources into the area of least fiscal pressure*". Buchanan, James M. (1950), S. 588 bzw. S. 589.

296 Zu einem ähnlichen Schluß kommt im Prinzip bereits Richman, die festhält daß, "*International fiscal neutrality could only be achieved in its entirety if government subsidies and services provided the business sector per unit of capital invested were equal from country to country, as well as tax rates and systems*". Richman, Peggy B. (1963), S. 7.

$$F^A = F^A(\overline{K}^A - Z, \overline{L}^A + M, G^A) \quad \text{und} \quad F^B = F^B(\overline{K}^B + Z, \overline{L}^B - M, G^B)$$

$$\text{mit } F^A_{G^A} > 0 \ , \ F^B_{G^B} > 0$$ [297]

Alternativ könnten diese Güter aber auch indirekt die Produktion beeinflussen, indem sie Frey folgend "*die Kosten der privaten Güterproduktion senken bzw. die Produktivität der privaten Investitionen erhöhen*"[298].[299]

Die allokativen Wirkungen dieser staatlich bereitgestellten Güter hängen nun einerseits davon ab, ob diese komplementär zu den privaten Produktionsfaktoren stehen und anderseits davon, ob es sich bei ihnen um rein private, um Mischgüter oder um rein öffentliche Güter im Sinne von Samuelson und Musgrave handelt. Betrachtet man z.B. das Gut Infrastruktur, dann könnte hier von Komplementarität gesprochen werden, wenn Infrastruktur zu Hirschman's "*Social Overhead Capital*" hinzu gezählt werden kann, das von diesem als "*compromising those basic services without which primary, secondary, and tertiary productive activities cannot function*"[300] definiert wird. Wenn also Infrastruktur einen wichtigen Produktionsfaktor darstellt, der komplementär zur privaten Produktion steht, dann muß sich der private Sektor selbst um eine ausreichende Versorgung mit Infrastruktur kümmern, falls der Staat diese nicht ausreichend bereitstellt.[301]

---

[297] Je nach Annahmen können die Grenzprodukte mit zunehmenden Einsatz steigen, fallen oder konstant bleiben.

[298] Frey, René L. (1969), S. 107. Neben Frey sei zu dieser Thematik z.B. auch auf Stohler, J. (1965), Siebert, H. (1972) sowie auf Biehl, D. et. al. (1975), verwiesen.
Für die Ende der 80er / Anfang der 90er Jahre in den USA erneut entfachte Diskussion wird auf Aschauer, David A. (1989) sowie auf Munnell, Alicia H. (1993) verwiesen.

[299] Für die Relevanz der unterschiedlichen Vorgehensweisen bei der Integration von Infrastruktur in die Produktionsfunktionen vgl. z.B. Richter, Wolfram F. / Seitz, Helmut / Wiegard, Wolfgang (1996), S. 31-33.

[300] Hirschman, Albert O. (1958), S. 83. Hirschman diskutiert diesen Aspekt im Rahmen seiner "*unbalanced-growth*"-Strategie, wobei er auch eine optimale Kapitalstruktur definiert, die zu einer gesamtwirtschaftlich größten Wachstumsrate führt. Diese optimale Kapitalstruktur maximiert folglich die Grenzproduktivität des privaten und des öffentlichen Kapitals, wobei bei Erreichen dieser Kapitalstruktur die Grenzproduktivität des öffentlichen Kapitals der Grenzproduktivität des privaten Kapitals entsprechen muß. Vgl. ebenda S. 87.

[301] Die grundsätzliche Frage, ob Infrastruktur besser privat oder staatlich bereitgestellt werden kann, soll hier nicht diskutiert werden, denn für die hier verfolgte Argumentation ist der Komplementaritätscharakter von Infrastruktur der wesentliche Punkt; wenn also Infra-

Der mögliche 'öffentliche Gut Charakter' der Infrastruktur ergibt sich daraus, daß Infrastruktur oftmals von mehreren Nutzern gleichzeitig genutzt werden kann, ohne daß sich dadurch der individuelle Nutzen vermindert. Zudem könnten die Eigentumsrechte an der Infrastruktur nicht eindeutig definiert oder die Ausschlußtechnologie könnte prohibitiv hoch sein, so daß eine private Bereitstellung nicht finanzierbar ist. Falls jedoch ab einem bestimmten Auslastungsgrad Rivalität im Konsum der Infrastruktur herrscht und wenn eine kostengünstige Ausschlußtechnologie existiert[302], dann ist es durchaus vorstellbar, daß auch bei Infrastruktur der 'private Gut Charakter' dominieren kann.

Der Einfachheit halber wird bei der Effizienzanalyse fürs erste unterstellt, daß es sich bei den staatlich bereitgestellten Gütern um private substitutionale Güter handelt, die als kostenlose staatliche Vorleistungen in die private Güterproduktion eingehen. Die Menge dieser Vorleistungen soll dabei durch die im jeweiligen Land eingesetzten privaten Produktionsfaktoren bestimmt werden, d.h. je mehr Produktionsfaktoren in einem Land eingesetzt werden, desto mehr staatlich Vorleistungen müssen dort bereitgestellt werden. So könnte der Staat z.B. die Produktion kostenlos mit Strom versorgen oder jeden Produktionsort kostenlos an das Verkehrsnetz anschließen. Diese staatlich bereitgestellten Güter wirken dann wie eine Subvention der Produktion und erhöhen dadurch die Faktorentloh-

---

struktur nicht staatlich bereitgestellt wird, muß sie privat bereitgestellt werden. Für eine Diskussion 'staatliche Bereitstellung versus private Bereitstellung' vgl. z.B. Kessides, Christine (1993), S. 14-17.

Der Vollständigkeit halber sollte zudem auch darauf verwiesen werden, daß der produktivitätssteigernde Effekt von Infrastrukturleistungen nicht uneingeschränkt in der wissenschaftlichen Diskussion bejaht wird. Einige Autoren verneinen diesen Effekt vollständig, andere sehen Anzeichen dafür, daß falls eine solche Korrelation vorliege, die Kausalität 'umgekehrt' sei; es sei vielmehr der Anstieg der privaten Kapitalproduktivität der einen Anstieg der Infrastruktur und damit des öffentlichen Kapitalstocks verursache, da ein hohes Einkommen die Nachfrage nach öffentlichem Kapital erhöhe. Vgl. hierzu z.B. Tatom, John A. (1993), S. 19-20.

Bezüglich der signifikanten Korrelation zwischen Infrastruktur und privater Kapitalproduktivität existieren jedoch eine genügen hohe Zahl an empirischen Untersuchungen, die alle den Beitrag der Infrastruktur an der gesamtwirtschaftlichen Produktivität mit zwischen 12% und 20% liegend beziffern. Für einen Überblick siehe Biehl, Dieter (1995b), S. 83. Die Frage nach der Kausalität bleibt durch diese empirischen Ergebnisse leider unbeantwortet; die theoretischen Begründungen der positiven Auswirkungen von Infrastruktur auf die private Produktivität scheint nach Ansicht des Verfassers jedoch fundierter als die gegenläufige Argumentation.

[302] Man denke hier an Überfüllungsnachteile in Spitzenverkehrszeiten sowie an eine Maut für Straßenbenutzung. Vgl. auch Sinn, Stefan (1993), S. 28.

nung.[303] Für den Fall, daß diese 'Subvention' vollständig den Kapitaleignern zu Gute kommt, gilt für das bilaterale Kapitalgleichmarktgewicht dann unter diesen Annahmen und ohne Berücksichtigung von Steuern:

$$F_K^A + F_{GA}^A = F_K^B + F_{GB}^B \qquad (5.9)$$

Die Menge an staatlichen Vorleistungen in Land A und Land B beträgt dann:

$$G^A = F_{GA}^A \cdot (\overline{K}^A - Z) \qquad (5.10a)$$

$$G^B = F_{GB}^B \cdot (\overline{K}^B + Z) \qquad (5.10b)$$

Wenn nun Land A grundsätzlich mehr staatliche Vorleistungen pro Kapitaleinheit bereitstellt als Land B, dann ist anzunehmen, daß auch das Grenzprodukt dieser Vorleistungen in Land A höher ist als in Land B, d.h. $F_{GA}^A > F_{GB}^B$. Aus Gleichung (5.9) sieht man, daß in diesem Falle im bilateralen Kapitalgleichmarktgewicht das Grenzprodukt des Kapitals in Land A niedriger ist als in Land B. Die Kapitalallokation wird also durch die Höhe der staatlichen Vorleistungen beeinflußt, so daß die Forderung nach Faktorexportneutralität nicht erfüllt wird.[304]

Wenn staatlichen Vorleistungen durch Steuern finanziert werden, dann können diese Steuern als Preis für die Inanspruchnahme dieser Vorleistungen seitens der privaten Wirtschaftssubjekte interpretiert werden.[305] Um den Allokationseffekt der staatlichen Ausgaben zu neutralisieren, muß in dem jeweiligen Land die Steuer derart erhoben werden, daß im Kapitalmarktgleichgewicht die Grenzsteuer auf Kapitaleinkommen dem Grenzprodukt der staatlichen Vorleistungen entspricht.[306]

---

303 Für die Interpretation von Infrastruktur als Subvention vgl. auch Conrad, Klaus / Seitz, Helmut (1997), S. 727.

304 Für die Verwendung öffentlicher Infrastruktur als strategische Variable im internationalen Wettbewerb um privates Kapital vgl. ebenfalls Conrad, Klaus / Seitz, Helmut (1997), S. 717-721 sowie King, Ian / McAfee, R. Preston / Welling, Linda (1993), S. 600-603.

305 Vgl. zur Interpretation als Steuerpreis auch Wittmann, Walter (1969), S. 302.

306 Zu einem anderen Ergebnis gelangt man, wenn man die Möglichkeit der Zurücknahme dieser staatlichen Vorleistungen in Betracht zieht. In diesem Falle würde der Staat die

Betrachtet man sich zunächst die Besteuerung nach dem Wohnsitzlandprinzip, dann ergibt sich folgendes Arbitragegleichgewicht auf dem Kapitalmarkt:

$$(1-t^A)\cdot(F_K^A + F_{GA}^A) = (1-t^A)\cdot(F_K^B + F_{GB}^B) \Leftrightarrow F_K^A + F_{GA}^A = F_K^B + F_{GB}^B \quad (5.11)$$

D.h. Kapitalmarktgleichgewicht hängt nicht von der Höhe des Steuersatzes ab, sondern von den Grenzprodukten der staatlichen Vorleistungen. Unterscheiden sich diese Grenzprodukte der staatlichen Vorleistungen, dann kommt es auch nicht zu einem Ausgleich der Bruttogrenzprodukte des Kapitals. Wendet man hingegen das Quellenlandprinzip an, dann ist das Kapitalmarktgleichgewicht durch folgende Bedingung charakterisiert:

$$(1-t^A)\cdot(F_K^A + F_{GA}^A) = (1-t^B)\cdot(F_K^B + F_{GB}^B) \quad (5.12)$$

Hier hängt das Kapitalmarktgleichgewicht auch von der Wahl der Steuersätze in Land A und in Land B ab. Zu einem Ausgleich der Bruttogrenzprodukte des Kapitals kommt es nur dann, wenn in beiden Ländern der Grenzsteuersatz so gewählt wird, daß gilt $t^j = F_{Gj}^j /(F_K^j + F_{Gj}^j)$ mit j = A, B. Wie man leicht erkennen kann, sind die Steuersätze, die zu solch einem Ausgleich führen, nur dann in beiden Ländern identisch, wenn auch die Grenzprodukte der staatlichen Vorleistungen identisch sind. Ist letzteres in Land B niedriger als in Land A, dann muß dort auch der effektive Steuersatz niedriger sein. Dies ist jedoch nur möglich, wenn anstelle des Wohnsitzlandprinzips das Quellenlandprinzip angewendet wird. Diese Argumentation läßt sich noch einmal anhand der Abbildung 5.3 veranschaulichen.

Um die Graphik übersichtlich zu halten wird unterstellt, daß lediglich Land A staatliche Vorleistungen bereitstelle. Deshalb wird auch nur dort eine Steuer auf Kapitaleinkommen erhoben. Die Argumentation verliert dadurch jedoch nicht an Aussagekraft. Außerdem wird der Einfachheit halber von einem konstantem Grenzprodukt der staatlichen Vorleistungen ausgegangen.

Steuereinnahmen wiederum nur für Pro-Kopf-Transfers verwenden (Szenario 1) oder gar keine Ausgaben tätigen und dementsprechend auch gar keine Steuern erheben (Situation ohne Staat). Vgl. für eine solche Vorgehensweise Sinn, Hans-Werner (1997), S. 682.

In der Situation ohne Steuern bestimmt sich das Kapitalmarktgleichgewicht durch den Ausgleich des um den Grenzbeitrag der Vorleistungen erhöhten Grenzprodukts des Kapitals in Land A mit dem Grenzprodukt des Kapitals in Land B (gekennzeichnet durch Punkt E). Die daraus resultierende Kapitalallokation wird durch Punkt Q auf der Abszisse gekennzeichnet. Führt man jetzt zur Finanzierung der Vorleistungen in Land A eine Besteuerung nach dem Wohnsitzlandprinzip ein, dann bestimmt sich die bilaterale Kapitalallokation durch den Schnittpunkt der Nettogrenzproduktkurven $(1-t^A)\cdot(F_K^A + F_{GA}^A)$ und $(1-t^A)\cdot F_K^B$ (gekennzeichnet durch Punkt D').

Dieses Kapitalmarktgleichgewicht geht mit Kapitalexporten in Höhe von Z_{WLP} einher, so daß der Grenzbeitrag der staatlichen Vorleistungen in Land A weiterhin die Kapitalallokation beeinflußt (vgl. Gleichung (5.11)). Hier wird zwar zunächst ein gemeinsames Bruttoeinkommen in Höhe der Fläche 0^AF'EG0^B erwirtschaftet. Von diesem Bruttoeinkommen müssen jedoch noch die Kosten für die staatlichen Vorleistungen in Land A abgezogen, die der Fläche DTUE (= DUF'E) entsprechen. Nach Abzug dieser Kosten verbleibt ein gemeinsames Einkommen in Höhe der Fläche 0^AFDEG0^B .

Wendet man anstelle des Wohnsitzlandprinzips das Quellenlandprinzip an, dann wird das bilaterale Kapitalmarktgleichgewicht durch den Ausgleich des um den Grenzbeitrag der Vorleistungen erhöhten Nettogrenzprodukts des Kapitals in Land A mit dem Grenzprodukt des Kapitals in Land B (gekennzeichnet durch Punkt A) bestimmt (siehe auch Gleichung (5.12)). Die daraus resultierende Kapitalallokation wird durch Punkt P auf der Abszisse gekennzeichnet und es haben Kapitalexporte in Höhe von Z_{QLP} stattgefunden. Von dem hierbei entstandenem gemeinsamen Bruttoeinkommen in Höhe der Fläche 0^AF'A'AG0^B müssen jetzt noch die Kosten der staatlichen Vorleistungen abgezogen werden. Da nun weniger Kapital in Land A eingesetzt wird, fallen diese Kosten jetzt dort auch geringer aus und entsprechen der Fläche AVWA' (= AFF'A'), so daß das verbleibende gemeinsame Einkommen der Fläche 0^AFAG0^B entspricht.

Vergleicht man nun die gemeinsamen verbleibenden Einkommen bei Anwendung des Quellenlandprinzips mit denen bei Anwendung des Wohnsitzlandprinzips, dann stellt man fest, daß bei Anwendung des Quellenlandprinzips dieses Einkommen entsprechend der Fläche des schraffierten Dreiecks AED höher ausfällt.

Abbildung 5.3: Kapitalallokation bei staatlichen Vorleistungen

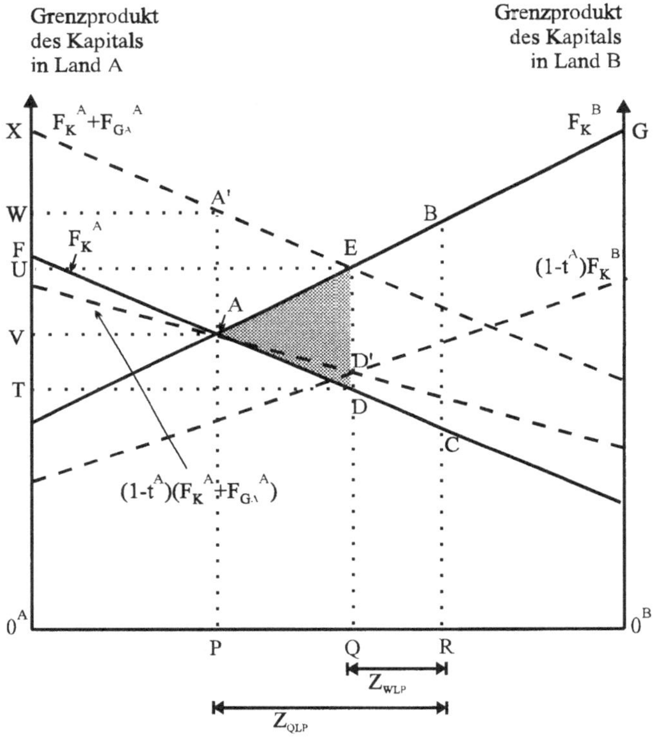

Quelle: Eigene Darstellung

Werden in Land A und Land B also unterschiedlich hohe staatliche Vorleistungen in Form von privaten Gütern oder Subventionen bereitgestellt, dann sind die gemeinsamen Nettoeinkommen (= Bruttoeinkommen plus Grenzertrag der staatlichen Vorleistungen minus Ausgaben für diese Bereitstellung) dieser Länder nur bei Anwendung des Quellenlandprinzips maximal, denn nur bei diesem Prinzip kann erreicht werden, daß die privaten Allokationsentscheidungen nicht durch das Bündel an staatlichen Aktivitäten beeinflußt werden. Für die Allokation der Arbeit gelten im übrigen die gleichen Schlußfolgerungen, falls entweder der Arbeitseinsatz staatlich subventioniert wird oder wenn die staatlichen Vorleistungen auch die Arbeitskosten reduzieren; auf eine explizite graphische Analyse wird hier jedoch verzichtet.

Handelt es sich bei den staatlichen Vorleistungen nicht um private Produktionsfaktoren, sondern um rein öffentliche[307], dann muß die Analyse gleichwohl modifiziert werden. Dies liegt daran, daß diese reinen öffentlichen Produktionsfaktoren gleichzeitig in mehrere Güterproduktionen eingehen können, ohne daß dadurch ihre Qualität bzw. ihr Grenzbeitrag vermindert wird. Wenn also mehr Kapital in Land A investiert wird, dann muß nicht automatisch auch das Angebot an staatlichen Vorleistungen erhöht werden.

Leider lassen sich die Probleme der effizienten Bereitstellung und der effizienten Verwendung öffentlicher Produktionsfaktoren nicht beide ohne weiteres in das bisher verwendete Modell einfügen. In Abbildung 5.3 kann diese Problematik jedoch zumindest angedeutet werden. Man unterstelle z.B., daß die in Land A bereitgestellten öffentlichen Produktionsfaktoren unabhängig davon, wieviel Kapital dort eingesetzt wird, stets den in Abbildung 5.3 angenommenen Grenzbeitrag leisten und dabei Kosten in Höhe der Fläche AVWA' (= AFF'A') verursachen. In diesem Falle scheint das Wohnsitzlandprinzip das gemeinsame Nettoeinkommen zu maximieren (das jetzt der Fläche 0^AFAA'EG0^B entspricht), denn im Vergleich zur Situation der staatlichen Vorleistungen in Form privater Güter (oder Subventionen) verursacht der nun höhere Einsatz von Kapital in Land A keine höheren Kosten.[308]

Bei dieser Betrachtung wird jedoch das Problem der effizienten Bereitstellung öffentlicher Güter bzw. Vorleistungen vernachlässigt. Wie schon im Rahmen der Rechtfertigung des Steuerzugriffs verdeutlicht wurde, können öffentliche Güter nur dann effizient bereitgestellt werden, wenn das gruppenbezogene Äquivalenzprinzip greift. Denn nur wenn in dem Gremium, das über die Bereitstellung der öffentlichen Güter bzw. Vorleistungen entscheidet, die Zahler und die Nutzenempfänger identisch sind, werden letztere ihre wahren Präferenzen offenbaren, so daß die Bereitstellung effizient erfolgen kann.

---

307 Vgl. zum Unterschied zwischen öffentlichen Konsumgütern und öffentlichen Produktionsfaktoren z.B. Boadway, Robin (1973) sowie Hillman, Ayre L. (1978).

308 Zu einem ähnlichen Ergebnisse kommen auch Richter, Seitz und Wiegard, die die öffentliche Produktionsfaktorproblematik im Zusammenhang mit der internationalen Standortwahl behandeln. Vgl. Richter, Wolfram F. / Seitz, Helmut / Wiegard, Wolfgang (1996). Vgl. aber auch Richter, Wolfram F (1992) sowie Richter, Wolfram F (1994). Eine ähnliche Argumentation - jedoch mit dem Schwerpunkt auf der Besteuerung des Faktors Arbeit - findet man auch bei Black, Dan A. / Hoyt, William, H. (1989).

In dem hier betrachteten Fall zahlen nun alle Wirtschaftsubjekte des Landes A, die Kapitaleinkommen beziehen, für die Bereitstellung der öffentlichen Vorleistungen. Genutzt werden diese Vorleistungen jedoch nur von denjenigen, die ihr Kapital auch in Land A einsetzten. Die Kapitaleigner aus Land A, die Kapital nach Land B exportieren, tragen also auch zur Finanzierung der öffentlichen Vorleistungen in Land A bei, obwohl sie nicht von denselben profitieren. Wenn alle Inländer des Landes A über die Bereitstellung der öffentlichen Vorleistungen entscheiden, dann dominieren in diesem Gremium die Zahler. Bei dieser Konstellation muß tendenziell davon ausgegangen werden, daß die Bereitstellung der öffentlichen Vorleistungen zu gering ausfällt.[309]

Wird hingegen das Quellenlandprinzip angewendet, dann zahlen nur diejenigen für die Bereitstellung der öffentlichen Vorleistungen, die diese auch nutzen. Da nur in diesem Falle Zahler und Nutzer übereinstimmen, kann auch nur hier davon ausgegangen werden, daß die Bereitstellung effizient erfolgt.

Hinzu kommt, daß öffentliche Güter in ihrer Reinform in der Realität kaum vorkommen. Betrachtet man z.B. öffentliche Vorleistungen in Form von staatlich bereitgestellter Infrastruktur, dann muß mit Verdichtungseffekten gerechnet werden, so daß zusätzliche Nutzer auch positive Grenzkosten der Nutzung verursachen. Um so stärker diese Verdichtungseffekte, desto eher führt auch das Quellenlandprinzip zu einer effizienten Verwendung der staatlichen Vorleistung. D.h. neben dem Bereitstellungsargument spricht hier auch aus der Sicht der effizienten Verwendung vieles für das Quellenlandprinzip.

Will man explizit Faktorwanderungen zwischen Industrieländern und Entwicklungsländern analysieren, dann sollte man dem Aspekt unterschiedlicher Infrastrukturausstattung eine wichtige Rolle zukommen lassen. Einerseits kann man mit Eichengreen feststellen, daß "*for low-income countries, infrastructure investments have the most alluring benefits but also the most prohibitive costs. Where transportation, communication, and power generation are least adequate, their provision can do the most to boost productivity and stimulate growth*"[310]; eine mangelhafte Infrastrukturausstattung wirkt also in Entwicklungsländern in besonderem Maße produktivitätsmindernd. Andererseits ist gera-

---

309 Vgl. hierzu auch Biehl, der eine solche Konstellation im Zusammenhang mit seinem föderalistischen Referenzsystem untersucht. Siehe Biehl, Dieter (1994), S. 106.

310 Eichengreen, Barry (1994), S. 1. So läßt sich z.B. im Falle Mexikos beobachten, daß dort Infrastrukturinvestitionen die privaten Produktionskosten reduzieren können. Außerdem ist dort die Beziehung zwischen Infrastruktur und privatem Kapital eher komplementär; zwischen Infrastruktur und Arbeit jedoch eher substitutional. Vgl. Feltenstein, Andrew / Ha, Jimming (1995), S. 287.

de im Vergleich zu Industrieländern die Infrastrukturausstattung in Entwicklungsländern besonders gering. Zieht man z.B. den Weltbank Weltentwicklungsbericht 1994 zum Thema Infrastruktur heran und faßt die dortigen Angaben für das Jahr 1990 bezüglich der Straßenkilometer, der Schienenlänge, der Elektrizitätskapazitäten sowie der Anzahl der Telefonanschlüsse in einen eindimensionalen Infrastrukturindikator zusammen und drückt diesen Indikator in v.H. des am besten ausgestatteten Landes aus, so wird das Ausmaß der Infrastrukturdisparitäten leicht ersichtlich.[311]

Die Tabellen 5.1a und 5.1b zeigen dieses Ergebnis für alle Länder, für die eine solche Aggregation und Normierung möglich war (daneben sind auch die jeweiligen Pro-Kopf-Einkommen, in v.H. der reichsten Landes angegeben). Vergleicht man zunächst die Gruppe der Industrieländer mit der der Entwicklungsländer als Ganzes, so sieht man, daß die durchschnittliche Infrastrukturausstattung der Industrieländer um mehr als das 10-fache über der durchschnittlichen Infrastrukturausstattung der Entwicklungsländer liegt.

Unterteilt man die Gruppe der Entwicklungsländer in Anlehnung an das UNDP in zwei Subgruppen, so verringert sich zwar der Unterschied für die höherentwikkelten Entwicklungsländer auf das 7-fache, für die am wenigsten entwickelten Ländern erhöht sich die Differenz jedoch auf das mehr als das 70-fache. Ferner läßt sich aus den Tabellen 5.1a und 5.1b eine enge Beziehung zwischen der jeweiligen Infrastrukturausstattung und dem jeweiligen Pro-Kopf-Einkommen ableiten.[312]

---

311 Zur Berechnung des Infrastrukturindikators wird der Idee nach ein Konzept von Biehl et. al. verfolgt. Vgl. Biehl, Dieter et. al. (1975), S. 103-125 sowie Biehl, Dieter (1986), S. 128-150.

312 Die Schätzung einer einfachen linearen Regression mit Infrastruktur (Infra) als exogener und Pro-Kopf-Einkommen (PKE) als endogener Variable kommt zu folgendem Ergebnis:
PKE = -0,530 + 0,947 Infra
mit $R^2 = 0{,}907$, F = 834,004 und einem t-Wert von Infra = 28,879 bei 87 Beobachtungen. Eine hierauf basierende Prognose könnte also zu dem Schluß kommen, daß eine Erhöhung der Infrastrukturausstattung um eine Einheit, das Pro-Kopf-Einkommen um 0,95 Einheiten erhöhen würde (jeweils ausgedrückt in v.H. der bestausgestattetsten bzw. des reichsten Landes). Dieser hohe Wert des Infrastrukturbeitrags liegt jedoch daran, daß nicht alle Determinanten des Pro-Kopf-Einkommens, wie etwa die sektorale Wirtschaftsstruktur, die wirtschaftsgeographische Lage und der Agglomerationsgrad, berücksichtigt wurden. Nimmt man diese Variablen hinzu, dann nimmt der Beitrag der Infrastruktur nämlich i.d.R. ab, bleibt aber signifikant. Vgl. hierzu auch Biehl, Dieter / Niegsch, Claus / Nimmermann, Philipp (1998).

Tabelle 5.1a: Infrastrukturausstattung und Pro-Kopf-Einkommen ausgewählter Industrieländern im Jahre 1990

	Infrastruktur[a]	*PKE*[b]
Belgien	100,00	68,19
Dänemark	97,87	86,66
Frankreich	88,40	75,70
Schweden	87,95	93,37
Japan	86,33	100,00
Niederlanden	85,80	69,41
Deutschland	82,68	85,67
Österreich	82,08	73,94
USA	78,83	85,63
Großbritannien	77,54	62,17
Norwegen	76,48	88,65
Italien	69,20	65,81
Finnland	58,89	93,79
Kanada	56,12	78,96
Neuseeland	54,58	49,44
Irland	54,48	42,05
Spanien	51,97	42,85
Portugal	42,87	20,54
Griechenland	40,95	23,07
Australien	36,01	65,01
Durchschnitt	**70,45**	**68,55**

Quelle: Eigene Berechnung auf Basis von World Bank (1994a), World Bank (1994b) sowie World Bank (1994c).[313]

[313] Anmerkungen zu den Tabellen 5.1a und 5.1b: a: Kombinierter Infrastrukturindex jeweils ausgedrückt in % des am besten ausgestatteten Landes (Belgien = 100). Zur Berechnung siehe Anhang 9.3; b: Pro-Kopf-Einkommen (BSP pro Kopf) jeweils ausgedrückt in % des reichsten Landes (Japan = 100 = US$ 25.800,-); c: Entwicklungsländer ohne die am wenigsten entwickelten Länder; d: Am wenigsten entwickelte Länder. Für die Klassifizierung vgl. UNDP (1993), S. 229.

Tabelle 5.1b: Infrastrukturausstattung und Pro-Kopf-Einkommen ausgewählter Entwicklungsländer im Jahre 1990

	Infrastruktur[a]	*PKE*[b]		*Infrastruktur*[a]	*PKE*[b]
Gruppe (1)[c]			Cote d'Ivoire	2,12	2,84
Barbados	49,55	25,11	Senegal	2,11	2,72
Südkorea	37,87	22,04	Ghana	2,08	1,53
Zypern	31,19	32,23	Angola	2,05	2,49
Argentinien	17,37	12,69	Kongo	2,04	1,46
Costa Rica	15,38	6,86	Kenia	1,76	3,87
Türkei	15,18	6,36	Nigeria	1,61	1,34
Mauritius	14,20	8,85	Kamerun	1,51	3,49
Mexiko	13,80	10,23	**Gruppe (2)**[d]		
Malaysia	12,07	9,16	Sambia	3,80	1,80
Chile	11,94	8,32	Bangladesch	2,02	0,80
Jordanien	11,68	4,79	Sierra Leone	1,38	0,92
Syrien	11,68	3,79	Burundi	1,37	0,84
Panama	10,34	7,78	Mozambique	1,33	0,31
Surinam	10,05	6,63	Guinea	1,29	1,84
Tunesien	9,71	5,56	Togo	1,27	1,61
El Salvador	9,69	3,95	Gambia	1,19	1,26
Venezuela	9,02	10,27	Zaire	1,00	0,92
Brasilien	8,13	10,62	Mauretanien	0,95	1,92
Paraguay	7,06	4,41	Madagaskar	0,94	0,92
Ägypten	6,77	2,38	Sudan	0,90	1,53
Thailand	6,74	5,79	Uganda	0,90	0,69
Ecuador	6,08	3,68	Benin	0,74	1,38
Kolumbien	5,73	3,83	Nepal	0,68	0,69
Simbabwe	5,45	2,68	Jemen	0,63	2,07
Guatemala	5,16	3,53	Äthiopien	0,51	0,46
Indien	4,93	1,38	Ruanda	0,42	1,26
Irak	4,86	8,32	Mali	0,41	0,77
Algerien	4,82	9,12	Somalia	0,31	0,46
Pakistan	4,49	1,88	Tansania	0,31	0,38
Gabon	4,48	14,56	Niger	0,19	1,23
Peru	4,34	4,14	Zentralafrik. Rep.	0,16	1,57
Marokko	4,12	3,79	Tschad	0,06	0,69
Honduras	4,09	2,57			
Bolivien	4,01	2,41	**Durchschnitt (1)**[c]	**9,42**	**8,51**
Philippinen	3,14	2,84	**Durchschnitt (2)**[d]	**0,95**	**1,10**
Indonesien	2,51	2,18	**Gesamtdurchschnitt**	**6,26**	**4,72**

Wenn die Höhe der Infrastrukturausstattung also eine nicht zu vernachlässigende Rolle für die Faktorproduktivität spielt, dann beeinflußt diese derart unterschiedliche Ausstattung auch die globale Faktorallokation zwischen Industrieländern und Entwicklungsländern. Faktorexportneutralität kann also gerade zwischen diesen Ländern nur dann erreicht werden, wenn die unterschiedliche, i.d.R. vom Staat bereitgestellt Infrastruktur, auch durch unterschiedliche, der Höhe der jeweiligen Ausstattung entsprechenden Steuern aufgewogen wird, da eine unzureichende staatliche Bereitstellung durch den privaten Sektor kompensiert werden muß.

Abschließend sei noch auf Gründe hingewiesen, die trotz einer Egalisierung der fiskalischen Residua, Faktorexportneutralität verhindern könnten. Einerseits könnte es sein, daß Wirtschaftssubjekte stärker auf Steuerunterschiede als auf unterschiedliche Niveaus staatlicher Leistungen reagieren; es könnte also eine unterschiedliche Steuer- und Ausgabenelastizität der Faktorallokation herrschen. Dieser Steuer- oder Fiskalillusion kann dann nach Buchanan dazu führen, daß "*if income tax rates vary from state to state in some direct correlation with per capita incomes, even though the system of rates were calculated so as to provide exact equality (to equals) in all states in over-all fiscal treatment, there might still be distortionary resource allocative effects due to this 'tax illusion'*"[314].

Andererseits hängt die Verwirklichung von Faktorexportneutralität durch die ausschließliche Besteuerung nach dem Quellenlandprinzip davon ab, inwiefern staatliche Ausgaben wirklich für produktive Zwecke verwendet werden. Werden Steuern lediglich zu konsumtiven bzw. zu verteilungspolitischen Zwecken erhoben, so gilt wieder die anfangs getroffene Schlußfolgerung, daß eine Besteuerung der Faktoreinkommen unabhängig des Faktoreinsatzortes stets auf Basis des im Herkunftsland des Faktoreigners geltenden Steuersatz geschehen sollte. Sobald jedoch nicht ausschließlich konsumtive und verteilungsorientierte sondern auch produktive Ausgaben getätigt werden, dann ist einer Besteuerung auf Basis des am Faktoreinsatzort geltenden Steuersatzes den Vorzug zugeben, insbesondere wenn man mit Fuest der Auffassung ist, daß der daraus resultierende "*Steuerwettbewerb einen heilsamen Druck in Richtung sachgerechter Steuersysteme erzwingt*"[315].

---

[314] Buchanan, James M. (1950), S. 596. Der Begriff der Fiskalillusion wird zumeist auf Puviani, A. (1903), zurück geführt. Die Überlegungen bezüglich der Existenz einer Steuerillusion lassen sich der Idee nach aber bereits bei Ricardo finden. Vgl. Ricardo, David (1817), S. 247.

[315] Fuest, Clemens (1995), S. 99.

5.2.5 Fazit aus der Effizienzanalyse

Grundsätzlich sollen Produktionsfaktoren dort eingesetzt werden, wo sie den größten Bruttogrenzertrag erwirtschaften. In einer erstbesten Welt ohne Staat und ohne Marktunvollkommenheiten führt dieser Mechanismus zu einer Egalisierung dieser Grenzerträge, somit zu einer Maximierung der Weltproduktion und deshalb zu einem globalen Allokationsoptimum. Sobald jedoch Steuern auf Faktoreinkommen eingeführt werden, sind es nicht mehr die Bruttoerträge, die die Faktorströme lenken, sondern die Nettoerträge. Das globale Allokationsoptimum kann jetzt nur noch erreicht werden, wenn die Egalisierung der Nettoerträge zu der gleichen Allokation führt, wie die vorher beobachtete Egalisierung der Bruttoerträge. Wenn freiwillig kooperierende Länder eine Maximierung ihres gemeinsamen Sozialprodukts wünschen, dann werden sie sich auf eine Methode zur Vermeidung von Doppelbesteuerung einigen, die Faktorexportneutralität gewährleistet. Bei Nichtexistenz externer Effekte und bei Vernachlässigung der Staatsausgaben (bzw. bei Immunisierung ihrer Auswirkungen auf die Allokation durch die Annahme der Pro-Kopf-Transfers an Inländer) wird dies erreicht, wenn der Faktoreigner unabhängig vom Faktoreinsatzort stets mit dem Steuersatz seines Herkunftslandes belastet wird, wenn also nach dem Wohnsitzlandprinzip besteuert wird.

Sobald jedoch Faktorwanderungen mit positiven externen Effekten verbunden sind, dann weichen die privaten Grenzerträge von den sozialen ab. Faktorexportneutralität muß dann vor diesem Hintergrund bedeuten, daß das Besteuerungsprinzip gewählt werden sollte, das zur Egalisierung der sozialen Grenzprodukte führt, denn nur dann ist auch das gemeinsame, die positiven externen Effekte berücksichtigende Sozialprodukt maximal. Für eben diese Internalisierung der externen Effekte ist es notwendig, daß die Faktoreinkommen im Gegensatz zur Situation ohne Marktunvollkommenheiten stets mit dem Steuersatz besteuert werden, der am Faktoreinsatzort gilt, die Besteuerung also nach dem Quellenlandprinzip erfolgt.[316]

Zu dem gleichen Ergebnis kommt man, wenn man nicht bloß die Steuerseite des Budgets, sondern auch dessen Ausgabenseite betrachtet. Sofern aus den Ausgaben Vorteile für die privaten Wirtschaftssubjekte resultieren, sind es nicht mehr alleine die Steuersätze, die die Faktorallokation beeinflussen können, sondern das Gesamtpaket an staatlichen Aktivitäten. Internationale Faktorwanderungen finden deshalb auch nur dann statt, wenn sich von Land zu Land das fiskalische Residu-

---

[316] Obwohl die hier vorgebrachte Argumentationskette auf der Existenz positiver externer Effekte aufbaut, läßt es sich leicht zeigen (z.B. anhand von Abbildung 5.2), daß diese Aussage auch für die Internalisierung negativer externer Effekte Gültigkeit behält.

um, also die Differenz aus Steuern und vorteilhaften Staatsausgaben, unterscheidet. Aus dieser Perspektive bedeutet Faktorexportneutralität, daß die Entscheidung über den Faktorexport durch das Gesamtpaket an staatlichen Aktivitäten nicht beeinflußt werden sollte. Die gelingt nur dann, wenn der Faktoreigner stets mit dem Steuersatz des Landes belastet wird, von dessen staatlichen Vorleistungen er profitiert. Auch in diesem Fall wird die effiziente globale Allokation von Produktionsfaktoren dann erreicht, wenn die Faktoreinkommen immer mit dem Steuersatz des Quellenlandes, also des Landes in dem die Faktoren eingesetzt wurden, besteuert werden.

Gerade für die Beziehungen zwischen Industrieländern und Entwicklungsländern scheinen die letzten beiden Szenarien eine signifikante Rolle zu spielen, so daß für Faktoreinkommen, die aus Faktorbewegungen zwischen diesen Ländergruppen entstehen, die Besteuerung auf Basis des im Faktoreinsatzort geltenden Steuersatzes empfehlenswert erscheint.

Was nun das bisher noch nicht explizit diskutierte Staatsangehörigkeitsprinzip betrifft, so läßt sich festhalten, daß auch in dem Falle, bei dem das Wohnsitzland und das Land der Staatsangehörigkeit auseinander fallen, letzteres aber über die Steuerhoheit verfügt, Doppelbesteuerung stets derart vermieden werden sollte, daß letztendlich der Steuersatz des Quellenlandes angewendet wird. Falls man sich jedoch in der anfangs beschriebenen Situation befindet, in der weder externe Effekte noch öffentliche Güter existieren, dann stellt sich in der Tat die Frage, ob der Steuersatz des Wohnsitzlandes oder der des Land der Staatsangehörigkeit angewendet werden sollte, um Faktorexportneutralität zu verwirklichen. Da beide Besteuerungsprinzipien am Steuersubjekt anknüpfen, ist Faktorexportneutralität immer dann gewährleistet, wenn dieses Steuersubjekt bei zusätzlichem Faktoreinkommen unabhängig vom Faktoreinsatzort immer dem gleichen Grenzsteuersatz gegenüber steht. Dies kann sowohl durch das Wohnsitzlandprinzip als auch durch das Staatsangehörigkeitsprinzip gewährleistet werden; Voraussetzung ist jedoch, daß stets nur eines der beiden Prinzip angewendet wird und nicht beide gleichzeitig.

Abschließend bedarf es noch einigen Bemerkungen bezüglich der Allgemeingültigkeit der eben gezogenen Schlüsse. Die Vor- und Nachteile der einzelnen Besteuerungsprinzipien lassen sich streng genommen nur *ceteris paribus* bestimmen. Wie bereits mehrfach erwähnt, hängen diese von den Annahmen bezüglich der Art der Staatsausgaben ab. Es werden jedoch auch jegliche Auswirkungen auf ander Sektoren und Märkte der jeweiligen Volkswirtschaften vernachlässigt.

Dies liegt insbesondere daran, daß von Preis- und Wechselkurseffekten abstrahiert wird. Da aber Kapitalbewegungen eine wesentliche Determinante der Wechselkurse darstellen, muß davon ausgegangen werden, daß sich die beide

Besteuerungsprinzipien auch unterschiedlich auf diese Kurse auswirken. Wechselkursveränderungen wirken sich nun aber ihrerseits auf die Kapitalbewegungen selbst aus, so daß die Höhe der im Modell dargestellten Kapitalbewegungen wohl geringer ausfällt als dort dargestellt. Außerdem beeinflussen solche Wechselkursänderungen auch die Handelsströme zwischen den betrachteten Ländern, so daß auch die Auswirkungen auf die jeweiligen Gütermärkte betrachtet werden müßte. Bei festen Wechselkursen müßten zudem die Auswirkungen der Kapitalbewegungen auf die Geldmenge der jeweiligen Länder untersucht werden, um auch inflationäre Entwicklungen zu berücksichtigen.

Um all diese Effekte gebührend zu analysieren bedarf es einem weitaus komplexeren Modells der internationalen Wirtschaftsbeziehungen. Dem Verfasser kommt es hier jedoch weniger darauf an die exakten allgemeinen Gleichgewichte bei Anwendung eines bestimmten Besteuerungsprinzips zu bestimmen, sondern es geht ihm vielmehr darum, bei gegebenen Annahmen die jeweiligen Prinzipien gegeneinander abzuwägen, um darauf folgend diejenigen Annahmen zu identifizieren, die den Ausschlag für die jeweils positive oder negative Bewertung geben. Für den Fall der Besteuerung internationaler Faktoreinkommen scheinen dies insbesondere die Annahmen bezüglich der Vollkommenheit der Märkte und bezüglich der Verwendung der Steuereinnahmen zu sein. Aus diesem Grunde wurden auch lediglich die oben behandelten drei Szenarien der möglichen Grundgesamtheit betrachtet.

5.3 Die Bestimmung der Ausgangssituation

5.3.1 Szenario 1

Nachdem gezeigt wurde, welches der Besteuerungsprinzipien jeweils unter bestimmten Annahmen das gemeinsame Sozialprodukt maximiert, stellt sich nun die Frage, ob dieses Maximum auch ohne Kooperation möglich wäre. So könnte z.B. Land A unilateral die Anrechnungsmethode anwenden, ohne dieses Vorgehen dabei in irgendeiner Weise mit Land B abzusprechen, also ohne jegliche Kooperation. Verfolgt Land A allein die Maximierung seines Eigeninteresses, dann wird es diese Methode jedoch nur dann anwenden, wenn es dadurch auch sein nationales Sozialprodukt maximiert.

Diese Überlegung läßt sich anhand von Abbildung 5.4 veranschaulichen, die im wesentlichen Abbildung 5.1 entspricht.[317] Es wird dabei unterstellt, daß beide

[317] Es sei darauf hingewiesen, daß die Schnittpunkte in beiden Abbildungen nicht immer mit denselben Buchstaben gekennzeichnet sind.

Länder stets ihren individuellen Vorteil maximieren wollen, also keine altruistischen Motive vorliegen. Angenommen, Land B erhebe in der Ausgangssituation einen Steuersatz t^B, der unterhalb des Steuersatzes t^A in Land A liegt. Wenn Land A keine Maßnahme zur Verminderung oder Vermeidung von Doppelbesteuerung durchführt, dann bestimmt sich das Kapitalmarktgleichgeweicht entsprechend der Gleichung (2.4) aus Kapitel 2 und es kommt lediglich zu Kapitalexporten in Höhe von Z_{DB}. Aufgrund der Doppelbesteuerung ist das gemeinsame Sozialprodukt entsprechend der hellgrauen Fläche AED geringer als bei der effizienten Kapitalallokation P.

Unterstellt man, daß die jeweiligen Steuersätze in Land A und Land B fixe Daten darstellen, dann stehen zur Verbesserung der Kapitalallokation lediglich die Besteuerungsprinzipien bzw. die expliziten Methoden zur Vermeidung von Doppelbesteuerung als strategische Variablen zur Disposition.[318]

Wie bereits gezeigt wurde, kann Land A die in Land B gezahlte Steuer anrechnen, so daß dadurch Kapitalexporte in Höhe von Z_{WLP} induziert und die Kapitalallokation P verwirklicht werden kann. Werden die Steuereinnahmen allesamt an die Inländer der jeweiligen Länder zurück transferiert, dann führt diese Kapitalallokation zu einem maximalen gemeinsamen Sozialprodukt.

Betrachtet man jedoch nicht das gemeinsame Sozialprodukt, sondern nur das Sozialprodukt von Land A, dann stellt man fest, daß sich dieses in Abbildung 5.4 durch die Anrechnung der in Land B gezahlten Steuer im Vergleich zur Ausgangssituation entsprechend der Fläche IADGC verringert. Obwohl das gemeinsame Sozialprodukt durch die Anrechnung steigt, existiert für Land A demnach kein Anreiz, diese Maßnahme unilateral durchzuführen.

Alternativ könnte Land A jedoch auch unilateral das Einkommen aus Kapitalexporten von der inländischen Steuer befreien und somit unilateral das Quellenlandprinzip anwenden. Da sich in dem hier diskutierten Beispiel die Steuersätze in beiden Ländern jedoch unterscheiden, kann durch die Anwendung des Quellenlandprinzip die effiziente Kapitalallokation P nicht verwirklicht werden und es kommt zu ineffizienten Kapitalexporten in Höhe von Z_{QLP} (die Ineffizienz dieses Besteuerungsprinzips drückt sich dabei in der dunkelgrauen Fläche des Dreiecks

---

[318] Diese Annahme läßt sich nach Auffassung des Autors dadurch rechtfertigen, daß wie bereits in Abschnitt 5.2.2.1 diskutiert, eine Anpassung der Steuersätze bzw. der Steuersysteme höhere Anpassungskosten verursacht, als ein bloßer Wechsel des Besteuerungsprinzips oder die Einführung einer expliziten Vermeidungsmethode. Dies mag daran liegen, daß bei der Variation der Besteuerungsprinzipien nur die internationalen Einkommen betroffen sind und nicht die gesamten Einkommen aller Inländer. Von der Option einer Senkung der Steuersätze auf Null wird hier also ausdrücklich abgesehen.

MNA aus). Zudem verliert hier Land A noch stärker als im Fall der unilateralen Anwendung der Anrechnungsmethode, nämlich entsprechend der Fläche JNDGF. Die unilaterale Anwendung des Quellenlandprinzips ist also gleichfalls für Land A nicht rational.

Abbildung 5.4: Die Vermeidung von Doppelbesteuerung bei Szenario 1

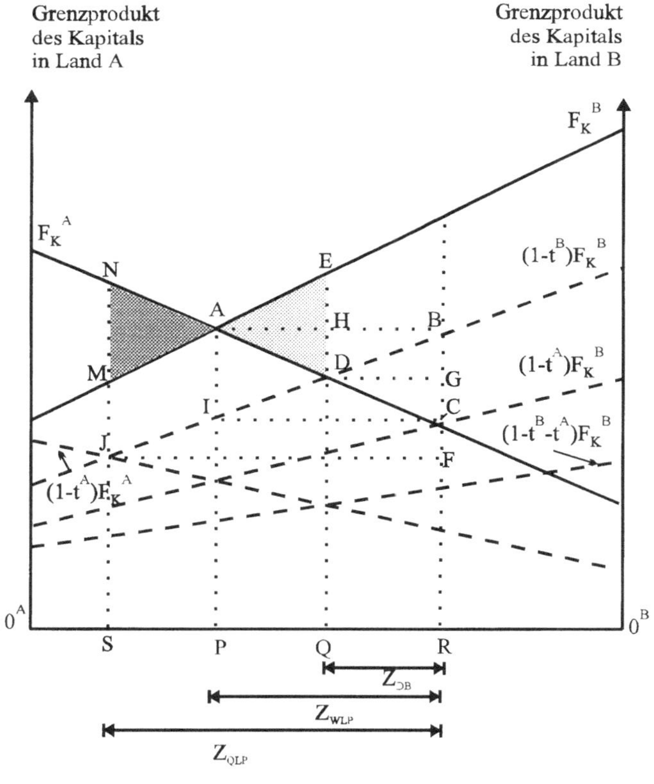

Quelle: Eigene Darstellung auf Basis von Abbildung 5.1.

Als dritte strategische Variante könnte Land B einseitig auf die Besteuerung von Einkommen aus Kapitalimporten verzichten, also unilateral ausschließlich das Wohnsitzlandprinzip anwenden. Auch in diesem Falle wird die internationale Doppelbesteuerung vollständig vermieden, die effiziente Kapitalallokation P verwirklicht und das gemeinsame Sozialprodukt maximiert. Das Einkommen von Land A erhöht sich bei dieser Variante im Vergleich zur Situation der Doppelbesteuerung entsprechend der Fläche DABG. Das Einkommen von Land B nimmt aufgrund dieser unilateralen Maßnahme einerseits aufgrund erhöhter Faktoreinkommen entsprechend der Fläche AEH zu.[319] Andererseits verliert Land B jedoch auch Steuereinnahmen aus internationalen Einkommen entsprechend der Fläche DHBG. Der Gesamteffekt ist für Land B also nur dann positiv, wenn die Fläche AEH größer ist als die Fläche DHBG. Wie aus Abbildungen 5.4 ersichtlich wird, hängt das Ergebnis von der Ausgangssituation bei Doppelbesteuerung ab. Je höher die Kapitalbewegungen nach Vermeidung der Doppelbesteuerung, desto eher werden die verminderten Steuereinnahmen durch die Erhöhung der Faktoreinkommen überkompensiert. Die Höhe der Kapitalbewegungen nach Vermeidung der Doppelbesteuerung hängen ihrerseits jedoch *ceteris paribus* von der Höhe des Steuersatzes t^B ab; je höher dabei t^B, desto höher sind auch die durch Vermeidung der Doppelbesteuerung induzierten Kapitalbewegungen. Handelt es sich bei Land B gleichwohl um ein Entwicklungsland mit vergleichsweise niedrigen Steuersätzen, dann ist solch eine Kompensation eher unwahrscheinlich. Wie auch in Abbildung 5.4 angedeutet, wäre es deshalb für Land B in dieser Situation nicht rational, unilateral ausschließlich das Wohnsitzlandprinzip anzuwenden.

Wie gezeigt wurde, kann die effiziente Kapitalallokation P also weder durch unilaterale Maßnahmen seitens Land A noch durch solche Maßnahmen seitens Land B verwirklicht werden. In der nicht-kooperativen Situation bleibt unter den hier gemachten Annahmen die Doppelbesteuerung vielmehr bestehen.

Hebt man die Annahme der fixen Steuersätze auf, dann bedarf es einer Erweiterung des Modells. So könnte z.B. Janeba folgend ein mehrstufiges Spiel eingeführt werden, bei dem in einer ersten Stufe das Besteuerungsprinzip bzw. die Vermeidungsmethode gewählt wird, um darauf folgend in einem nächsten Schritt die Steuersätze zu bestimmen.[320] Es sind jedoch auch Lösungen wie bei. Oakland und Xu oder Samuelson und Bond, denkbar, die sich an '*Optimal Taxation*' Modellen orientieren.[321] Leider lassen sich diese Erweiterungen nicht ohne weiteres in die hier verwendete Graphik einführen. Das exakte Ergebnis dieser Modelle ist

---

319 Genau genommen handelt es sich hier um eine Erhöhung der Arbeitseinkommen.

320 Vgl. Janeba, Eckhard (1997), S. 24-54.

321 Vgl. Oakland, William H. / Xu, Yongsheng (1996) sowie Bond, Eric, W. / Samuelson, Larry (1989).
Eine Lösung findet sich aber auch bereits bei Hamada, Koichi (1966) sowie bei Feldstein, M. / Hartman, D. (1979).

jedoch insofern nicht relevant, als daß sie allesamt zu dem Schluß kommen, daß Doppelbesteuerung nur durch Kooperation vollständig vermieden werden kann.[322]

Zu klären bleibt jedoch, in welcher Form eine solche Sozialprodukt maximierende Kooperation stattfinden kann und unter welchen Bedingungen dies geschieht. Land A wird z.B. nur die in Land B gezahlten Steuern anrechnen, wenn sein daraus entstehender Verlust kompensiert wird. Land B müßte also an Land A eine Transferzahlung entsprechend der Fläche IADGC (Kompensation des Sozialproduktverlustes) zahlen. Eventuell ist Land B jedoch auch bereit, aus Anreizgründen einen Teil seines Netto-Kooperationsgewinns (Fläche AED) mit Land A zu teilen.

Alternativ könnte Land B aber auch versprechen, seine Steuer auf Einkommen aus Kapitalimporten nach Vertragsabschluß zu senken.[323] In diesem Falle muß Land A nur noch einen geringeren Steuerbetrag auf die dort fällige Steuer anrechnen. Die Höhe des Steuersatzes, auf die Land B mindestens heruntergehen muß, damit sich Land A durch die Verwendung der Anrechnungsmethode nicht verschlechtert, bestimmt sich dabei Hamada folgend als:

$$t^B = \frac{1}{2} - \frac{F_K^A(\overline{K}^A)}{2F_K^A(\overline{K}^A - Z)} \qquad (5.13)$$

wenn die Grenzproduktkurven des Kapitals wie hier angenommen linear verlaufen.[324]

Land A wird der Anwendung des Wohnsitzlandprinzips (bei gleichzeitiger Anrechnung der Quellensteuer) also nur dann zustimmen, wenn Land B entweder

---

322 Die angesprochenen Modelle kommen aber im Gegensatz zu der hier vorgetragenen Argumentation in aller Regel zu dem Schluß, daß in der nicht-kooperativen Situation Land A unilateral die Abzugsmethode anwendet. Ein abweichendes Ergebnis, nämlich daß die Doppelbesteuerung aufrecht erhalten bleibt, findet man lediglich bei Konan, Denise E. (1997). Nach Meinung des Verfassers vernachlässigen die zuvor genannten Autoren in ihren Modellen jedoch die Kosten der Steuersatzvariation. Vgl. hierzu auch FN 329.

323 Zwar wurde anfangs unterstellt, daß eine Steuersenkung nicht möglich sei; da es sich hier gleichwohl nur um eine Steuersenkung für internationale Einkommen handelt, sind die Anpassungsskosten hier geringer als bei einer Steuersenkung, die alle Einkommen der Inländer betrifft.

324 Vgl. hierzu Hamada, Koichi (1966), S. 369.

Kompensationszahlungen leistet oder nach Vertragsabschluß seinen Steuersatz ausreichend vermindert.

Andererseits kann Land A jedoch auch Land B durch Transferzahlung davon überzeugen, grundsätzlich alle Einkommen ausschließlich nach dem Wohnsitzlandprinzip zu besteuern. Diese Transferzahlungen müssen jedoch Land B mindestens für den dadurch entstehenden Verlust entsprechend der Differenz aus den Flächen AEH und DHBG kompensieren. Eventuell ist Land A jedoch auch dazu bereit, aus Anreizgründen Land B's verminderte Steuereinnahmen (entsprechend der Fläche DHBG) vollständig zu kompensieren.

Abbildung 5.5: Die Verteilung der Kooperationsgewinne bei Szenario 1

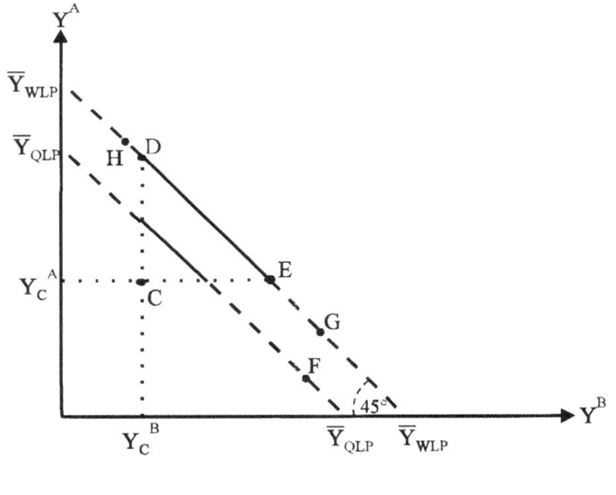

Quelle: Eigene Darstellung.

Diese Schlußfolgerungen lassen sich nun in der bereits in Kapitel 3 eingeführten Graphik zusammenfassen, in der die Verteilung der Einkommen von Land A und Land B dargestellt sind.[325] Punkt C in Abbildung 5.5 stellt die Verteilung der

---

[325] Eine ähnliche Darstellung findet sich bereits bei Hamada, Koichi (1966), S. 370-373. Janeba verwendet ebenfalls solch eine Graphik. Aufgrund der unterschiedlichen Annahmen sind die Ergebnisse jedoch nur beschränkt vergleichbar. Siehe Janeba, Eckhard (1997), S. 43.

Einkommen in der Ausgangssituation, also bei Doppelbesteuerung, dar.[326] Die Gerade $\overline{Y}_{QLP}\overline{Y}_{QLP}$ gibt die Verteilung der Einkommen beider Länder an, die bei Anwendung des Quellenlandprinzips möglich ist und die Gerade $\overline{Y}_{WLP}\overline{Y}_{WLP}$ die Verteilung dieser Einkommen beim Wohnsitzlandprinzip. Wendet Land A unilateral das Quellenlandprinzip an, dann erhöht sich zwar das gemeinsame Einkommen auf $\overline{Y}_{QLP}$; Land A verschlechtert jedoch seine Situation im Vergleich zur Ausgangssituation, so daß z.B. eine Verteilung des gemeinsamen Einkommens entsprechend Punkt F zustande kommt. Bei unilateraler Anwendung des Wohnsitzlandprinzip seitens Land A verschlechtert dieses ebenfalls seine Situation. Die Verteilung des gemeinsamen Einkommens entspricht dabei z.B. Punkt G. Da das Wohnsitzlandprinzip jedoch das gemeinsame Einkommen der beiden Länder maximiert (d.h. $\overline{Y}_{WLP} > \overline{Y}_{QLP}$), zieht Land B es vor, wenn Land A das Wohnsitzlandprinzip anwendet, da Land B dadurch ein höheres Einkommen verwirklichen kann.

Da sich Land A jedoch bei unilateraler Anwendung des Wohnsitzlandprinzips verschlechtert, muß Land B Land A im Gegenzug für diese Anwendung eine Kompensation gewähren, die Land A mindestens ein Einkommen entsprechend Punkt E garantiert. Alternativ kann Land B allerdings auch seinen Steuersatz in adäquater Weise senken.

Wenn Land B unilateral ausschließlich das Wohnsitzlandprinzip anwendet, dann verschlechtert sich unter plausiblen Annahmen die Einkommenssituation dieses Landes. Land A gewinnt jedoch deutlich hinzu, so daß z.B. Punkt H zustande kommt. Damit Land B gleichwohl ausschließlich das Wohnsitzlandprinzip anwendet, muß Land A eine Transferzahlung an Land B leisten, die Land B mindestens ein Einkommen entsprechend Punkt D garantiert.

Betrachtet man zusätzlich die Vermeidung der Doppelbesteuerung von internationalen Arbeitseinkommen, dann gelten die gleichen Überlegungen wie oben: Das Wohnsitzland der Arbeitnehmer wird nur dann die Anrechnungsmethode anwenden, wenn es vom Quellenland für die dadurch entstehenden Verluste kompensiert wird und das Quellenland wird nur dann ausschließlich das Wohnsitzlandprinzip anwenden, wenn dieses dafür vom Wohnsitzland kompensiert wird. Findet keine Kooperation statt, dann wird es ebenso wie bei den Kapitalbewegungen bei der Doppelbesteuerung bleiben.

---

[326] Es wird also weiterhin unterstellt, daß es in der nicht-kooperativen Situation nicht zu Steuersatzvariationen kommt und deshalb auch die Doppelbesteuerung aufrecht erhalten bleibt.

Da im bilateralen Fall ein bestimmtes Land zugleich Kapitalexporteur und Arbeitsimporteur (hier Land A) oder aber Kapitalimporteur und Arbeitsexporteur (hier Land B) sein muß, sind beide Länder sowohl Wohnsitzland als auch Quellenland. Man könnte meinen, daß deshalb beide Länder stets ein Interesse daran haben, daß das Wohnsitzlandprinzip angewendet wird. Wenn z.B. Land A bei Anwendung des Wohnsitzlandprinzips auf Kapitaleinkommen zunächst an Einkommen verliert, dann kann dieser Verlust eventuell dadurch ausgeglichen werden, daß Land A als Quellenland von Arbeitseinkommen ein Vorteil davon hat, wenn Land B das Wohnsitzlandprinzip auf Arbeitseinkommen anwendet. Der Verlust von Land A kann aber nur dann vollständig kompensiert werden, wenn die bilateralen Faktoreinkommensströme ausgeglichen sind. Bedenkt man jedoch, daß internationale Arbeitseinkommensströme gerade einmal 2% der gesamten internationalen Faktoreinkommensströme ausmachen[327], dann erscheint die oben angesprochen Kompensationsmöglichkeit über die Arbeitseinkommen gleichwohl bedeutungslos.

5.3.2 Szenario 2

Liegen externen Effekte vor, dann führt nicht mehr das Wohnsitzlandprinzip sondern das Quellenlandprinzip zu einer Maximierung des gemeinsamen Einkommens (inkl. der positiven externen Effekte), wenn Land B eine Steuer erhebt, die um den Grenzbeitrag der externen Effekte geringer ist als in Land A.

Angenommen, in der Ausgangssituation komme es aufgrund der Doppelbesteuerung in Abbildung 5.6 zu Kapitalbewegungen in Höhe von Z_{DB}. Aufgrund der Doppelbesteuerung wird weder das private Kapitalmarktgleichgewicht P noch das soziale Kapitalmarktgleichgewicht S verwirklicht; die daraus resultierende Allokationsineffizienz entspricht dann den beiden grau schraffierten Flächen NE'D.

Wendet nun Land A unilateral das Quellenlandprinzip an, um diese Ineffizienzen zu beseitigen, dann verringert sich das Einkommen dieses Landes entsprechend der Fläche JNDGF. Das Einkommen von Land B - inklusive der externen Effekte - erhöht sich gleichwohl entsprechend der Fläche JNE'DGF. Land A wird jedoch nur dann das Quellenlandprinzip anwenden, wenn es dafür von Land B entsprechend der Fläche JNDGF kompensiert wird, d.h. das Quellenlandprinzip findet nur seine Anwendung, wenn beide Länder miteinander kooperieren.

Im Gegensatz zu Szenario 1 kann hier die Kompensation jedoch nicht in Form einer Steuersenkung seitens Land B, sondern nur durch direkte Zahlungen erfol-

---

327 Vgl. Tabelle 2.3a.

gen. Dies liegt daran, daß bei Anwendung des Quellenlandprinzips jede Steuerveränderung auch die Kapitalallokation beeinflußt. Für das Erreichen der effizienten sozialen Kapitalallokation muß jedoch die Differenz der Grenzsteuer genau dem Grenzbeitrag der externen Effekte entsprechen.

Abbildung 5.6: Die Vermeidung von Doppelbesteuerung bei Szenario 2

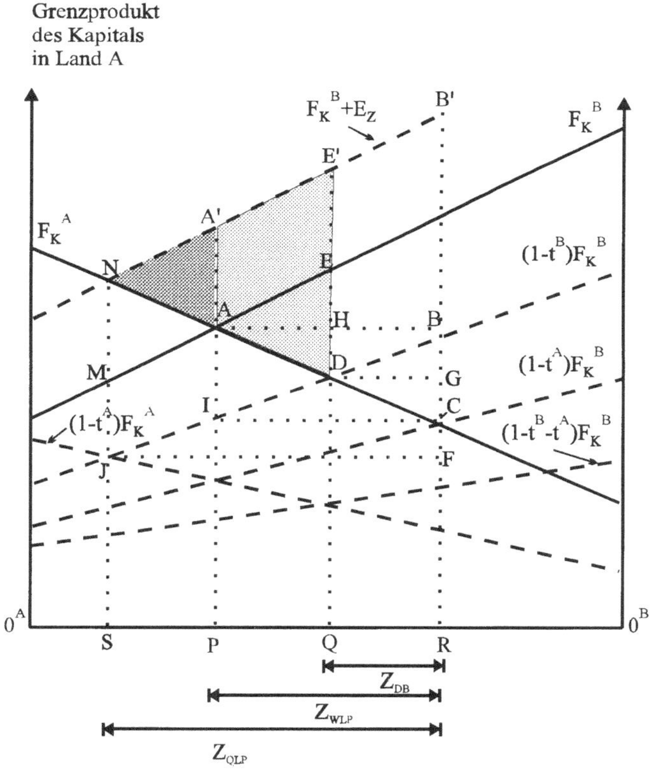

Quelle: Eigene Darstellung.

Alternativ könnte Land A jedoch auch die in Land B gezahlte Steuer anrechnen und damit das Wohnsitzlandprinzip unilateral verwirklichen. In diesem Falle vermindert sich aber ebenfalls das Einkommen von Land A und zwar entsprechend der Fläche IADGC. Freilich erhöht sich in diesem Falle erneut das auch Einkommen (inkl. der externen Effekte) von Land B; im Vergleich zum Quellenlandprinzip fällt diese Erhöhung jedoch geringer aus. Dies liegt daran, daß hier die Allokationsineffizienz lediglich um die Fläche AA'E'D verringert und nicht vollständig beseitigt wird. Zwar könnte Land B wiederum eine Transferzahlung an Land A leisten (entsprechend der Fläche IADGC), um dieses davon zu überzeugen das Wohnsitzlandprinzip (inkl. Anrechnung) einzuführen; da der Netto-Gewinn von Land B beim Quellenlandprinzip gleichwohl höher ausfällt, erscheint eine Kooperation auf Basis des Wohnsitzlandprinzips jedoch nicht rational.

Abschließend muß noch der Fall betrachtet werden, bei dem Land B unilateral ausschließlich das Wohnsitzlandprinzip anwendet. Entscheidet sich Land B für diese Variante, dann verliert es zwar Steuereinnahmen entsprechend der Fläche DHBG; gleichzeitig steigen jedoch die Faktoreinkommen sowie die verwirklichten positiven externen Effekte gemeinsam entsprechend der Fläche AA'E'H.

Werden dabei positive externe Effekte mit deutlicher Relevanz verwirklicht, dann kann (wie auch in Abbildung 5.6) davon ausgegangen werden, daß die Steuerausfälle überkompensiert werden. Land B erfährt durch diese unilaterale Anwendung des Wohnsitzlandprinzips also einen Netto-Vorteil. Aber auch Land A gewinnt bei dieser Variation, denn sein Einkommen erhöht sich entsprechend der Fläche ABGD. Da bei dieser Option die Einkommen beider Ländern erhöht werden, handelt es sich hier um das stabile Gleichgewicht in der nichtkooperativen Situation, d.h. kommt es zu keiner Kooperation zwischen den beiden Ländern, dann wird Land B unilateral ausschließlich das Wohnsitzlandprinzip anwenden und somit nur das Einkommen besteuern, das von seinen Inländern erwirtschaftet wurde.

Für die Bestimmung der Höhe der Transferzahlungen, die notwendig sind, um Land A dazu zu bewegen, das Quellenlandprinzip anzuwenden, ist also dieses nicht-kooperative Gleichgewicht relevant. Wenn die effiziente, die externen Effekte internalisierende Kapitalallokation verwirklicht werden soll, dann muß Land B wieder alle die in seinem Territorium entstandenen Einkommen besteuern, und zwar genau in der Art, daß die Differenz der Grenzsteuern in beiden Ländern genau dem Grenzbeitrag der externen Effekte entsprechen. Geschieht dies, dann verringert sich das Einkommen von Land A entsprechend der Fläche JNABF. Die Kompensation seitens Land B muß also höher ausfallen, als weiter oben bei Vorliegen von Doppelbesteuerung diskutiert wurde. Abbildung 5.7 verdeutlicht diese Ergebnisse noch einmal.

Angenommen Punkt F charakterisiert die Situation der Doppelbesteuerung, dann kann Land B unilateral ausschließlich das Wohnsitzlandprinzip anwenden und dadurch sowohl seine als auch die Situation von Land A entsprechend Punkt

C verbessern. Dieser Punkt C entspricht somit dem Ausgangspunkt der Kooperation in Szenario 2. Land A wird nun seinerseits nicht unilateral das Quellenlandprinzip anwenden, denn dadurch würde sich sein Einkommen verringern und z.B. Punkt G realisiert werden. Damit Land A das Quellenlandprinzip anwendet muß Land B eine Transferzahlung an Land A leisten, die Land A mindestens ein Einkommen entsprechend Punkt E garantiert.[328]

Für die Vermeidung von Doppelbesteuerung bei Arbeitseinkommen gelten wieder die gleichen Überlegungen, d.h. das Wohnsitzland, also Land B, wird nur das Quellenlandprinzip anwenden, wenn es vom Quellenland, also Land A, für die Einkommensverluste kompensiert wird.

Abbildung 5.7: Die Verteilung der Kooperationsgewinne bei Szenario 2

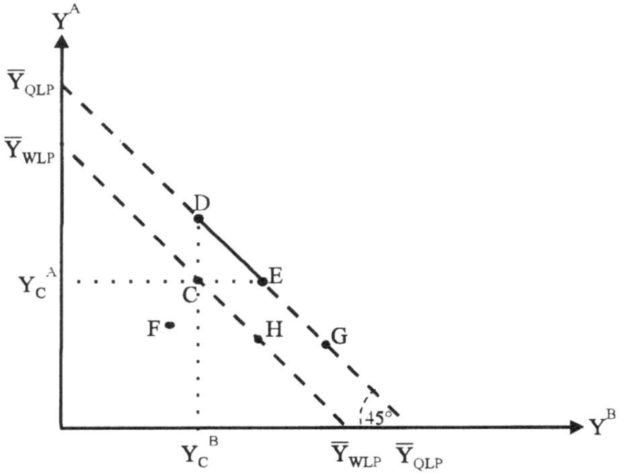

Quelle: Eigene Darstellung.

5.3.3 Szenario 3

Verwendet ein Land seine Steuereinnahmen nicht für Pro-Kopf-Transfers an Inländer, sondern für produktive staatliche Vorleistungen, dann maximiert das

---

[328] Die unilaterale Anwendung des Wohnsitzlandprinzip (inkl. Anrechnung) seitens Land A soll im übrigen durch Punkt H charakterisiert werden.

Quellenlandprinzip das gemeinsame Sozialprodukt. Auch für diesen Fall soll nun untersucht werden, ob Land A das Quellenlandprinzip eventuell auch unilateral anwendet. Die Analyse beschränkt sich dabei auf die Besteuerung von Kapitaleinkommen, so daß erneut auf Abbildung 5.3 zurückgegriffen wird. Damit wie auch bei den anderen Szenarien, die Situation der Doppelbesteuerung als Ausgangspunkt betrachtet werden kann, muß Abbildung 5.3 um staatliche Vorleistungen sowie um eine Steuer auf Kapitaleinkommen in Land B erweitert werden. Abbildung 5.8a stellt diese Erweiterung dar.

Außerdem werden die Bezeichnungen der jeweiligen Grenzproduktkurven in dieser Abbildung der Übersicht halber wie folgt abgekürzt:

für Land A:

$$F_1^A = F_K^A$$

$$F_2^A = F_K^A + F_{GA}^A$$

$$F_3^A = (1-t^A) \cdot (F_K^A + F_{GA}^A)$$

für Land B:

$$F_1^B = F_K^B$$

$$F_2^B = F_K^B + F_{GB}^B$$

$$F_3^B = (1-t^B) \cdot (F_K^B + F_{GB}^B)$$

$$F_4^B = (1-t^A) \cdot (F_K^B + F_{GB}^B)$$

$$F_5^B = (1-t^A-t^B) \cdot (F_K^B + F_{GB}^B)$$

Wenn die Einkommen aus Kapitalexporten doppelt besteuert werden, dann wird das bilaterale Kapitalmarktgleichgewicht durch den Schnittpunkt der Nettogrenzproduktkurven F_3^A und F_5^B bestimmt. In dieser Situation kommt es lediglich zu Kapitalbewegungen in Höhe von Z_{DB}.

Wendet nun Land A unilateral das Quellenlandprinzip an, um diese Doppelbesteuerung zu vermeiden, dann wird die Kapitalallokation durch den Schnittpunkt der Nettogrenzproduktkurven F_3^A und F_3^B (gekennzeichnet durch Punkt A) bestimmt, so daß sich die Kapitalexporte auf Z_{QLP} erhöhen.

Abbildung 5.8a: Die Vermeidung von Doppelbesteuerung bei Szenario 3

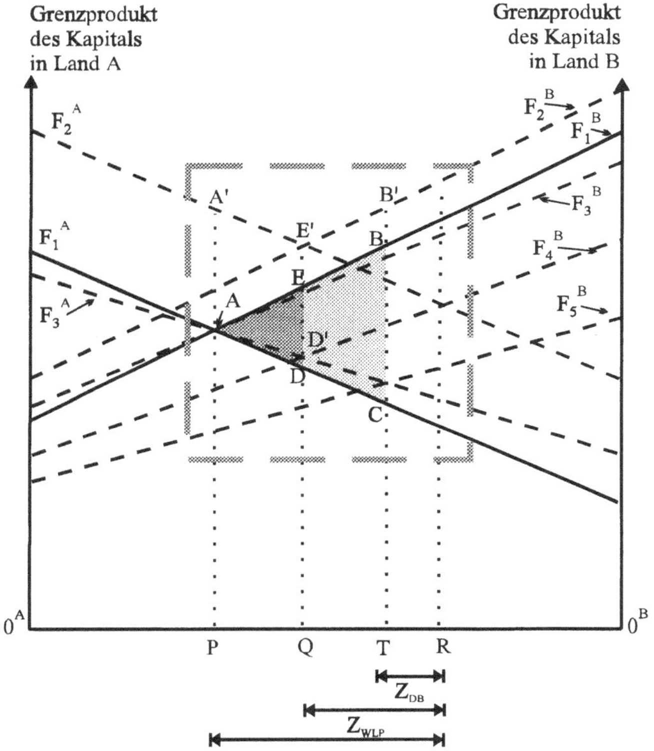

Quelle: Eigene Darstellung auf Basis von Abbildung 5.3.

Da nun weniger Kapital als vorher in Land A eingesetzt wird, muß dieses Land jetzt auch weniger Vorleistungen bereitstellen. Zieht man diese Kostenersparnis vom Bruttoeinkommen des Landes A ab, dann verändert sich das Einkommen dieses Landes entsprechend der Differenz aus den Flächen ALC und LWUM in Abbildung 5.8b (die den für die Analyse relevanten Ausschnitt von Abbildung

5.8a darstellt).[329] Diese Differenz fällt genau dann positiv aus, wenn die Kosteneinsparungen aufgrund der geringeren Bereitstellung staatlicher Vorleistungen höher sind als die Verminderung der Steuereinnahmen. Verursacht die staatliche Bereitstellung der Vorleistungen in der Ausgangssituation relativ hohe Kosten, dann kann (wie hier in Abbildung 5.8b) davon ausgegangen werden, daß Land A durch die unilaterale Anwendung des Quellenlandprinzips sein Nettoeinkommen erhöht.

Die unilaterale Anwendung des Quellenlandprinzips seitens Land A führt auch bei Land B zu einer Einkommenserhöhung, und zwar entsprechend der Summe aus den Flächen ABL und LWUM. Addiert man die Nettoeinkommenszuwächse von Land A und Land B auf, dann ergibt sich im Vergleich zur Situation der Doppelbesteuerung eine Erhöhung des gemeinsamen Nettoeinkommens (= Bruttoeinkommen abzüglich der Kosten für die Bereitstellung der Vorleistungen), die der Fläche des schraffierten Dreiecks ABC entspricht.[330]

Land A kann sein Netto-Einkommen jedoch auch erhöhen, wenn es anstelle des Quellenlandprinzips unilateral das Wohnsitzlandprinzip (inkl. Anrechnung) anwendet. In diesem Falle wird die Kapitalallokation durch den Schnittpunkt der Nettogrenzproduktkurven F_3^A und F_4^B (gekennzeichnet durch Punkt D') bestimmt, so daß die Kapitalexporte Z_{WLP} betragen. Da auch in diesem Falle weniger Kapital als bei Doppelbesteuerung in Land A eingesetzt wird, muß dieses Land jetzt ebenfalls weniger Vorleistungen bereitstellen. Zieht man diese Kostenersparnis vom Bruttoeinkommen des Landes A ab, dann verändert sich das Einkommen dieses Landes entsprechend der Differenz aus den Flächen DIJC und JWUN. Diese Differenz fällt auch hier genau dann positiv aus, wenn die Kosteneinsparungen aufgrund der geringeren Bereitstellung staatlicher Vorleistungen höher sind als die Verminderung der Steuereinnahmen.

Verursacht die staatliche Bereitstellung der Vorleistungen in der Ausgangssituation relativ hohe Kosten, dann kann auch hier (wie hier in Abbildung 5.8b angedeutet) davon ausgegangen werden, daß Land A durch die unilaterale Anwendung des Wohnsitzlandprinzips sein Nettoeinkommen erhöht. Land B verbessert sich hier ebenfalls durch diese unilaterale Maßnahme seitens Land A, und zwar entsprechend der Summe aus den Flächen IEBJ und JWUM. Addiert man die Nettoeinkommenszuwächse von Land A und Land B auf, dann ergibt sich im Vergleich zur Situation der Doppelbesteuerung eine Erhöhung des gemeinsamen

---

329 Die erste Fläche stellt im Prinzip den Zuwachs an privatem Einkommen und die zweite die Steuermindereinnahmen dar.

330 Für eine detailliertere Argumentation wird auf Abschnitt 5.2.4. verwiesen.

Nettoeinkommens (= Bruttoeinkommen abzüglich der Kosten für die Bereitstellung der Vorleistungen), die der hellschraffierten Fläche DEBC entspricht.

Abbildung 5.8b: Die Vermeidung von Doppelbesteuerung bei Szenario 3 (Ausschnitt aus Abbildung 5.8a)

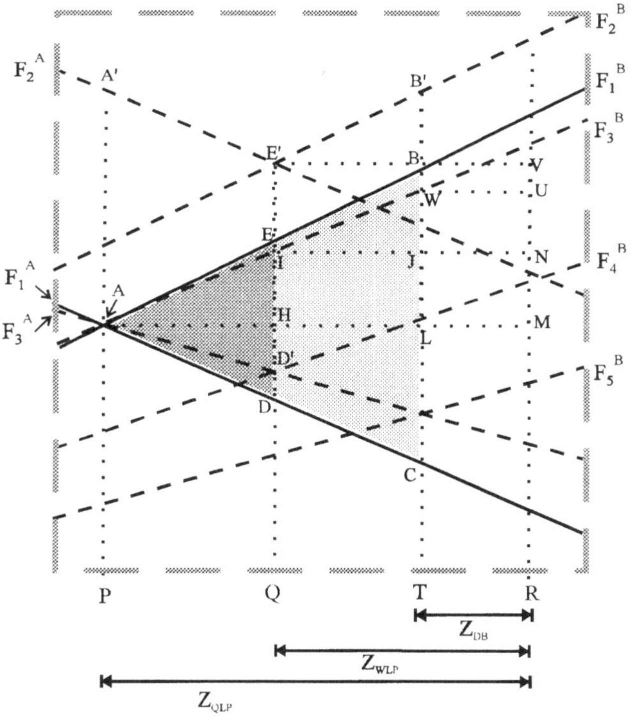

Quelle: Eigene Darstellung.

Da bei hohen Bereitstellungskosten für staatliche Vorleistungen, Land A sowohl durch unilaterale Anwendung des Quellenlandprinzips als auch durch unilaterale Anwendung des Wohnsitzlandprinzips sein Nettoeinkommen erhöhen kann stellt sich Frage, von welcher Maßnahme Land A mehr profitiert. So verliert Land A bei Anwendung des Quellenlandprinzips grundsätzlich mehr Steuereinnahmen als bei Anwendung des Wohnsitzlandprinzips. Andererseits muß Land A beim Quellenlandprinzip geringere staatliche Vorleistungen erbringen.

Mit etwas Mühe lassen sich die Nettoeffekte anhand von Abbildung 5.8b herleiten. Wenn Land A unilateral das Wohnsitzlandprinzip einführt, dann ist sein Nettoeinkommen im Vergleich zur unilateralen Einführung des Quellenlandprinzips dann höher, wenn die Summe der Flächen HIJL und LJMN, also die Fläche HINM, größer ist als die Fläche AHD.

HINM entspricht dabei einem Teil des Budgetüberschusses, der dadurch entsteht, daß beim Wohnsitzlandprinzip auch Einkommen besteuert werden, für die Land A keine staatlichen Vorleistungen bereitstellen muß. AHD spiegelt hingegen das Einkommen wieder, das Land A aufgrund der ineffizienten Kapitalallokation entgeht. Wenn sich, wie in Abbildung 5.8b unterstellt, die Höhe der staatlichen Vorleistungen pro eingesetzte Kapitaleinheit in beiden Ländern deutlich unterscheiden, dann kann davon ausgegangen werden, daß der Budgetüberschuß größer als der Produktionsverlust, die Fläche HINM also größer als die Fläche AHD ist.

Wenn es sich bei Land A um ein Industrieland und bei Land B um ein Entwicklungsland handelt, dann wird diese Annahme erfüllt und Land A wird die unilaterale Anwendung des Wohnsitzlandprinzips die des Quellenlandprinzips vorziehen.[331] Damit Land A dennoch das Quellenlandprinzip anwendet, muß Land B eine Transferzahlung an Land A zahlen, die mindestens der Differenz der Flächen HINM und AHD entspricht.

Zu allerletzt soll auch hier die Variante der unilateralen Anwendung des Wohnsitzlandprinzips durch Land B betrachtet werden. In diesem Falle erhöht sich das Nettoeinkommen von Land A im Vergleich zur Situation der Doppelbesteuerung entsprechend der Summe aus den Flächen DE'BC und WBVU. In Land B erhöht sich zunächst das Einkommen aufgrund der verbesserten Kapitalallokation entsprechend der Fläche E'B'B; gleichzeitig gehen Land B jedoch auch Steuereinnahmen entsprechend der Fläche WBVU verloren. Außerdem muß Land B jetzt auch eine höhere Menge an staatlichen Vorleistungen bereitstellen (und zwar entsprechend der Fläche EE'B'B), so daß ein diesem Land ein Nettoverlust entsteht. Land B hat also keine Anreiz dafür, unilateral das Wohnsitzlandprinzip anzuwenden.

Diese Ergebnisse lassen sich noch einmal anhand der Abbildung 5.9 zusammenfassen. Für den Fall Doppelbesteuerung sei Punkt F die Verteilung der Nettoeinkommen. Da Land A aber sein Einkommen erhöhen kann, wenn es unilateral das Wohnsitzlandprinzip anwendet, ist Punkt C der Ausgangspunkt der Koopera-

---

331 Lediglich wenn die Grenzproduktivität in Land B mit zunehmenden Kapitaleinsatz nur gering abnimmt, wenn also die Grenzproduktkurve des Kapitals in Land B (F_1^B) relativ horizontal verläuft, dann wird Land A das Quellenlandprinzip vorziehen.

tion. Wenn die unilaterale Anwendung des Quellenlandprinzip zu einem geringeren Einkommen für Land A führt (z.B. entsprechend Punkt G), muß Land B Transferzahlungen an Land A leisten, die Land A mindestens ein Einkommen entsprechend Punkt E maximal jedoch ein Einkommen entsprechend Punkt D garantieren.[332]

Abbildung 5.9: Die Verteilung der Kooperationsgewinne bei Szenario 3

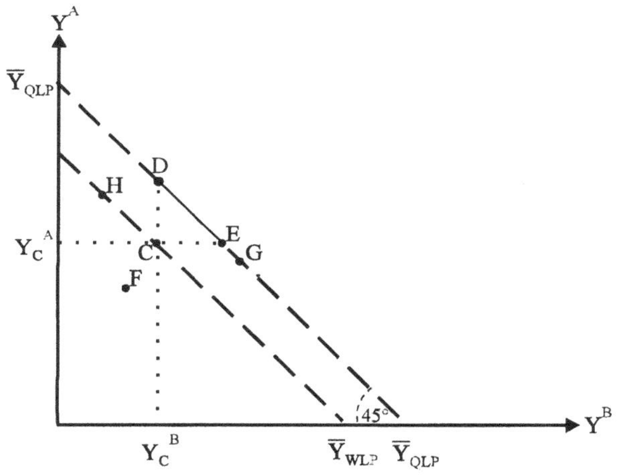

Quelle: Eigene Darstellung.

Für die Vermeidung von Doppelbesteuerung bei Arbeitseinkommen gelten wieder die gleichen Überlegungen, d.h. das Wohnsitzland, also Land B, wird nur das Quellenlandprinzip anwenden, wenn es vom Quellenland, also von Land A, für die Einkommensverluste kompensiert wird.

5.4 Fazit: Das effiziente Doppelbesteuerungsabkommen

Die vorangegangene Analyse hat gezeigt, daß die Doppelbesteuerung von internationalen Faktoreinkommen nur dann effizient vermieden werden kann, wenn die betroffenen Länder kooperieren, und zwar unabhängig davon, welches der

---

[332] Die unilaterale Anwendung des Wohnsitzlandprinzip durch Land B hätte im übrigen eine Verteilung wie z.B. durch Punkt H charakterisiert zur Folge.

drei Szenarien unterstellt wird. Die Kooperation beinhaltet dabei in allen Fällen, daß das Wohnsitzland diejenige Methode zur Vermeidung von Doppelbesteuerung anwendet, die das gemeinsame Sozialprodukt maximiert, und daß das Quellenland das Wohnsitzland für daraus resultierende Einkommensverluste kompensiert. Gilt Szenario 1, dann werden sich die betroffenen Länder auf das Wohnsitzlandprinzip einigen, wenn gleichzeitig das Quellenland entweder seinen Steuersatz adäquat senkt oder aber adäquate Kompensationszahlungen an das Wohnsitzland leistet. Gilt Szenario 2 oder Szenario 3, dann werden sich die betroffenen Länder auf die Anwendung des Quellenlandprinzips einigen, wenn das Quellenland wiederum gleichzeitig adäquate Kompensationszahlungen an das Wohnsitzland leistet.[333]

Wie die Analyse gezeigt hat, sind die Schlußfolgerungen für ein effizientes Doppelbesteuerungsabkommen je nach Szenario unterschiedlich. So wäre es durchaus vorstellbar, daß für unterschiedliche Faktoreinkommen auch unterschiedliche Szenarien zutreffen, so daß je nach Einkommensart entweder das Wohnsitzlandprinzip oder das Quellenlandprinzip effizient wäre. Dem Verfasser erscheint jedoch das Szenario 3, bei dem der Staat Vorleistungen bereitstellt, als das realistischste der drei Szenarien. Bezieht sich ein Doppelbesteuerungsabkommen zudem explizit auf die Beziehung zwischen Industrieländern und Entwicklungsländern, dann können zusätzlich Argumente aus Szenario 2 hinzu genommen werden.

Aber selbst bei Gültigkeit von Szenario 3 können für einzelne Einkommensarten unterschiedliche Besteuerungsprinzipien effizient sein, denn nicht alle Einkünfte profitieren von staatlichen Vorleistungen im Quellenland. Für die einzelnen Einkommensarten, die z.B. im OECD-Musterabkommen explizit aufgezählt werden[334], könnte eine Zuordnung also wie folgt aussehen: Für alle Einkünfte, die unmittelbar durch die staatlich bereitgestellten Vorleistungen positiv beeinflußt werden, sollte das Quellenlandprinzip gelten. Dies betrifft im wesentlichen diejenigen Einkünfte, die aus dem direkten Faktoreinsatz in der Güterproduktion im Quellenland entstehen. Alle anderen Einkommen, auf die dieser unmittelbare Zusammenhang nicht zutrifft, sollten dann nach dem Wohnsitzlandprinzip besteuert

---

[333] Was die in Abschnitt 2.2.4 angesprochene Transferpreisproblematik anbetrifft, so wird unterstellt, daß die Verhandlungspartner diese Problematik gesondert und unabhängig von der Wahl des Besteuerungsprinzips angehen, so daß diese Problematik keinen Einfluß auf die tatsächliche Wahl des Besteuerungsprinzips ausübt. Da nach Auffassung des Verfassers keine theoretisch dominierende Lösung des Transferpreisproblems existiert, wird im weiteren Verlauf der Arbeit dieses Problem als einvernehmlich gelöst angesehen.

[334] OECD (1977), bzw. OECD (1992/97).

werden. Tabelle 5.2 stellt diese Zuweisung der Besteuerungsprinzipien zusammenfassend dar.

Tabelle 5.2: Die effiziente Zuweisung der Besteuerungsprinzipien

	QLP	*WLP*
Einkünfte und Veräußerungsgewinne aus unbeweglichem Vermögen	✓	-
Betriebsstättengewinne	✓	-
Einkünfte aus Seeschiff- und Luftfahrt	✓[a)]	-[b)]
Dividenden aus Direktinvestitionen	✓	-
Dividenden aus Portfolioinvestitionen	-	✓
Zinsen	-	✓
Lizenzgebühren	-	✓
Einkommen aus selbständiger Arbeit[c)]	✓	-
Einkommen aus unselbständiger Arbeit[c)]	✓	-
Aufsichtsrats- und Verwaltungsratsvergütungen	-	✓
Ruhegehälter und Renten	✓	-
Nicht ausdrücklich erwähnte Einkünfte	✓	-

Quelle: Eigene Darstellung.[335]

Für alle Einkommen, die aus dem unmittelbaren Arbeits- und Kapitaleinsatz in der Güterproduktion entstehen, sollte demnach das Quellenlandprinzip gelten. Hierzu zählen zunächst alle Einkommen aus selbständiger und unselbständiger Arbeit, nicht aber die Aufsichtsrats- und Verwaltungsratsvergütungen, da diese i.d.R. nicht vom Betriebsergebnis abhängen. Aufgrund des direkten Zusammenhangs zwischen Arbeitseinkommen und den auf ihnen beruhenden Renten- und Pensionszahlungen sollte aber für letztere auch das Quellenlandprinzip gelten.

Da Investitionen ebenfalls unmittelbar in die Güterproduktion des Quellenlandes eingehen, sollte die daraus entstehenden Einkommen ebenso nach dem Quellenlandprinzip besteuert werden. Hierzu zählen vor allem alle Einkommen aus Direktinvestitionen, also Betriebsstättengewinne, Dividenden aus wesentlichen Unternehmensbeteiligungen sowie andere Einkommen aus Betriebsvermögen. Zu den Einkommen aus Direktinvestitionen zählen aber auch Zinsen aus Krediten

335 Anmerkungen: a) bei staatlich bereitgestellten Flug- und Seehäfen und Wasserstraßen. b) wenn a) nicht gilt, dann sollte das WLP angewendet werden. c) Bei Aufrechterhaltung des ursprünglichen Wohnsitzes.

zwischen verbundenen Unternehmen.[336] Bei der Höhe dieser Zinsen stellt sich jedoch die Frage, ob diese unmittelbar durch die staatlichen Vorleistungen des Quellenlandes beeinflußt werden und deshalb ebenfalls nach dem Quellenlandprinzip besteuert werden sollten.

Folgt man der in Abschnitt 2.2.4.2 vorgestellten und in den Steuergesetzen der meisten Länder auch vorgeschriebenen Fremdvergleichsmethode, dann müssen alle Transaktionen zwischen verbundenen Unternehmen mit dem Preis verrechnet werden, der auch bei gleichen Transaktionen mit 'Fremden' Gültigkeit hätte. Dies bedeutet, daß die Kredite zwischen verbundenen Unternehmen auch mit dem marktüblichen Zinssatz verzinst werden müssen. Der marktübliche Zinssatz hängt aber in aller Regel von globalen Zinssätzen wie dem LIBOR, FIBOR oder der amerikanischen "*prime-rate*" sowie vom Länderrisiko ab. Diese Parameter werden zumeist jedoch nicht durch die staatlichen Vorleistungen des Quellenlandes beeinflußt, so daß auf Zinsen, einschließlich auf denen, die den Einkommen aus Direktinvestitionen zugeordnet werden, das Wohnsitzlandprinzip angewendet werden sollte.

Investitionen bestehen gleichwohl nicht nur aus Direktinvestitionen, sondern auch aus Portfolioinvestitionen und anderen Investitionen. Bei Portfolioinvestitionen besteht auch ein direkter Zusammenhang zwischen der Dividendenhöhe und den staatlichen Vorleistungen, so daß auch hier eigentlich das Quellenlandprinzip angewendet sollte. Demgegenüber kann jedoch argumentiert werden, daß positive externe Effekte in Entwicklungsländern nur durch dauerhafte Investitionen, also durch Direktinvestitionen, verwirklicht werden können. Eine 'Diskriminierung' der Portfolioinvestitionen kann dann als Anreiz für Direktinvestitionen notwendig sein, so daß die Dividenden aus Portfolioinvestitionen deshalb nach dem Wohnsitzlandprinzip besteuert werden sollten.

Zu den verbleibenden anderen Investitionseinkommen gehören Zinsen aus Wertpapieranlagen, Zinsen für Kredite (mit Ausnahme der oben bereits behandelten Kredite) sowie Einkommen aus anderen Kapitalanlagen, wie z.B. aus Grundbesitz oder im Quellenland eingesetzten Schiffen und Flugzeugen.[337] Für Zinseinkommen wurde weiter oben im Zusammenhang mit den Einkommen aus Direktinvestitionen bereits festgestellt, daß diese nach dem Wohnsitzlandprinzip besteuert werden sollten. Die Einkommen aus Grundbesitz hängen hingegen von den staatlichen Vorleistungen des Quellenlandes ab. So ist die Miete oder die Pacht um so höher je besser die Infrastruktur ist, an dem das Grundstück an-

---

[336] Vgl. zu dieser Abgrenzung auch Deutsche Bundesbank (1990), S. 67.

[337] Vgl. zu dieser Abgrenzung ebenfalls Deutsche Bundesbank (1990), S. 68-69.

schließt. Hier sollte also das Quellenlandprinzip angewendet werden. Wenn Flughäfen, Seehäfen und Wasserstraßen vom Staat bereitgestellt werden, dann sollten alle Einkommen, die aus der Nutzung dieser Vorleistungen profitieren ebenfalls nach dem Quellenlandprinzip besteuert werden. Falls jedoch diese Einrichtungen privat bereitgestellt werden oder nur gegen eine kostendeckende Gebühr benutzt werden dürfen, dann sollte das Wohnsitzlandprinzip angewendet werden.

Die letzte explizit im OECD-MA genannte Einkommensart sind Lizenzgebühren. Diese hängen nach Meinung des Verfassers genauso wenig wie die Zinszahlungen von staatlichen Vorleistungen des Quellenlandes ab, sondern von den Kosten der Entwicklung, auf die sich das Nutzungsrecht bezieht. Wenn die Entwicklung aber nicht im Quellenland der Lizenzgebühren stattgefunden hat, dann sollte hier auch nicht das Quellenlandprinzip, sondern das Wohnsitzlandprinzip angewendet werden.

Für die verbleibenden Einkommensarten, die nicht explizit genannt wurden, kann aufgrund der fehlenden Spezifikation nur schwer ein Besteuerungsprinzip zugewiesen werden. Unterstellt man jedoch, daß grundsätzlich alle Einkommen von staatlich bereitgestellten Vorleistungen profitieren und nur die explizit genannten Ausnahmen hiervon abweichen, dann sollten auch diese nicht ausdrücklich genannten Einkünfte nach dem Quellenlandprinzip besteuert werden.

Wie gezeigt wurde, entstehen dem Wohnsitzland jedoch durch Anwendung des Wohnsitzlandprinzips (durch Anrechnung der Quellensteuer auf die Steuerschuld) bei Szenario 1 sowie durch Anwendung des Quellenlandprinzips bei den Szenarien 2 und 3 Steuerausfälle, die nicht durch im Wohnsitzland entstehende Effizienzgewinne ausgeglichen werden. Deshalb muß das Quellenland das Wohnsitzland für diese Einkommensverluste entschädigen, wenn es zu einer Kooperation kommen soll. An dieser Stelle sei noch einmal darauf hingewiesen, daß nach einer solchen Kompensation die Kooperation nicht nur individuell effizient sondern auch gerecht und somit im Sinne dieser Arbeit wohlfahrtsoptimal ist.[338]

Eine solche Entschädigung oder Kompensation kann einerseits durch explizite Transferzahlungen geleistet werden. Andererseits kann es aber auch zu einer impliziten Kompensation kommen.[339] Bei Szenario 1 kommt es zu einer impliziten

---

[338] Die Formulierung eines optimalen Doppelbesteuerungsabkommens, das auch exogene Gerechtigkeitsvorstellungen verwirklicht, findet sich bei Peggy Musgrave. Vgl. Musgrave, Peggy B. (1990).

[339] Man könnte hier auch an die finanzwissenschaftliche Terminologie angelehnt, von einem expliziten bzw. von einem impliziten Finanzausgleich sprechen.

Kompensation, wenn das Quellenland nach Abschluß des Abkommens seine Quellensteuersätze adäquat senkt. Dies ist aber bei den Szenarien II und III nicht möglich. Hier kann eine implizite Entschädigung nur stattfinden, wenn dem Wohnsitzland einzelne Steuerquellen zugesprochen werden, obwohl eigentlich bei diesen Szenarien ausschließlich das Quellenlandprinzip effizient ist. Eine solche Kompensation führt deshalb auch zu Effizienzverlusten. Diese durch die Kompensationsnotwendigkeit hervorgerufenen Effizienzverluste dürfen aber die Effizienzgewinnen, die durch die Anwendung des Quellenlandprinzips bei anderen Einkommen entstehen, nicht überkompensieren. So könnte z.B. vorgeschlagen werden, daß die Einkommen aus Direktinvestitionen nach dem Quellenlandprinzip besteuert werden, wenn im Gegenzug dafür dem Wohnsitzland bei anderen, quantitativ weniger relevanten, Einkommensströmen das ausschließliche Besteuerungsrecht zugebilligt wird.

Kommt eine Kooperation jedoch nicht zustande, weil entweder bei gegebenen Kooperationserträgen die Kosten der Kooperation zu hoch sind oder weil bei gegebenen Kooperationskosten die potentiellen Kooperationserträge zu gering sind, dann bleibt unter den hier gemachten Annahmen bei Szenario 1 die Doppelbesteuerung aufrecht erhalten. Bei Szenario 2 wird das Quellenland unilateral das Wohnsitzlandprinzip verwirklichen. Bei Szenario 3 ist das nicht-kooperative Gleichgewicht erreicht, wenn das Wohnsitzland unilateral das Wohnsitzlandprinzip anwendet.

6 Die Vermeidung internationaler Doppelbesteuerung zwischen Deutschland und Entwicklungsländern

6.1 Die relevanten Rechtsnormen

Um zu untersuchen, ob und wie internationale Doppelbesteuerung zwischen Deutschland und Entwicklungsländern tatsächlich vermieden wird, bedarf es einer Betrachtung sowohl der unilateralen als auch - soweit vorhanden - der bilateralen Maßnahmen in den betroffenen Ländern. Der Einfachheit und der Übersicht halber wird bei den bilateralen Maßnahmen jedoch nur Deutschlands Rolle als Wohnsitzland und die Rolle der Entwicklungsländer als Quellenländer betrachtet.

6.2 Unilaterale Maßnahmen des deutschen Steuerrechts

6.2.1 Die Einkommensbesteuerung bei unbeschränkter Steuerpflicht

Sowohl das deutsche Einkommensteuergesetz als auch das deutsche Körperschaftsteuergesetz unterscheiden explizit zwischen ansässigen und nichtansässigen Personen. Für ansässige Personen gilt eine unbeschränkte Steuerpflicht, d.h. diese Personen werden auf der Basis ihres weltweit erwirtschafteten Einkommens besteuert (§ 1 EStG, § 1 KStG). Für sie gilt somit das Wohnsitzlandprinzip. Nicht-ansässige Personen sind nur beschränkt steuerpflichtig, d.h. diese Personen werden in Deutschland nur auf der Basis ihres in Deutschland erwirtschafteten Einkommens besteuert (§ 1 EStG, § 2 KStG). Für diese nichtansässigen Personen gilt folglich das Quellenlandprinzip.[340] Natürliche Personen gelten dabei als in Deutschland ansässig, wenn sie in Deutschland ihren Wohnsitz oder ihren gewöhnlichen Aufenthalt haben. Hält sich eine natürliche Person mehr als sechs Monate in Deutschland auf, dann ist das Kriterium des gewöhnlichen

[340] Eine erweiterte unbeschränkte Steuerpflicht gilt für deutsche Staatsangehörige, die in einem Dienstverhältnis mit einer in Deutschland ansässigen juristischen Person des öffentlichen Rechts stehen und in ihrem Wohnsitzland nur beschränkt steuerpflichtig sind. Diese Staatsangehörigen sind auch dann unbeschränkt einkommensteuerpflichtig, wenn sie nicht selber in Deutschland ansässig sind (§ 1(2) EStG). Hier wird also das Staatsangehörigkeitsprinzip verwirklicht. Vgl. auch Schaumburg, Harald (1993), S. 56-58.

Aufenthalts stets erfüllt (§ 9 AO). Juristische Personen gelten als in Deutschland ansässig, wenn sie ihre Geschäftsleitung oder ihren Sitz in Deutschland haben.[341]

Seit 1996 können jedoch auch natürliche Personen, die nicht in Deutschland ansässig sind, auf Antrag als unbeschränkt steuerpflichtig behandelt werden, wenn mindestens 90% ihres Welteinkommens der deutschen Einkommensteuer unterliegen oder wenn die nicht der deutschen Einkommensteuer unterliegenden Einkommen nicht mehr als DM 12.000,- pro Kalenderjahr betragen (§ 1(3) EStG). Damit wird im Prinzip der Zunahme der Grenzgänger im Zusammenhang der europäischen Integration Rechnung getragen.[342]

Bei unbeschränkter Steuerpflicht wird in Deutschland die internationale Doppelbesteuerung dadurch vermieden, daß die im Ausland gezahlten Steuern auf die inländische Steuerschuld grundsätzlich angerechnet wird (§ 34c EStG, § 26 KStG). Die Anrechnung wird jedoch einerseits auf die in Deutschland fällige Einkommensteuer bzw. Körperschaftsteuer beschränkt und andererseits wird der Maximalbetrag für jedes Quellenland getrennt berechnet. Es wird folglich die eingeschränkte Anrechnungsmethode mit "*per-country-limitation*" angewendet.[343] Außerdem werden nur solche ausländischen Steuern angerechnet, die ihrem Wesen nach der deutschen Einkommensteuer bzw. der deutschen Körperschaftsteuer entsprechen.[344]

Auf Antrag kann jedoch der Steuerpflichtige auch die Abzugsmethode wählen, wenn dies für ihn günstiger erscheint.[345] Außerdem wird die Abzugsmethode auch stets dann angewendet, wenn die im Quellenland gezahlten Steuern nicht der deutschen Einkommensteuer oder Körperschaftsteuer entsprechen oder wenn sie nicht in dem Staat erhoben wurden, aus dem die Einkommen stammen.

---

[341] Streng genommen entspricht nur die Anknüpfung an den Ort der Geschäftsleitung dem Wohnsitzlandprinzip. Die Anknüpfung an den Sitz der juristischen Person kann auch als Verwirklichung des Staatsangehörigkeitsprinzip interpretiert werden. Vgl. hierzu Schaumburg, Harald (1993), S. 176.

[342] Vgl. hierzu auch Saß, Gert (1997), S. 52-59.

[343] Vgl. hierzu auch Abschnitt 4.3.2.

[344] Für eine Liste dieser Steuern vgl. die Einkommensteuer-Richtlinien 1996, Anlage 8.

[345] Die Abzugsmethode kann für den Steuerpflichtigen eventuell von Vorteil sein, wenn die im Ausland gezahlte Steuer die im Inland maximal fällige Steuer übersteigt. Vgl. Schaumburg, Harald (1993), S. 452.

Eine Sonderstellung nehmen die 'Einkünfte aus dem Betrieb von Handelsschiffen im internationalen Verkehr' ein. Für diese Einkünfte besteht die Möglichkeit, anstelle der Anrechnungsmethode oder der Abzugsmethode eine Steuersatzreduzierung zu wählen. In diesem Falle wird auf 80% der durch diese Handelsschiffahrt entstandenen Gewinne der halbe Steuersatz angewendet, der unter der Berücksichtigung des gesamten Welteinkommens normalerweise fällig wäre.[346]

Grundsätzlich gilt für die Anrechnung bzw. den Abzug der Steuern die Subjektidentität, d.h. das Steuersubjekt in Deutschland muß mit dem Steuersubjekt im Quellenland identisch sein. Ausgenommen von dieser Subjektidentität sind unbeschränkt steuerpflichtige juristische Personen in Form sogenannter 'verbundener Unternehmen'. In diesem Falle kann die von einer Tochtergesellschaft oder von einer Enkelgesellschaft im Ausland gezahlte Steuer auf ausgeschüttete Gewinne auf die Körperschaftsteuer der deutschen (Groß-) Muttergesellschaft angerechnet werden (sog. 'indirekte Steueranrechnung'). Eine im Ausland ansässige Kapitalgesellschaft gilt dabei als Tochtergesellschaft der in Deutschland ansässigen Kapitalgesellschaft, wenn letztere mindestens seit 12 Monaten mit mindestens 10% unmittelbar am Nennkapital der im Ausland ansässigen und dort aktiv tätigen Kapitalgesellschaft beteiligt ist. Bei einer Enkelgesellschaft muß die deutsche Kapitalgesellschaft seit mindestens 12 Monaten mit mindestens 10% mittelbar am Nennkapital der im Ausland ansässigen und dort aktiv tätigen Kapitalgesellschaft beteiligt sein.[347]

Bei verbundenen Unternehmen, die in einem Entwicklungsland ansässig sind, wird zudem stets unterstellt, daß die im Quellenland gezahlte Steuer auf ausgeschüttete Gewinne der Steuer entsprechen, die in Deutschland auf diese Gewinne fällig wäre (fiktive Anrechnung).[348]

Nicht zuletzt besteht auch die Möglichkeit, daß die obersten Finanzbehörden der Bundesländer einen Steuererlaß oder einen Pauschalbetrag festsetzen, wenn dies aus 'volkswirtschaftlichen Gründen' zweckmäßig ist oder wenn die Anrechnung zu kompliziert ist. Der Steuererlaß wird im wesentlichen auf Einkünfte aus einer begünstigten nicht-selbständigen Tätigkeit im Ausland angewendet. Hierbei

---

346 Für 1996 beträgt dieser reduzierte Steuersatz also maximal 23,5% bei natürlichen Personen und 22,5% bei juristischen Personen.

347 Für EU-Tochter- und Enkelgesellschaften muß die Aktivitätsklausel nicht erfüllt sein (§26(2a) KStG).

348 Vgl. Saß, Gert (1997), S. 35.

handelt es sich zumeist um Tätigkeiten im Zusammenhang mit der Errichtung von Anlagen.[349] Zudem wird diese Freistellung (mit Progressionsvorbehalt) nur dann gewährt, wenn mit dem Quellenland ein Doppelbesteuerungsabkommen existiert.[350] Auf Antrag kann pauschal ein Steuersatz von 25% angewendet werden, jedoch nur, wenn mit dem Quellenland kein Doppelbesteuerungsabkommen besteht. Zu den pauschal besteuerten Einkünften gehören insbesondere Betriebsstättengewinne aus aktiver Tätigkeit, Schachteldividenden und Einkünfte aus selbständigen Tätigkeiten im Zusammenhang mit der Errichtung von Anlagen, die einer festen Einrichtung oder einer Betriebsstätte im Quellenland zuzurechnen sind.[351]

Existiert zwischen dem jeweiligem Quellenland und Deutschland ein Doppelbesteuerungsabkommen, dann gelten anstelle dieser unilateralen Regelungen generell die Regelungen des Doppelbesteuerungsabkommens, es sei denn, daß durch diese Abkommen die Doppelbesteuerung nicht vollständig vermieden bzw. kompensiert wird. In diesem Falle gelten grundsätzlich wieder die oben dargestellten unilateralen Maßnahmen, es sei denn dies wird explizit ausgeschlossen (§ 34c(4)). Die indirekte Anrechnung bei verbundenen Unternehmen ist hingegen stets dem Doppelbesteuerungsabkommen nachgelagert. Wenn in einem Doppelbesteuerungsabkommen also die Freistellungsmethode vereinbart wurde, dann ist die indirekte Anrechnung ausgeschlossen.[352]

6.2.2 Die Einkommensbesteuerung bei beschränkter Steuerpflicht

Bei der Anwendung des Quellenlandprinzips bei beschränkter Steuerpflicht, bleiben persönliche Verhältnisse des Steuerpflichtigen weitgehend unberücksichtigt; die Einkommensteuer hat bei beschränkter Steuerpflicht somit stärker einen Objektsteuercharakter.[353] So wird bei einigen Einkommensarten die Steuer auf die Bruttoeinkommen erhoben (§50a EStG). Hierzu zählen Einkommen aus künstlerischen und sportlichen Darbietungen im Inland, Einkommen aus der Tä-

---

[349] Näheres regelt der Auslandstätigkeitserlaß, BMF-Schreiben vom 31.10.1983, BStBl. 1983 I S. 430.

[350] Vgl. Schaumburg, Harald (1993), 488.

[351] Genaueres regelt der Pauschalisierungserlaß, BMF-Schreiben vom 10.4.1984, BStBl. 1984 I 252.

[352] Vgl. hierzu Schaumburg, Harald (1993), S. 508.

[353] Vgl. hierzu Schmidt, Ludwig (1997), S. 2159.

tigkeit als Schriftsteller, Journalist oder Bildberichterstatter, Lizenzgebühren, Einkommen aus Mobilien-Leasing sowie Einkommen aus Aufsichtsratstätigkeiten. Bei Aufsichtsratsvergütungen beträgt der Bruttosteuersatz 30% und bei den anderen Einkommensarten jeweils 25%.

Bei allen oben nicht erwähnten Einkommensarten können Werbungskosten und Betriebsausgaben abgezogen werden, falls diese in einem 'wirtschaftlichen Zusammenhang' mit den inländischen Einkünften stehen (§50 EStG). Die Berücksichtigung von persönlichen Verhältnissen, wie z.B. Kinderfreibeträge, Ehegatten-Splitting sowie Sonderausgaben[354] oder Abzüge für außergewöhnliche Ausgaben findet bei beschränkter Steuerpflicht i.d.R. nicht statt. Lediglich beschränkt Steuerpflichtige, die Einkommen aus nicht-selbständiger Arbeit beziehen, können die Werbungskostenpauschale, Sonderausgabenpauschalen sowie Spenden geltend machen. Ferner werden alle Einkommensarten getrennt betrachtet, so daß Verluste in einer Einkommensart nicht mit positiven Einkommen anderer Art verrechnet werden können. Wird die Steuer, wie in den meisten Fällen, als Quellensteuer erhoben, dann hat sie einen endgültigen Charakter (§ 50(5) EStG). Eine Veranlagung erfolgt bei beschränkt Steuerpflichtigen im wesentlichen nur bei Einkommen aus einem Gewerbebetrieb und bei selbständiger Arbeit.[355] Der Steuersatz bemißt sich nach der Grundtabelle, wobei der Mindestsatz 25% beträgt (§50(3) EStG).[356]

Da die Besteuerung von Kapitalerträgen bei beschränkter Steuerpflicht davon abhängt, ob der Schuldner der Kapitalerträge in Deutschland ansässig ist (§ 49(1) Nr. 5 EStG), bleiben einzelne Kapitalerträge steuerfrei. Dies betrifft die meisten Zinseinkünfte wie z.B. die aus Spareinlagen, aus Festgeldanlagen, aus Bankdarlehen und aus Darlehen ausländischer Gesellschafter an eine inländische Kapitalgesellschaft (sog. 'Gesellschafter-Fremdfinanzierung')[357], die ausdrücklich seit 1993 von der Kapitalertragssteuer befreit sind. Ausgenommen von dieser Befreiung sind Zinseinkommen aus stillen Beteiligungen und alle sog. Tafelgeschäfte.[358]

---

[354] Mit Ausnahme von Zinsen aufgrund von Steuernachforderungen, Stundungen und bei Aussetzung der Vollziehung gemäß §§ 233a, 234 und 237 AO.

[355] Siehe Schmidt, Ludwig (1997), S. 2181.

[356] Veräußerungsgewinne werden jedoch als außerordentliche Einkünfte nur mit der Hälfte des durchschnittlichen Steuersatzes besteuert (§34 EStG).

[357] Für eine detailliertere Begründung der Steuerbefreiung vgl. Schaumburg, Harald (1993), S. 121-123.

[358] Vg. Schmidt, Ludwig (1997), S. 2175.

Auf die Gewinnausschüttungen einer inländischen Kapitalgesellschaft wird jedoch weiterhin die Kapitalertragssteuer erhoben, die jetzt einen endgültigen Charakter hat.

Auf Antrag wird gleichwohl keine Kapitalertragssteuer auf Gewinnanteile, insbesondere Dividenden, erhoben, wenn diese Gewinnanteile einer Muttergesellschaft zufließen, die ihren Sitz in einem Mitgliedsstaat der Europäischen Union (EU) hat bzw. in einem Land, das mit einem Mitgliedsstaat der EU ein Doppelbesteuerungsabkommen geschlossen hat (§ 44d EStG).[359] Eine Muttergesellschaft in diesem Sinne ist dabei eine Gesellschaft, die seit mindestens 12 Monaten mit mindestens 25% unmittelbar am Nennkapital der ausschüttenden Kapitalgesellschaft beteiligt ist.[360]

Für beschränkt steuerpflichtige juristische Personen, z.B. ausländischer Körperschaften, die im Inland eine Betriebsstätte betreiben, gilt sowohl für ausgeschüttete als auch für einbehaltene Gewinne ein einheitlicher Steuersatz, der derzeit 42% beträgt (§ 23(3) KStG) und somit geringfügig unterhalb des Steuersatzes für einbehaltene Gewinne unbeschränkt steuerpflichtiger juristischer Personen liegt. Auf die ausgeschütteten Gewinnanteile wird jedoch keine zusätzliche Kapitalertragssteuer erhoben, da es sich bei diesen Gewinnausschüttungen nicht um inländische Kapitalerträge gemäß §43(3) EStG handelt.

Eine besondere Behandlung erfahren die Einkommen aus Seeschiffahrt und Luftschiffahrt: Diese Einkommen sind von der Steuer befreit, wenn das Wohnsitzland des beschränkt Steuerpflichtigen reziprok auch solche Einkommen von in Deutschland unbeschränkt Steuerpflichtigen von der dortigen Steuer befreit. Ist dies nicht der Fall, dann werden diese Einkommen wie die anderen Betriebsstättengewinne behandelt (§49 EStG).

Für begrenzt Steuerpflichtige gilt seit 1995 ebenso wie für unbegrenzt Steuerpflichtige der Solidaritätszuschlag. Dieser Abgabe wird auf Basis der Steuer-

---

359 Für die Kapitalerträge die vor Juli 1996 flossen, kann auf Antrag der Kapitalertragssteuersatz auf 5% reduziert werden, es sei denn ein bestehendes Doppelbesteuerungsabkommen sieht einen niedrigeren Satz vor.

360 Für den Fall, daß die Muttergesellschaft in einem Staat ansässig ist, der mit einem anderen Mitgliedsstaat der EU ein Doppelbesteuerungsabkommen getroffen hat, und dieser Mitgliedsstaat eine indirekte Anrechnung der deutschen Körperschaftsteuer bzw. eine Steuerbefreiung gewährt, dann reduziert sich die Mindestbeteiligung auf 10% (§ 44d(3) EStG). Vgl. hierzu auch die Ausführungen zur indirekten Anrechnung weiter oben.

schuld bemessen, wobei der Abgabesatz 7,5% beträgt.[361] Die gegenwärtig geltenden Quellensteuersätze inkl. des Solidaritätszuschlags sind in Tabelle 6.1 zusammengefaßt.

Tabelle 6.1: Quellensteuersätze in Deutschland 1996

Einkommensart	*Quellensteuersatz*
Betriebsstättengewinne	45,15%
Einkommen aus Transporten	45,15% (0%)[a)]
Aufsichtsratsvergütungen	32,25%
Gewinnausschüttungen und Dividenden	26,875% (0%)[b)]
Bruttoeinnahmen aus künstlerischer und sportlicher Darbietungen im Inland, aus der Tätigkeit als Schriftsteller, Journalist oder Bildberichterstatter, aus Lizenzgebühren, Einkommen aus Mobilien-Leasing	26,875%
Bruttoeinkommen aus sonstiger selbständiger Arbeit und aus einem Gewerbebetrieb	Steuertabelle aber mind. 26,875%
zu versteuerndes Einkommen aus unselbständiger Arbeit	Steuertabelle
Zinsen	0% (30/35%)[c)]

Quelle: Eigene Darstellung auf Basis der steuerrechlich relevanten Normen.[362]

6.2.3 Die Bewertung der unilateralen Maßnahmen

Internationale juristische Doppelbesteuerung wird im deutschen Steuerrecht durch unilaterale Maßnahmen vollständig vermieden, jedenfalls für den Fall, daß in den Quellenländern niedrigere Steuern als in Deutschland herrschen[363]. Wirtschaftliche Doppelbesteuerung wird nur im Falle verbundener Kapitalgesell-

---

[361] Vgl. §§ 3 und 4 des *Solidaritätszuschlagsesetz 1995*; BGBl. I 1993, S. 975; sowie Schmidt, Ludwig (1997), S. 2192.

[362] Anmerkung: a) bei reziproker Behandlung; b) bei Schachtelbeteiligungen innerhalb der EU; c) bei Zinseinkommen stiller Gesellschafter und bei sog. Tafelgeschäften).

[363] Verfolgt man die Standortdebatten, dann scheinen in den meisten Quellenländern die Steuern niedriger als in Deutschland zu sein. Vgl. z.B. Sinn, Hans-Werner (1997), S. 674. Internationale Steuerbelastungsvergleiche sind jedoch äußerst schwierig und daher nur mit Vorsicht zu genießen. Vgl. hierzu etwa Mans, Angela (1996), S. 340-346.

schaften vermieden und in den wenigen Fällen, bei dem der deutsche Fiskus bei beschränkter Steuerpflicht völlig auf die Besteuerung verzichtet.[364]

Die Art der Vermeidung der Doppelbesteuerung entspricht dabei im wesentlichen den Ergebnissen des theoretischen Modells in der nicht-kooperativen Situation, das in den vorangegangenen Kapiteln dargestellt wurde.[365] Dort wurde dargelegt, daß unter bestimmten Annahmen ein Land in einer nicht-kooperativen Situation Doppelbesteuerung durch unilaterale Anwendung des Wohnsitzlandprinzips in Verbindung mit der Anrechnungsmethode vermeiden wird. Dies trifft auch für Deutschland zu.

Zu erklären verbleibt noch der Verzicht auf die Besteuerung bestimmter Einkommen bei beschränkter Steuerpflicht. Bei den Zinseinkommen kann die Befreiung damit erklärt werden, daß bei der Generierung dieser Einkommen in Deutschland (als Quellenland) keine oder nur kaum staatlichen Vorleistungen verbraucht werden. Folgt man dem theoretischen Modell aus Kapitel 5, dann kann ein Verzicht auf Besteuerung dieser Einkommen das Sozialprodukt des Quellenlandes erhöhen. Dies ist zwar eigentlich ein instabiles Gleichgewicht, aber wenn in den meisten andern Quellenländern ebenfalls auf solch eine Besteuerung der Zinseinkommen verzichtet wird, dann mag dieser 'internationale Verzicht' durchaus auch ein stabiles nicht-kooperatives Gleichgewicht darstellen.

Um zu bewerten, ob die Steuerbefreiung im Quellenland bei Einkommen aus Seeschiffahrt und Luftschiffahrt theoriekonform ist, benötigt man Informationen darüber, ob bei der Generierung dieser Einkommen staatliche Vorleistungen des Quellenlandes verbraucht werden oder nicht. Im letzten Fall wäre eine Steuerbefreiung theoriekonform, im ersten jedoch nicht.

---

[364] Also bei Zinseinkommen und bei reziproker Behandlung auch bei Einkommen aus Seeschiffahrt und Luftschiffahrt.

[365] Für eine Bewertung der unilateralen Maßnahmen aus steuerrechtlicher Sicht vgl. z.B. Schaumburg, Harald (1993), S. 450-525 sowie Saß, Gert (1997).

6.3 Bilaterale Maßnahmen zur Vermeidung von Doppelbesteuerung

6.3.1 Das OECD-Musterabkommen

6.3.1.1 Darstellung des Abkommens

Wie in den vorangegangenen Kapitel gezeigt wurde, kann internationale Doppelbesteuerung nur dann effizient vermieden werden, wenn die betroffenen Länder miteinander kooperieren. Diese Kooperation wird in internationalen Doppelbesteuerungsabkommen geregelt, die i.d.R. bilateraler Natur sind[366] und zumeist auf dem Musterabkommen der OECD (OECD-MA) basieren.[367] [368]

Regelungen, die im Rahmen solcher Doppelbesteuerungsabkommen vereinbart werden, verdrängen dabei als '*lex specialis*' die Regelungen des jeweiligen nationalen Steuerrechts. Sobald ein Doppelbesteuerungsabkommen existiert, gilt z.B. nicht mehr die Betriebsstätten-Definition des nationalen Steuerrechts, sondern nur noch die des Doppelbesteuerungsabkommens. Die Doppelbesteuerungsabkommen begründen jedoch selbst keinen Besteuerungsanspruch. Wenn also z.B. laut Doppelbesteuerungsabkommen ein Quellenland ein Quellensteuer auf eine bestimmte Einkommensart erheben darf, dann kann dieses Quellenland solch eine Steuer nur erheben, wenn dies auch im nationalen Steuerrecht vorgesehen ist.[369]

Laut OECD-MA erhält das Quellenland lediglich bei Einkommen im Rahmen des Öffentlichen Dienstes die alleinige Besteuerungshoheit (Art. 19).

In den folgenden Fällen wird dem Quellenland jedoch die vorrangige Besteuerungshoheit zugesprochen:[370]

---

[366] Das einzige gegenwärtige multilaterale Doppelbesteuerungsabkommen ist das sog. '*Nordic Tax Treaty*' vom 22. März 1983, das zwischen Dänemark, Finnland, Island, Norwegen und Schweden besteht. Vgl. hierzu auch Hamaekers, H. M. A. L. (1986). Dort findet sich auch das Abkommen selbst.

[367] Vgl. OECD (1977), bzw. **OECD** (1992/97).

[368] Das OECD-MA orientiert sich dabei der Idee nach sehr stark an dem sog. '*London Draft*' der League of Nations zur Vermeidung von Doppelbesteuerung. Vgl. League of Nations - Fiscal Committee (1946).

[369] Vgl. hierzu auch Saß, Gert (1997), S. 69-70.

[370] Vgl. hierzu auch die Einleitung zum OECD-MA in OECD (1992/97), S. I-7 - I-9.

a) bei Einkommen aus unbeweglichem Vermögen (inkl. der Gewinne aus der Veräußerung dieses Vermögens), das im Quellenland liegt (Art. 6, Art. 13 (1));

b) bei Unternehmensgewinnen einer Betriebsstätte, die im Quellenland liegt, sofern diese Gewinne der Betriebsstätte direkt zugerechnet werden können (Art. 7 in Verbindung mit Art. 5) sowie die Veräußerung von beweglichem Vermögen einer Betriebsstätte oder der Betriebsstätte selbst (Art. 13 (2));

c) bei Einkommen aus selbständiger Arbeit im Quellenland, sofern dem Steuersubjekt im Quellenland für die Ausübung dieser Arbeit "*eine feste Einrichtung zur Verfügung steht*" (Art. 14) sowie Veräußerungsgewinne von beweglichem Vermögen dieser festen Einrichtung (Art. 13 (2));

d) bei Einkommen aus unselbständiger Arbeit im Quellenland, wenn sich der Arbeitnehmer im Quellenland mehr als 183 Tage während der letzten zwölf Monate aufgehalten hat oder der Arbeitgeber im QL ansässig ist oder aber die Vergütung von einer Betriebsstätte oder einer festen Einrichtung des Arbeitgebers im Quellenland gezahlt wurde (Art. 15);

e) bei Aufsichtsrats- und Verwaltungsratsvergütungen für eine Gesellschaft mit Sitz im Quellenland (Art. 16); und

f) bei Einkünften von Künstlern und Sportlern für Tätigkeiten im Quellenland (Art. 17).

Dividenden, die von einem Unternehmen im Quellenland an ein Steuersubjekt des Wohnsitzlandes gezahlt werden, können im Quellenland maximal mit 5% bzw. 15% besteuert werden und zwar je nachdem, ob es sich um Dividenden aus verbundenen Kapitalgesellschaften oder um Dividenden aus 'sonstigen' Investitionen handelt. Kapitalgesellschaften gelten dann als miteinander verbunden, wenn der Muttergesellschaft mindestens 25% des Kapitals der Tochtergesellschaft unmittelbar gehört (Art. 10). Zinsen, die im Quellenland entstehen, aber an Steuersubjekte des Wohnsitzlandes gezahlt werden, können im Quellenland nur mit maximal 10% besteuert werden (Art. 11). Die grundsätzliche Besteuerungshoheit wird jedoch in beiden Fällen dem Wohnsitzland des Steuersubjekts zugesprochen (Art. 10 und Art. 11). In den Fällen, in denen sich das Wohnsitzland und das Quellenland die Besteuerungshoheit teilen, obliegt es dem Wohnsitzland mittels Vermeidungsmethoden dafür zu sorgen, daß es zu keiner Doppelbesteuerung kommt.[371] Hierfür kann das Wohnsitzland entweder auf alle Einkommensarten die eingeschränkte Anrechnungsmethode anwenden (Art. 23B) oder aber nur bei Dividenden und Zinsen diese Methode anwenden und alle anderen Ein-

---

[371] Vgl. OECD (1992/97), S. I-9.

kommensarten von der Besteuerung unter Progressionsvorbehalt freistellen (Art. 23A).

Tabelle 6.2: Zuweisung des Besteuerungsrechts nach dem OECD-MA

	Quellenland (QL)	*Wohnsitzland (WL)*	*QL/WL*
Einkommen aus unbeweglichem Vermögen	-	-	✓
Unternehmensgewinne	-	✓[a)]	✓[b)]
Einkommen aus Seeschiff- und Luftfahrt	-	✓[c)]	-
Dividenden	-	-	✓[d)]
Zinsen	-	-	✓[e)]
Lizenzgebühren	-	✓	-
Gewinne aus Veräußerung von Vermögen	-	✓[a)f)]	✓[b)g)h)]
Einkommen aus selbständiger Arbeit	-	✓[i)]	✓[j)]
Einkommen aus unselbständige Arbeit	-	✓[k)]	✓[l)]
Aufsichtsrats- und Verwaltungsratsvergütungen	-	-	✓
Einkommen von Künstlern und Sportlern	-	-	✓
Einkommen im Öffentlichen Dienst	✓[m)]	-	-
Ruhegehälter und Renten	-	✓	-
Stipendien von Studenten und Azubis	-	✓	-
Nicht ausdrücklich erwähnte Einkommen	-	✓	-

Quelle: Eigene Darstellung in Anlehnung an OECD (1977) und OECD (1992/97).[372]

[372] Anmerkungen: a) Keine Zuordnung zu einer Betriebsstätte im QL. b) Bei Zuordnung zu einer Betriebsstätte im QL. c) Ort der tatsächlichen Geschäftsführung). d) Begrenzung der Quellensteuer (QSt) auf 5% bei Schachtelbeteiligungen zwischen Kapitalgesellschaften von mind. 25%; sonst Begrenzung der QSt auf 15%. e) Begrenzung der QSt auf 10%. f) Keine Zuordnung zu einer festen Einrichtung im QL. g) Bei Zuordnung zu einer festen Einrichtung im QL. h) Bei unbeweglichem Vermögen. i) Kein Vorliegen einer festen Einrichtung im QL. j) Bei Vorliegen einer festen Einrichtung im QL. k) Wenn sich der Arbeitnehmer im QL höchstens 183 während 12 Monaten aufgehalten hat, der Arbeitgeber nicht im QL ansässig ist und zudem die Vergütung nicht von einer Betriebsstätte oder einer festen Einrichtung des Arbeitgebers im QL gezahlt wurde. l) Wenn k) nicht zutrifft. m) Lediglich der für die Arbeit zahlende Staat darf Steuern erheben, es sei denn diese Arbeit wird oder wurde in dem anderen Vertragsstaat von einem Staatsangehörigen des anderen Staates durchgeführt, der nicht gleichzeitig Staatsangehöriger des zuerst genannten Staates ist.

Laut OECD-MA wird in allen verbleibenden Fällen die alleinige Besteuerungshoheit dem Wohnsitzland zugesprochen. In diesen Fällen bedarf es keiner Methoden zur Vermeidung von Doppelbesteuerung. Tabelle 6.1 faßt die Zuordnung der Besteuerungshoheit noch einmal zusammen.[373]

Aus dieser kurzen Darstellung erkennt man, daß das OECD-MA das Besteuerungsrecht des Quellenlandes im Vergleich zur nicht-kooperativen Situation wesentlich einschränkt, denn die Besteuerung im Quellenland ist entweder an sehr enge Kriterien geknüpft, wie z.B. an das Vorliegen einer Betriebsstätte oder einer festen Einrichtung, oder aber die Besteuerung im Quellenland wird nach oben hin begrenzt, wie im Falle der Dividenden und der Zinseinkommen. Aus Sicht des Quellenlandes ist dabei insbesondere die enge Definition einer Betriebsstätte gemäß Art. 5 problematisch. Dies liegt einerseits daran, daß die zeitliche Dauer für das Vorliegen einer Bestriebsstätte bei Bauausführungen im Vergleich zum deutschen Steuerrecht (§12 AO) von sechs auf zwölf Monate erhöht wurde und andererseits daran, daß im OECD-MA explizit eine Vielzahl von Aktivitäten aufgezählt sind, die nicht eine Betriebsstätte begründen.

Das Quellenland darf lediglich im Falle der Einkommen aus unbeweglichem Vermögen, aus Aufsichts- und Verwaltungsrattätigkeiten und aus sportlichen und künstlerischen Aktivitäten uneingeschränkt steuerlich zugreifen. *De facto* gilt dies aber auch bei Einkommen aus nicht-selbständiger Arbeit, da dort der Steuerzugriff für das Quellenland relativ einfach zu erfüllen ist.[374]

6.3.1.2 Die Bewertung des OECD-Musterabkommens

Das OECD-MA kann nun vor dem Hintergrund der zuvor entwickelten Theorie wie folgt beurteilt werden.[375] Vergleicht man Tabelle 6.2 mit Tabelle 5.2, so sieht man, daß das OECD-MA auf jeden Fall dann von einem in den vorangegan-

---

[373] Es handelt sich bei diesem Überblick lediglich um eine grobe Zuordnung, die nicht alle Zugriffskriterien explizit berücksichtigt. Für eine ausführlichere Betrachtung sei auf den Abkommenstext verwiesen.

[374] Bei sog. 'Internationaler Leiharbeit' ergeben sich hier jedoch Probleme. Vgl. hierzu OECD (1992/97), S. C(15)-3.

[375] Für eine allgemeinere Kritik am OECD-MA sei jedoch z.B. auf Vann, Richard J. (1991a, 1991b) sowie Giovannini, Alberto (1989) verwiesen.
Für eine spezielle Kritik an Doppelbesteuerungsabkommen à la OECD-MA für die Beziehungen zwischen Entwicklungsländern und Industrieländern vgl. auch Figueroa, A. (1990).
Für eine Bewertung des OECD-MA aus steuerrechtlicher Sicht vgl. z.B. Schaumburg, Harald (1993), S. 550-764.

genen Kapiteln als effizient definierten Doppelbesteuerungsabkommen abweicht, wenn bei dem gleichzeitigen Steuerzugriff im Wohnsitzland und im Quellenland die eingeschränkte Anrechnungsmethode zur Vermeidung von Doppelbesteuerung vereinbart wird, denn in diesem Falle würde fast ausschließlich der Grenzsteuersatz des Wohnsitzlandes angewendet werden. Das Wohnsitzlandprinzip wurde jedoch nur für Einkommen aus Portfolioinvestitionen, für Zinsen, für Lizenzgebühren und für Aufsichtsrats- und Verwaltungsratsvergütungen als effizient eingestuft (vgl. Tabelle 5.2).

Bezieht man sich explizit auf Deutschland als Wohnsitzland, dann würde solch ein Abkommen keine Verbesserung gegenüber der nicht-kooperativen Situation darstellen, denn Deutschland wendet ja bereits unilateral die eingeschränkte Anrechnungsmethode an. In der nicht-kooperativen Situation muß das Quellenland außerdem auch nicht auf die Besteuerung von Ruhegehältern und von nicht ausdrücklich erwähnten Einkommen verzichten. Für ein Quellenland wäre es also nicht vorteilhaft, ein Doppelbesteuerungsabkommen in enger Anlehnung an das OECD-MA mit Deutschland abzuschließen, das lediglich die Anrechnungsmethode zur Vermeidung von Doppelbesteuerung vorsieht.

Viel wahrscheinlicher erscheint hingegen eine Einigung auf Art. 23A, bei dem mit Ausnahme der Dividendeneinkommen und der Zinseinkommen die Freistellungsmethode angewendet wird, um Doppelbesteuerung zu vermeiden. Aber auch solch eine Einigung weicht vom Referenzmodell ab, denn einerseits ist die Anwendung des Quellenlandprinzips bei den Aufsichtsrats- und Verwaltungsratsvergütungen nicht theoriekonform und andererseits muß das Quellenland vollständig auf die Besteuerung von Lizenzgebühren, von Ruhegehältern und von nicht ausdrücklich erwähnten Einkommen verzichten. Man könnte jedoch diese ausschließliche Zuweisung des Besteuerungszugriffs an das Wohnsitzland, so wie auch die Begrenzung der Quellensteuer bei Dividenden und Zinsen als implizite Transferzahlung vom Quellenland zum Wohnsitzland interpretieren, die, wie in Kapitel 5 gezeigt wurde, notwendig ist, um das Wohnsitzland zu veranlassen, das Quellenlandprinzip für die anderen Einkommen zu akzeptieren.

Der Steuerzugriff im Quellenland ist jedoch an die sehr strengen Kriterien für das Vorliegen einer Betriebsstätte im Quellenland gekoppelt, so daß das Quellenlandprinzip auch bei Einigung auf Art. 23A nur sehr eingeschränkt seine Anwendung findet. Neben einer möglichen Überkompensation der Steuerausfälle im Wohnsitzland führt die begrenzte Anwendung des Quellenlandprinzips aber vor allem dazu, daß die gerade in Entwicklungsländern fehlenden staatlichen Vorleistungen nicht über niedrigere Steuern kompensiert werden können und es zu einer ineffizienten Allokation der Produktionsfaktoren kommt. Das gleiche gilt für die

Internalisierung positiver externer Effekte, die durch ausländische Direktinvestitionen in Entwicklungsländern hervorgerufen werden können.

Es erscheint dem Verfasser deshalb äußerst fraglich, ob sich auch bei Anwendung des Art. 23A das OECD-MA für Doppelbesteuerungsabkommen zwischen Industrieländern, wie Deutschland, und Entwicklungsländern eignet bzw. ob sich diese Länder unter den in Kapiteln 3 und 5 gemachten Annahmen auf solch ein Abkommen einigen werden.

6.3.2 Das Musterabkommen der Vereinten Nationen

6.3.2.1 Darstellung des Abkommens

Das Musterabkommen der Vereinten Nationen zur Vermeidung von Doppelbesteuerung zwischen Industrie- und Entwicklungsländer (UN-MA)[376] baut im großen Maße auf dem OECD-MA auf und hält sich auch sprachlich sehr eng an dieses. Die Präambel sowie die Artikel 1, 2, 3, 6, 8A, 15, 17, 19, 22, 23B, 27, 28 und 29 sind sogar absolut deckungsgleich und die verbleibenden Artikel entsprechen grundsätzlich den korrespondierenden Artikeln des OECD-MA. Neben eher redaktionellen bzw. klärenden Veränderungen unterscheidet sich das UN-MA jedoch in einzelnen Artikeln auch vom OECD-MA. Auf die wichtigsten Abweichungen soll hier kurz eingegangen werden.[377]

a) Der Betriebsstättenbegriff wird im Vergleich zum OECD-MA deutlich zu Gunsten des Quellenlandes ausgeweitet. So wird bei den Bauausführungen die Zeitgrenze auf sechs Monate reduziert und zudem begründen nun auch Zusammensetzungsarbeiten, Aufsichtstätigkeiten und andere Dienstleistungen im Zusammenhang mit Bauausführungen eine Betriebsstätte (Art. 5(3)). Außerdem begründen laut UN-MA nun auch Auslieferungslager, lagerhaltende Vertreter ohne Abschlußvollmacht, Versicherungsvertreter und Einfirmen-Vertreter Betriebsstätten (Art. 5(4-7)).

b) Neben den Unternehmensgewinnen, die einer Betriebsstätte direkt zugerechnet werden können, werden jetzt auch Gewinne aus Geschäften gleicher Art im Quellenland steuerpflichtig (Art. 7(1)).

c) Es wurde eine Option eingebaut, die Gewinne aus dem Betrieb von Seeschiffen im internationalen Verkehr, so sie aus Tätigkeiten im Quellenland (”*häufiger*

---

376 Vgl. United Nations (1980), bzw. Vereinte Nationen (1980).

377 Für eine Diskussion dieser Abweichungen vgl. auch Endres, Dieter (1986), S. 101-163 sowie Wijnen, Willem F. G. / Magenta, Marco (1997).

als nur gelegentlich") resultieren, im Quellenland anteilig steuerpflichtig werden lassen (Art. 8B(2)).

d) Im Rahmen der Dividendenbesteuerung wird die Festlegung der maximalen Quellensteuer den Verhandlungspartnern überlassen und die Mindestbeteiligung bei verbundenen Kapitalgesellschaften wird von 25% auf 10% reduziert um die Tatsache der z.T. beschränkten ausländischen Beteiligungsmöglichkeit in einigen Entwicklungsländern zu berücksichtigen (Art. 10(2)).

e) Im Rahmen der Zinsbesteuerung wird die Festlegung der maximalen Quellensteuer ebenfalls den Verhandlungspartnern überlassen (Art. 11(2)).

f) Analog zu Art. 10 und 11 kommt es im UN-MA auch bei den Lizenzgebühren zu einer Aufteilung der Besteuerungshoheit zwischen Quellenland und Wohnsitzland. Die Höhe der Quellensteuer soll durch bilaterale Verhandlungen geregelt werden (Art. 12). Falls Art. 23A zur Vermeidung der Doppelbesteuerung gewählt wird, werden die im Quellenland gezahlten Steuern auf Lizenzgebühren im Wohnsitzland angerechnet.

g) Die Gewinnbesteuerung wird auf die Veräußerung von Anteilen einer Gesellschaft mit Grundvermögen im Quellenland (also Immobiliengesellschaften) sowie Gewinne aus dem Verkauf von wesentlichen Beteiligungen eines Unternehmens, das im Quellenland ansässig ist, ausgedehnt (Art. 13(4 und 5).

h) Für Einkommen aus selbständiger Arbeit gelten nun im Prinzip die gleichen Regelungen wie bei Einkommen aus nicht-selbständiger Arbeit (Art. 14(1)).

i) Die Besteuerung des Führungspersonals aus Unternehmen im Quellenland wird auf das Einkommen von "*Angestellten in leitenden Positionen*" ausgedehnt (Art. 16(2)).

j) Es wird explizit eine Regelung für die steuerliche Behandlung von Sozialversicherungsbeiträgen eingeführt und die ausschließliche Besteuerungshoheit des Wohnsitzlandes im Bereich der privaten Ruhegelder wird aufgehoben (Art. 18).

k) Das Besteuerungsvorrecht des Quellenlands bei der Besteuerung von nicht ausdrücklich erwähnten Einkommen, die im Quellenland entstehen, wird eingeführt (Art. 21(3)).

Tabelle 6.3: Zuweisung des Besteuerungsrechts nach dem UN-MA

	Quellenland (QL)	*Wohnsitzland (WL)*	*QL/WL*
Einkommen aus unbeweglichem Vermögen	-	-	✓
Unternehmensgewinne	-	✓[a)]	✓[b)]
Einkommen aus Seeschiff- und Luftfahrt	-	✓[c)]	✓[d)]
Dividenden	-	-	✓[e)]
Zinsen	-	-	✓[f)]
Lizenzgebühren	-	-	✓[f)]
Gewinne aus Veräußerung von Vermögen	-	✓[a)g)]	✓[b)h)i)]
Einkommen aus selbständiger Arbeit	-	✓[j)]	✓[k)]
Einkommen aus unselbständige Arbeit	-	✓[l)]	✓[m)]
Vergütungen von Aufsichts- und Verwaltungsräten sowie von leitenden Angestellten	-	-	✓
Einkommen von Künstlern und Sportlern	-	-	✓
Einkommen im Öffentlichen Dienst	✓[n)]	-	-
Ruhegehälter und Renten	-	-	✓
Stipendien von Studenten und Azubis	-	✓	-
Nicht ausdrücklich erwähnte Einkommen	-	-	✓

Quelle: Eigene Darstellung in Anlehnung an United Nations (1980), bzw. Vereinte Nationen (1980).[378]

[378] Anmerkungen: a) Keine Zuordnung zu einer Betriebsstätte im QL. b) Bei Zuordnung zu einer Betriebsstätte im QL. c) Ort der tatsächlichen Geschäftsführung). d) Optional kann auch beiden Ländern das Besteuerungsrecht zugesprochen werden. e) Die Verhandlungspartner können sich auf eine Begrenzung der Quellensteuer (QSt), je nach Investitionsart einigen, wobei bei einer Schachtelbeteiligung zwischen Kapitalgesellschaften von mind. 10% von Direktinvestitionen ausgegangen wird. f) Die Verhandlungspartner können sich auf eine Begrenzung der QSt einigen. g) Keine Zuordnung zu einer festen Einrichtung im QL. h) Bei Zuordnung zu einer festen Einrichtung im QL. i) Bei unbeweglichem Vermögen im QL, bei Anteilen an einem Unternehmen mit Grundvermögen im QL und bei wesentlichen Beteiligungen von Unternehmen mit Sitz im QL. j) Kein Vorliegen einer festen Einrichtung und bei Aufenthalt im QL während eines Kalenderjahres für insgesamt höchstens 183 Tage ohne Zuordnung dieses Einkommens zu einer festen Einrichtung im QL bzw. wenn der Auftraggeber nicht im QL ansässig ist und wenn eine bestimmte Höhe nicht überstiegen wird. k) Wenn j) nicht zutrifft. l) Wenn sich der Arbeitnehmer im QL höchstens 183 während 12 Monaten aufgehalten hat, der Arbeitgeber nicht im QL ansässig ist und zudem die Vergütung nicht von einer Betriebsstätte oder einer festen Einrichtung des Arbeitgebers im QL gezahlt wurde. m) Wenn l) nicht zutrifft. n) Lediglich der für die Arbeit zahlende Staat darf Steuern erheben, es sei denn diese Arbeit wird oder wurde in dem anderen Vertragsstaat von einem Staatsangehörigen des anderen Staates durchgeführt, der nicht gleichzeitig Staatsangehöriger des zuerst genannten Staates ist.

Die Zuweisung des Besteuerungsrechts nach dem UN-MA wird in Tabelle 6.3 noch einmal zusammengefaßt.[379] Bei dem Vergleich zwischen dem OECD-MA und dem UN-Modell läßt sich grundsätzlich feststellen, daß das Besteuerungsvorrecht des Quellenlandes bedeutend ausgeweitet wurde.[380] Insbesondere die Ausweitung des Betriebsstättenmerkmals ist dabei von großer Relevanz.

6.3.2.2 Die Bewertung des UN-Musterabkommens

Da sich das UN-MA an das OECD-MA anlehnt, kann bei der Bewertung des Abkommens auch weitgehend auf die Ergebnisse des Abschnitts 6.3.2 zurückgegriffen werden.[381] Auch hier scheint nur eine Einigung auf Art. 23A zur Vermeidung der verbleibenden Doppelbesteuerung möglich, wenn man von rational handelnden Staaten ausgeht, die ihren eigenen Vorteil maximieren wollen.

Im Unterschied zum OECD-MA beinhaltet diese Lösung jetzt auch die eingeschränkte Anrechnung der Quellensteuern auf die Lizenzgebühren im Wohnsitzland. Außerdem dürfen jetzt auch die privaten Ruhegelder und die nicht ausdrücklich genannten Einkommen im Quellenland besteuert werden. Der Verzicht auf die Besteuerung dieser Einkommen beim OECD-MA, der auch als impliziter Transfer interpretiert werden konnte, findet hier also nicht statt. Statt einer Überkompensation der Steuerausfälle scheint nun jedoch eine Unterkompensation möglich, wenn nicht andere Kompensationsmöglichkeiten Anwendung finden.

Unterstellt man einmal, daß explizite Transfers von einem Quellenland zu einem Wohnsitzland, insbesondere wenn es sich bei dem Quellenland um ein Entwicklungsland und bei dem Wohnsitzland um ein Industrieland handelt, nicht stattfinden werden, dann muß die Kompensation innerhalb des Doppelbesteuerungsabkommens stattfinden. Das Quellenland könnte z.B. einer deutlichen Begrenzung des Quellensteuersatzes auf Dividenden aus Portfolioinvestitionen, Zinsen und Lizenzgebühren zustimmen. Dies ist im Rahmen des UN-MA möglich, da hier die genaue Höhe der Begrenzung von den Verhandlungspartnern frei bestimmt werden kann. Die genaue Höhe würde dabei von der Relevanz dieser ein-

---

[379] Es handelt sich bei diesem Überblick lediglich um eine grobe Zuordnung, die nicht alle Zugriffskriterien explizit berücksichtigt. Für eine ausführlichere Betrachtung sei auf den Abkommenstext verwiesen.

[380] Vgl. hierzu auch Endres, Dieter (1986), S. 103.

[381] Das UN-MA unterscheidet sich dabei vom OECD-MA in ähnlicher Weise, wie sich das '*Mexico Draft*' der League of Nations zur Vermeidung von Doppelbesteuerung vom '*London Draft*' derselben Organisation unterscheidet. Vgl. League of Nations - Fiscal Committee (1946) sowie Endres, Dieter (1986), S. 101.

zelnen Einkommensarten für die jeweilige bilaterale Situation abhängen. Spielen z.B. die Zinseinkommen eine wesentliche Rolle bei den bilateralen Einkommensströmen, dann würde eventuell schon eine Beschränkung des Quellensteuersatzes etwa auf 10 bis 15% zu einem signifikanten impliziten Transfer führen, der das Wohnsitzland zu einem Abschluß in Anlehnung an das UN-MA bewegen könnte. Detailliertere Aussagen lassen sich jedoch nicht ohne weitere Kenntnisse der tatsächlichen Gegebenheiten treffen.

Das UN-MA ist durchaus für die Beziehung zwischen Industrieländern und Entwicklungsländern geeignet, da es wahrscheinlich erscheint, daß sich rational handelnde Länder auf eine solche Abkommensart einigen könnten.[382] Die tatsächliche Einigung auf ein solches Abkommen hängt jedoch im starken Maße davon ab, in wieweit ein konkrete Abkommen das Wohnsitzland für die Zustimmung zum Quellenlandprinzip entschädigt.[383]

6.3.3 Die deutschen Doppelbesteuerungsabkommen mit Entwicklungsländern

6.3.3.1 Die Relevanz der deutschen Doppelbesteuerungsabkommen

Zwischen Deutschland und den Entwicklungsländern (in Abgrenzung des UNDP)[384] besteht ein fast flächendeckendes Netz an bilateralen Doppelbesteuerungsabkommen. Betrachtet man Tabelle 6.4, so sieht man, daß mit insgesamt achtunddreißig Entwicklungsländern[385] Doppelbesteuerungsabkommen unterzeichnet wurden und mit einem weiteren Land verhandelt wird (Stand: 1.1.1997).[386]

---

[382] Vgl. ebenso Wijnen, Willem F. G. / Magenta, Marco (1997), S. 585.

[383] Zu einer solchen Schlußfolgerung gelangt auch Endres, Dieter (1986), S. 163-168.

[384] Vgl. UNDP (1993), S. 229.

[385] In Abgrenzung des UNDP (1993).

[386] Deutschland liegt damit in Europa hinter Frankreich und Großbritannien an dritter Stelle in bezug auf die Anzahl an Doppelbesteuerungsabkommen mit Entwicklungsländern. Vgl. UNCTD (1996), S. 149.

Tabelle 6.4: Deutsche Doppelbesteuerungsabkommen mit Entwicklungsländern

mit	*vom*	*BGBl. II*
Ägypten	08.12.87	Jg. 90 S. 278
Argentinien	13.07.78	Jg. 79 S. 585
Bangladesch	29.05.90	Jg. 91 S.1410
Bolivien	30.09.92	Jg. 94 S. 1086
Brasilien	27.06.75	Jg. 75 S. 2245
China	10.06.85	Jg. 86 S. 446
Costa Rica	in Verhandlung	Deutscher Bundestag (1993a)
Côte d'Ivoire	03.07.79	Jg. 82 S. 153
Ecuador	07.12.82	Jg. 84 S. 466
Indien	19.06.95	Jg. 96 S. 706
Indonesien	30.10.90	Jg. 91 S.1089
Iran	20.12.68	Jg. 69 S. 2133
Jamaika	08.10.74	Jg. 76 S. 1194
Kenia	17.05.77	Jg. 79 S. 606
Korea (Rep.)	14.12.76	Jg. 78 S. 191
Kuwait	04.12.87	Jg. 89 S. 354
Liberia	25.11.70	Jg. 73 S. 1285
Malaysia	08.04.77	Jg. 78 S. 925
Marokko	07.06.72	Jg. 74 S. 21
Mauritius	15.03.78	Jg. 80 S. 1261
Mexiko	23.02.93	Jg. 93 S. 1966
Namibia	02.12.93	Jg. 94 S. 1262
Pakistan	14.07.94	Jg. 95 S. 863
Papua-Neuguinea	17.01.95[a)]	Text nicht verfügbar
Philippinen	22.07.83	Jg. 84 S. 878
Sambia	30.05.73	Jg. 75 S. 661
Simbabwe	22.04.88	Jg. 89 S. 713
Singapur	19.02.72	Jg. 73 S. 373
Sri Lanka	13.09.79	Jg. 81 S. 630
Südafrika	25.01.73	Jg. 74 S. 1185
Thailand	10.07.67	Jg. 68 S. 589
Trinidad & Tobago	04.04.73	Jg. 75 S. 679
Türkei	16.04.85	Jg. 89 S. 866
Tunesien	23.12.75	Jg. 76 S. 1653
Uruguay	05.05.87	Jg. 88 S. 1060
Venezuela	08.02.95[b)]	Jg. 96 S. 727
VA Emirate	09.04.95	Jg. 96 S. 518
Vietnam	16.11.95	Jg. 96 S. 2622
Zypern	09.05.74	Jg. 77 S. 488

Quelle: BMF-Schreiben vom 2. Jan. 1997, BStBl. 1997 I, S. 92.[387]

---

[387] Anmerkungen: a) Unterschrieben, aber noch nicht ratifiziert.

Tabelle 6.5a: Anteil der deutscher Direktinvestitionen in Entwicklungsländern mit Doppelbesteuerungsabkommen

	1976	*1981*	*1986*	*1990*	*1995*
Ägypten	1,26%	2,19%	3,56%	0,97%	0,36%
Argentinien	5,20%	4,84%	7,14%	7,20%	5,14%
Bangladesch	k. A.	k. A.	k. A.	k. A.	k. A.
Bolivien	0,08%	0,08%	0,05%	0,03%	0,01%
Brasilien	42,94%	34,16%	39,56%	28,17%	29,68%
China	k. A.	k. A.	0,23%	0,69%	3,73%
Costa Rica	0,06%	0,04%	0,15%	0,15%	0,07%
Côte d'Ivoire	0,15%	0,67%	0,37%	0,14%	0,05%
Ecuador	0,23%	0,37%	0,21%	0,15%	0,13%
Indien	1,36%	1,21%	1,60%	1,60%	1,93%
Indonesien	0,72%	0,77%	0,70%	0,86%	1,16%
Iran	4,30%	2,09%	0,37%	0,67%	0,10%
Jamaika	k. A.	k. A.	k. A.	k. A.	k. A.
Kenia	0,37%	0,22%	0,29%	0,22%	0,14%
Korea (Rep.)	0,13%	0,34%	0,79%	1,68%	2,52%
Kuwait	k. A.	k. A.	k. A.	k. A.	0,00%
Liberia	1,50%	0,22%	-0,23%	-0,20%	0,39%
Malaysia	0,71%	1,19%	1,05%	1,80%	2,70%
Marokko	0,26%	0,21%	0,39%	0,35%	0,25%
Mauritius	k. A.	k. A.	k. A.	0,05%	0,06%
Mexiko	2,20%	7,95%	4,21%	11,38%	7,20%
Namibia	k. A.	k. A.	k. A.	k. A.	0,02%
Pakistan	0,42%	0,20%	0,25%	0,20%	0,37%
Papua-Neuguinea	k. A.	k. A.	k. A.	k. A.	k. A.
Philippinen	0,21%	0,30%	0,26%	0,47%	0,59%
Sambia	0,09%	0,09%	0,01%	k. A.	k. A.
Simbabwe	k. A.	0,12%	0,08%	0,08%	0,02%
Singapur	2,26%	3,72%	4,40%	5,39%	7,14%
Sri Lanka	k. A.	0,06%	0,27%	0,34%	0,19%
Südafrika	9,11%	9,20%	6,41%	8,67%	6,94%
Thailand	0,41%	0,34%	0,10%	0,76%	1,29%
Trinidad & Tobago	k. A.	k. A.	k. A.	k. A.	k. A.
Türkei	1,50%	0,96%	1,51%	2,58%	2,36%
Tunesien	0,25%	0,47%	0,73%	0,45%	0,26%
Uruguay	0,25%	0,30%	0,16%	0,25%	0,20%
Venezuela	2,09%	1,32%	0,62%	0,53%	0,37%
VA Emirate	0,61%	0,30%	0,08%	0,10%	0,12%
Vietnam	k. A.	k. A.	k. A.	k. A.	k. A.
Zypern	0,25%	0,19%	k. A.	0,36%	0,25%
Summe	**78,93%**	**74,14%**	**75,32%**	**76,11%**	**75,78%**

Tabelle 6.5b: Anteil der deutscher Direktinvestitionen in Entwicklungsländern ohne Doppelbesteuerungsabkommen

	1976	*1981*	*1986*	*1990*	*1995*
Off-Shore:	**3,66%**	**10,01%**	**10,51%**	**13,11%**	**16,64%**
Bahamas	0,13%	0,90%	0,40%	0,28%	0,13%
Bermuda	0,17%	0,12%	0,23%	0,57%	1,14%
Hongkong	0,94%	1,85%	2,96%	5,70%	4,94%
Kaimaninseln	0,54%	1,88%	4,09%	3,95%	8,94%
Niederl. Antillen	1,21%	3,16%	2,54%	2,12%	1,27%
Panama	0,68%	2,09%	0,30%	0,48%	0,22%
OPEC:	**9,42%**	**9,94%**	**7,03%**	**3,91%**	**1,32%**
Algerien	2,55%	1,92%	1,30%	0,39%	k.A.
Gabun	k.A.	0,21%	0,91%	0,45%	k.A.
Libyen	1,03%	0,98%	1,97%	2,16%	0,88%
Nigeria	5,02%	5,40%	1,70%	0,65%	0,17%
Saudi-Arabien	0,45%	1,04%	0,91%	0,27%	0,28%
übrige	0,37%	0,39%	0,23%	k.A.	k.A.
Sonstige:	**7,87%**	**5,86%**	**6,60%**	**6,83%**	**6,27%**
Chile	0,57%	0,65%	0,62%	0,86%	1,37%
El Salvador	0,24%	0,20%	0,17%	0,11%	0,16%
Guatemala	0,32%	0,23%	0,30%	0,19%	0,20%
Kamerun	0,18%	0,12%	0,17%	0,15%	0,03%
Kolumbien	0,74%	0,70%	1,00%	1,03%	1,34%
Oman	k.A.	k.A.	k.A.	0,12%	0,06%
Paraguay	0,10%	0,13%	0,07%	0,03%	0,05%
Peru	1,10%	0,30%	0,34%	0,31%	0,10%
Syrien	k.A.	k.A.	k.A.	1,62%	0,50%
Taiwan	0,29%	0,36%	0,51%	1,12%	0,97%
Tansania	0,12%	0,21%	0,04%	0,02%	0,05%
Zaire	0,79%	0,43%	0,12%	0,17%	0,13%
übrige	3,41%	2,53%	3,26%	1,11%	1,31%
Summe	**20,95%**	**25,81%**	**24,13%**	**23,85%**	**24,22%**

Quelle zu den Tabellen 6.5a und 6.5b: Eigene Berechnung auf Basis der Angaben aus: Deutsche Bundesbank (1983, 1984, 1991, 1995, 1997).[388]

[388] Anmerkungen zu Tabelle 6.5a und b: Alle Angaben beziehen sich auf den Kapitalbestand (unmittelbare und mittelbare Beteiligungen) inländischer Unternehmen und Privatpersonen im Ausland, jeweils zum Jahresende des angegebenen Jahres als Anteil an den gesamten deutschen Direktinvestitionen in Entwicklungsländern. Der gesamte deutsche Kapitalbestand in Entwicklungsländern betrug 1976: DM 8,159 Mrd., 1981: DM 14,684 Mrd., 1986: DM 15,905 Mrd., 1990: DM 17,807 Mrd. und 1995: DM 40,88 Mrd. Aufgrund von

Zieht man als einen wichtigen bilateralen Faktorstrom die deutschen Direktinvestitionen in Entwicklungsländern bis zum Ende des Jahres 1995 heran (vgl. Tabellen 6.5a. und 6.5b), dann stellt man fest, daß fast 76% dieser Direktinvestitionen durch Doppelbesteuerungsabkommen abgedeckt sind.

Vernachlässigt man zudem die Ströme in sogenannte 'Steuerparadiese' oder '*Off-Shore*'-Länder, da diese zumindest steuerpolitisch nicht unbedingt erwünscht erscheinen, dann sind lediglich die Einkommen von weniger als 8% des deutschen Kapitalbestandes in Entwicklungsländern nicht durch Doppelbesteuerungsabkommen 'geschützt'.

Neben den Einkommen aus Direktinvestitionen spielen aber auch noch andere Einkommensarten eine wichtige Rolle. Aus der Dienstleistungsbilanz der deutschen Bundesbank lassen sich die wesentlichen Faktoreinkommen entnehmen. Dies sind die bereits erwähnten Einkommen aus Direktinvestitionen (also Betriebsstättengewinne, Dividenden aus wesentlichen Unternehmensbeteiligungen, andere Einkommen aus beweglichem und unbeweglichem Betriebsvermögen sowie Zinsen aus Krediten zwischen verbundenen Unternehmen), Dividenden und Zinsen aus Wertpapieren sowie Zinsen für Kredite von Banken und Nichtbanken, und andererseits die Arbeitsentgelte aus selbständiger Arbeit (inkl. Einkommen aus technischen Dienstleistungen) sowie unselbständiger Arbeit. Zusätzlich erscheint es gerechtfertigt, die Zahlungen für Lizenzen ebenfalls als Faktoreinkommen (für den Faktor 'Humankapital') zu interpretieren.[389]

Tabelle 6.6 stellt diese Einkommensströme für das Jahr 1991 bis 1994 dar.[390] Daraus erkennt man, daß die Summe der Einkommen aus Direktinvestitionen zwischen 1991 und 1994 mit DM 4.535 Mio. nur knapp über 10% der gesamten Einkommen ausgemacht haben; ihr Anteil ist aber in den letzten Jahren um fast 60% gestiegen. Die weitaus wichtigsten Einkommen sind die Zinseinkommen aus festverzinslichen Wertpapieren und aus Bankdarlehen. Neben den Regelungen bezüglich der Besteuerung von Einkommen aus Direktinvestitionen ist also gerade die steuerliche Behandlung der Zinseinkommen innerhalb der einzelnen Ab-

---

Rundungsfehlern ergibt sich aus der Addition der Anteile aus den Tabellen 6.5a und 6.5b nicht immer 100%.

389 Für die Interpretation dieser Zahlungen als Faktoreinkommen sowie für die genaue Abgrenzung der einzelnen Posten vgl. Deutsche Bundesbank (1990), S. 66-72. Für eine ausführliche Interpretation der technischen Dienstleistungen als Einkommen aus selbständiger Arbeit vgl. Joos, Christian (1995), S. 61-83.

390 Die Zinszahlungen für Kredite von öffentlichen Stellen wurden dabei außer acht gelassen.

kommen, wie z.B. die Höhe der Begrenzung der Quellensteuersätze, von außerordentlicher Relevanz.

Tabelle 6.6: Deutsche Einkommen aus Entwicklungsländern zwischen 1991 und 1994 (in Mio. DM)

	1991	*1992*	*1993*	*1994*	*Summe*
Kapitaleinkommen	***9 533***	***9 388***	***10 375***	***9 636***	***38 932***
darunter:					
Einkommen aus Direktinvestitionen	910	667	1 283	1 675	4 535
Dividenden aus Wertpapieren	61	84	89	124	358
Zinsen aus festverzinslichen Wertpapieren	2 400	2 311	2 271	1 956	8 938
Zinsen für Kredite von Banken	5 034	5 068	5 295	5 028	20 425
Zinsen für Kredite von Nichtbanken	812	963	1 062	809	3 647
Lizenzgebühren	316	295	375	449	1 435
Arbeitseinkommen	***1 005***	***1 065***	***1 156***	***1 349***	***4 575***
darunter:					
Einkommen aus selbständiger Arbeit	697	775	929	954	3 355
Einkommen aus unselbständiger Arbeit	308	290	227	395	1 220
Summe	**10 539**	**10 453**	**11 531**	**11 390**	**43 913**

Quelle: Eigene Darstellung auf Basis der Daten aus Deutsche Bundesbank (1995a, 1995b).[391]

6.3.3.2 Überblick über die einzelnen Abkommen

Die bereits bestehenden und gegenwärtig verhandelten deutschen Doppelbesteuerungsabkommen mit Entwicklungsländern basieren alle grundsätzlich auf dem Musterabkommen der OECD.[392] Einige, wie z.B. die mit Südafrika und Zypern folgen dabei fast vollständig dem OECD Wortlaut. Der Großteil der Doppelbesteuerungsabkommen orientiert sich jedoch stärker an dem Musterabkommen der Vereinten Nationen, daß ja selbst auch auf dem OECD-MA aufbaut. Dies gilt insbesondere für die Möglichkeit der Besteuerung von Lizenzgebühren im Quellenland, aber auch zum Teil für die Ausweitung der Quellenlandbesteue-

---

391 Anmerkung: Die in den angegebenen Quellen verwendete Definition von Entwicklungsländern weicht etwas von der ansonsten in dieser Arbeit verwendeten Definition ab. Insbesondere China wird in den Quellen nicht als Entwicklungsland eingestuft.

392 Vgl. ebenfalls Endres, Dieter (1986), S. 169.

rung auf Veräußerungsgewinne bei wesentlichen Beteiligungen sowie auf die sonstigen Einkommen.[393]

In Tabelle 6.7 findet sich eine Übersicht über die Zuweisung des Besteuerungsrechts für die wesentlichen Einkommensarten. [394] Auf die Erfassung des Besteuerungsrechts für Einkommen von Künstlern und Sportler, Aufsichtsratsvergütungen, studentische Stipendien und Einkommen im Rahmen des öffentlichen Dienstes wurde dabei verzichte, da diese Einkommen einerseits statistisch nicht erfaßt werden und andererseits die Regelungen weitestgehend dem OECD-MA entsprechen.

Tabelle 6.7: Das Besteuerungsrecht in den deutschen DBA mit EL

	Ägypten	*Argentinien*	*Bangladesch*	*Bolivien*
Einkommen aus unbewegl. Betriebsvermögen[a)]	QL	QL	QL	QL
Einkommen aus sonstigen unbewegl. Vermögen	QL	WL/QL	WL/QL	QL
Unternehmensgewinne[b)]	QL	QL	QL	QL
Einkommen aus Sees- und Luftfahrt	WL	WL	WL/QL[d)]	WL
Dividenden (verbundene Kapitalgesellschaften)	QL	QL	QL	QL
Dividenden (sonstige verbundene Gesellschaften)	QL	QL	WL/QL	QL
Dividenden (sonstige Investitionen)	WL/QL	WL/QL	WL/QL	WL/QL
Zinsen	WL/QL	WL/QL	WL/QL	WL/QL
Lizenzgebühren	WL/QL	WL/QL	WL/QL	WL/QL
Veräußerungsgewinne bei Betriebsvermögen[a)]	QL	QL	QL	QL
Veräußerungsgewinne bei sonstigen unbewegl. Vermögen	QL	WL/QL	QL	QL
Veräußerungsgewinne bei Anteilsverkäufen	WL/QL	WL/QL	QL	WL/QL
Veräußerungsgewinne bei sonstigen bewegl. Vermögen	WL/QL	WL	WL	WL
Einkommen aus selbständiger Arbeit[c)]	QL	WL/QL	QL	QL
Einkommen aus unselbständige Arbeit[c)]	QL	QL	QL	QL
Ruhegehälter und Renten	QL	WL/QL	WL	WL
Sonstige Einkommen	WL/QL	WL	QL	WL

393 Dies ist jedoch keine Besonderheit der deutschen Doppelbesteuerungsabkommen mit Entwicklungsländern. Ähnliche Ausweitungen der Quellenlandbesteuerung findet man in über einem Drittel der Doppelbesteuerungsabkommen, die weltweit zwischen dem 1.1.1980 und dem 1.4.1997 abgeschlossen wurden. Vgl. Wijnen, Willem F. G. / Magenta, Marco (1997), S. 581-584.

394 Ältere Zusammenfassungen dieser Art findet man auch bei Munaretto, Axel (1983), S. 157-161 sowie bei Endres, Dieter (1986), S. 171-174.
Für detailliertere Angaben sei auf die Abkommen selbst sowie auf Debatin, Helmut / Wassermeyer, Franz (1997), verwiesen.

noch Tabelle 6.7

	Brasilien	*China*	*Costa Rica*	*Côte d'Ivoire*
Einkommen aus unbewegl. Betriebsvermögen[a)]	QL	QL	QL	QL
Einkommen aus sonstigen unbewegl. Vermögen	WL/QL	QL	WL/QL	WL/QL
Unternehmensgewinne[b)]	QL	QL	QL[g)]	QL
Einkommen aus Sees- und Luftfahrt	WL	WL	WL	WL
Dividenden (verbundene Kapitalgesellschaften)	QL	QL	QL	QL
Dividenden (sonstige verbundene Gesellschaften)	QL	WL/QL	WL/QL	QL
Dividenden (sonstige Investitionen)	WL/QL	WL/QL	WL/QL	WL/QL
Zinsen	WL/QL	WL/QL	WL/QL	WL/QL
Lizenzgebühren	WL/QL	WL/QL	WL/QL	WL/QL
Veräußerungsgewinne bei Betriebsvermögen[a)]	QL	QL	QL	QL
Veräußerungsgewinne bei sonstigen unbewegl. Vermögen	WL/QL	QL	WL/QL	QL
Veräußerungsgewinne bei Anteilsverkäufen	WL/QL	WL/QL	WL	WL
Veräußerungsgewinne bei sonstigen bewegl. Vermögen	WL	WL/QL	WL	WL
Einkommen aus selbständiger Arbeit[c)]	WL/QL	QL	QL	QL
Einkommen aus unselbständige Arbeit[c)]	QL	QL	QL	QL
Ruhegehälter und Renten	WL/QL[f)]	WL	WL	WL
Sonstige Einkommen	WL/QL	WL/QL	WL	WL

	Ecuador	*Indien*	*Korea (Rep.)*	*Indonesien*
Einkommen aus unbewegl. Betriebsvermögen[a)]	QL	QL	QL	QL
Einkommen aus sonstigen unbewegl. Vermögen	WL/QL	QL	WL/QL	QL
Unternehmensgewinne[b)]	QL	QL	QL	QL[i)]
Einkommen aus Sees- und Luftfahrt	WL	WL	WL	WL
Dividenden (verbundene Kapitalgesellschaften)	QL	QL	QL	QL
Dividenden (sonstige verbundene Gesellschaften)	QL	WL/QL	QL	QL
Dividenden (sonstige Investitionen)	WL/QL	WL/QL	WL/QL	WL/QL
Zinsen	WL/QL	WL/QL	WL/QL	WL/QL
Lizenzgebühren	WL/QL	WL/QL	WL/QL	WL/QL
Veräußerungsgewinne bei Betriebsvermögen[a)]	QL	QL	QL	QL
Veräußerungsgewinne bei sonstigen unbewegl. Vermögen	QL	QL	QL	QL
Veräußerungsgewinne bei Anteilsverkäufen	WL/QL	WL/QL	WL/QL	WL
Veräußerungsgewinne bei sonstigen bewegl. Vermögen	WL	WL	WL	WL
Einkommen aus selbständiger Arbeit[c)]	QL	QL[e)]	QL	QL[e)]
Einkommen aus unselbständige Arbeit[c)]	QL	QL	QL	QL
Ruhegehälter und Renten	WL	WL	WL	QL
Sonstige Einkommen	WL	WL[h)]	-[o)]	WL[j)]

noch Tabelle 6.7

	Iran[k)]	*Jamaika*	*Kenia*	*Kuwait*
Einkommen aus unbewegl. Betriebsvermögen[a)]	QL	QL	QL	QL
Einkommen aus sonstigen unbewegl. Vermögen	QL	QL	WL/QL	WL/QL
Unternehmensgewinne[b)]	QL	QL	QL[i)]	QL
Einkommen aus Sees- und Luftfahrt	WL	WL	WL	WL
Dividenden (verbundene Kapitalgesellschaften)	QL	QL	QL	QL
Dividenden (sonstige verbundene Gesellschaften)	QL	QL	QL	WL/QL
Dividenden (sonstige Investitionen)	WL/QL	WL/QL	WL/QL	WL/QL
Zinsen	WL/QL	WL/QL	WL/QL	WL
Lizenzgebühren	WL/QL	WL/QL	WL/QL	WL/QL
Veräußerungsgewinne bei Betriebsvermögen[a)]	QL	QL	QL	QL
Veräußerungsgewinne bei sonstigen unbewegl. Vermögen	QL	WL/QL	QL	QL
Veräußerungsgewinne bei Anteilsverkäufen	WL	WL/QL	WL/QL	WL
Veräußerungsgewinne bei sonstigen bewegl. Vermögen	WL	WL	WL	WL
Einkommen aus selbständiger Arbeit[c)]	QL	QL[e)]	WL/QL[l)]	QL
Einkommen aus unselbständige Arbeit[c)]	QL	QL	QL	QL
Ruhegehälter und Renten	WL	WL	WL/QL	WL
Sonstige Einkommen	WL	WL	WL	WL

	Liberia	*Malaysia*	*Marokko*	*Mauritius*
Einkommen aus unbewegl. Betriebsvermögen[a)]	QL	QL	QL	QL
Einkommen aus sonstigen unbewegl. Vermögen	QL	QL	QL	WL/QL
Unternehmensgewinne[b)]	QL	QL	QL	QL
Einkommen aus Sees- und Luftfahrt	WL	WL	WL	WL
Dividenden (verbundene Kapitalgesellschaften)	QL	QL	QL	QL
Dividenden (sonstige verbundene Gesellschaften)	QL	QL	WL/QL	QL
Dividenden (sonstige Investitionen)	WL/QL	WL	WL/QL	WL/QL
Zinsen	WL/QL	WL/QL	WL/QL	WL/QL
Lizenzgebühren	WL/QL	WL/QL	WL/QL[e)]	WL/QL
Veräußerungsgewinne bei Betriebsvermögen[a)]	QL	QL[m)]	QL	QL
Veräußerungsgewinne bei sonstigen unbewegl. Vermögen	QL	QL	QL	WL/QL
Veräußerungsgewinne bei Anteilsverkäufen	WL/QL	WL	WL	WL
Veräußerungsgewinne bei sonstigen bewegl. Vermögen	WL	WL	WL	WL
Einkommen aus selbständiger Arbeit[c)]	QL	QL	QL	QL
Einkommen aus unselbständige Arbeit[c)]	QL	QL	QL	QL
Ruhegehälter und Renten	WL	WL	WL	WL
Sonstige Einkommen	WL	WL	WL	WL

noch Tabelle 6.7

	Mexiko	*Namibia*	*Pakistan*	*Philippinen*
Einkommen aus unbewegl. Betriebsvermögen[a)]	QL	QL	QL	QL
Einkommen aus sonstigen unbewegl. Vermögen	WL/QL	WL/QL	QL	QL
Unternehmensgewinne[b)]	QL[i)]	QL	QL	QL[i)]
Einkommen aus Sees- und Luftfahrt	WL	WL	WL	WL/QL
Dividenden (verbundene Kapitalgesellschaften)	QL	QL	QL	QL
Dividenden (sonstige verbundene Gesellschaften)	WL/QL	WL/QL	WL/QL	WL/QL
Dividenden (sonstige Investitionen)	WL/QL	WL/QL	WL/QL	WL/QL
Zinsen	WL/QL	WL	WL/QL	WL/QL
Lizenzgebühren	WL/QL[e)]	WL/QL	WL/QL	WL/QL
Veräußerungsgewinne bei Betriebsvermögen[a)]	QL	QL	QL	QL
Veräußerungsgewinne bei sonstigen unbewegl. Vermögen	QL	WL/QL	QL	QL
Veräußerungsgewinne bei Anteilsverkäufen	WL/QL	WL	WL/QL	WL/QL
Veräußerungsgewinne bei sonstigen bewegl. Vermögen	WL	WL	WL	WL
Einkommen aus selbständiger Arbeit[c)]	QL	QL	QL[e)]	QL
Einkommen aus unselbständige Arbeit[c)]	QL	QL	QL	QL
Ruhegehälter und Renten	WL	WL	QL	WL/QL
Sonstige Einkommen	WL/QL	WL	WL[j)]	WL/QL

	Sambia	*Simbabwe*	*Singapur*	*Sri Lanka*
Einkommen aus unbewegl. Betriebsvermögen[a)]	QL	QL	QL	QL
Einkommen aus sonstigen unbewegl. Vermögen	QL	QL	QL	QL[p)]
Unternehmensgewinne[b)]	QL	QL	QL	QL[q)]
Einkommen aus Sees- und Luftfahrt	WL	WL	WL	QL
Dividenden (verbundene Kapitalgesellschaften)	QL	QL	WL	QL
Dividenden (sonstige verbundene Gesellschaften)	QL	WL/QL	QL	QL
Dividenden (sonstige Investitionen)	WL/QL	WL	WL	WL/QL
Zinsen	WL/QL	WL/QL	WL/QL	WL/QL
Lizenzgebühren	WL/QL	WL/QL	WL/QL	WL/QL
Veräußerungsgewinne bei Betriebsvermögen[a)]	QL	QL	QL	QL
Veräußerungsgewinne bei sonstigen unbewegl. Vermögen	QL	QL	QL	WL/QL
Veräußerungsgewinne bei Anteilsverkäufen	WL	WL	WL	WL/QL
Veräußerungsgewinne bei sonstigen bewegl. Vermögen	WL	WL	WL	WL
Einkommen aus selbständiger Arbeit[c)]	QL	QL	QL	QL
Einkommen aus unselbständige Arbeit[c)]	QL	QL	QL	QL
Ruhegehälter und Renten	WL	WL	WL	WL
Sonstige Einkommen	WL	WL	WL	-[o)]

noch Tabelle 6.7

	Südafrika	*Thailand*	*Trinidad & Tobago*	*Türkei*
Einkommen aus unbewegl. Betriebsvermögen[a)]	QL	QL	QL	QL
Einkommen aus sonstigen unbewegl. Vermögen	QL	QL	QL	QL
Unternehmensgewinne[b)]	QL	QL	QL[i)]	QL[i)]
Einkommen aus Sees- und Luftfahrt	WL	WL/QL	WL	WL
Dividenden (verbundene Kapitalgesellschaften)	QL	QL	QL	QL
Dividenden (sonstige verbundene Gesellschaften)	QL	QL	QL	QL
Dividenden (sonstige Investitionen)	WL/QL	WL/QL	WL/QL	WL/QL
Zinsen	WL/QL	WL/QL	WL/QL	WL/QL
Lizenzgebühren	WL	WL/QL	WL/QL	WL/QL
Veräußerungsgewinne bei Betriebsvermögen[a)]	QL	QL[m)]	QL	QL
Veräußerungsgewinne bei sonstigen unbewegl. Vermögen	QL	QL	QL	QL
Veräußerungsgewinne bei Anteilsverkäufen	WL	WL[r)]	WL	WL/QL
Veräußerungsgewinne bei sonstigen bewegl. Vermögen	WL	WL	WL	WL
Einkommen aus selbständiger Arbeit[c)]	QL	QL	WL/QL[s)]	WL/QL
Einkommen aus unselbständige Arbeit[c)]	QL	QL	QL	QL
Ruhegehälter und Renten	WL	WL/QL	WL	WL
Sonstige Einkommen	WL	-[o)]	WL	WL/QL[t)]

	Tunesien	*Uruguay*	*Venezuela*	*VAEmirate* [u)]
Einkommen aus unbewegl. Betriebsvermögen[a)]	QL	QL	QL	QL
Einkommen aus sonstigen unbewegl. Vermögen	WL/QL	QL	WL/QL	WL/QL
Unternehmensgewinne[b)]	QL	QL	QL	QL
Einkommen aus Sees- und Luftfahrt	WL	WL	WL	WL[v)]
Dividenden (verbundene Kapitalgesellschaften)	QL	QL	QL	QL[v)]
Dividenden (sonstige verbundene Gesellschaften)	QL	QL	WL/QL	WL/QL[v)]
Dividenden (sonstige Investitionen)	WL/QL	WL/QL	WL/QL	WL/QL[v)]
Zinsen	WL/QL	WL/QL	WL/QL	WL
Lizenzgebühren	WL/QL	WL/QL	WL/QL	WL
Veräußerungsgewinne bei Betriebsvermögen[a)]	QL	QL	QL	QL
Veräußerungsgewinne bei sonstigen unbewegl. Vermögen	WL/QL	WL/QL	WL/QL	QL
Veräußerungsgewinne bei Anteilsverkäufen	WL/QL	WL/QL	WL/QL	WL
Veräußerungsgewinne bei sonstigen bewegl. Vermögen	WL	WL	WL	WL
Einkommen aus selbständiger Arbeit[c)]	QL	WL/QL	QL	QL
Einkommen aus unselbständige Arbeit[c)]	QL	QL	QL	QL
Ruhegehälter und Renten	WL	WL	WL	WL
Sonstige Einkommen	WL	WL	WL	WL

noch Tabelle 6.7

	Vietnam	*Zypern*
Einkommen aus unbeweglichem Betriebsvermögen[a)]	QL	QL
Einkommen aus sonstigen unbeweglichem Vermögen	QL	QL
Unternehmensgewinne[b)]	QL	QL
Einkommen aus See- und Luftfahrt	WL	WL
Dividenden (verbundene Kapitalgesellschaften)	QL	QL
Dividenden (sonstige verbundene Gesellschaften)	WL/QL	QL
Dividenden (sonstige Investitionen)	WL/QL	WL/QL
Zinsen	WL/QL	WL/QL
Lizenzgebühren	WL/QL	WL
Veräußerungsgewinne bei Betriebsvermögen[a)]	QL	QL
Veräußerungsgewinne bei sonstigen unbeweglichem Vermögen	QL	WL/QL
Veräußerungsgewinne bei Anteilsverkäufen	WL/QL	WL/QL
Veräußerungsgewinne bei sonstigen beweglichem Vermögen	WL	WL
Einkommen aus selbständiger Arbeit[c)]	QL[e)]	QL
Einkommen aus unselbständige Arbeit[c)]	QL	QL
Ruhegehälter und Renten	WL	WL
Sonstige Einkommen	WL	WL

Quelle: Eigene Darstellung auf Basis der Abkommen aus Tabelle 6.4.[395]

395 Anmerkung: QL: Das QL hat das alleinige Besteuerungsrecht bzw. das WL stellt die Quellenlandeinkommen unter Progressionsvorbehalt frei; WL: WL hat das alleinige Besteuerungsrecht bzw. das QL erhebt keine QSt; WL/QL: Beide Länder dürfen besteuern und das Wohnsitzland vermeidet die Doppelbesteuerung durch Anwendung der Anrechnungsmethode; a) Bei Zuordnung zu einer Betriebsstätte oder zu einer festen Einrichtung; b) Aus aktiver Tätigkeit einer Betriebsstätte; c) Falls die Arbeitseinkommen im QL besteuert werden dürfen; d) Bis zum Jahr 2001, dann WL; e) Bei technischen Dienstleistungen gilt WL/QL; f) QL-Besteuerung erst ab einem Einkommen von DM 12.000,-; g) Bei Gewinntransfers von Betriebsstätten an Stammhaus wird eine QSt erhoben, die im WL angerechnet wird; h) Bei Glücksspielen jeglicher Art gilt QL; i) Ausweitung der Besteuerung auf Gewinne aus Geschäftstätigkeiten, die üblicherweise auch von einer im QL liegenden Betriebsstätte durchgeführt werden; j) Bei Lotteriegewinnen und Preisen gilt WL/QL; k) Das DBA gilt nicht für Einkommen aus dem Ölsektor; l) Bei Einkommen, die nicht Geschäftsleitungsvergütungen darstellen oder aus einer Vielzahl freier Berufe entstehen gilt QL; m) Kein Besteuerungsrecht des QL bei fester Einrichtung; o) keine explizite Erwähnung; p) Einkommen aus Land- und Forstwirtschaft fallen nicht unter diese Regelung; q) Gilt explizit auch für Einkommen aus Land- und Forstwirtschaft; r) Bei Verkäufen von Lizenzgebühren gilt dieselbe Regelung wie bei den Lizenzgebühren selbst; s) Bei Einkommen, die nicht fachliche oder technische Dienstleistungen darstellen gilt QL; t) Bei Einkommen aus Drittländern gilt WL; u) DBA gilt nur für Gebietskörperschaften (GK) und öffentliche Einrichtungen (ö.E.) des QL sowie für Gesellschaften, die zu mind. 75% diesen GK und ö.E. gehören und der Rest im QL ansässigen Personen; v) DBA gilt neben u) auch für natürliche Personen, die im QL ansässig sind und für juristische Personen, die im QL ansässigen natürlichen Personen gehören.

Tabelle 6.8: Die Erweiterung des Quellenlandzugriffs im Vergleich zum OECD-MA

	Betriebsstätten-Kriterium	*Selbständige Arbeit*
Ägypten	E1 (6), E2, E3	E13 (90)
Argentinien	E1 (6), E3, E4	keine Abweichung
Bangladesch	E1 (6), E5, E6	E13 (90)
Bolivien	E1 (6)	keine Abweichung
Brasilien	E3	keine Abweichung
China	E1 (6), E2, E7	E13 (183)
Costa Rica	keine Abweichung	keine Abweichung
Côte d'Ivoire	E1 (6), E3, E5, E6	E13 (183)
Ecuador	keine Abweichung	E13 (180)
Indien	E1 (6), E5, E6	E13 (183 Tagen)
Indonesien	E1 (6), E3, E5, E6	E13 (120)
Iran	E1 (6)	keine Abweichung
Jamaika	E1 (6), E3, E5	E13 (30)
Kenia	E1 (6), E2, E3, E5, E8	E13 (183)
Korea (Rep.)	E1 (6), E2, E5	E13 (183), E14
Kuwait	E1 (9), E6	keine Abweichung
Liberia	E1 (6), E7	keine Abweichung
Malaysia	E1 (6), E2, E9	E13 (183)
Marokko	E1 (6), E10	E13 (183)
Mauritius	E1 (6), E5	keine Abweichung
Mexiko	E1 (6), E2, E3	E13 (183)
Namibia	E1 (6)	E13 (183)
Pakistan	E1 (6), E3, E5, E10	E13 (120)
Philippinen	E1 (6), E2, E3, E5, E7	E13 (120)
Sambia	E1 (9), E2	E13 (183)
Simbabwe	E1 (6)	keine Abweichung
Singapur	E1 (6), E2, E11	E13 (183), E14
Sri Lanka	E1 (6), E12	keine Abweichung
Südafrika	keine Abweichung	keine Abweichung
Thailand	E1 (3/6), E5, E6	E13 (183)
Trinidad & Tobago	E1 (6), E11	E13 (30)
Türkei	E1 (6), E5	E13 (183)
Tunesien	E1 (6), E2, E3	E13 (183)
Uruguay	E5	E13 (183), E14
Venezuela	keine Abweichung	keine Abweichung
VA Emirate	E1 (9)	keine Abweichung
Vietnam	E1 (6)	keine Abweichung
Zypern	E1 (6), E2	keine Abweichung

Quelle: Eigene Darstellung auf Basis der Abkommen aus Tabelle 6.4.[396]

396 Anmerkungen: E1: Reduzierung der Aufenthaltsdauer bei Bauausführungen (Monate); E2: Einbeziehung von Aufsichtstätigkeiten bei Bauausführungen; E3: Einbeziehung von Versi-

Tabelle 6.9: Die Begrenzung der Quellensteuersätze in den DBA (in %)

	Dividenden[a)]	*Zinsen*	*Lizenzgebühren*	*Technische Dienstleistungen*
Ägypten	10(15)[b)]	15(15)	15(15)[c)]	-
Argentinien	15(20)	15(15)[d)]	15(20)[e)]	-
Bangladesch	15(15)	10(15)	10(15)	-
Bolivien	15	15(20)	15(20)	-
Brasilien	15(20)	15(20)[f)]	15(20)[c)]	15(20)
China	10(10)	10(15)	10(15)[g)]	-
Costa Rica	5/15	10[h)]	5	-
Côte d'Ivoire	15(15)	15(15)	10	-
Ecuador	15	15(20)[d)]	15(20)	-
Indien	10	10(10)[i)]	10	10
Indonesien	10(15)	10(10)	15[j)]	7,5
Iran	15[k)]/20(20)	15	10(10)	-
Jamaika	10/15(15)	12,5(12,5)[l)]	10(10)	10(10)
Kenia	15(15)	15(15)	15(20)	15[w)]
Korea (Rep.)	10/15(20)	15(20)[d)]	15(20)[m)]	-
Kuwait	15	0	10	-
Liberia	10[k)]/15	20(10)[l)]	10(10)[n)]	-
Malaysia	0[o)]	15(15)	10(15)	-
Marokko	5[k)]/15(15)	10(10)	10	-
Mauritius	5/15(15)	-	15	-
Mexiko	5/15(10)	15[l)]	10(15)	
Namibia	10/15	0	10	-
Pakistan	10/15	20[l)]	10	10
Philippinen	10/15(20)	15(15)[d)]	10[p)]	-

cherungsvertretern; E4: Einbeziehung von Einkaufsstellen und -vertreter für Land- und Forstwirtschaft sowie für den Bergbau; E5: Einbeziehung von Auslieferungslager sowie die Personen, die diese Lager halten; E6: Einbeziehung von Einfirmen-Vertreter, die Lieferaufträge einholen; E7: Einbeziehung von gewerblicher Dienstleistungen; E8: Berücksichtigung von Farmen und Plantagen; E9: Einbeziehung von Vertreter ohne Abschlußvollmacht, wenn das Unternehmen lediglich dem Ergebnis zustimmen muß; E10: Einbeziehung von Verkaufsstätten; E11: Einbeziehung von Vertreter, die eine Vollmacht besitzen für das Unternehmen Bestellungen aufzugeben; E12: Einbeziehung von Einrichtungen zur Erforschung von Bodenschätzen sowie landwirtschaftliche Betriebe und Plantagen; E13: Besteuerung im QL ab einer bestimmten Aufenthaltsdauer (Anzahl der Tage); E14: Feste Einrichtung muß nicht explizit vorliegen.

noch Tabelle 6.9

	Dividenden$^{a)}$	*Zinsen*	*Lizenzgebühren*	*Techn. Dienstleistungen*
Sambia	5/15	10	10	-
Simbabwe	10/20	10	7,5(10)	7,5(10)
Singapur	$0^{o)}$	10(10)	$-^{q)}$	-
Sri Lanka	10(20)	10(15)	10(15)	-
Südafrika	7,5/15	10	0	-
Thailand	$15^{k)}/-^{r)}$	$10^{s)}$	$15^{t)}$	-
Trinidad & Tobago	10/20(20)	$15(15)^{l)}$	$10(10)^{u)}$	5
Türkei	10/20(20)	15(15)	10(10)	-
Tunesien	$10^{k)}/15(15)$	10(10)	10(10)	-
Uruguay	15	15(20)	15(20)	10(20)
Venezuela	5/15(15)	5(5)	5(5)	-
VA Emirate	5/15	0	0	-
Vietnam	$10^{v)}/15(10)$	5(5)	10(10)	7,5(7,5)
Zypern	10/15(15)	10(10)	$0^{u)}$	-

Quelle: Eigene Darstellung auf Basis der Abkommen aus Tabelle 6.4.[397]

Auch bei der Definition von Betriebsstätten, wie z.B. bei der Verkürzung der Dauer für Bausausführungen, orientieren sich die meisten Doppelbesteuerungsabkommen eher am UN-MA als am OECD-MA.[398] In vielen Doppelbesteuerungs-

[397] Anmerkungen: -) keine Begrenzung; a) Schachtelprivileg bei verbundenen Kapitalgesellschaften / sonstige Investitionen; b) fiktiver Anrechnungssatz in Klammern; c) bei Warenzeichen 25%; d) bei Ausrüstungseinkäufen und Bankdarlehen 10%; e) bei nichtgewerblichen Lizenzgebühren keine Begrenzung; f) bei Bankdarlehen über 7 Jahre 10%; g) bei Leasingverträgen 7%; h) bei Darlehen über 5 Jahren 5%; i) fiktive Anrechnung nur bis zum Jahr 2008; j) bei Leasingverträgen und Know-how Vergütungen 10%; k) Schachtelprivileg gilt auch für Personengesellschaften; l) bei Bankdarlehen 10%; m) bei gewerblichen Investitionen 10%; n) bei Urheberrechten 20%; o) sobald im nationalen Steuerrecht auch eine QSt erhoben wird, gilt 5/15%; p) bei Urheberrechten 15%; q) bei Urheberrechten 10%; r) bei nicht-industriellen Schachtelbeteiligungen 20%; s) wenn der Gläubiger nicht Industrieunternehmen oder Bank ist, gilt 25%; t) bei Urheberrechten 5%; u) bei Urheberrechten 0%; v) bei Schachtelbeteiligungen von mind. 70% gilt 5%; w) gilt für Geschäftsleitungsvergütungen und eine Vielzahl von freien Berufen.

[398] Dies trifft jedoch nicht nur für die deutschen Doppelbesteuerungsabkommen mit Entwicklungsländern zu, sonder auch für die große Mehrheit der Doppelbesteuerungsabkommen anderer Industrieländer mit Entwicklungsländern. Vgl. Wijnen, Willem F. G. / Magenta, Marco (1997), S. 575-578.

abkommen wird zudem der Quellenlandzugriff bei Einkommen aus selbständiger Arbeit durch die Einführung einer zeitlichen Komponente vereinfacht.[399] Tabelle 6.8 stellt diese veränderten Zugriffskriterien zusammenfassend dar.

Bei der Begrenzung der Quellensteuer für einige Einkommensarten weichen die deutschen Doppelbesteuerungsabkommen ebenfalls zum Teil deutlich vom OECD-MA ab, da die deutschen Doppelbesteuerungsabkommen oftmals eine höhere Begrenzung zulassen als das OECD-MA. Viele Doppelbesteuerungsabkommen wenden zudem für einige Einkommen, die nicht in Deutschland freigestellt sind, die fiktive Anrechnungsmethode an[400] und in einigen Ländern wird die Quellensteuer auf Einkommen aus technischen Dienstleistungen begrenzt. In Tabelle 6.9 sind die jeweilig relevanten Quellensteuersätze aufgezählt.

6.3.3.3 Die Bewertung der Abkommen

Bewertet man nun die deutschen Doppelbesteuerungsabkommen mit Entwicklungsländern aus der Sicht der in Kapitel 3 und 5 hergeleiteten Theorie, dann läßt sich zusammenfassend sagen, daß die Abkommen den Ergebnissen dieser Theorie weitgehend entsprechen.[401] Die Einkommen, die unmittelbar aus staatlichen Vorleistungen profitieren, also die Einkommen aus unbeweglichem Vermögen, die Betriebsstättengewinne, die Dividenden aus verbundenen Unternehmen sowie die Einkommen aus Arbeit, werden fast ausnahmslos nach dem Quellenlandprinzip besteuert. Für die anderen Einkommen gilt das Wohnsitzlandprinzip. Eine Abweichung besteht in der Benachteiligung von Direktinvestitionen durch Personengesellschaften und anderen natürlichen Personen im Vergleich zu den Direktinvestitionen in Form von verbundenen Kapitalgesellschaften (Schachtelbeteiligungen), die sich in dreizehn der Abkommen findet. Denn nach dem Referenzmodell aus Kapitel 5 hätten sich die beteiligten Länder auf das

---

[399] Der Steuerzugriff des Quellenlandes ab einer bestimmten Aufenthaltsdauer ist weltweit in ca. einem Drittel der zwischen dem 1.1.1980 und dem 1.4.1997 abgeschlossenen Doppelbesteuerungsabkommen erlaubt. Vgl. Wijnen, Willem F. G. / Magenta, Marco (1997), S. 582.

[400] Dem Anschein nach plant Deutschland jedoch, diese fiktive Anrechnung für Einkommen aus Malaysia, Singapur und der Republik Korea wieder abzuschaffen. Vgl. hierzu Reuß, Andreas (1997), S. 19.

[401] Für eine Bewertung dieser Abkommen aus entwicklungspolitischer Sicht, die zu einem eher negativen Schluß kommt, sei auf folgende Quelle verwiesen, Munaretto, Axel (1983), S. 157-161.

Quellenlandprinzip für alle Direktinvestitionen geeinigt und nicht nur für die zuletzt genannten.

Diese Ungleichbehandlung läßt sich eventuell einerseits dadurch erklären, daß im deutschen Steuerrecht ebenfalls eine solche Ungleichbehandlung herrscht, so daß sich die betroffenen Entwicklungsländer bei isolierter Betrachtung der Direktinvestitionen im Vergleich zur nicht-kooperativen Situation nicht verschlechtern. Andererseits kann es jedoch auch sein, daß Direktinvestitionen in diesen Entwicklungsländern hauptsächlich von Kapitalgesellschaften getätigt werden, so daß diese Ungleichbehandlung *de facto* irrelevant ist. In der Tat wurden die bisher getätigten Direktinvestitionen größtenteils durch multinationale Kapitalgesellschaften getätigt; seit geraumer Zeit spielen jedoch auch mittelständische Unternehmen, die nicht unbedingt Kapitalgesellschaften sind, eine zunehmende Rolle.[402] So scheint lediglich plausibel, daß sonstige natürliche Personen nicht signifikant in Entwicklungsländern direkt investieren. Ohne genaue Kenntnis der Situation in den jeweiligen Ländern kann diese Ungleichbehandlung aber nicht weitergehend analysiert werden.

Im Prinzip entsprechen lediglich die Abkommen mit Costa Rica, Südafrika, Venezuela, den Vereinigten Arabischen Emiraten und mit Vietnam weitestgehend dem OECD-MA. Interessanterweise handelt es sich hierbei mit Ausnahme des Abkommens mit Südafrika um Abkommen, die erst in den letzten Jahren abgeschlossen wurden. Überhaupt läßt sich bei den Abkommen mit Entwicklungsländern ein leichter 'Strukturbruch' feststellen: Ab Mitte der achtziger Jahre nähern sich die Doppelbesteuerungsabkommen mit Entwicklungsländern zunehmend dem OECD-MA an; vorher entsprachen sie weitaus stärker dem UN-MA.[403] Für diese Hypothese sprich auch, daß die deutsche Bundesregierung in den Gesetzesentwürfen zu den neueren Doppelbesteuerungsabkommen explizit auf die Nähe

---

402 Vgl. United Nations Industrial Development Organization (1990), S. vii sowie S. 1 und S. 19.

403 Die Doppelbesteuerungsabkommen mit Südafrika und Bolivien weichen von dieser Tendenz ab. Daß das Abkommen mit Südafrika sehr stark dem OECD-MA ähnelt, liegt wohl daran, daß Deutschland Südafrika nicht als Entwicklungsland betrachtet. Vgl. hierzu § 5 KStDV. Zu der Verhandlungen mit Südafrika siehe auch Deutscher Bundestag (1974), S. 32. Bei dem Abkommen mit Bolivien hat die Bundesregierung jedoch großen Wert darauf gelegt, daß das Abkommen denen mit anderen Ländern derselben Region entspricht. Vgl. Deutscher Bundestag (1993b), S. 1.

zum OECD-MA hinweist.[404] Da das OECD-MA dem Wohnsitzland im Vergleich zum UN-MA mehr Besteuerungsrechte zuordnet und niedrigere Quellensteuersätze vorschreibt, könnte dieser Strukturbruch entweder mit einer Veränderung der globalen Wirtschaft oder aber mit einer veränderten Einstellung Deutschlands (als Wohnsitzland) gegenüber den Entwicklungsländern erklärt werden.

Betrachtet man z.B. Tabelle 2.1, dann sieht man, daß zunehmend auch Entwicklungsländer Kapital exportieren und somit auch ihr Wohnsitzlandcharakter zunimmt. Im Vergleich zu den Industrieländern ist der Anteil der Kapitalexporte aus Entwicklungsländern jedoch auch weiterhin noch sehr gering. Veranschaulicht man sich noch einmal die Diskussion des OECD-MA in Abschnitt 6.2, bei der die Zuweisung des Besteuerungsrechts nach dem OECD-MA auch aus der Notwendigkeit der Kompensationszahlungen vom Quellenland zum Wohnsitzland erklärt wurde, so könnte der Strukturbruch eventuell auch dadurch erklärt werden, daß Deutschland vor der Mitte der achtziger Jahre stärker durch altruistische Interessen geleitet wurde und somit eine Kompensation für die Einwilligung zur Anwendung des Quellenlandprinzips eine geringere Rolle gespielt hat. Dies gilt insbesondere für die Gewährung von höheren Quellensteuersätzen sowie für die teilweise noch höheren fiktiven Anrechnungssätze der älteren Doppelbesteuerungsabkommen (vgl. Tabelle 6.9).[405] Ein Beleg für die These, daß Deutschland früher stärker durch altruistische Interessen geleitet wurde als heute mag darin gesehen werden, daß die Bundesregierung in den 80er Jahren in ihren Bemerkungen zu den durch die Art der Vermeidung der Doppelbesteuerung hervorgerufenen Steuermindereinnahmen lediglich von einer Abmilderung derselben durch den teilweisen Steuerverzichts der Quellenländer ausging. In ihren Bemerkungen zu den neueren Abkommen wird hingegen ein weitgehender Ausgleich der Steuermindereinnahmen erwartet.[406]

Für eine abschließende Bewertung fehlen aber detaillierte Informationen über relevante unilaterale Steuerregelungen in den Entwicklungsländern (als Quellenländer), um die Ausgangssituation der Verhandlungen bestimmen zu können,

---

[404] Vgl. z.B. die Gesetzesentwürfe zu den Abkommen mit Costa Rica, Mexiko, Namibia und Vietnam in: Deutscher Bundestag (1993a), S. 1, Deutscher Bundestag (1993c), S. 1, Deutscher Bundestag (1994), S. 1 sowie Deutscher Bundestag (1996), S. 1.

[405] Vor diesem Hintergrund muß wohl auch Endres' Einschätzung der deutschen Verhandlungspraxis verstanden werden, der diesbezüglich von einer im internationalen Vergleich hohen Konzessionbereitschaft spricht. Vgl. Endres, Dieter (1986), S. 178.

[406] Vgl. z.B. die Gesetzesentwürfe zu den Abkommen mit Sri Lanka und mit Vietnam in: Deutscher Bundestag (1981), S. 32 und Deutscher Bundestag (1996), S. 32.

denn ohne die genaue Bestimmung dieses sog. 'Droh- oder Konfliktpunkte' (Punkt C in den Abbildung 5.4b, 5.5b und 5.6b), kann der Vor- oder Nachteil der Verhandlungslösung nicht bestimmt werden.[407]

Eine solche umfangreiche Untersuchung ginge jedoch weit über das in dieser Arbeit leistbare hinaus. Deshalb soll die Überprüfung des Referenzmodells im folgenden Kapitel auf die drei südamerikanische Länder Argentinien, Brasilien und Chile beschränkt werden.

---

[407] Vgl. hierzu die Ausführungen in Kap. 5.

7 Fallstudie

7.1 Die Auswahl der Länder

In Kapitel 6 wurde gezeigt, daß die deutschen Doppelbesteuerungsabkommen (DBA) mit Entwicklungsländern in weiten Strecken dem in Kapitel 5 vorgeschlagenen effizienten Referenzmodell entsprechen. Dies gilt vor allem für die deutschen Einkommen aus Direktinvestitionen in Entwicklungsländern, die zumindest für den Fall der verbundenen Kapitalgesellschaften in allen Abkommen nach dem Quellenlandprinzip besteuert werden. Andere Einkommensarten, die nach dem Referenzmodell ebenfalls nach diesem Prinzip besteuert werden sollten, wie z.B. die Einkommen aus Arbeit, werden in einigen Abkommen statt dessen nach dem Wohnsitzlandprinzip besteuert.

Wie schon erwähnt wurde, mögen diese Abweichungen dadurch erklärbar sein, daß das Wohnsitzland - in diesem Falle Deutschland - für die Anwendung des Quellenlandprinzips bei Einkommen aus Direktinvestitionen von den Quellenländern - hier die Entwicklungsländer - eine Kompensationszahlung erhalten müßte. Schließt man direkte Zahlungen dieser Quellenländer aufgrund mangelnder Liquidität aus, dann kann diese Kompensation nur indirekt über einen Steuerverzicht der Quellenländer bei anderen Einkommensarten geschehen.

Ob diese indirekten oder impliziten Kompensationen im Einzelfall ausreichen, hängt einerseits von der Ausgangslage, also von der nicht-kooperativen Situation, und andererseits von der Relevanz der einzelnen Einkommensströme ab. Reichen diese Kompensationen nicht aus, dann wäre es für Deutschland als Wohnsitzland nicht rational, solch einem Abkommen zuzustimmen, wenn Deutschland stets seine individuelle Wohlfahrt in den Vordergrund stellt. Im anderen Falle, bei dem es aufgrund der indirekten Transfers zu einer Überkompensation der Vorteile aus der Anwendung des Quellenlandprinzip bei Einkommen aus Direktinvestitionen kommt, wäre es für die jeweiligen Entwicklungsländer als Quellenländer nicht rational, solch einem Abkommen zuzustimmen, wenn diese ebenfalls ausschließlich ihren individuellen Vorteil mehren wollen.

Wenn jedoch der Abschluß des Abkommens hinter einem 'Schleier der Unsicherheit' stattgefunden hat, die Entwicklung der Einkommensströme also nicht vorhersehbar war, dann kann die Zustimmung zu einem Doppelbesteuerungsabkommen auch dann als rational betrachtet werden, wenn es nur zu einer temporären nicht-systematischen Benachteiligung kommt und in der Zukunft Vorteile zu erwarten sind.

Trifft auch dies nicht zu, dann kann die Zustimmung zu einem Doppelbesteuerungsabkommen trotz Benachteiligung nur damit erklärt werden, daß das betreffende Land nicht nur das Wohl seines eigenen Landes bzw. dessen Bevölkerung im Auge hat, sondern auch das Wohl seines Kooperationpartners. Denn nur bei Vorliegen solcher altruistischer Interessen wird einem Besteuerungsprinzip zugestimmt, das zwar die Gesamtheit der bilateralen Einkommen maximiert, jedoch das nationale Einkommen vermindert.

Tabelle 7.1: Die Aufteilung der ausländischen Direktinvestitionen in Brasilien nach Investorländern

	bis 1980	*1981 bis '89*	*1990 bis '95 (1.Hj.)*	*Bestand 1995 (1. Hj.)*
Deutschland	**15,27%**	**11,07%**	**5,73%**	**10,79%**
Frankreich	3,32%	6,96%	3,50%	4,44%
Großbritannien	4,88%	9,57%	15,46%	9,86%
Italien	2,42%	7,03%	1,94%	3,59%
Japan	9,65%	9,32%	3,02%	7,29%
Kanada	3,56%	7,09%	1,41%	3,85%
Niederlanden	2,20%	4,21%	3,42%	3,20%
Schweiz	12,15%	3,36%	0,41%	5,58%
USA	28,29%	31,02%	45,42%	34,94%
Andere Länder	18,26%	10,37%	19,68%	16,46%
Summe	**100,00%**	**100,00%**	**100,00%**	**100,00%**

Quelle: Eigene Berechnung auf Basis der Daten aus Banco do Brasil (1988, 1992, 1996).[408]

Um nun im einzelnen bewerten zu können, ob sich die Verhandlungspartner rational verhalten bzw. bei welcher Verhaltensannahme die getroffenen Entscheidungen rational erscheinen, bedarf es also der oben beschriebenen Detailbetrachtung. Beispielhaft soll dies nun für drei bilaterale Fälle geschehen. Für die Auswahl der Fälle bzw. der Länder haben drei Gründe eine Rolle gespielt:

---

408 Anmerkungen: Bis 1980 betrug die Gesamtsumme der ausländischen Direktinvestitionen in Brasilien US$ 19.558,15 Mio., zwischen 1981 und 1989 betrug sie US$ 15.371,25 Mio. und zwischen den Jahren 1990 und 1995 (1. Hj.) US$ 18.170,92. Alle Angaben zu laufenden Preisen umgerechnet mit den jeweils aktuellsten US$ Wechselkursen. Da die Direktinvestitionen bis 1983, zwischen 1984 und 1985 sowie die neueren Direktinvestitionen jeweils mit unterschiedlichen US$ Wechselkursen umgerechnet wurden, weicht die in Tabelle 7.1 angegebene Summe von der in der neusten brasilianischen Zentralbankpublikation angegebenen Summe ab.

⇒ signifikante Faktor- und Einkommensströme von und nach Deutschland,
⇒ unterschiedliche steuerrechtliche Rahmenbedingungen und
⇒ vergleichbare und miteinander verbundene Volkswirtschaften.

Betrachtet man zunächst den aggregierten Bestand an deutschen Direktinvestitionen in Entwicklungsländern zum Jahresende 1995 (siehe Tabellen 6.2a und 6.2b), so ist aus deutscher Sicht Brasilien das wichtigste Zielland, denn fast 30% der deutschen Direktinvestitionen in Entwicklungsländern flossen bisher dorthin.

Tabelle 7.1: Die Aufteilung der ausländischen Direktinvestitionen in Brasilien nach Investorländern

	bis 1980	*1981 bis '89*	*1990 bis '95 (1.Hj.)*	*Bestand am Ende des 1. Hj. 1995*
Deutschland	**15,27%**	**11,07%**	**5,73%**	**10,79%**
Frankreich	3,32%	6,96%	3,50%	4,44%
Großbritannien	4,88%	9,57%	15,46%	9,86%
Italien	2,42%	7,03%	1,94%	3,59%
Japan	9,65%	9,32%	3,02%	7,29%
Kanada	3,56%	7,09%	1,41%	3,85%
Niederlanden	2,20%	4,21%	3,42%	3,20%
Schweiz	12,15%	3,36%	0,41%	5,58%
USA	28,29%	31,02%	45,42%	34,94%
Andere Länder	18,26%	10,37%	19,68%	16,46%
Summe	**100,00%**	**100,00%**	**100,00%**	**100,00%**

Quelle: Eigene Berechnung auf Basis der Daten aus Banco do Brasil (1988, 1992, 1996).[409]

Auch aus brasilianischer Sicht spielen die deutschen Direktinvestitionen eine wesentliche Rolle. Obwohl der deutsche Anteil am Bestand der ausländischen Direktinvestitionen in Brasilien seit Beginn der 80er Jahre zurückgeht, betrug er zur Jahresmitte 1995 immerhin noch 10,8%. Deutschland ist damit der zweitwichtigste ausländische Investor in Brasilien (siehe Tabelle 7.1).

[409] Anmerkungen: Bis 1980 betrug die Gesamtsumme der ausländischen Direktinvestitionen in Brasilien US$ 19.558,15 Mio., zwischen 1981 und 1989 betrug sie US$ 15.371,25 Mio. und zwischen den Jahren 1990 und 1995 (1. Hj.) US$ 18.170,92. Alle Angaben zu laufenden Preisen umgerechnet mit den jeweils aktuellsten US$ Wechselkursen. Da die Direktinvestitionen bis 1983, zwischen 1984 und 1985 sowie die neueren Direktinvestitionen jeweils mit unterschiedlichen US$ Wechselkursen umgerechnet wurden, weicht die in Tabelle 7.1 angegebene Summe von der in der neusten brasilianischen Zentralbankpublikation angegebenen Summe ab.

Tabelle 7.2: Die Aufteilung der ausländischen Direktinvestitionen in Argentinien nach Investorländern

	bis 1976	*1977 bis '89*	*1992 bis '95*	*Bestand am Ende 1995*
Chile	k.A.	k.A.	10,41%	5,99%
Deutschland	**6,83%**	**8,24%**	**3,94%**	**4,70%**
Frankreich	9,00%	8,02%	6,03%	5,94%
Großbritannien	9,53%	0,65%	5,13%	4,47%
Italien	1,32%	13,35%	5,17%	5,81%
Spanien	0,31%	3,18%	2,22%	6,42%
USA	39,78%	43,91%	38,24%	35,47%
Andere Länder	33,23%	22,65%	23,83%	24,84%
Summe	**100,00%**	**100,00%**	**100,00%**	**100,00%**

Quelle: Eigene Berechnung auf Basis der Daten aus CEPAL (1995), S. 38, Tabelle 2 (für die Daten bis 1989), Direccion Nacional de Cuentas Internacionales (1997), Tabelle 7 (für die Daten von 1992-1995).[410]

Vernachlässigt man die sog. 'Steuerparadiese', dann stellt Argentinien mit über 5% der gesamten deutschen Direktinvestitionen in Entwicklungsländern das viertwichtigste Bestimmungsland dar. Mit fast 5% an den aggregierten ausländischen Direktinvestitionen in Argentinien zum Ende des Jahres 1995 spielen die deutschen Direktinvestitionen auch aus argentinischer Sicht eine nicht zuvernachlässigende Rolle. Für deutsche Investoren bietet Argentinien zudem ähnliche wirtschaftliche Bedingungen wie dessen großer Nachbar Brasilien. Zum Vergleich der steuerlichen Behandlung deutscher Faktoreinkommen aus Entwicklungsländern bieten sich also diese beiden Länder an.

Nur knapp über 1,3% der gesamten deutschen Direktinvestitionen in Entwicklungsländern flossen bisher nach Chile. Damit steht Chile zwar nur an zehnter Stelle (bei erneuter Vernachlässigung der 'Steuerparadise'), es ist damit aber das wichtigste Bestimmungsland deutscher Direktinvestitionen in Entwicklungsländern, mit denen kein Doppelbesteuerungsabkommen besteht. Aus chilenischer

---

410 Anmerkungen: Bis 1976 betrug die Gesamtsumme der ausländischen Direktinvestitionen in Argentinien US$ 4.583,83 Mio., zwischen 1977 und 1989 betrug sie US$ 3.440,36 Mio. und zwischen den Jahren 1992 und 1995 US$ 13.848. Da seit 1990 die Direktinvestitionen nicht mehr offiziell erfaßt werden handelt es sich bei den neueren Daten um offizielle Schätzungen der DNCI. Der Bestand zum Ende des Jahres 1995 ergibt sich deshalb auch nicht aus der Addition der einzelnen Spalten, sondern ist von der DNCI übernommen.

Sicht sind die deutschen Direktinvestitionen ebenfalls mit gerade einmal 1% an den gesamten ausländischen Direktinvestitionen zwischen 1976 und Ende 1995 sehr gering. Deutschland steht bei den ausländischen Investoren in Chile damit an fünfzehnter Stelle (siehe Tabelle 7.3).

Tabelle 7.3: Die Aufteilung der ausländischen Direktinvestitionen in Chile nach Investorländern

	1974 bis '83	*1984 bis '88*	*1989 bis '95*	*1974 bis Ende 1995*
Argentinien	1,03%	0,29%	1,60%	1,35%
Australien	0,32%	3,65%	4,36%	3,75%
Deutschland	**2,28%**	**0,80%**	**0,82%**	**1,01%**
Finnland	0,00%	0,00%	3,10%	2,30%
Frankreich	3,79%	0,88%	1,18%	1,47%
Großbritannien	6,42%	6,34%	5,50%	5,72%
Japan	2,33%	1,58%	3,74%	3,28%
Kaimaninseln	0,18%	0,10%	1,52%	1,17%
Kanada	2,76%	5,49%	20,46%	16,25%
Neuseeland	0,00%	16,91%	0,62%	2,64%
Niederlanden	4,28%	2,21%	1,50%	1,95%
Schweiz	2,64%	0,12%	1,72%	1,63%
Spanien	9,13%	16,58%	2,37%	5,07%
Südafrika	1,35%	0,73%	3,63%	2,96%
USA	50,49%	35,23%	39,02%	40,00%
Andere Länder	13,00%	9,09%	8,89%	9,44%
Summe	**100,00%**	**100,00%**	**100,00%**	**100,00%**

Quelle: Eigene Berechnung auf Basis der Daten aus Comite de Inversiones Extranjeras - Chile (1996).[411]

Aufgrund der räumlichen Nähe zu Argentinien und Brasilien und der Tatsache, daß Chile seit November 1996 assoziiertes Mitglied der im wesentlichen aus Argentinien und Brasilien bestehenden Freihandelszone MercoSur ist, lassen sich bei diesen drei Volkswirtschaften sowohl die Vor- und Nachteile unterschiedlicher Doppelbesteuerungsabkommen (Argentinien und Brasilien) als auch die

---

411 Anmerkungen: sog. 'Materialisierte Investitionen', die über Investitionsverträge (D.L. 600) getätigt wurden. Zwischen 1974 und 1983 betrug die Gesamtsumme der ausländischen Direktinvestitionen in Chile US$ 2.009,3 Mio., zwischen 1984 und 1988 betrug sie US$ 2.008,7 Mio. und zwischen den Jahren 1989 und 1995 US$ 11.552,3.

Vor- und Nachteile der nicht-kooperativen Lösung (Chile im Vergleich zu den anderen beiden Ländern) gut von anderen ökonomischen Aspekten isoliert vergleichen, so daß dies die Wahl Chiles als drittes Fallbeispiel rechtfertigt.

7.2 Argentinien

7.2.1 Die relevanten Rechtsnormen

Die Einkommensbesteuerung sowohl der natürlichen als auch der juristischen Personen in Argentinien wird im wesentlichen durch das Einkommensteuergesetz (*"Ley de Impuesto a las Ganancias / LIG"*) sowie durch die dazugehörige Anwendungsverordnung (*"Reglamentación del Impuesto a las Ganancias / RIG"*) geregelt.[412] Im Folgenden werden lediglich diejenigen Rechtsnormen dargestellt, die für die potentielle Doppelbesteuerung von Einkommen relevant sind. Hierzu zählen einerseits die unilateralen Maßnahmen des Steuerrechts und andererseits das Doppelbesteuerungsabkommen mit Deutschland.

7.2.2 Unilaterale Maßnahmen des argentinischen Steuerrechts

7.2.2.1 Die Besteuerung von im Ausland entstandenen Einkommen

Das argentinische Einkommensteuergesetz sieht seit April 1992 ebenso wie das deutsche Einkommensteuergesetz bei ansässigen Personen eine Besteuerung der Welteinkommen vor. Die im Ausland gezahlten Einkommensteuern werden bei der im Inland zu zahlenden Einkommensteuer angerechnet; jedoch nur bis maximal zu der in Argentinien anfallenden Steuerschuld. Für ansässige Personen gilt also in Argentinien die Besteuerung nach dem Wohnsitzlandprinzip in Verbindung mit der eingeschränkten Anrechnungsmethode ohne *"per-country-limitation"*. Personen, die nicht in Argentinien ansässig sind, werden dagegen nach dem Quellenlandprinzip, also nur mit ihrem aus Argentinien stammenden Einkommen, besteuert (Art. 1 *LIG*).[413] Ansässigkeit bedeutet dabei im Falle von natürlichen Personen, daß sich diese Personen während des Kalenderjahres mehr

---

[412] Vgl. *Ley N° 20.628/73 - Impuestos a las Ganancias*, Stand, 27. Sept 1996 sowie *Decreto N° 2353/86 - Decreto Reglamentario*, Stand, 2. Nov. 1995. Für eine ausführliche Diskussion vgl. Reig, Enrique J. (1996). Einen kurzen Überblick (Stand: 1992) bietet auch Ernst & Young International (1992), S. 39-54 und S. 86-94.

[413] Bis zum 31. März 1992 wurden die im Ausland erwirtschaftete Einkommen von ansässigen Personen freigestellt, d.h. bis dahin galt in Argentinien ausschließlich das Quellenlandprinzip. Vgl. Anpassung durch *Ley N° 24.073/92*.

als sechs Monate in Argentinien aufgehalten haben (Art. 26 *LIG*).[414] Juristische Personen gelten als ansässig, sofern sie in Argentinien in dem dafür zuständigen Register eingetragen sind, also dort ihren Sitz haben (Art. 69 *LIG*). Liegt ein Doppelbesteuerungsabkommen vor, dann gelten ausschließlich die in diesem Abkommen definierten Regelungen zur Vermeidung der Doppelbesteuerung.

7.2.2.2 Die Einkommensbesteuerung bei nicht-ansässigen Personen

Einkommenszahlungen an ausländische Körperschaften sowie Gewinne von Betriebsstätten ausländischer Körperschaften werden lediglich dann besteuert, falls die Einkommensquelle in Argentinien liegt.[415] Zusammen mit den Einkommen natürlicher Personen, die nicht in Argentinien ansässig sind, werden diese Einkommen als Zahlungen an 'ausländische Nutznießer' bezeichnet (Art. 91 *LIG*).

Diese Einkommenszahlungen an ausländische Nutznießer werden mit einer im Prinzip einheitlichen Quellensteuer belegt, die dem Höchststeuersatz in Argentinien entspricht.[416] Im Gegensatz zur Bestimmung der Steuerbemessungsgrundlage bei Inländern wird bei Ausländern grundsätzlich eine Pauschalisierung der Betriebsausgaben und Werbungskosten unternommen, d.h. das Nettoeinkommen entspricht einem bestimmten Prozentsatz der Bruttoeinkommen/-einnahmen; es wird also kein Abzug der tatsächlichen Einkommenserzielungskosten zugelassen. Ebensowenig werden bei natürlichen nicht-ansässigen Personen die persönlichen Umstände, wie z.B. der Familienstand und ähnliches, berücksichtigt. Der relevante Prozentsatz hängt von der jeweiligen Einkommensart ab. Tabelle 7.4 stellt diesen Prozentsatz sowie den sich für 1996 ergebende Bruttosteuersatz dar.

Analog zur Besteuerung von ansässigen Personen wird auch bei nicht-ansässigen Personen keine Quellensteuer auf Dividenden erhoben (Art. 46 *LIG*), da diese aus bereits versteuerten Gewinnen gezahlt werden. Zinszahlungen für im Ausland aufgenommene Kredite zwecks Import von abschreibungsfähigen beweglichen Gütern (ausgenommen Autos) sind ebenfalls grundsätzlich von der Steuer befreit (Art. 20 *LIG*).

---

[414] Vgl. auch Art. 89 und 90 des argentinischen *Codigo Civil* (= Bürgerliches Gesetzbuch).

[415] Bei Betriebsstätten und verbundenen Unternehmen kann im Zweifel eine Fremdvergleichsmethode herangezogen werden, um Verrechnungspreise zu korrigieren (Art. 19 und 20 *RIG*).

[416] Seit Oktober 1996 beträgt dieser Quellensteuersatz 33%. Zwischen April 1992 und September 1996 betrug dieser Steuersatz 30% und davor 45%. Vgl. *Ley N° 24.073/92* sowie *Ley N° 24.698/96*.

Tabelle 7.4: Quellensteuersätze auf Bruttoeinkommen aus Argentinien

Einkommens-/Einnahmensart	*Unterstellte Netto-einkommen*[a)]	*Quellensteuer*[b)]
Transportdienstleistungen:		
a) Kontainertransporte	20,00 %	6,60 %
b) Sonstige Transporte	10,00 %	3,30 %
Einkommen internationaler Presseagenturen	10,00 %	3,30 %
Zahlungen für die Nutzungsrechte ausländischer Spielfilme etc.	50,00 %	16,50 %
Technologietransfer:		
a) Zahlungen für technische Dienstleistungen, die in Argentinien nicht verfügbar sind und die im Zusammenhang mit einem genehmigten Technologietransfers stehen	60,00 %	19,80 %
b) Lizenz- oder sonstige Zahlungen für den Transfer von Nutzungsrechten für solche Technologie,	80,00 %	26,40 %
c) Lizenz- oder sonstige Zahlungen, die nicht unter das Technologietransfergesetz fallen	90,00 %	29,70 %
Lizenzzahlungen für Copyrights	35,00 %	11,55 %
Zinszahlungen[c)]	40,00 %	13,20 %
Dividenden[d)]	0,00 %	0,00 %
Gehalts- und Honorarzahlungen an Personen, die sich für höchstens 6 Monate in Argentinien aufhalten	70,00 %	23,10 %
Miete:		
a) für bewegliche Güter	40,00 %	13,20 %
b) für unbewegliche Güter	60,00 %	19,80 %
Sonstige Zahlungen	90,00 %	29,70 %

Quelle: Eigene Darstellung in Anlehnung an Reig, Enrique J. (1996), S. 894.[417]

[417] Anmerkungen: a) als Anteil der Bruttoeinkommen. b) Steuersatz auf Bruttoeinkommen. c) mit Ausnahme der Zinszahlungen für Importkredite nach Art. 20; zwischen Dez. 1995 und Sept. 1996 betrug der angenommene Nettoeinkommensanteil 15%. Vgl. *Ley N° 24.587/95* sowie *Ley N° 24.698/96*. d) Auf Dividenden werden keine zusätzlichen Quellensteuern erhoben.

7.2.3 Das deutsch-argentinische Doppelbesteuerungsabkommen

Am 13. Juli 1966 wurde erstmals ein Doppelbesteuerungsabkommen zwischen Deutschland und Argentinien unterzeichnet.[418] Dieses Abkommen - das erste seiner Art zwischen Deutschland und einem südamerikanischen Land - wurde jedoch am 31. Dezember 1973 von argentinischer Seite gekündigt, da diese nicht mehr mit der im Abkommen festgelegten Begrenzung des Steuerzugriffs im Quellenland einverstanden war.[419] Nach längeren Verhandlungen konnte aber am 13. Juli 1978 ein neues Abkommen unterzeichnet werden[420]

Die Zuweisung des Besteuerungsrechtes laut diesem neuen Abkommen wurde bereits für den Fall, daß es sich bei Deutschland um das Wohnsitzland und bei Argentinien um das Quellenland handelt in Tabelle 6.7 kurz dargestellt. Eine etwas detailliertere Darstellung findet sich nun in Tabelle 7.5a.[421]

Für den umgekehrten Fall, nämlich daß Deutschland das Quellenland und Argentinien das Wohnsitzland ist, unterscheidet sich diese Zuweisung etwas, da Argentinien laut dem gegenwärtig gültigen Doppelbesteuerungsabkommen Doppelbesteuerung bei gleichzeitigem Zugriff grundsätzlich durch die Freistellungsmethode vermeidet. Nach dem Entwurf eines Gesetzes zum Protokoll vom 16. Sept. 1996 zu diesem Abkommen wird Argentinien jedoch in Zukunft die Doppelbesteuerung bei gleichzeitigem Zugriff grundsätzlich durch die eingeschränkte Anrechnung vermeiden.[422] Die sich in Zukunft dadurch ergebende abschließende Zuweisung des Besteuerungsrechts findet sich in Tabelle 7.5b.

Neben den in Tabellen 7.5a und 7.5b zusammengefaßten Besteuerungsrechten ist noch auf die bereits in Tabelle 6.8 erwähnte Erweiterung des Betriebsstättenkriteriums hinzuweisen. Nach dem deutsch-argentinischen Doppelbesteuerungsabkommen liegt bei Bauausführungen schon ab einer Dauer von sechs Monate

---

418 Vgl. BGBl. 1967 II, S. 838.

419 Vgl. hierzu Deutscher Bundestag (1978), S. 24.

420 Vgl. Tabelle 6.4. Zu den Unterschieden zwischen diesen beiden Abkommen vgl. Debatin, Helmut / Wassermeyer, Franz (1997), Bd. II, Abschnitt Argentinien, S. 135-136.

421 Neben dem Doppelbesteuerungsabkommen mit Deutschland hat Argentinien bisher 14 weitere Abkommen mit Industrieländern unterzeichnet, wovon jedoch 4 noch nicht in Kraft sind. Vgl. Zapata, Sonia (1998), S. 260-261.

422 Vgl. Deutscher Bundestag (1997), S. 5.

eine Betriebsstätte vor.[423] Außerdem stellen Versicherungsvertreter sowie Einkaufsstellen für Landwirtschaft, Forstwirtschaft und Bergbau ebenfalls Betriebsstätten dar.

Tabelle 7.5a: Zuweisung des Besteuerungsrechts nach dem deutsch-argentinischen DBA (WL = Deutschland; QL = Argentinien)

	QL	*WL*	*WL/QL*
Einkommen aus unbeweglichem Betriebsvermögen[a)]	✓	-	-
Einkommen aus sonst. unbeweglichem Vermögen	-	-	✓
Betriebsstättengewinne	✓	-	-
Sonstige Unternehmensgewinne	-	✓	-
Einkommen aus Seeschiff- und Luftfahrt	-	✓[b)]	-
Dividenden (verbundene Gesellschaften)[c)]	✓[d)]	-	-
Dividenden (sonstige Investitionen)	-	-	✓[d)e)]
Zinsen an öffentliche Einrichtungen	-	✓	-
Sonstige Zinsen		-	✓[f)g)]
Lizenzgebühren	-	-	✓[h)i)]
Veräußerungsgewinne bei Betriebsvermögen[a)]	✓	-	-
Veräußerungsgewinne bei sonstigen unbewegl. Vermögen	-	-	✓
Veräußerungsgewinne bei Anteilsverkäufen	-	-	✓
Veräußerungsgewinne bei sonstigen beweglichem Vermögen	-	✓	-
Einkommen aus selbständiger Arbeit (mit fester Einrichtung)	-	-	✓
Einkommen aus selbständiger Arbeit (ohne feste Einrichtung)	-	✓	-
Einkommen aus unselbständige Arbeit	✓[j)]	-	-
Aufsichtsrats- und Verwaltungsratsvergütungen	-	-	✓
Einkommen von Künstlern und Sportlern	-	-	✓
Einkommen im Öffentlichen Dienst	✓[k)]	-	-
Ruhegehälter und Renten	-	-	✓
Stipendien von Studenten und Azubis	-	✓[l)]	-
Nicht ausdrücklich erwähnte Einkommen	-	✓	-

[423] Im Kommentar zum OECD-MA legt Argentinien übrigens Wert darauf festzustellen, daß es eigentlich schon ab einer Dauer von drei Monaten Bauausführungen etc. als Betriebsstätte verstanden haben will. Ebenso sollten Aufsichtstätigkeiten im Zusammenhang mit den Bauausführungen eigentlich Betriebsstätten begründen. Vgl. OECD (1992/1997), S. P-10.

Tabelle 7.5b: Zuweisung des Besteuerungsrechts nach dem deutsch-argentinischen DBA (WL = Argentinien; QL = Deutschland)

	QL	*WL*	*WL/QL*
Einkommen aus unbeweglichem Vermögen	-	-	✓
Betriebsstättengewinne	-	-	✓
Sonstige Unternehmensgewinne	-	✓	-
Einkommen aus Seeschiff- und Luftfahrt	-	✓[b)]	-
Dividenden	-	-	✓[d)]
Zinsen an öffentliche Einrichtungen	-	✓	-
Sonstige Zinsen	-	-	✓[f)]
Lizenzgebühren	-	-	✓[h)]
Veräußerungsgewinne bei unbeweglichem Vermögen	-	-	✓
Veräußerungsgewinne bei Anteilsverkäufen	-	-	✓
Veräußerungsgewinne bei sonstigen beweglichem Vermögen	-	✓	-
Einkommen aus selbständiger Arbeit (mit fester Einrichtung)	-	-	✓
Einkommen aus selbständiger Arbeit (ohne feste Einrichtung)	-	✓	-
Einkommen aus unselbständige Arbeit	-	-	✓[j)]
Aufsichtsrats- und Verwaltungsratsvergütungen	-	-	✓
Einkommen von Künstlern und Sportlern	-	-	✓
Einkommen im Öffentlichen Dienst	✓[k)]	-	-
Ruhegehälter und Renten	-	-	✓
Stipendien von Studenten und Azubis	-	✓[l)]	-
Nicht ausdrücklich erwähnte Einkommen	-	✓	-

Quelle: Eigene Darstellung auf Basis des Doppelbesteuerungsabkommens; vgl. Tabelle 6.4.[424]

[424] Anmerkungen zu Tabelle 7.5a und 7.5b: QL: Das Quellenland hat das alleinige Besteuerungsrecht bzw. das Wohnsitzland stellt die Quellenlandeinkommen frei; WL: Wohnsitzland hat das alleinige Besteuerungsrecht; WL/QL: Beide Länder dürfen besteuern und das Wohnsitzland vermeidet die Doppelbesteuerung durch Anwendung der Anrechnungsmethode; a) Bei Zuordnung zu einer Betriebsstätte oder einer festen Einrichtung im QL; b) Ort der tatsächlichen Geschäftsführung); c) Mindestbeteiligung 25%; d) Begrenzung der Quellensteuer (QSt) auf 15%; e) fiktive Anrechnung von 20%; f) Begrenzung der QSt auf 10% auf bei Krediten im Zusammenhang mit dem Verkauf gewerblicher, kaufmännischer oder wissenschaftlicher Ausrüstung und bei Bankdarlehen; ansonsten Begrenzung der QSt auf 15%; g) fiktive Anrechnung von 15%; h) Begrenzung der QSt auf 15% auf des Bruttobetrages bei gewerblichen Lizenzgebühren und bei Know-How-Vergütungen; i) bei h) fiktive Anrechnung von 20%, sonst tatsächliche Steuer; j) Wenn sich der Arbeitnehmer im QL höchstens 183 während 12 Monaten aufgehalten hat, der Arbeitgeber nicht im QL ansässig ist und zudem die Vergütung nicht von einer Betriebsstätte oder einer festen Einrichtung des Arbeitgebers im QL gezahlt wurde gilt WL; k) Lediglich der für die Arbeit zahlende Staat darf Steuern erheben, es sei denn diese Arbeit wird oder wurde in dem anderen Vertragsstaat von einem Staatsangehörigen des anderen Staates durchgeführt, der

7.2.4 Die Bewertung des deutsch-argentinischen Abkommens

Vergleicht man das deutsch-argentinische Doppelbesteuerungsabkommen mit dem Referenzmodell aus Kapitel 5, dann stellt man zunächst fest, daß sich die Vertragspartner in Bezug auf die Besteuerung von aus Argentinien stammenden Einkommen, die nach Deutschland strömen, auf ein Abkommen geeinigt haben, das in vielen Aspekten diesem Referenzmodell entspricht.[425] So führt insbesondere die ausschließliche Quellenlandbesteuerung der Einkommen aus Direktinvestitionen (hier die Betriebsstättengewinne, die Dividenden aus wesentlichen Unternehmensbeteiligungen sowie andere Einkommen aus Betriebsvermögen) zu einer Maximierung der gemeinsamen Kooperationsgewinne. Die Regelungen für Einkommen und Veräußerungsgewinne aus sonstigen unbeweglichem Vermögen, für Einkommen aus selbständiger Arbeit sowie für nicht ausdrücklich erwähnte Einkommen weichen hingegen von dem Referenzmodell ab.

Da keine Protokolle über den Verlauf der deutsch-argentinischen Abkommensverhandlungen vorliegen und zudem weder in Deutschland noch in Argentinien offizielle Richtlinien für die Aushandlung von Doppelbesteuerungsabkommen existieren, soll deshalb im folgenden versucht werden, die Abweichungen durch die zuvor entwickelte positive Theorie der Doppelbesteuerungsabkommen zu erklären.

In Kapitel 5 wurde festgestellt, daß ein sein individuellen Vorteil maximierendes Wohnsitzland rationalerweise nur dann das Quellenlandprinzip akzeptieren wird, wenn dieses Wohnsitzland vom Quellenland eine Kompensation für die entgangenen Steuereinnahmen erhält. Diese Kompensation kann expliziter oder auch impliziter Natur sein. Der Verzicht auf die Quellenlandbesteuerung bei sonstigen Einkommen, die Beibehaltung des Wohnsitzlandprinzip bei einigen Einkommen aus unbeweglichem Vermögen und aus selbständiger Arbeit sowie die Reduzierung der Quellensteuer bei Dividenden, Zinsen und Lizenzgebühren kann dann als eine implizite Kompensation verstanden werden.

Diese Interpretation des partiellen Steuerverzichts als implizite Kompensation scheint auch die Schlußbemerkung der deutschen Bundesregierung zum Abkommen zu unterstreichen, in der es heißt:

---

nicht gleichzeitig Staatsangehöriger des zuerst genannten Staates ist; l) Bei Aufenthalt bis zu 2 Jahren, sonst gilt WL/QL.

[425] Für eine steuerrechtliche Bewertung zu dieses Abkommens wird auf Debatin, Helmut / Wassermeyer, Franz (1997), Bd. II, Abschnitt Argentinien, S. 135-232, verwiesen.

„Durch das Abkommen verzichtet die Bundesrepublik Deutschland zur Beseitigung der Doppelbesteuerung in gewissem Umfang auf Steuern, die dem Bund, den Ländern oder den Gemeinden zufließen. Andererseits brauchen gewisse, zur Vermeidung der Doppelbesteuerung bisher eingeräumte Ermäßigungen an deutschen Steuern nicht mehr oder nicht mehr in bisheriger Höhe gewährt werden, weil die Doppelbesteuerung nach dem Abkommen schon durch Steuerverzichte der Argentinischen Republik beseitigt oder gemildert wird.“[426]

Um die Bedeutung dieser eventuellen Kompensationen besser einschätzen zu können, erscheint es jedoch hilfreich, die relative Bedeutung einzelner Faktoreinkommen zu berücksichtigen. Tabelle 7.6 stellt diese Einkommensströme für das Jahr 1994 dar.[427] Dort sieht man, daß *per Saldo* im Jahre 1994 mehr deutsche Einkommen aus Argentinien stammen als umgekehrt. Bei Deutschland dominiert also der Wohnsitzlandcharakter und bei Argentinien der Quellenlandcharakter. Betrachtet man jedoch die einzelnen Einkommensarten getrennt, dann erkennt man aber auch, daß diese Verallgemeinerung eigentlich nur für die Kapitaleinkommen (mit Ausnahme der Wertpapierdividenden) gilt. Für Arbeitseinkommen gilt eine umgekehrte Nettoposition, d.h. Argentinien bezieht mehr Arbeitseinkommen aus Deutschland als Deutschland aus Argentinien. Da die den Einkommensströmen zugrunde liegenden Faktorströme die gegenläufige Richtung aufweisen müssen, handelt es sich bei Deutschland um einen Nettokapitalexporteur und bei Argentinien um einen Nettoarbeitsexporteur.

Man sieht jedoch auch, daß die Arbeitseinkommen mit knapp über 10% einen sehr geringen Anteil an den gesamten bilateralen Einkommensströmen haben. Die wichtigsten Einkommen stammen in beiden Ländern aus Bankkrediten. Aus deutscher Sicht handelt es sich hier um mehr als ein Drittel der Gesamteinkommen und bei Brasilien beträgt der Anteil etwas weniger als ein Viertel. Die zweitwichtigste Einkommensart sind in beiden Ländern die Einkommen aus Direktinvestitionen, mit einem Anteil von knapp über 12% bzw. knapp über 14%. In Deutschland kommen noch die Zahlungen für Lizenzen und in Argentinien die Arbeitseinkommen hinzu. Die Struktur der bilateralen Einkommensströme zwischen Deutschland und Argentinien entspricht dabei in etwa der durchschnittlichen Struktur der Einkommensströme zwischen Deutschland und Entwicklungsländern allgemein (vgl. Tabelle 6.6). Für eine Aussage, ob der Abschluß bzw. die

---

[426] Deutscher Bundestag (1978), S. 4.

[427] Die Zinszahlungen für Kredite von öffentlichen Stellen wurden dabei außer acht gelassen.

Verwendung des deutsch-argentinischen Doppelbesteuerungsabkommens aus Sicht der einzelnen Länder rational ist, sind also insbesondere die Regelungen relevant, die die eben genannten Einkommen betreffen.

Tabelle 7.6: Die bilateralen Einkommensströme zwischen Argentinien und Deutschland im Jahre 1994 (in Mio. DM)

	aus Argentinien	*aus Deutschland*	*Saldo*[a)]
Kapitaleinkommen	***440***	***96***	***+344***
darunter:			
Einkommen aus Direktinvestitionen	59	19	+40
Dividenden aus Wertpapieren	6	10	-5
Zinsen aus festverzinslichen Wertpapieren	85	27	+58
Zinsen für Kredite von Banken	160	30	+130
Zinsen für Kredite von Nichtbanken	48	9	+39
Lizenzgebühren	82	1	+81
Arbeitseinkommen	***25***	***37***	***-12***
darunter:			
Einkommen aus selbständiger Arbeit	8	13	-5
Einkommen aus unselbständiger Arbeit	17	24	-7
Summe	**465**	**133**	**+332**

Quelle: Eigene Darstellung auf Basis der Daten aus Deutsche Bundesbank (1996).[428]

Betrachtet man die aktuellen formalen Steuersätze bei Gültigkeit des Doppelbesteuerungsabkommen (inklusive Ergänzungsprotokoll) und in der hypothetischen Situation ohne Doppelbesteuerungsabkommen (Stand: 1996), die in Tabelle 7.7 zusammengestellt sind, dann sieht man, daß insbesondere bei Einkommen aus Direktinvestitionen in Argentinien die Regelungen des Doppelbesteuerungsabkommen relevant werden, denn durch die Freistellung dieser Einkommen in Deutschland reduziert sich die Steuerbelastung erheblich.[429]

---

428 Anmerkungen: a) Überschuß der deutschen Ströme aus Argentinien über die argentinischen Ströme aus Deutschland.

429 Sicherlich kann hier die Verwendung von formalen Steuersätzen kritisiert werden. Internationale Steuerbelastungsverleiche, die versuchen die effektive Besteuerungslast zu bestimmen, sind jedoch einerseits sehr kompliziert, vgl. z.B. King, Mervyn A. / Fullerton, Don (1984), und andererseits existiert eine derart große Zahl von Methoden und Ansätzen, die jeweils zu divergierenden Ergebnissen führen. Der Einfachheit halber werden an dieser

Tabelle 7.7: Die formale Steuerbelastung der bilaterale Bruttoeinkommensströme zwischen Argentinien und Deutschland im Jahre 1996

Steuersätze für	*aus Argentinien mit DBA*	*aus Argentinien ohne DBA*	*aus Deutschland mit DBA*	*aus Deutschland ohne DBA*
Einkommen aus Direktinvestitionen	33,00%	48,38%	33,00%	33,00%
Dividenden aus Wertpapieren	52,01%	65,41%	42,63%	50,64%
Zinsen aus festverzinslichen Wertpapieren	47,07%	48,38%	33,00%	33,00%
Zinsen für Kredite von Banken	43,38%	48,38%	33,00%	33,00%
Zinsen für Kredite von Nichtbanken	47,07%	48,38%	33,00%	33,00%
Lizenzgebühren	43,38%	48,38%	33,00%	33,00%
Einkommen aus selbständiger Arbeit	25,84%	25,84%	31,73%	31,73%
Einkommen aus unselbständiger Arbeit	23,10%	23,10%	19,10%	19,10%

Quelle: Eigene Darstellung auf Basis der steuerlich relevanten Normen. Siehe auch die Berechnungen im Anhang 9.4.

Wie z.B. in Abbildung 2.5 gezeigt wurde, erhöhen sich die Kapitalexporte, wenn die Steuerbelastung der daraus resultierenden Einkommen zurückgeht. Dies läßt die Schlußfolgerung zu, daß *ceteris paribus* aufgrund des vorhandenen Doppelbesteuerungsabkommens, die deutschen Direktinvestitionen in Argentinien deutlich höher sind als sie ohne Doppelbesteuerungsabkommen wären. Betrachtet man die relative Bedeutung der Einkommen aus Direktinvestitionen, dann kann gefolgert werden, daß das Doppelbesteuerungsabkommen zu einer nicht vernachlässigbaren Erhöhung der gemeinsamen Einkommen geführt haben muß. Der deutsche Fiskus verliert jedoch im Vergleich zur nicht-kooperativen Situation an Steuereinnahmen, die unter plausiblen Annahmen höher sind, als die in Deutschland durch die zusätzlichen Kapitalexporte anfallende Einkommenszunahme.[430]

Stelle also weitgehend die formalen Steuersätze angesetzt. Für eine Berechnung der Steuersätze wird auf den Anhang verwiesen. Für eine ausführliche Darstellung unterschiedlicher Steuerbelastungsvergleiche - inklusive solcher, die nur formale Steuersätze verwenden - vgl. Mans, Angela (1996), S. 340-346. Für die Berechnung der effektiven Steuerbelastung in Argentinien, Brasilien und Chile für das Jahr 1992 nach der Methodik von King und Fullerton siehe Mintz, Jack M. / Tsiopolous, Thomas (1996), S. 13.

[430] Eine genaue Berechnung des Nettoverlustes scheiter leider an der fehlenden Information über die Steuersatzreagibilität der bilateralen Faktorströme. Aus den Ausführungen in Ka-

Bei den Einkommen aus unselbständiger Arbeit, die ebenfalls in Deutschland aufgrund des Doppelbesteuerungsabkommens freigestellt werden, wirkt sich das Abkommen hingegen weder auf die Faktorbewegungen noch auf die Steuereinnahmen aus, da die in Argentinien gezahlte Quellensteuer über der in Deutschland fälligen Steuer liegt. Gleiches gilt im übrigen auch für die Einkommen aus selbständiger Arbeit, obwohl diese Einkommen laut Doppelbesteuerungsabkommen in Deutschland nicht freigestellt werden. Dies liegt erneut daran, daß hier die in Argentinien gezahlte Quellensteuer über der in Deutschland fälligen Steuer liegt und somit die Freistellungsmethode der eingeschränkten Anrechnungsmethode entspricht (vgl. Abschnitt 4.3.2).

Wird Deutschland bei seinen Entscheidungen ausschließlich von seinem Eigeninteresse geleitet, dann muß nach Kompensationsmöglichkeiten für den Nettoeinkommensverlust bei den Direktinvestitionen gesucht werden, um das deutsche Verhalten als theoriekonform einstufen zu können. In Kapitel 5 wurde gezeigt, daß eine Begrenzung der Steuersätze im Quellenland bei gleichzeitiger Anwendung der Anrechnungsmethode eine implizite Kompensation darstellt. Die im Doppelbesteuerungsabkommen vorgeschriebene Begrenzung wird *de facto* aber nur bei den Einkommen aus Bankdarlehen und aus Lizenzen und Patenten relevant (siehe Tabelle 7.4). Die fiktive Anrechnung in Deutschland führt zudem dazu, daß diese implizite Kompensation im Fall der Zinsen aus Bankdarlehen wohl vollständig aufgehoben wird. Im Fall der Lizenzgebühren beträgt die Reduzierung der Quellensteuer trotz fiktiver Anrechnung hingegen 6,4%-Punkte.[431] Bedenkt man jedoch, daß es auch bei den anderen Zinseinkommen und den Wertpapierdividenden zur fiktiven Anrechnung kommt, dann kann durchaus davon ausgegangen werden, daß die Begrenzung der Quellensteuer bei deutschen Einkommen aus Argentinien *per Saldo* nicht zu einer genügend hohen Kompensation führt. Es mag sogar sein, daß dem deutschen Fiskus durch die fiktive Anrechnung und die damit geschaffenen Anreize für Kapitalexporte nach Argentinien sogar zusätzlich Steuern entgehen.[432] Dies liegt im wesentlichen daran, daß die in Deutschland

---

pitel 5 läßt sich jedoch, wie dort geschehen, dieser Nettoverlust zumindest graphisch ableiten.

[431] Unter der Annahme, daß es sich bei den Lizenzen um solche handelt, die unter das argentinische Technologietransfergesetz fallen (vgl. Tabelle 7.4).

[432] Bei Wertpapierdividenden scheint dieser Effekt aufgrund der Reduzierung der Steuerbelastung um mehr als 10%-Punkte am stärksten zu sein. Wertpapierdividenden spielen jedoch aus deutscher Sicht kaum eine Rolle.

anrechenbare Quellensteuer sogar um 5%-Punkte über der in Argentinien maximal zulässigen Quellensteuer liegt.[433]

Eventuell kommt es jedoch aufgrund des Verzichts auf den Steuerzugriff bei den nicht explizit erwähnten Einkommen in Argentinien zu einem genügend hohen Steuertransfer von Argentinien nach Deutschland. Eine genügend hohe Kompensation durch diesen Verzicht würde genau dann erfolgen, wenn diese Einkommen von großer Bedeutung sind. Eine nicht explizite Erwähnung im Abkommen von derart bedeutenden Einkommensarten wäre gleichwohl nicht verständlich, so daß diese Kompensationsmöglichkeit eher unwahrscheinlich erscheint.

Letztendlich mag sich Deutschland möglicherweise daraus eine Kompensation versprechen, daß die Anwendung des Quellenlandprinzips in Argentinien zu hohen Faktorexporten nach Deutschland führt und somit zu einer Erhöhung des dortigen Steueraufkommens. Aber auch diese Kompensationsmöglichkeit ist nicht sehr vielversprechend, wenn man bedenkt, daß einerseits durch die Änderung des Doppelbesteuerungsabkommen in Zukunft in Argentinien bei allen Einkommen die Anrechnungsmethode verwendet wird und andererseits bei Abschluß des Doppelbesteuerungsabkommen in Argentinien bereits unilateral das Quellenlandprinzip angewendet wurde. Durch das Doppelbesteuerungsabkommen reduziert sich demnach genau genommen nur die in Deutschland fällige Quellensteuer auf Wertpapiere und auf Zahlungen für Lizenzen und Patente. Diese Begrenzung führt jedoch zu einer Reduzierung der deutschen Steuereinnahmen und nicht zu der oben angesprochenen Kompensation. Die Hoffnung der deutschen Regierung auf einen Ausgleich der Mindereinnahmen wird also auch hier nicht erfüllt.

Zur Erklärung der deutschen Zustimmung bleiben im Prinzip dann nur noch zwei Möglichkeiten:

1) Bei Abschluß des Doppelbesteuerungsabkommens war die Entwicklung der Einkommensströme aufgrund eines 'Schleiers der Unsicherheit' nicht bekannt bzw. es wird damit gerechnet, daß sich die Einkommensströme in Zukunft immer stärker annähern.

2) In Deutschland werden die Kooperationsentscheidungen nicht ausschließlich aufgrund von nationalstaatlichen Interessen getroffen, sondern altruistische Interessen in bezug auf Entwicklungsländer führen dazu, daß eine globale Einkommenserhöhung auch auf Kosten der nationalen Einkommen (aufgrund niedriger Steuereinnahmen) verfolgt wird.

---

433 Vgl. hierzu auch Debatin, Helmut / Wassermeyer, Franz (1997), Bd. II, Abschnitt Argentinien, S. 138a.

Betrachtet man die derzeit positive Entwicklung der argentinischen Wirtschaft, dann ist es durchaus möglich, daß Argentinien in Zukunft stärker in Deutschland investiert und daß es langfristig auch zu einer Angleichung der bilateralen Einkommensbilanz kommt.

Am wahrscheinlichsten erscheint es dem Verfasser jedoch, daß Deutschland in bezug auf Kooperationen mit Argentinien altruistische Interessen verfolgt und somit bei der Bewertung der Kooperationsvorteile stärkeres Gewicht auf die globalen Aspekte dieser Kooperation legt. Dies läßt sich im Prinzip auch damit belegen, daß die deutsche Regierung in der zuvor zitierten Schlußbemerkung zum Abkommen eigentlich davon auszugehen scheint, daß die deutschen Steuermindereinnahmen durch den partiellen Steuerverzicht in Argentinien lediglich abgemildert werden. In Schlußbemerkungen zu anderen Abkommen - insbesondere, die der jüngsten Zeit - wird nämlich nicht mehr von einer solchen Abmilderung gesprochen, sondern von einem weitgehenden Ausgleich.[434]

Die Zustimmung Argentiniens zum gegenwärtigen Doppelbesteuerungsabkommen erklärt sich eigentlich von selbst, da sich für das 'Wohnsitzland Argentinien' bis auf die Quellensteuerbegrenzung bei Wertpapierdividenden und Lizenzgebühren durch das Doppelbesteuerungsabkommen nichts wesentlich geändert hat; für das 'Quellenland Argentinien' entstehen jedoch signifikante Vorteile durch die Einführung des Quellenlandprinzips für Einkommen aus Direktinvestitionen.[435]

7.3 Brasilien

7.3.1 Die relevanten Rechtsnormen

Das brasilianische Einkommensteuergesetz ("*Imposto de Renda / IR*") besteht aus einer Vielzahl von Einzelgesetzen. Ausgangspunkt ist das 'Nationale Steuer-

---

434 Vgl. z.B. Deutscher Bundestag (1996), S. 5.

435 Zu diese Schluß kommen im Prinzip auch Debatin und Wassermeyer, die „*das Abkommen als ein Vertragswerk* [sehen]*, das nicht nur die deutsch-argentinischen Wirtschaftsbeziehungen auf eine sichere steuerliche Grundlage stellt, sondern darüber hinaus mit den eingeräumten Steuerbefreiungen und der Erleichterung der fiktiven Anrechnung auch einen gezielten Beitrag zur Wirtschaftsförderung Argentiniens leistet.*" Debatin, Helmut / Wassermeyer, Franz (1997), Bd. II, Abschnitt Argentinien, S. 136.

gesetzbuch' vom 25.Okt. 1965 sowie die Verfassung vom 8. Okt. 1988[436]. Neben diesen beiden grundlegenden Rechtsnormen sind alleine 28 weitere Gesetze und 2 Dekrete wesentlich für die Einkommensbesteuerung. Die wichtigsten Regelungen befinden sich dabei in den Gesetzen 7.713/88, 8.383/91, 9.249/95 und 9.250/95[437] sowie in der Anwendungsverordnung zum Einkommensteuergesetz (*"Regulamento do Imposto sobre a Renda e Proventos de Qualquer Naturaleza / RIR"*) vom Januar 1994. Für die Besteuerung von beschränkt steuerpflichtigen Personen sind zusätzlich das Gesetz 3.470/58 und das Dekret 5.844/43 von besonderer Bedeutung.

Die brasilianische Einkommensbesteuerung unterscheidet nicht explizit zwischen Einkommensteuer und Körperschaftsteuer (d.h. es gibt kein eigenes Körperschaftsteuergesetz). In den Einzelgesetzen, die in ihrer Gesamtheit das Einkommensteuerrecht darstellen, wird jedoch zwischen Einkommen von natürlichen Personen und Einkommen von juristischen Personen unterschieden. Neben AGs, KGaAs und GmbHs werden dabei auch alle anderen Unternehmensformen als juristische Personen besteuert, also auch die Betriebsstätten ausländischer Unternehmen.

Im folgenden werden erneut nur diejenigen Rechtsnormen dargestellt, die für die potentielle Doppelbesteuerung von Einkommen relevant sind. Hierzu zählen einerseits die unilateralen Maßnahmen des Steuerrechts und andererseits das Doppelbesteuerungsabkommen mit Deutschland.

7.3.2 Unilaterale Maßnahmen des brasilianischen Steuerrechts

7.3.2.1 Die Besteuerung von im Ausland entstandenen Einkommen

Auch in Brasilien wird zwischen unbeschränkter und beschränkter Steuerpflicht unterschieden. Unbeschränkt, und damit mit ihrem gesamten Welteinkommen steuerpflichtig, sind alle natürlichen Personen, die in Brasilien ihren Wohnsitz bzw. ihren ständigen Aufenthalt haben (Art. 1 und 8 *Lei 7.713/88*). Seit 1996 gilt dies auch für alle juristischen Personen mit Geschäftssitz in Brasilien

---

[436] *Código Tributário Nacional - Lei 5.172/65,* Art. 43-45, und *Constituição da República Federativa do Brasil,* Art. 145-169, 195.

[437] Diese wesentlichen Rechtsnormen bis zum Stand 27.12.1995 befinden sich z.B. in dem Sammelwerk von Ribeiro Lopez, Mauricio A. (1996). Für neuere Rechtsnormen sowie für Kommentare zu diesen sei auf das steuerrechtliche Sammelwerk IOB verwiesen. Für eine knappe Darstellung des brasilianischen Einkommensteuersystems in englischer Sprache vgl. Price Waterhouse (1994/95), S. 114-187 sowie S. 3-21 Suppl.

(Art. 25 *Lei 9.249/95*).[438] Die brasilianischen Betriebsstätten ausländischer Unternehmen werden jedoch nur mit ihren Gewinnen aus Brasilien besteuert. Grundsätzlich gelten alle natürlichen Personen, die in Brasilien ihren ständigen Aufenthalt haben, als dort ansässig (Art. 171 *Decreto Lei 5.844/43*). Hierzu zählen alle Brasilianer, die sich in Brasilien aufhalten; alle Ausländer, die über ein dauerhaftes Visum verfügen (Steuerpflicht ab erstem Tag der Einreise); alle Ausländer, die eine zeitlich begrenztes Visum haben und sich länger als 12 Monate in Brasilien aufhalten (Steuerpflicht ab dem ersten Tag nach den besagten 12 Monaten); sowie alle vormals in Brasilien ansässige Personen, die Brasilien verlassen, ohne die Absicht zu haben, dies dauerhaft zu tun (Steuerpflicht für 12 Monate nach Verlassen des Landes, Art. 14 und 29 *RIR/94*).[439] Die im Ausland gezahlte Quellensteuer wird in Brasilien i.d.R. angerechnet, und zwar bis zu der maximal in Brasilien fälligen Steuer (Art. 26 *Lei 9.249/95* sowie Art. 5 und 6 *Lei 9.250/95*). Bedingung für die Anrechnung ist jedoch entweder die reziproke Behandlung in dem betreffenden Land oder die Existenz eines bilateralen Abkommens (Art. 111 *RIR/94*).[440]

7.3.2.2 Die Einkommensbesteuerung bei nicht-ansässigen Personen

Einkommen jeglicher Natur, die aus Quellen innerhalb Brasiliens stammen und an in Brasilien beschränkt steuerpflichtige Personen bzw. Personen, die außerhalb Brasiliens ansässig sind fließen, sind i.d.R. einer Quellensteuer unterworfen. Diese Quellensteuer beträgt seit 1996 in den meisten Fällen 15% der Bruttozahlungen (Art. 28 *Lei 9.249/95*).[441] Einige Einkommensarten fallen jedoch nicht unter diese Generalklausel.

Gewinnausschüttungen und Dividenden, sofern sie aus versteuertem Gewinn gezahlt werden, unterliegen seit 1996 keiner Quellensteuer mehr (Art. 10 *Lei*

---

[438] Vor 1996 waren die im Ausland erwirtschafteten Einkommen dieser juristischen Personen von der Steuerbemessungsgrundlage ausgenommen (Art. 63 *Lei 4.506/64*, Art. 197 und 337, *RIR/94*). Vgl. auch Seybold, Robert F. (1996), S. 54.

[439] Vgl. auch Price Waterhouse (1994/95), S. 154. Für Probleme der Doppelansässigkeit, die sich aus dieser weiten Auslegung ergeben können vgl. Messineo, Alejandro E. (1996).

[440] Vgl. hierzu auch IOB (1996a), S. 264. Dort findet sich auch ein diesbezügliches Rechenbeispiel.

[441] Vor 1996 betrug der Regelquellensteuersatz 25% (Art 32 und 33 *Lei 7.713/88* sowie Art. 745 *RIR/94*).

9.249/95)[442] und für Betriebsstättengewinne gilt seit 1993 ein Quellensteuersatz von 15% (Art. 77 *Lei 8.383/91*).

Bei Kapitalgewinnen und Einkommen aus Finanzmarkttransaktionen sind Steuerausländer seit 1993 mit Steuerinländern gleichgestellt (Art. 29 *Lei 8.383/91*). Der Quellensteuersatz für Kapitalgewinne, die nicht auf Finanzmärkten entstanden sind sowie für Einkommen aus festverzinslichen Wertpapieren beträgt dabei 15% (Art. 21 *Lei 8.981/95* sowie Art. 11 *Lei 9.249/95*).[443] Für alle anderen auf Finanzmärkten entstandenen Kapitalgewinne und Einkommen beträgt der Quellensteuersatz 10% (Art. 65 *Lei 8.981/95*).[444]

Tabelle 7.8: Quellensteuersätze auf Bruttoeinkommen aus Brasilien

Einkommensart	*Quellensteuersatz*
Gewinnausschüttungen und Dividenden	0,00%
Zinsen aus Exportkrediten	0,00%
Frachttransporte	0,00%
Kapitalgewinne aus Finanzmärkten	10,00%
Alle anderen Einkommen	15,00%

Quelle: Eigene Darstellung auf Basis der steuerrechlich relevanten Normen.

Zinseinkommen, die nicht auf Finanzmärkten entstanden sind, fallen unter die Generalklausel. Handelt es sich jedoch um Zinsen, die im Zusammenhang mit Exportkrediten gezahlt werden, so sind diese Zinszahlungen von der Quellensteuer befreit (Art. 771 *RIR/94*).

---

442 Davor galt ein Steuersatz von 15% (Art. 77 *Lei 8.383/91* sowie Art. 2 *Lei 8849/94*).

443 Vor 1995 betrug der Quellensteuersatz auf Kapitalgewinne, die nicht auf Finanzmärkten entstanden sind 25% (Art. 18 *Lei 8.134/90*). Der Quellensteuersatz für Einkommen aus festverzinslichen Wertpapieren betrug vor 1994 30% (Art. 703 und 704 *RIR/94*) und 1995 10% (Art. 65 *Lei 8.981/95*).

444 Hierbei handelt es sich vor allem um Kapitalgewinnen und Einkommen, die von Aktien- oder Immobilienfonds ausgezahlt werden. Vor 1995 betrug der Quellensteuersatz für diese Kapitalgewinne und Einkommen 25% (Art. 678 und 687 *RIR/94*).

Eigentlich hätte bei Lizenzgebühren auch schon ab dem 1. Januar 1996 der Quellensteuersatz von 15% gelten müssen. Per Dekret vom 1.3.96 wurden Lizenzgebühren jedoch explizit von der Reduzierung auf 15% ausgeschlossen, so daß weiterhin der Quellensteuersatz von 25% galt. Seit Juni 1996 gilt per erneuten Dekret (vom 22.5.96) jedoch auch für Lizenzgebühren der 15%ige Quellensteuersatz.[445]

Einkommen aus Frachttransporten sind von der Quellensteuer befreit (Art 56 *Lei 7.713/88*). Personentransporte fallen jedoch unter die Generalklausel. Tabelle 7.8 faßt diese Quellensteuern noch einmal zusammen.

7.3.3 Das deutsch-brasilianische Doppelbesteuerungsabkommen

Seit Beginn der 60er Jahre gab es zwischen Deutschland und Brasilien Verhandlungen über ein Doppelbesteuerungsabkommen. Da die Forderung der deutschen Seite nach einer Begrenzung der Quellensteuersätze bei Betriebsstättengewinnen in Brasilien lange Zeit auf Ablehnung stoß[446], kam es aber erst am 27. Juli 1975 zur Unterzeichnung eines solchen Abkommens.[447] Das Doppelbesteuerungsabkommen entspricht der Struktur und den wesentlichen Inhalten nach dem OECD Musterabkommen von 1977, weicht jedoch an einigen Stellen auch deutlich von diesem Musterabkommen ab. Eine Zusammenfassung findet sich in den Tabellen 7.9a und 7.9b.[448]

Daraus wird ersichtlich, daß das DBA den Besteuerungszugriff des Quellenlands einschränkt. In vielen Fällen darf das Quellenland die bilateralen Einkommen nur besteuern, wenn bestimmte Merkmale vorliegen, wie z.B. das Vorliegen einer Betriebsstätte im Fall von Unternehmensgewinnen und Kapitalgewinnen. Außerdem wird für die wichtigsten Einkommensarten die Quellensteuer nach oben begrenzt, wie z.B. bei Gewinnausschüttungen (15%)[449], bei Zinseinkommen (10-15%) und bei Lizenzgebühren (15-25%).

---

445 Vgl. IOB (1996b), S. 276.

446 Vgl. hierzu Deutscher Bundestag (1975), S. 32.

447 Vgl. BGBl II 1975, S. 2245-2270 sowie Tabelle 6.4.

448 Neben dem Doppelbesteuerungsabkommen mit Deutschland hat Brasilien bisher 14 weitere Abkommen mit Industrieländern unterzeichnet. Vgl. Zapata, Sonia (1998), S. 261.

449 Die Begrenzung der Quellensteuer auf Gewinnausschüttungen gilt nur, wenn die besagten Gewinne aus sogenannter "aktiver Tätigkeit" stammt. Vgl. N° 8 und 9 des Protokolls zum DBA, BGBl II 1975, S. 2269-2270.

Tabelle 7.9a: Die Zuweisung des Besteuerungsrechts nach dem deutsch-brasilianischen DBA (WL = Deutschland; QL = Brasilien)

	QL	*WL*	*WL/QL*
Einkommen aus unbeweglichem Betriebsvermögen[a)]	✓	-	-
Einkommen aus sonst. unbeweglichem Vermögen	-	-	✓
Betriebsstättengewinne	✓[b)]	-	-
Sonstige Unternehmensgewinne	-	✓	-
Einkommen aus Seeschiff- und Luftfahrt	-	✓[c)]	-
Dividenden (verbundene Gesellschaften)[d)]	✓[e)]	-	-
Dividenden (sonstige Investitionen)	-	-	✓[e)f)]
Zinsen an öffentliche Einrichtungen	-	✓	-
Sonstige Zinsen		-	✓[g)h)]
Lizenzgebühren	-	-	✓[i)j)]
Veräußerungsgewinne bei Betriebsvermögen[a)]	✓	-	-
Veräußerungsgewinne bei sonstigen unbewegl. Vermögen	-	-	✓
Veräußerungsgewinne bei Anteilsverkäufen	-	-	✓
Veräußerungsgewinne bei sonstigen beweglichem Vermögen	-	✓	-
Einkommen aus selbständiger Arbeit (mit fester Einrichtung)	-	-	✓[k)]
Einkommen aus selbständiger Arbeit (ohne feste Einrichtung)	-	✓	-
Einkommen aus unselbständige Arbeit	✓[l)]	-	-
Aufsichtsrats- und Verwaltungsratsvergütungen	-	-	✓
Einkommen von Künstlern und Sportlern	-	-	✓
Einkommen im Öffentlichen Dienst	✓[m)]	-	-
Ruhegehälter und Renten	-	-	✓[n)]
Stipendien von Studenten und Azubis	-	✓[o)]	-
Nicht ausdrücklich erwähnte Einkommen	-	-	✓

Quelle: Eigene Darstellung auf Basis des Doppelbesteuerungsabkommens; vgl. Tabelle 6.4.[450]

---

[450] Anmerkungen zu Tabelle 7.9a und b: QL: Das Quellenland hat das alleinige Besteuerungsrecht bzw. das Wohnsitzland stellt die Quellenlandeinkommen frei; WL: Wohnsitzland hat das alleinige Besteuerungsrecht; WL/QL: Beide Länder dürfen besteuern und das Wohnsitzland vermeidet die Doppelbesteuerung durch Anwendung der Anrechnungsmethode; a) Bei Zuordnung zu einer Betriebsstätte oder einer festen Einrichtung im QL; b) Die Quellensteuer (QSt) darf aber 15% der Bruttogewinne (nach Zahlung der Körperschaftsteuer) nicht übersteigen. c) Ort der tatsächlichen Geschäftsführung); d) Mindestbeteiligung 25%; e) Begrenzung der QSt auf 15%; f) Fiktive Anrechnung der QSt von 25% bei einer Schachtelbeteiligung von mind. 10%; fiktive Anrechnung der QSt von 20% bei allen anderen Beteiligungen; g) Begrenzung der QSt auf 10% des Bruttobetrages bei Krediten mit einer Dauer von mind. 7 Jahren im Zusammenhang mit dem Verkauf gewerblicher, kaufmännischer oder wissenschaftlicher Ausrüstung; ansonsten Begrenzung der QSt auf 15% des Bruttobetrages; h) Fiktive Anrechnung von 20%; i) Begrenzung der QSt auf 25% des Bruttobetrages bei Warenzeichen; ansonsten 15% des Bruttobetrages; j) Fiktive Anrech-

Tabelle 7.9b: Zuweisung des Besteuerungsrechts nach dem deutsch-brasilianischen DBA (WL = Brasilien; QL = Deutschland)

	QL	*WL*	*WL/QL*
Einkommen aus unbeweglichem Vermögen	-	-	✓
Betriebsstättengewinne	-	-	✓
Sonstige Unternehmensgewinne	-	✓	-
Einkommen aus Seeschiff- und Luftfahrt	-	✓[c)]	-
Dividenden		-	✓[e)]
Zinsen an öffentliche Einrichtungen	-	✓	-
Sonstige Zinsen		-	✓[g)]
Lizenzgebühren	-	-	✓[i)]
Veräußerungsgewinne bei unbeweglichem Vermögen	-	-	✓
Veräußerungsgewinne bei Anteilsverkäufen	-	-	✓
Veräußerungsgewinne bei sonstigen beweglichem Vermögen	-	✓	-
Einkommen aus selbständiger Arbeit (mit fester Einrichtung)	-	-	✓
Einkommen aus selbständiger Arbeit (ohne feste Einrichtung)	-	✓	-
Einkommen aus unselbständige Arbeit	-	-	✓[l)]
Aufsichtsrats- und Verwaltungsratsvergütungen	-	-	✓
Einkommen von Künstlern und Sportlern	-	-	✓
Einkommen im Öffentlichen Dienst	✓[n)]	-	-
Ruhegehälter und Renten	-	-	✓
Stipendien von Studenten und Azubis	-	✓[o)]	-
Nicht ausdrücklich erwähnte Einkommen	-	-	✓

Das deutsch-brasilianische Doppelbesteuerungsabkommen entspricht größtenteils dem deutsch-argentinischen Doppelbesteuerungsabkommen. Die wesentlichen Unterschiede zwischen den beiden Abkommen liegen einmal in der Be-

nung der QSt von i.d.R. 20%; der fiktive Kredit erhöht sich auf 25%, falls die Lizenzen an eine Person gezahlt werden, der mind. 50% der Lizenzen zahlende Gesellschaft gehört, vorausgesetzt die Lizenzgebühren können im QL nicht von der Steuerbemessungsgrundlage abgezogen werden[450]; k) Bei technischen Dienstleistungen wird die QSt auf 15% begrenzt, fiktiv werden jedoch 20% angerechnet; l) Wenn sich der Arbeitnehmer im QL höchstens 183 während 12 Monaten aufgehalten hat, der Arbeitgeber nicht im QL ansässig ist und zudem die Vergütung nicht von einer Betriebsstätte oder einer festen Einrichtung des Arbeitgebers im QL gezahlt wurde gilt WL; m) Lediglich der für die Arbeit zahlende Staat darf Steuern erheben, es sei denn diese Arbeit wird oder wurde in dem anderen Vertragsstaat von einem Staatsangehörigen des anderen Staates durchgeführt, der nicht gleichzeitig Staatsangehöriger des zuerst genannten Staates ist; n) Wenn der Betrag DM 12.000,- übersteigt und wenn er für Arbeit aus dem QL entrichtet wird Solange der Betrag DM 12.000,- nicht übersteigt, ansonsten gilt WL; o) Bei Aufenthalt bis zu 2 Jahren, sonst gilt WL/QL.

handlung der nicht explizit erwähnten Einkommen; beim deutsch-brasilianischen Doppelbesteuerungsabkommen muß das Quellenland nicht auf den Besteuerungszugriff verzichten. Außerdem liegt die fiktive Anrechnung der Quellensteuer auf Zinsen beim deutsch-brasilianischen Doppelbesteuerungsabkommen 5%-Punkte höher als beim deutsch-argentinischen. Beim deutsch-brasilianischem Doppelbesteuerungsabkommen wird außerdem eine Höchstgrenze für die Quellensteuer auf Einkommen aus in Brasilien ausgeführte technische Dienstleistungen eingeführt. Diese Einkommen werden damit im Prinzip den Lizenzgebühren gleichgesetzt. Zudem darf in Brasilien auch auf Betriebsstättengewinne eine Quellensteuer in Höhe von 15% erhoben werden.

Im Fall der Bestriebsstättendefinition ist das deutsch-argentinische Doppelbesteuerungsabkommen aus Sicht des Quellenlandes großzügiger als das deutsch-brasilianische, da beim letzteren Versicherungsvertreter sowie Einkaufsstellen für Landwirtschaft, Forstwirtschaft und Bergbau nicht explizit Betriebsstätten darstellen. Außerdem gelten in diesem Doppelbesteuerungsabkommen Bausausführungen und Montagestellen erst ab einer Dauer von 12 Monaten als Betriebsstätten. Da die Gründung einer Betriebsstätte jedoch nur mittels Präsidialerlaß möglich ist und deshalb diese Form der Geschäftstätigkeit in Brasilien kaum Anwendung findet[451], erscheint diese Einengung jedoch irrelevant.

7.3.4 Die Bewertung des deutsch-brasilianischen Abkommens

Vergleicht man das deutsch-brasilianische Doppelbesteuerungsabkommen mit den Anforderungen an solche Abkommen aus Kapitel 5, dann erkennt man, daß das deutsch-brasilianische diesen Anforderungen über weite Strecken entspricht.[452] Dies gilt insbesondere für die Einkommen aus deutschen Direktinvestitionen in Brasilien, die nunmehr ausschließlich in Brasilien besteuert werden. Die Regelungen für Einkommen und Veräußerungsgewinne aus sonstigen unbeweglichem Vermögen, für Einkommen aus selbständiger Arbeit sowie für nicht ausdrücklich erwähnte Einkommen weichen hingegen von dem Referenzmodell ab.

Da auch hier keine Protokolle über den Verlauf der deutsch-brasilianischen Abkommensverhandlungen vorliegen und ebenfalls keine offizielle Richtlinien für die Aushandlung von Doppelbesteuerungsabkommen in Brasilien existieren, kann

---

[451] Vgl. Deutsch-Brasilianische Industrie- und Handelskammer (1995), S. 102, 116-117 und 193.

[452] Für eine steuerrechtliche Bewertung zu dieses Abkommens wird auf Debatin, Helmut / Wassermeyer, Franz (1997), Bd. II, Abschnitt Brasilien, S. 93-106, verwiesen.

hier wie beim deutsch-argentinischen Abkommen lediglich versucht werden, diese Abweichungen durch die Notwendigkeit impliziter Kompensationszahlungen zu erklären. Auch hier unterstreicht die Schlußbemerkung der deutschen Bundesregierung zum Abkommen die Interpretation des partiellen Steuerverzichts als implizite Kompensation, denn auch dort heißt es:

> „*Durch das Abkommen verzichtet die Bundesrepublik Deutschland zur Beseitigung der Doppelbesteuerung in gewissem Umfang auf Steuern, die dem Bund, den Ländern oder den Gemeinden zufließen. Andererseits brauchen gewisse, zur Vermeidung der Doppelbesteuerung bisher eingeräumte Ermäßigungen an deutschen Steuern nicht mehr oder nicht mehr in bisheriger Höhe gewährt werden, weil die Doppelbesteuerung nach dem Abkommen schon durch Steuerverzichte Brasiliens beseitigt oder gemildert wird.*“[453]

Um auch hier die Bedeutung dieser eventuellen Kompensationen besser einschätzen zu können, soll wiederum zunächst ein Blick auf die bilateralen Einkommensströme geworfen werden. Tabelle 7.10 stellt diese Einkommensströme für das Jahr 1994 dar. Wie auch im deutsch-argentinischen Fall, beziehen in Deutschland ansässige Personen mehr Einkommen aus Brasilien als umgekehrt; das Ausmaß des Überschusses fällt jedoch weitaus deutlicher aus. Auch bei Brasilien handelt es sich, für ein Entwicklungsland typisch, um einen Nettokapitalimporteur und einem Nettoarbeitsexporteur.

Der entscheidende Unterschied zur deutsch-argentinischen Situation ist aber die eindeutige Dominanz der Einkommen aus Direktinvestitionen in Brasilien, die über 53% der deutschen Einkommen von dort ausmachen.[454] Neben diesen Einkommen sind noch die Zinsen für Bankkredite mit knapp über 36% der Gesamteinnahmen relevant. Eben diese Zinsen aus Bankkrediten sind mit über ein Drittel der Gesamteinkommen hingegen die wichtigsten Einkommen aus brasilianischer Sicht, gefolgt von den Einkommen aus unselbständiger Arbeit (über 27%) und den Dividenden und Zinsen aus Wertpapieren (zusammen über 27%). Für die Bewertung des Doppelbesteuerungsabkommens sind also insbesondere die Regelungen zur Besteuerung dieser Einkommen relevant.

---

[453] Deutscher Bundestag (1975), S. 6.

[454] Die Struktur der deutsch-brasilianischen Einkommensströme weicht demnach auch deutlich von der durchschnittlichen Struktur der bilateralen Einkommensströme zwischen Deutschland und Entwicklungsländern allgemein ab (vgl. Tabelle 6.6).

Tabelle 7.10: Die bilateralen Einkommensströme zwischen Brasilien und Deutschland im Jahre 1994 (in Mio. DM)

	aus Brasilien	*aus Deutschland*	*Saldo*[a)]
Kapitaleinkommen	***1 256***	***101***	***+1 155***
darunter:			
Einkommen aus Direktinvestitionen	696	2	+694
Dividenden aus Wertpapieren	17	12	+5
Zinsen aus festverzinslichen Wertpapieren	19	25	-6
Zinsen für Kredite von Banken	477	57	+420
Zinsen für Kredite von Nichtbanken	33	3	+30
Lizenzgebühren	14	2	+12
Arbeitseinkommen	***43***	***62***	***-19***
darunter:			
Einkommen aus selbständiger Arbeit	16	17	-1
Einkommen aus unselbständiger Arbeit	27	45	-18
Summe	***1 299***	***163***	***+1 136***

Quelle: Eigene Darstellung auf Basis der Daten aus Deutsche Bundesbank (1996).[455]

Betrachtet man die aktuellen formalen Steuersätze bei Gültigkeit des Doppelbesteuerungsabkommen und für die hypothetische Situation ohne Doppelbesteuerungsabkommen (Stand: 1996), die in Tabelle 7.11 zusammengestellt sind, dann sieht man, daß auch hier vorwiegend bei Einkommen aus deutschen Direktinvestitionen in Brasilien die Regelungen des Doppelbesteuerungsabkommen relevant werden, denn durch die Freistellung dieser Einkommen in Deutschland reduziert sich deren Steuerbelastung beachtlich. Wenn sich die Kapitalexporte erhöhen, sobald die Steuerbelastung der daraus resultierenden Einkommen zurückgeht, läßt dies erneut die Schlußfolgerung zu, daß *ceteris paribus* aufgrund des vorhandenen Doppelbesteuerungsabkommens, die deutschen Direktinvestitionen in Brasilien deutlich höher sein müssen, als sie ohne Doppelbesteuerungsabkommen wären. Aufgrund der enormen Relevanz der Einkommen aus diesen Direktinvestitionen muß demnach von einer signifikanten Erhöhung der bilateralen Einkommen ausgegangen werden. Der deutsche Fiskus verliert jedoch auch hier im Vergleich zur nicht-kooperativen Situation an Steuereinnahmen.

---

455 Anmerkungen: a) Überschuß der deutschen Ströme aus Brasilien über die brasilianischen Ströme aus Deutschland.

Tabelle 7.11: Die formale Steuerbelastung der bilaterale Bruttoeinkommensströme zwischen Brasilien und Deutschland im Jahre 1996

Steuersätze für	*aus Brasilien mit DBA*	*aus Brasilien ohne DBA*	*aus Deutschland mit DBA*	*aus Deutschland ohne DBA*
Einkommen aus Direktinvestitionen	23,22%	39,71%	32,25%	32,25%
Dividenden aus Wertpapieren	45,03%	60,41%	42,63%	50,64%
Zinsen aus festverzinslichen Wertpapieren	43,38%	48,38%	23,22%	23,22%
Zinsen für Kredite von Banken	38,38%	48,38%	21,19%	21,19%
Zinsen für Kredite von Nichtbanken	43,38%	48,38%	23,22%	23,22%
Lizenzgebühren	43,38%	48,38%	23,22%	26,88%
Einkommen aus selbständiger Arbeit	25,84%	25,84%	31,73%	31,73%
Einkommen aus unselbständiger Arbeit	15,00%	19,10%	19,10%	19,10%

Quelle: Eigene Darstellung auf Basis der steuerlich relevanten Normen. Siehe auch die Berechnungen im Anhang.

Zur Bewertung der deutschen Zustimmung zum bestehenden Doppelbesteuerungsabkommen muß erneut nach Kompensationsmöglichkeiten für den Nettoeinkommensverlust bei den Direktinvestitionen gesucht werden. Die Begrenzung der Steuersätze in Brasilien wird hier nicht ausreichen, um eine Kompensation herbeizuführen, da diese Begrenzung nur bei den Zinsen aus Bankdarlehen greift (und auch nur dann, wenn unterstellt wird, daß all diese Kredite eine Laufzeit von mindestens 7 Jahren haben, vgl. auch Tabelle 7.8). Durch die fiktive Anrechnung in Deutschland wird der Kompensationseffekt dieser Begrenzung jedoch wahrscheinlich mehr als aufgehoben. Wie auch beim deutsch-argentinischen Doppelbesteuerungsabkommen liegt hier nämlich die in Deutschland anrechenbare Quellensteuer um 5%-Punkte über der in Brasilien maximal zulässigen Quellensteuer.[456]

Da Brasilien aufgrund des Doppelbesteuerungsabkommen nicht auf die Besteuerung der nicht explizit erwähnten Einkommen verzichten muß, kann auch

[456] Debatin und Wassermeyer sprechen in diesem Zusammenhang von einer 'überhöhten fiktiven Steueranrechnung'. Vgl. Debatin, Helmut / Wassermeyer, Franz (1997), Bd. II, Abschnitt Brasilien, S. 95. Vgl. aber auch Amico, der diesbezüglich von *„very liberal tax sparing provisions“* spricht. Amico, Joseph C. (1989), S. 410. Amico stellt jedoch auch gleichzeitig fest, daß die fiktive Anrechnung in vielen anderen brasilianischen Doppelbesteuerungsabkommen noch höher ausfällt. Vgl. ebenda, S. 410.

aus dieser Perspektive keine Kompensation abgeleitet werden. Zudem entsteht für Deutschland als Quellenland kein Vorteil aus dem Doppelbesteuerungsabkommen[457], da mit oder ohne Abkommen in Brasilien als Wohnsitzland stets das Wohnsitzlandprinzip in Kombination mit der Anrechnungsmethode verwendet wird.

Nach Einschätzung des Verfassers muß zur Erklärung der deutschen Zustimmung zu dem geltenden Abkommen also noch stärker als im Falle des deutsch-argentinischen Doppelbesteuerungsabkommens neben dem Vorliegen eines 'Schleiers der Unsicherheit' auf die Existenz altruistischer Interessen in Deutschland bei Abschluß des Abkommens zurück gegriffen werden. Nur ein genügend hohes Maße an altruistischen Interessen in Deutschland kann die Zustimmung bzw. die Aufrechterhaltung dieses Doppelbesteuerungsabkommens als rational erscheinen lassen. Diese These wird nicht zuletzt auch durch die Denkschrift der Bundesregierung zu diesem Abkommen untermauert, in der ausdrücklich darauf hingewiesen wird, daß das Abkommen nicht nur die Doppelbesteuerung vermeidet, sondern „*erhebliche Anreize für Investitionen in Brasilien und den Technologie-Transfer nach Brasilien vor*[sieht]."[458]

Zum vermeintlichen Vorteil Brasiliens aus dem Doppelbesteuerungsabkommen muß jedoch bemerkt werden, daß dieser Vorteil durch Anwendung des Quellenlandprinzips bei Direktinvestitionen in Brasilien erst seit 1996 derart signifikant auftritt, da vorher in Brasilien eine weitaus höhere Belastung der Einkommen aus Direktinvestitionen vorlag. Zudem wurde vor 1996 weitgehend ein Quellensteuersatz von 25% auf Einkommen von nicht-ansässigen Personen erhoben, so daß davon ausgegangen werden kann, daß die Begrenzung des Quellensteuersatzes durch das geltende Doppelbesteuerungsabkommen vor 1996 durchaus Kompensationseffekte hervorgerufen hat.

Spätestens seit 1996 liegen diese Kompensationsmöglichkeiten jedoch nicht mehr vor, so daß es für den Verfasser nicht verwunderlich wäre, wenn Deutschland in naher Zukunft eine Neuverhandlung dieses Abkommens anstreben würde. Dies gilt um so mehr, wenn die in Abschnitt 6.3.3.3 getroffene Schlußfolgerung bezüglich der abnehmenden altruistischen Interessen in Deutschland zutrifft.

---

457 Die Reduzierung der Steuerbelastung bei Einkommen aus Wertpapierdividenden beruht alleine auf der Begrenzung der Quellensteuer in Deutschland.

458 Deutscher Bundestag (1975), S. 32. Und auch nach Debatin und Wassermeyer, handelt es sich bei diesem Doppelbesteuerungsabkommen um eine Sonderfall der deutschen Abkommenspraxis, die nach deren Auffassung normalerweise nicht eine derart große Gewichtung auf das Quellenlandprinzip legt. Vgl. Debatin, Helmut / Wassermeyer, Franz (1997), Bd. II, Abschnitt Brasilien, S. 93.

7.4 Chile

7.4.1 Die relevanten Rechtsnormen

Die Einkommensbesteuerung in Chile wird durch das chilenische Einkommensteuergesetzes (*"Ley Sobre Impuesto A La Renta / LIR"*) geregelt.[459] In diesem Gesetz wird nicht ausdrücklich zwischen juristischen Personen und natürlichen Personen unterschieden, sondern vielmehr zwischen Einkommen aus Boden, Kapital und unternehmerischer Tätigkeit auf der einen Seite (*"Impuesto sobre la Primera Categoria"*) sowie Arbeitseinkommen auf der anderen Seite (*"Impuesto sobre la Segunda Categoria"*). Beide Steuern werden jedoch am Jahresende durch die komplementäre Globalsteuer (*"Impuesto Global Complementario"*) miteinander verbunden. Bei den Unternehmensgewinnen wird explizit zwischen Aktiengesellschaften (und Kommanditgesellschaften in Aktien) und allen andere Gesellschaftsformen unterschieden. Letztere werden stets als Personengesellschaften bezeichnet. Zu ihnen zählen auch die Gesellschaften mit begrenzter Haftung, obwohl diese eigentlich juristische Personen darstellen.[460]

Zwischen Deutschland und Chile besteht kein umfassendes Doppelbesteuerungsabkommen, sondern lediglich ein Abkommen zur Vermeidung von Doppelbesteuerung bei internationalen Transporten, das die ausschließliche Besteuerung der Einkommen aus diesen Transporten am Ort der tatsächlichen Geschäftsführung vorsieht.[461] Die Analyse beschränkt sich deshalb zunächst auch nur auf die unilateralen Maßnahmen. Im Anschluß daran wird jedoch untersucht, ob ein Doppelbesteuerungsabkommen analog zu dem deutsch-argentinischen auch für Chile denkbar und vorteilhaft wäre.

---

459 Vgl. *Decreto Ley N° 824 Sobre Impuesto A La Renta*, vom 31.12.1974. Alle im folgenden Text angegebenen Artikel beziehen sich auf dieses Gesetz, (Stand, 29. Dez. 1995, nach *Resolucion N° 6.138 Exenta*) es sei denn es wird explizit auf eine andere Gesetzesquelle verwiesen. Ein kurzer Überblick findet sich in Pice Waterhouse (1994), S. 101-131.

460 Vgl. Art. 2 des chilenischen EStG sowie Art. 545-564 des chilenischen Bürgerlichen Gesetzbuches (*'Codigo Civil'*).

461 Vgl. Art. III des 'Handelsvertrages zwischen der Regierung der Bundesrepublik Deutschland und der Regierung der Republik Chile' vom 2.2.1951, BGBl. 1952 II, S. 325 sowie BMF-Schreiben vom 21. Juni 1977, Betr.: Vermeidung von Doppelbesteuerung der Luftfahrtunternehmen im Verhältnis zu Chile, BStBl 1977 I, S. 350.

7.4.2 Unilaterale Maßnahmen des chilenischen Steuerrechts

7.4.2.1 Die Besteuerung von im Ausland entstandenen Einkommen

Das chilenische Einkommensteuergesetz unterscheidet zwischen unbeschränkter und beschränkter Steuerpflicht (Art. 2 *LIR*). Unbeschränkt steuerpflichtig sind alle Personen, die in Chile ihren Wohnsitz haben oder dort ansässig sind. Personen, für die diese Bedingungen nicht zutreffen, sind beschränkt steuerpflichtig. Der Wohnsitz definiert sich dabei als der Aufenthaltsort, an dem eine Person dauerhaft verbleiben will, insbesondere der Ort, an dem diese Person gewöhnlich ihrer Arbeit nachgeht.[462] Ansässigkeit definiert sich über die physische Präsenz einer Person, d.h., wenn sich eine Person während eines Kalenderjahres mehr als sechs Monate in Chile aufhält.

Unbeschränkt Steuerpflichtige sind mit ihrem gesamten Welteinkommen steuerpflichtig und beschränkt Steuerpflichtige nur mit dem Einkommen, das aus chilenischen Quellen stammt. Ausländer, die in Chile ihren Wohnsitz haben oder dort ansässig sind, sind zudem in den ersten drei Jahren nach erstmaliger Einreise ebenfalls nur mit dem Einkommen steuerpflichtig, das aus chilenischen Quellen stammt (Art. 33 *LIR*). Hingegen bedeutet die bloße Nichtanwesenheit einer Person nicht automatisch die Aufgabe des Wohnsitzes (Art. 4 *LIR*). Dies gilt auch für Personen, die sich nicht in Chile aufhalten, ihren Hauptgeschäftssitz dort jedoch weiter behalten.

Bei unbeschränkter Steuerpflicht sind die auf ausländische Einkommen im Ausland gezahlten Steuern nur teilweise anrechenbar. Die im Ausland gezahlten Quellensteuern auf Dividenden und ähnliche Gewinnausschüttungen, auf Zinsen sowie auf Lizenzgebühren werden auf die chilenische 'Steuer auf Einkommen der ersten Kategorie' angerechnet. Die Einkommen- oder Körperschaftsteuer, die auf den Dividenden oder Gewinnausschüttungen lastet, wird jedoch nicht angerechnet (also keine indirekte Anrechnung bei Schachtelbeteiligungen). Hingegen wird bei Betriebsstättengewinnen aus dem Ausland die dort gezahlte Einkommen- oder Körperschaftsteuer auf die chilenische 'Steuer auf Einkommen der ersten Kategorie' angerechnet, nicht jedoch etwaig erhobene Quellensteuern auf diese Gewinnausschüttungen. Der Anrechnungsbetrag wird in beiden Fällen durch die Höhe der im Inland für diese Einkommen zu zahlende 'Steuer für Einkommen der er-

[462] Vgl. Art. 59 und 62 des chilenischen Bürgerlichen Gesetzbuchs ("*Codigo Civil*").

sten Kategorie', die derzeit 15% beträgt, begrenzt (Art. 41A *LIR*).[463] Ein Gesetzesentwurf des chilenischen Parlaments sieht jedoch vor, daß im Falle des Vorliegens eines Doppelbesteuerungsabkommen, die Doppelbesteuerung bei Einkommen der ersten Kategorie vermieden bzw. vermindert werden soll, indem bis zu 30% der im Ausland gezahlten Steuern auf die chilenische Einkommenssteuer angerechnet werden; unabhängig davon, ob es sich dabei um Körperschaftsteuern oder um Steuern auf Ausschüttungen handelt.[464]

In jedem Fall gilt die Anrechnungsmethode jedoch nur, wenn die die Einkommen erzeugenden Investitionen im Ausland durch den offiziellen Devisenmarkt getätigt und in einem offiziellen Register ("*Registro de Inversiones en el Extranjero*") registriert wurden.

In allen nicht explizit genannten Fällen kann die im Ausland gezahlte Steuer lediglich von der Bemessungsgrundlage der chilenischen 'Steuer auf Einkommen der ersten Kategorie' als Kosten abgezogen werden (Art. 41B). Für die im Ausland auf Arbeitseinkommen gezahlten Quellensteuern existiert keine explizite Regelung zur Vermeidung oder Verminderung von Doppelbesteuerung. Es kann jedoch davon ausgegangen werden, daß auch hier die Abzugsmethode gilt.

7.4.2.2 Die Einkommensbesteuerung bei nicht-ansässigen Personen

Einkommen, die Personen zufließen, die in Chile weder ihren Wohnsitz haben, noch dort ansässig sind, müssen auf ihre Einkommen eine Zusatzsteuer ("*Impuesto Adicional*") zahlen. Diese Steuer beträgt i.d.R. 35%; bereits im Inland gezahlte Quellensteuern werden dabei voll angerechnet (Art. 58-62 *LIR*). Bei Einkommen aus Dienstleistungen sowie bei Dividenden, Zinsen und Lizenzgebühren[465] wird dieser Steuersatz auf die Bruttozahlungen angewendet, d.h. bereits gezahlte 'Steuern auf Einkommen der ersten Kategorie' werden zu der Bemes-

---

[463] Für eine genauere Darstellung inklusive Rechenbeispielen vgl. *Circular N° 52*, Ministerio de Hacienda, Servicio Impuestos Internos, Direccion General, Okt. 1993, Kap. III, Abschn. 2.

[464] Vgl. Art. 1 (6) *Ley Miscelenea*, Camara de Diputados Chile, Valparaiso, vom 6. Sept. 1996, nicht-veröffentlicht.

[465] Ein Gesetzesentwurf des chilenischen Parlaments sieht die Reduktion des Steuersatzes für Lizenzgebühren auf 30% vor. Vgl. Art. 1 (7a) *Ley Miscelenea*, Camara de Diputados Chile, Valparaiso, vom 6. Sept. 1996, nicht-veröffentlicht.

sungsgrundlage hinzu addiert.[466] In allen anderen Fällen bezieht sich der Steuersatz auf das zu versteuernde Einkommen.

Bestimmte Einkommensarten werden jedoch gesondert behandelt. So werden Zinszahlungen, die aus Anlagen in ausländischen Währungen stammen oder für Kredite ausländischer Banken und sonstigen Finanzinstitutionen gezahlt werden, lediglich mit einem Steuersatz von 4% besteuert. Lizenzgebühren für die Nutzung von Autorenrechten u.ä. unterliegen einem reduzierten Steuersatz von 15% und Lizenzgebühren, deren Ursprung als unproduktiv für die Entwicklung der chilenischen Wirtschaft betrachtet werden, können mit bis zu 80% besteuert werden.

Internationale Gütertransporte mit Schiffen, die in chilenischen Häfen starten und/oder enden, werden mit 5% der gesamten Bruttoeinnahmen aus diesen Dienstleistungen besteuert. Mit dieser Steuer werden auch ausländische Schiffahrtsunternehmen besteuert, die in Chile eine Betriebsstätte betreiben. In diesem Falle kann die Zusatzsteuer jedoch gegen andere Einkommensteuern dieses Gesetzes verrechnet werden.[467] Werden ausländische Schiffe, in welcher Vertragsform auch immer, für Küstenschiffahrt ("*servicios de cabotaje*") benutzt, dann erhöht sich die Steuer auf 20%. Miet-, Pacht- oder Leasingzahlungen für importierte Kapitalgüter, die dem System der differenzierten Zölle unterliegen, werden mit 5% besteuert.

Technische Dienstleistungen sowie Einkommen aus wissenschaftlichen, technischen, kulturellen oder sportlichen Tätigkeiten unterliegen einem Bruttosteuersatz von 20%. Bei allen sonstigen Einkommen aus selbständiger Arbeit wird der Regelsteuersatz auf das zu versteuernde Einkommen angewendet. Einkommen aus nicht selbständiger Arbeit unterliegen nicht der Zusatzsteuer, sondern werden wie bei unbeschränkt Steuerpflichtigen ausschließlich mit der Steuer auf Einkommen der 2. Kategorie besteuert.

Bestimmte Investitionseinkommen beschränkt Steuerpflichtiger werden nicht durch das chilenische Einkommenssteuergesetz besteuert. Hierbei handelt es sich einmal um die Dividenden und sonstigen Gewinnausschüttungen von sog. 'Investitionsfonds ausländischen Kapitals' („*Fondos de Inversiones de Capital Extranjero*"), die ausschließlich in öffentlich angebotenen chilenischen Wertpa-

---

[466] Vgl. hierzu auch Pice Waterhouse (1994), S. 127, FN 2.

[467] Diese Schiffstransportleistungen bzw. die ausländischen Schiffahrtsunternehmen werden jedoch nicht in der eben genannten Art und Weise besteuert, wenn in dem Staat in dem die Schiffe registriert sind bzw. wo das Unternehmen seinen tatsächliche Geschäftsführung durchführt, chilenische Schiffahrtsunternehmen ebenfalls nicht besteuert werden (Reziprozität).

pieren investieren dürfen. Der Steuersatz beträgt für diese Einkommen seit 1987 grundsätzlich 10%[468]. Außerdem besteht für alle Investitionen, die in Chile im Rahmen des 'Statuts für ausländische Investitionen' („*Estatuto de la Inversion Extranjera*") getätigt wurden die Möglichkeit, statt nach den Regeln des Einkommensteuergesetzes zehn Jahre lang mit einem fixen Steuersatz von 42% besteuert zu werden.[469] Zusammenfassend gelten also die in Tabelle 7.12 dargestellten Steuersätze.

Tabelle 7.12: Quellensteuersätze für Bruttoeinkommen aus Chile

Einkommens- bzw. Einnahmeart	*Steuersatz*
Dividenden, Lizenzgebühren, Betriebsstättengewinne, allgemeine Zinszahlungen, allgemeine Dienstleistungen, zu versteuerndes Einkommen aus allgemeiner selbständiger Arbeit, sonstige Zahlungen	35,00%
Technische Dienstleistungen, Einkommen aus selbständiger Arbeit im Zusammenhang mit wissenschaftlicher, technischer, kultureller oder sportlicher Tätigkeit	20,00%
Lizenzgebühren für Autorenrechte u.ä.	15,00%
Dividenden und sonstige Gewinnausschüttungen aus sog. 'Investitionsfonds ausländischen Kapitals'	10,00%
Schiffsfrachten	5,00%[a)]
Miet-, Pacht- und Leasingzahlungen für importierte Kapitalgüter	5,00%
Zinsen aus Anlagen in ausländischen Währungen und für Kredite von ausländischen Banken und sonst Finanzinstitutionen	4,00%
Einkommen aus nicht-selbständiger Arbeit	wie bei unbeschränkter Steuerpflicht

Quelle: Eigene Darstellung auf Basis der einkommensteuerlich relevanten Normen.[470]

468 Vgl. *Ley N° 18.657* vom 29. Sept. 1987, insb. Art. 15.

469 Vgl. *Decreto Ley N°* 600 vom 13. Juni 1974. Da dieser Steuersatz jedoch über dem Höchststeuersatz des Einkommenssteuergesetzes liegt, erscheint diese Option nicht sehr attraktiv.

470 Anmerkungen: a) Bei Reziprozität sind diese Einkommen steuerbefreit.

7.4.3 Die Bewertung der Vermeidung von Doppelbesteuerung zwischen Chile und Deutschland

Da zwischen Chile und Deutschland kein Doppelbesteuerungsabkommen existiert, sind für die Analyse zunächst nur die unilateralen Maßnahmen in beiden Ländern relevant. Für die aus Chile stammenden Einkommen gelten somit die bereits in Abschnitt 6.2 diskutierten deutschen unilateralen Maßnahmen. Für diese Maßnahmen wurde bereits festgestellt, daß sie weitgehend den theoretischen Ergebnissen für die nicht-kooperative Situation entsprechen. Für die in Chile angewendeten Maßnahmen zur Vermeidung der Doppelbesteuerung von aus Deutschland stammenden Einkommen trifft dies nicht oder nur sehr eingeschränkt zu, da für Einkommen aus Direktinvestitionen nur sehr eingeschränkt die Anrechnungsmethode und bei Arbeitseinkommen sogar nur die Abzugsmethode angewendet wird. Allenfalls die sehr eingeschränkte Anrechnungsmethode bei den sonstigen Kapitaleinkommen kommt dem effizienten Referenzmodell nahe.

Das Verhalten Chiles muß demnach aus dieser Sicht als irrational eingestuft werden, denn durch die unilaterale Anwendung der Anrechnungsmethode bei den Arbeitseinkommen und die großzügigere Anwendung derselben Methode bei den Einkommen aus Direktinvestitionen könnte Chile sein Sozialprodukt erhöhen. Für eine detailliertere Bewertung erscheint es jedoch erneut sinnvoll, einen Blick auf die bilateralen Einkommensströme zu werfen. Tabelle 7.13 stellt diese Einkommensströme für das Jahr 1994 dar.

Wie aus der Betrachtung der Direktinvestitionen aus Tabelle 6.5b bereits abzusehen war, bezieht Deutschland weitaus weniger Kapitaleinkommen aus Chile als aus Argentinien oder Brasilien. Viel interessanter erscheint jedoch, daß die Einkommensströme zwischen den beiden Ländern fast ausgeglichen sind bzw. lediglich bei den Kapitaleinkommen aufgrund der deutschen Direktinvestitionen in Chile ein kleiner Überschuß der deutschen Ströme aus Chile über den chilenischen Strömen aus Deutschland vorliegt. Bei den Arbeitseinkommen sind die Einkommensströme sogar vollends ausgeglichen. Im Vergleich zu Argentinien und Brasilien handelt es sich also bei Chile nicht um einen Nettoarbeitsexporteur und auch nur in einem geringen Maße um einen Nettokapitalimporteur.

Aus deutscher Sicht stammen dabei die wichtigsten Einkommen aus Zinsen für Bankdarlehen und aus Direktinvestitionen (mit 58,7% bzw. 23,0% des Gesamteinkommens aus Chile). Diese Einkommen sind somit für Deutschland wichtiger als es üblicherweise bei Einkommen aus Entwicklungsländern der Fall ist (vgl. Tabelle 6.6). Aus chilenischer Sicht sind ebenfalls die Bankdarlehen die wichtigste Einkommensquelle, gefolgt von den Zinsen aus festverzinslichen Wertpapieren (67,9% bzw. 15,5% des gesamten Einkommens aus Deutschland). Arbeitseinkommen spielen in beiden Ländern nur eine untergeordnete Rolle.

Tabelle 7.13: Die bilateralen Einkommensströme zwischen Chile und Deutschland in Jahre 1994 (in Mio. DM)

	aus Chile	*aus Deutschland*	*Saldo*[a)]
Kapitaleinkommen	***95***	***75***	***+20***
darunter:			
Einkommen aus Direktinvestitionen	24	0	+24
Dividenden aus Wertpapieren	1	5	-4
Zinsen aus festverzinslichen Wertpapieren	0	13	-13
Zinsen für Kredite von Banken	61	57	+4
Zinsen für Kredite von Nichtbanken	5	0	+5
Lizenzgebühren	4	0	+4
Arbeitseinkommen	***9***	***9***	***0***
darunter:			
Einkommen aus selbständiger Arbeit	0	2	-2
Einkommen aus unselbständiger Arbeit	9	7	+2
Summe	**104**	***84***	***+20***

Quelle: Eigene Darstellung auf Basis der Daten aus Deutsche Bundesbank (1996).[471]

Betrachtet man nun die chilenischen Maßnahmen zur Vermeidung bzw. Verminderung von Doppelbesteuerung vor dem Hintergrund diese Einkommensströme, so könnte der Schluß gezogen werden, daß aufgrund der Nichtexistenz chilenischer Einkommen aus Direktinvestitionen und der relativen Unbedeutendheit chilenischer Arbeitseinkommen aus Deutschland, die sub-optimalen chilenischen Maßnahmen irrelevant wären. Andererseits könnte natürlich auch argumentiert werden, daß die Unbedeutendheit dieser Einkommen eine Folge der sub-optimalen Maßnahmen sei. Bedenkt man, daß in dem einzigen Land mit dem Chile ein Doppelbesteuerungsabkommen geschlossen und ratifiziert hat, nämlich in Argentinien[472], die chilenischen Direktinvestitionen an enormer Bedeutung ge-

---

[471] Anmerkungen: a) Überschuß der deutschen Ströme aus Chile über die chilenischen Ströme aus Deutschland.

[472] Durch das chilenisch-argentinische Doppelbesteuerungsabkommen wird mit Ausnahme bei Einkommen aus internationalen Transporten, das Besteuerungsrecht ausschließlich dem Quellenland zugesprochen. Vgl. *Convenio entre la República Argentina y la República de Chile para evitar la doble tributación en materia de impuestos sobre la renta, ganacias o beneficios y sobre el capital y el patrimonio, Ley N° 23.228* (Argentinien), vom 1. Okt. 1982, insb. Kap. II.

wonnen haben, dann scheint die steuerliche Behandlung von Faktoreinkommen eine nicht zu vernachlässigende Rolle zu spielen.

Um den Vorteil eines möglichen Doppelbesteuerungsabkommens heraus zuarbeiten, bietet es sich an, ein bereits existierendes Doppelbesteuerungsabkommen auf die chilenisch-deutsche Situation anzuwenden. Die Anwendung des argentinisch-chilenischen Abkommens scheidet dabei aus, da dies keinem Abkommen auch nur ansatzweise entspricht, dem Deutschland bisher zugestimmt hat. Vielmehr bietet es sich an, ein Abkommen zu wählen, daß zwischen Deutschland und Chiles wichtigsten regionalen Konkurrenten um Direktinvestitionen entspricht, nämlich entweder das Abkommen mit Argentinien oder das mit Brasilien. Dies erscheint um so relevanter, da Chile seit November 1996 assoziiertes Mitglied der südamerikanischen Freihandelszone MercoSur ist, die im wesentlichen aus Argentinien und Brasilien besteht.[473]

Da das argentinisch-deutsche Abkommen gerade erst wieder durch Deutschland bestätigt wurde, erscheint es angebracht, dieses Abkommen als mögliches Abkommen zwischen Deutschland und Chile in den Raum zu stellen. Die sich daraus ergebenden Auswirkungen auf die formalen Steuersätze sind in Tabelle 7.14 dargelegt. Probleme ergeben sich dabei jedoch bei der Begrenzung der Bruttosteuern auf Dividenden, denn die in Chile fällige Zusatzsteuer ist eine Steuer auf Zahlungen vor Abzug von Körperschaftsteuern und nicht wie sonst üblich eine Steuer auf die Ausschüttung nach gezahlter Körperschaftsteuer.[474] Um diese Problematik zu umgehen, wird diese Zusatzsteuer als Körperschaftsteuer interpretiert, so daß keine zusätzliche Dividendensteuer anfällt.

Wie zu erwarten, würde sich solch ein Doppelbesteuerungsabkommen deutlich auf die deutschen Einkommen aus Direktinvestitionen in Chile auswirken, denn es käme zu einer Senkung der formalen Steuersätze um mehr als 13%-Punkte. Es wäre demnach zu erwarten, daß solch ein Abkommen einen signifikant positiven Effekt auf die deutschen Direktinvestitionen in Chile hätte. Dem deutschen Fiskus

---

Chile hat jüngst zwei weitere Abkommen geschlossen und zwar mit Kanada (21. Jan. 1998) und Mexiko (17. April 1998). Diese sind jedoch noch nicht in Kraft. Vgl. *Convenio entre la Republica Chile y Canada para evitar la doble tributacion y para prevenir la evasion fiscal en relacion a los impuestos a la renta y al patrimonio*, *Convenio entre la Republica Chile y los Estados Unidos Mexicanos para evitar la doble imposicion e impedir la evasion fiscal en materia de impuestos sobre la renta y al patrimonio* sowie Vogel, Klaus (1998a), S. 134 und Vogel, Klaus (1998b), S. 264.

473 Daneben sind noch Paraguay und Uruguay Mitglied dieser Zone.

474 Für die Berechnung der Steuersätze vgl. den Anhang.

würden aufgrund der Freistellung erneut Steuern entgehen; bedenkt man jedoch, daß das gegenwärtige Volumen an Einkommen aus Direktinvestitionen sehr gering ist, wird dieser Verlust auch nicht besonders hoch ausfallen. Quantitativ wichtiger scheint vielmehr der Verlust an deutschen Steuergeldern zu wiegen, der aufgrund der fiktiven Anrechnung bei Zinseinkommen aus Bankdarlehen entsteht.

Tabelle 7.14: Tatsächliche und potentielle formale Steuerbelastung der bilaterale Bruttoeinkommensströme zwischen Chile und Deutschland im Jahre 1996

Steuersätze für	*aus Chile mit DBA*[a)]	*aus Chile ohne DBA*	*aus Deutschland mit DBA*[a)]	*aus Deutschland ohne DBA*
Einkommen aus Direktinvestitionen	35,00%	48,38%	42,63%	50,64%
Dividenden aus Wertpapieren	45,54%	53,54%	42,63%	50,64%
Zinsen aus festverzinslichen Wertpapieren	48,38%	48,38%	15,00%	15,00%
Zinsen für Kredite von Banken	37,38%	48,38%	15,00%	15,00%
Zinsen für Kredite von Nichtbanken	48,38%	48,38%	15,00%	15,00%
Lizenzgebühren	43,38%	48,38%	15,00%	26,88%
Einkommen aus selbständiger Arbeit	35,00%	35,00%	31,73%	34,73%
Einkommen aus unselbständiger Arbeit	5,67%	19,10%	19,10%	21,08%

Quelle: Eigene Darstellung auf Basis der steuerlich relevanten Normen. Siehe auch die Berechnung im Anhang.[475]

Betrachtet man die Möglichkeit, daß eine Kompensation dieses Steuerausfalls eventuell durch die Begrenzung der Quellensteuer in Chile stattfinden könnte, dann stellt man fest, daß zwar bei den Lizenzgebühren und den Zinsen für Kredite von Nichtbanken diese Quellensteuer erheblich reduziert wird; bei der wichtigsten Einkommensart, nämlich den Zinsen für Bankdarlehen, greift die Begrenzung jedoch nicht, da auch ohne Doppelbesteuerungsabkommen die Quellensteuer für diese Einkommen nur bei 4% liegt (siehe Tabelle 7.12).

Als letzte Kompensationsmöglichkeit blieben noch die Vorteile, die Deutschland eventuell als Quellenland aus dem Abkommen entständen. Betrachtet man nämlich Tabelle 7.14, dann sieht man, daß bei vielen Einkommensarten die Steu-

[475] Anmerkung: a) bei Anwendung des argentinisch-deutschem Doppelbesteuerungsabkommens.

erbelastung durch solch ein Doppelbesteuerungsabkommen reduziert würde. Bei den Arbeitseinkommen liegt dies an der Substitution der Abzugsmethode durch die Anrechnungsmethode. Bei den anderen Einkommen wird die Reduzierung der Steuerbelastung jedoch alleine durch die Begrenzung der Quellensteuer herbei geführt, die Deutschland auch unilateral einführen könnte. Bei der wichtigsten Einkommensart, nämlich den Zinseinnahmen aus Bankdarlehen, würde ein solches Doppelbesteuerungsabkommen zudem zu keinerlei Veränderung im Vergleich zum Status Quo führen.

Aus chilenischer Sicht erscheint solch ein Abkommen hingegen uneingeschränkt als vorteilhaft, denn auf der einen Seite würde Chile deutlich von der Freistellung der in Chile entstandenen Einkommen aus Direktinvestitionen profitieren und auf der anderen Seite würden die chilenischen Steuereinnahmen aus der Begrenzung der Quellensteuer sowie der Anwendung der Anrechnungsmethode kaum vermindert werden.

Wenn Deutschland gegenüber Chile ähnlich altruistische Interessen hegt, wie gegenüber Argentinien und Brasilien, dann ist es eigentlich nicht verständlich, daß solch ein Doppelbesteuerungsabkommen nicht existiert. Bedenkt man, daß Chile bisher nur ein einziges Doppelbesteuerungsabkommen unterzeichnet hat, dann scheint das Fehlen solch eines Abkommens aber eher an Chile als an Deutschland zu liegen.

Rational läßt sich Chiles Verhalten nur durch einen Aspekt der internationalen Kooperation erklären, der für den deutsch-argentinischen und den deutsch-brasilianischen Fall implizit als nicht relevant vernachlässigt wurde, nämlich die Kosten der Kooperation im Vergleich zu den potentiellen Kooperationserträgen. Diese Kooperationskosten mögen nun aber im deutsch-chilenischem Fall derart hoch sein, daß sich eine Kooperation für Chile nicht rentiert.

Betrachtet man noch einmal Chiles Vorteile aus solch einer Kooperation, dann liegen diese insbesondere in der Anwendung des Quellenlandprinzips auf deutsche Einkommen aus Direktinvestitionen in Chile, denn diese Anwendung des Quellenlandprinzips führt aller Wahrscheinlichkeit nach zu einer Erhöhung dieser Direktinvestitionen. Diese erhöhten Kapitalströme bringen nun einerseits positive externe Effekte mit sich und zum andern erhöht sich dadurch das Arbeitseinkommen in Chile, da durch den Zufluß an ausländischem Kapital die Arbeit in Chile relativ knapper wird.

Für Chile entstehen jedoch durch solch eine Kooperation mindestens zwei Arten von Kosten. Einerseits sind da die direkten Verhandlungskosten. Da Chile bisher kaum Erfahrung auf diesem Gebiet hat, sind diese Kosten für Chile sicherlich weitaus höher einzuschätzen als für Deutschland, das schon eine Vielzahl von Doppelbesteuerungsabkommen verhandelt hat. Hinzu kommen jedoch auch indirekte Kosten der Verhandlung, falls Chile sich gezwungen sähe, aufgrund der Verhandlungen auch nationale Regelungen zu verändern. So entspricht die in Chile erhobene Steuer auf Dividenden eigentlich nicht der in Art. 10 des OECD Musterabkommens behandelten Steuer. Entweder muß bei einer möglichen Kooperation dieser Artikel an das chilenische Einkommensteuergesetz angepaßt werden, oder eben das chilenischen Einkommensteuergesetz modifiziert werden. So oder so werden dadurch Kosten verursacht, die die Kooperationserträge vermindern.

Wichtiger erscheint jedoch die Auswirkung eines Doppelbesteuerungsabkommens auf den chilenischen Kapitalmarkt, denn dieser ist im Vergleich zu dem argentinischen oder dem brasilianischen Kapitalmarkt weitaus stärker staatlich reguliert. So wird z.B. der Zufluß ausländischen Kapitals nach Chile über den formellen Devisenmarkt durch den chilenischen Staat kontrolliert.[476] Es bestehen dabei prinzipiell zwei Möglichkeiten den Zugang zu diesem formellen Devisenmarkt genehmigt zu bekommen. Die erste Möglichkeit ist der Abschluß eines Investitionsvertrags mit dem chilenischen Staat nach dem oben bereits erwähnten Statut für ausländische Investitionen. Durch diesen Investitionsvertrag wird neben dem Zugang zum besagten Devisenmarkt auch der Schutz vor Diskriminierung und Enteignung garantiert.

Die andere Möglichkeit, nach Chile Kapital offiziell einzuführen, besteht in der Genehmigung und Registrierung durch die chilenische Zentralbank.[477] Der Unterschied zum Investitionsvertrag liegt einmal darin, daß in diesem Falle der erwähnte Schutz vor Diskriminierung und Enteignung nicht gewährt wird. Andererseits mußte im Jahre 1996 bei bestimmten Finanzinvestitionen eine zinsloses Bardepot von 30% des ausländischen Kapitals bei der Zentralbank gehalten werden.[478] [479]

---

476 Neben dem formalen Devisenmarkt existiert zwar auch ein legaler "informeller" Devisenmarkt, über dem Kapital nach Chile gebracht werden kann. Dieser Devisenmarkt ist jedoch weitaus instabiler als der formale, denn auf dem formalen Devisenmarkt interveniert die chilenische Zentralbank um den realen Wechselkurs des chilenischen Peso gegenüber dem US Dollar, dem Yen und der Deutschen Mark konstant zuhalten.

477 Vgl. Kap. XIX für "*debt-for-equity-swaps*" und Kap. XIV für sonstiges ausländisches Kapital des *Compendio de Normas de Cambios Internacionales del Banco Central de la Ley Organica Constitucional N° 18.840* vom 10. Okt. 1989.

478 Diese Bardepot-Pflicht wurde im Juni 1991 eingeführt und bezog sich zunächst auf alle kurzfristigen Kapitalanlagen. Seit dem 24. Okt. 1996 muß dieses Bardepot unabhängig der Fristigkeit bei allen Anlagen hinterlegt werden, die als unproduktiv eingestuft werden. Vgl. Fort, Guillermo Le (1996), S. 4 sowie o.V. (1996), S. 5. Für eine ausführliche Diskussion

Wenn nun im Gegenzug für die Vereinbarung eines Doppelbesteuerungsabkommens Chile seinen Kapitalmarkt liberalisieren müßte, dann würde diese Einschränkung der nationalen Kontrolle über die Kapitalströme nicht nur zu realen Kosten der Anpassung führen, sondern sicherlich auch zu 'politischen' Kosten innerhalb der chilenischen Gesellschaft.

Vergleicht man also die Vorteile in Bezug auf die deutschen Direktinvestitionen in Chile, die wie bereits erwähnt nur ca. 1% der gesamten ausländischen Direktinvestitionen in Chile zwischen 1976 und 1996 darstellen, mit den möglichen Nachteilen, dann erscheint Chiles bisherige ablehnende Haltung als durchaus rational.

Da sich Chile jedoch im September 1998 aufgrund der Turbulenzen auf den internationalen Finanzmärkten zu einer Liberalisierung seines Kapitalmarktes entschlossen hat[480], scheint dem Verfasser das Zustandekommen eines deutsch-chilenischen Doppelbesteuerungsabkommen, das dem deutsch-argentinischen Abkommen ähnelt, in naher Zukunft allemal realistisch.

---

der Investitionsbedingungen in Chile vgl. Mayora, Roberto / Montt, Luis (1993), S. 45-73 sowie S. 122.

479 Der Großteil der ausländischen Investitionen wird jedoch über den Investitionsvertrag getätigt. Zwischen 1990 und 1995 betrug dieser Anteil 67,68%, wobei davon ausgegangen werden kann, daß es sich hierbei um längerfristige Investitionen handelt. Vgl. *El Mercurio* vom 30. Okt. 1996, S. B1.

480 So wurde am 16. Sept. 1998 die Bardepot-Pflicht *de facto* abgeschafft, nachdem bereits am 25. Juni 1998 die Höhe des Bardepots auf 10% des ausländischen Kapitals reduziert wurde. Vgl. *Acuerdo del Consejo del Banco Central de Chile 685E-02-980625* und *Acuerdo del Consejo del Banco Central de Chile 704E-02-980916*.

8 Zusammenfassende Schlußbemerkungen

Ein mit der Globalisierung der Weltwirtschaft einhergehendes Phänomen ist die Zunahme an grenzüberschreitenden und damit internationalen Einkommensströmen. Diese Internationalisierung der Einkommensentstehung führt zu einer Überlappung von hoheitlichen Steuerzugriffen, da bei grenzüberschreitenden Einkommensströmen mehrere Staaten auf diese Einkommen steuerlich zugreifen können. So kann einmal das Land, in dem das Einkommen entstanden ist, also das Quellenland, das Einkommen besteuern (Besteuerung nach dem Quellenlandprinzip). Ferner kann auch das Land, in dem der Einkommensempfänger ansässig ist einen Besteuerungsanspruch erheben (Besteuerung nach dem Wohnsitzlandprinzip). Und zu allerletzt vermag auch das Land dessen Staatsangehöriger der Einkommensempfänger ist, steuerlich zugreifen (Besteuerung nach dem Staatsangehörigkeitsprinzip). All diese steuerlichen Zugriffe sind sowohl völkerrechtlich begründet als auch aus ökonomischer Sicht gerechtfertigt, führen jedoch zur Höherbelastung dieser internationalen Einkommen im Vergleich zu solchen Einkommen, bei denen das Herkunftsland des Einkommensbeziehers mit dem Land der Einkommensentstehung übereinstimmt.

Sich dieser Problematik bewußt, versuchen nun viele Länder, diese Doppel- und Mehrfachbesteuerung durch bilaterale Abkommen zu vermeiden. Den gegenwärtigen Doppelbesteuerungsabkommen wird jedoch oftmals unterstellt, daß sie Entwicklungsländer systematisch benachteiligen. Wenn dies so wäre, dann muß man sich aber die Frage stellen, warum dennoch so viele Entwicklungsländer solche Abkommen mit Industrieländern geschlossen haben.

Um diese Frage zu beantworten, wurde vom Verfasser eine positive Theorie der Doppelbesteuerungsabkommen entwickelt. Nach dieser Theorie stimmen potentielle Kooperationspartner, die die Maximierung ihres individuallen Vorteils anstreben nur dann einem Abkommen zu, wenn sie sich durch diese besserstellen als in der Ausgangssituation. Da nun aber im Hinblick auf die Verteilung der potentiellen Kooperationsgewinne zumeist unterschiedliche Gerechtigkeitsvorstellungen vorherrschen, kann der Abschluß eines zwar an sich grundsätzlich vorteilhaften Abkommens an eben der Verteilung dieser Vorteile scheitern. Dieses Verteilungsproblem i.e.S. läßt sich aber umgehen, wenn in einem möglichen Abkommen keine exakte Verteilung dieser Vorteile festgelegt wird, sondern statt dessen nur die grundsätzlichen 'Spielregeln' der Kooperation, wie z.B. die Vermeidung der Doppelbesteuerung durch einheitliche Anwendung eines bestimmten Besteuerungsprinzips.

Damit diese 'Spielregeln' bzw. Rahmenbedingungen bei allen Verhandlungspartnern Zustimmung finden, müssen diese als gerecht empfunden werden, also derart gestaltet sein, daß durch sie keiner der Verhandlungspartner systematisch benachteiligt wird. Außerdem muß sicher gestellt werden, daß sich alle Kooperationspartner auch nach Abschluß des Vertrages an die vorher vereinbarten 'Spielregeln' halten. Unter einem gerechten Abkommen wird also nicht ein solches verstanden, das einer übergeordneten, exogen vorgegebenen Moralvorstellung entspricht, sondern vielmehr ein Abkommen, das Rawls' individualistischer Interpretation der Gerechtigkeit als Fairneß genügt.

Einigen sich die Verhandlungspartner auf solche gerechten bzw. fairen Regeln, dann werden sich diese auch darauf einigen, daß die Kooperationsregeln dafür Sorge tragen, den potentiellen Verhandlungsgewinn zu maximieren. Denn wenn die Kooperationsregeln keinen Partner systematisch benachteiligen, dann wird auch allen Kooperationpartnern die gleiche Chance eingeräumt, den von ihnen gewünschten maximalen Anteil an diesem Kooperationsgewinn zu erhalten. Daher kann ein solches Abkommen sowohl als effizient als auch aus individueller Sicht als gerecht bezeichnet werden.

Nun ist die Gewährung von gleichen Chancen nicht das zwangsläufige Ergebnis einer Verhandlung. Verhandlungen hängen nämlich in einem starken Maße von der Ausgangssituation der Verhandlungspartner, insbesondere von ihrer Verhandlungsmacht und ihrem Verhandlungsgeschick, ab. Dadurch, daß aber lediglich die Spielregeln der Kooperation und nicht die abschließende Verteilung der Kooperationgewinne vereinbart werden, kann ein Verhandlungspartner nur dann einen Vorteil aus seiner Verhandlungsmacht und seinem Verhandlungsgeschick ziehen, wenn es ihm möglich ist, genau diejenigen Spielregeln zu identifizieren, die zu seinem individuellen Vorteil sind.

Falls sich indes die Auswirkungen der einzelnen Spielregeln auf die Verteilung der Kooperationsgewinne nicht mit Sicherheit vorhersagen läßt, dann werden die Kooperationsregeln hinter einem 'Schleier der Unsicherheit' im Sinne von Buchanan und Tullock beschlossen und rational handelnde Akteure werden diejenigen Spielregeln wählen, die allen Kooperationspartnern die gleichen Chancen einräumen.

Wendet man diese Erkenntnis auf die Verhandlung von Doppelbesteuerungsabkommen an, dann läßt sich schlußfolgern, daß sich potentiell kooperierende Länder hinter einem 'Schleier der Unsicherheit' auf die Anwendung von solchen Besteuerungsprinzipien einigen werden, die keinen der Beteiligten systematisch benachteiligen und zudem das gemeinsame Sozialprodukt maximieren.

Aber auch ohne einem solchen 'Schleier der Unsicherheit' kann es zu einer effizienten Kooperation kommen. Ändert man nämlich die Verhaltensannahme bezüglich der potentiellen Kooperationspartner derart, daß diese nunmehr altruistische Interessen verfolgen, dann wird solch ein Kooperationspartner auch dann der Maximierung des gemeinsamen Kooperationsgewinn zustimmen, wenn sich dadurch die individuelle Situation dieses Kooperationspartners verschlechtert.

Um die Effizienz einzelner Besteuerungsprinzipien zu bewerten, läßt sich Musgrave's Konzept der Kapitalexportneutralität bzw. der Faktorexportneutralität heranziehen. Dieses Konzept besagt in seiner erweiterten Interpretation, daß die Gesamtheit der staatlichen Aktivitäten, also sowohl die Steuern als auch die staatlichen Ausgaben, die Wahl des Faktoreinsatzortes nicht beeinflussen darf, wenn diese Produktionsfaktoren ihren Faktorertrag maximieren sollen.

Es wurde nun gezeigt, daß je nach Art der staatlichen Ausgaben unterschiedliche Besteuerungsprinzipien die gemeinsamen Vorteile aus der Kooperation maximieren. Werden z.B. die Steuereinnahmen in den jeweiligen Ländern ausschließlich für Pro-Kopf-Transfers an die dort ansässigen Personen verwendet, dann kann die oben geforderte Faktorexportneutralität nur erreicht werden, wenn der Steuersatz des Wohnsitzlandes zum Tragen kommt.

Anders sieht es jedoch aus, wenn die erhobenen Steuern ausschließlich für produktive Vorleistungen für die private Produktion, wie z.B. für staatlich bereitgestellte Infrastruktur, ausgegeben werden. Wenn nämlich der Faktorertrag durch diese staatlichen Vorleistungen positiv beeinflußt wird, dann wird durch diese Vorleistungen auch die Entscheidung über den Faktoreinsatzort beeinflußt. Für den privaten Investor ist in diesem Falle also nicht mehr nur die Steuerbelastung der Faktoreinkommen in einem bestimmten Land entscheidungsrelevant, sondern auch die Höhe dieser Vorleistungen. Die Produktionsfaktoren werden dann in dem Land eingesetzt, in dem die positive Differenz aus dem Steuernachteil und dem Ausgabenvorteil, also das Buchanan'sche fiskalische Residuum, am größten ist. Wie gezeigt wurde, wird Faktorexportneutralität unter diesen Bedingungen nicht mehr durch die Anwendung des Wohnsitzlandprinzips verwirklicht, sondern nur dann, wenn das Quellenlandprinzip angewendet wird. Es spricht einiges dafür, daß gerade der Aspekt der produktiven staatlichen Vorleistungen für die Faktorströme zwischen Industrieländern und Entwicklungsländern eine besonders wichtige Rolle spielt, denn gerade zwischen diesen Ländergruppen lassen sich z.B. deutliche Infrastrukturdisparitäten beobachten.

Ein weiterer wichtiger Grund für den Vorteil des Quellenlandprinzips hängt mit der vermeintlichen Existenz von positiven externen Effekten im Kontext mit dem Einsatz von ausländischen Produktionsfaktoren - insbesondere in Form ausländischer Direktinvestitionen - in Entwicklungsländern zusammen. Stammen diese Produktionsfaktoren nämlich aus Industrieländern, dann führt deren Einsatz in Entwicklungsländern oftmals zu einem Wissenstransfer, der auch den technischen Fortschritt in den Produktionszweigen des Landes erhöht, in denen keine ausländischen Produktionsfaktoren eingesetzt werden.

Da diese externen Effekte jedoch nicht in das private Kalkül des ausländischen Faktoreigners eingehen, muß das Quellenland Anreize schaffen, um diese Effekte zu internalisieren. Stehen nur die Steuern als wirtschaftspolitisches Instrument zur Verfügung, dann können die positiven externen Effekte vollständig internalisiert werden, wenn das Quellenland seine Steuern derart reduziert, daß die Steuerdifferenz zwischen dem Wohnsitzland und dem Quellenland genau den positiven externen Effekten entsprechen. Diese Steuersatzunterschiede kommen jedoch nur zur Geltung, wenn die Faktoreinkommen stets mit dem Steuersatz besteuert werden, der im Quellenland herrscht.

Wenn also Entwicklungsländer mit Industrieländern in Verhandlung treten, um die Doppelbesteuerung von Faktoreinkommen zu vermeiden, dann spricht vieles dafür, daß diese Länder sich auf die Vermeidung der Doppelbesteuerung durch Anwendung des Quellenlandprinzips einigen werden. D.h. die Wohnsitzländer müssen die in den Quellenländern entstandenen Einkommen von der Besteuerung freistellen.

Nun sind aber nicht alle Faktoreinsätze mit externen Effekten verbunden und nicht alle Faktoreinsätze profitieren von staatlichen Vorleistungen im Quellenland. Betrachtet man z.B. Faktorströme in Form von Krediten, dann ist mit diesem Kapitaltransfer i.d.R. kein Wissenstransfer verbunden. Auch wird der relevante Zinssatz nicht durch die staatlichen Vorleistungen im Quellenland bestimmt, sondern weitgehend vom Weltkapitalmarkt. Ähnliches mag für Einkommen aus Lizenzgebühren gelten. Hier kommt es zwar zu einem expliziten Wissenstransfer; dieser wird jedoch gerade durch die Lizenzgebühren internalisiert.

Bei der Vermeidung der Doppelbesteuerung ist demnach ein differenziertes Vorgehen angebracht. Insbesondere bei Einkommen, die aus dem direkten Faktoreinsatz im Produktionsprozeß resultieren, wie z.B. die Einkommen aus Direktinvestitionen und die Arbeitseinkommen, führt die Anwendung des Quellenlandprinzips zur Einkommensmaximierung. Bei anderen Einkommen, wie z.B. den Zinseinkommen aus Bankdarlehen, ist das Wohnsitzlandprinzip vorzuziehen.

Obwohl einzelnen Einkommensarten jeweils effiziente Besteuerungsprinzipien zugeordnet werden können, ist damit noch nicht sichergestellt, daß sich die Verhandlungspartner auch wirklich auf diese Prinzipien einigen. So wurde gezeigt, daß dem Wohnsitzland durch die Anrechnung der im Quellenland gezahlten Steuer oder durch die Freistellung der im Quellenland entstandenen Einkommen Steuerausfälle entstehen, die nicht durch die erhöhte Effizienz beim Faktoreinsatz im Wohnsitzland kompensiert werden können. Da im Industrieländer-Entwicklungsländer-Fall zumeist bei den Industrieländern der Wohnsitzland-Charakter dominiert und bei den Entwicklungsländern der Quellenland-Charakter, würde der Verzicht auf Steuereinnahmen die Industrieländer systematisch benachteiligen.

Bei Vorliegen einer systematischen Benachteiligung wird jedoch i.d.R. kein Abkommen zustande kommen. Falls das Quellenland jedoch bereit ist, das Wohnsitzland für seine Steuerverluste zu kompensieren, indem es z.B. die Quellensteuersätze begrenzt oder indem es bei einigen Einkommensarten auf den Quellenlandzugriff verzichtet, dann ist es auch für die Industrieländer als Wohnsitzländer vorteilhaft, oben beschriebene Doppelbesteuerungsabkommen zu unterzeichnen. Bei der Kompensation der Steuerausfälle muß jedoch darauf geachtet werden, daß die Wohnsitzländer nicht derart hohe Kompensationen fordern, daß dadurch nun die Quellenländer einen Nettoverlust erleiden. Denn in diese Falle wären jetzt die Quellenländer nicht freiwillig dazu bereit, solch ein Abkommen einzugehen.

Falls es aber trotz Unter- oder Überkompensation zu einer Vereinbarung kommt, dann läßt sich dies rational nur dadurch erklären, daß entweder der benachteiligte Verhandlungspartner dem Abkommen nur unter Zwang zugestimmt hat oder aber dieser Benachteiligte aufgrund von altruistischen Interessen seine Benachteiligung zum Wohle der Kooperationsgemeinschaft in Kauf nimmt.

Grundsätzlich läßt sich jedoch festhalten, daß eine Vereinbarung um so wahrscheinlicher wird, je unsicherer die gegenwärtige Position als Wohnsitzland oder als Quellenland ist. Existiert nämlich der besagte ‘Schleier der Unsicherheit’, dann kann auch nicht von einer systematischen andauernden Benachteiligung eines der Kooperationspartner gesprochen werden.

Im empirischen Teil dieser Arbeit wurde nun das gegenwärtige System der Vermeidung von Doppelbesteuerung zwischen Deutschland und der Gruppe der Entwicklungsländer vor der oben kurz dargestellten positiven Theorie der Doppelbesteuerungsabkommen beleuchtet. Betrachtet man dabei zunächst Deutschlands Position als Wohnsitzland, so stellt man fest, daß Deutschland in der nichtkooperativen Situation stets die im Quellenland gezahlten Steuern eingeschränkt anrechnet. Damit verwirklicht Deutschland unilateral das Wohnsitzlandprinzip.

Vergleicht man diese Ausgangssituation mit den fast vierzig existierenden deutschen Doppelbesteuerungsabkommen mit Entwicklungsländern, dann fällt zu allererst auf, daß Deutschland in allen Abkommen bei Einkommen aus Direktinvestitionen, also bei Betriebsstättengewinnen, bei Dividenden von Tochtergesellschaften und bei Einkommen aus Betriebsvermögen sowie bei den Einkommen aus unselbständiger Arbeit das Quellenlandprinzip akzeptiert hat. Betrachtet man die Relevanz dieser Einkommen, so scheint diese Regelung für die Gruppe der Entwicklungsländer von enormen Vorteil.

Im Gegenzug haben die Entwicklungsländer eine Begrenzung ihrer Quellensteuersätze bei Einkommen aus Dividenden, Zinsen und Lizenzgebühren akzeptiert und zudem oftmals auf den Besteuerungszugriff z.B. bei Ruhegehältern oder bei nicht ausdrücklich erwähnten Einkommen verzichtet. Insofern entsprechen die gegenwärtigen Doppelbesteuerungsabkommen bei einer zugegebenermaßen relativ oberflächlichen Betrachtung grundsätzlich den Ergebnissen der zuvor entwikkelten Theorie.

Ob im Einzelfall die Anwendung des Quellenlandprinzips insbesondere bei Einkommen aus Direktinvestitionen zu enormen Vorteilen bei den jeweiligen Entwicklungsländern geführt hat und ob die Begrenzung bzw. der Verzicht auf Besteuerung in diesen Ländern Deutschlands Steuerausfälle kompensiert oder eventuell sogar überkompensiert hat, kann nur von Fall zu Fall geklärt werden. In einem nächsten Schritt wurde deshalb beispielhaft diese Fallbetrachtung für Argentinien, Brasilien und Chile durchgeführt.

Betrachtet man das deutsch-argentinische Doppelbesteuerungsabkommen vor dem Hintergrund der unilateralen Maßnahmen und den tatsächlichen bilateralen Einkommensströmen, so kann man feststellen, daß das Abkommen zwar das gemeinsame Sozialprodukt grundsätzlich maximiert, das Abkommen also effizient ist, Argentinien aber aus diesem Abkommen weitaus stärker als Deutschland profitiert. Es spricht sogar einiges dafür, daß Deutschland durch dieses Abkommen benachteiligt wird. Dies liegt insbesondere an der Freistellung der in Argentinien erwirtschafteten Einkommen aus Direktinvestitionen. Die Begrenzung der Quellensteuersätze in Argentinien greift hingegen aufgrund der ohnehin niedrigen argentinischen Steuersätze kaum. Und auch der argentinische Verzicht auf die Besteuerung nicht ausdrücklich erwähnter Einkommen wird wohl nicht für ein ausreichendes Kompensationsvolumen reichen. Vor diesem Hintergrund muß gefolgert werden, daß die Zustimmung Deutschlands zum gegenwärtige Doppelbesteuerungsabkommen nur rational erscheint, wenn Deutschland altruistisch handelt und die Maximierung beider Sozialprodukte anstrebt oder aber ein 'Schleier der Unsicherheit' vorliegt, der zukünftige Vorteile erhoffen läßt..

Das deutsch-brasilianische Doppelbesteuerungsabkommen bevorteilt das Quellenland noch stärker, als es das deutsch-argentinischen tut. So kommt es hier zu einer geringeren Begrenzung der Quellensteuersätze und das Quellenland muß zudem auf weniger Steuerquellen verzichten. Bei der Bewertung des deutsch-brasilianischen Doppelbesteuerungsabkommens fällt das Ergebnis also noch eindeutiger zugunsten des Entwicklungslandes, nämlich Brasiliens, aus. Dies liegt daran, daß weit über die Hälfte der gesamten bilateralen Einkommensströme aus deutschen Direktinvestitionen in Brasilien stammen. Die Anwendung des Quellenlandprinzips für diese Einkommen fällt also besonders stark ins Gewicht.

Auch hier reicht die Begrenzung der Steuersätze in Brasilien nicht aus, um eine Kompensation der deutschen Steuerausfälle herbeizuführen, da diese Begrenzung nur bei den Zinsen aus Bankdarlehen greift. Durch die fiktive Anrechnung der Quellensteuern in Deutschland wird der Kompensationseffekt dieser Begrenzung zudem wahrscheinlich mehr als aufgehoben.

Da Brasilien aufgrund des Doppelbesteuerungsabkommens nicht auf die Besteuerung der nicht explizit erwähnten Einkommen verzichten muß, kann auch aus dieser Perspektive keine Kompensation abgeleitet werden. Zudem entsteht für Deutschland als Quellenland kein Vorteil aus dem Doppelbesteuerungsabkommen, da mit oder ohne Abkommen in Brasilien als Wohnsitzland stets das Wohnsitzlandprinzip in Kombination mit der Anrechnungsmethode verwendet wird.

Zur Erklärung der deutschen Zustimmung zu dem geltenden Abkommen muß also noch stärker als im Falle des deutsch-argentinischen Doppelbesteuerungsabkommens neben dem Vorliegen eines 'Schleiers der Unsicherheit' auf die Existenz altruistischer Interessen zurückgegriffen werden. Nur ein genügend hohes Maß an altruistischen Interessen in Deutschland kann die Zustimmung bzw. die Aufrechterhaltung dieses Doppelbesteuerungsabkommens als rational erscheinen lassen.

Anhand der bilateralen Beziehungen zwischen Chile und Deutschland wurde abschließend gezeigt, daß unter bestimmten Bedingungen der Abschluß eines Doppelbesteuerungsabkommens für das Entwicklungsland - hier Chile - nicht vorteilhaft sein muß. Da zwischen Chile und Deutschland gegenwärtig kein Abkommen besteht, wurde nämlich im folgenden der jetzige *Status Quo* mit dem deutsch-argentinischen Abkommen verglichen, das gerade erst wieder von Deutschland bestätigt wurde.

Aus der Sicht von Chile erscheint solch ein Abkommen zunächst als uneingeschränkt vorteilhaft, denn auf der einen Seite würde Chile deutlich von der Freistellung der in Chile entstandenen Einkommen aus Direktinvestitionen profitieren und auf der anderen Seite würden die chilenischen Steuereinnahmen aus der Begrenzung der Quellensteuer sowie der Anwendung der Anrechnungsmethode kaum vermindert werden.

Dennoch scheint Chile bisher kein Interesse daran zu haben, solch eine Abkommen mit Deutschland zu vereinbaren. Chiles Verhalten wird jedoch verständlich, wenn man neben den potentiellen Kooperationserträgen auch die potentiellen Kooperationskosten berücksichtigt. Chile entstehen nämlich durch solch eine Kooperation mindestens zwei Arten von Kosten. Einerseits sind da die direkten Verhandlungskosten. Da Chile bisher kaum Erfahrung auf diesem Gebiet hat, sind diese Kosten für Chile sicherlich weitaus höher einzuschätzen als für Deutschland, das schon eine Vielzahl von Doppelbesteuerungsabkommen verhandelt hat.

Hinzu kommen jedoch auch indirekte Kosten der Verhandlung, falls Chile sich gezwungen sähe, aufgrund der Verhandlungen auch nationale Regelungen zu verändern. Dies betrifft z.B. die in Chile erhobene Steuer auf Dividenden, die eigentlich nicht der in Art. 10 des OECD Musterabkommens behandelten Dividendensteuer entspricht.

Wichtiger erscheint jedoch die Auswirkung eines Doppelbesteuerungsabkommens auf den chilenischen Kapitalmarkt, denn der chilenische Kapitalmarkt ist im Vergleich zu dem argentinischen oder dem brasilianischen Kapitalmarkt weitaus stärker staatlich reguliert. Wenn nun im Gegenzug für die Vereinbarung eines Doppelbesteuerungsabkommens Chile seinen Kapitalmarkt liberalisieren müßte, dann würde diese Einschränkung der nationalen Kontrolle über die Kapitalströme nicht nur zu realen Kosten der Anpassung führen, sondern sicherlich auch zu 'politischen' Kosten innerhalb der chilenischen Gesellschaft.

Vergleicht man also die Vorteile in Bezug auf die deutschen Direktinvestitionen in Chile, die nur ca. 1% der gesamten ausländischen Direktinvestitionen zwischen 1976 und 1996 in Chile darstellen, mit den möglichen Nachteilen, dann erscheint Chiles bisherige ablehnende Haltung als durchaus rational. Da sich Chile jedoch jüngst dazu entschlossen hat seinen Kapitalmarkt zu liberalisieren, scheint aus Sicht des Verfassers das Zustandekommen eines deutsch-chilenisches Doppelbesteuerungsabkommen, das dem deutsch-argentinischen Abkommen ähnelt könnte, für die Zukunft durchaus wahrscheinlich.

Welche Schlüsse lassen sich nun aus der Betrachtung der drei Fallstudien schließen? Zunächst muß festgehalten werden, daß die hier entwickelte Theorie der Doppelbesteuerungsabkommen durch Vergleich mit der Empirie durchaus ihre Bestätigung findet, d.h. sowohl die tatsächlich existierenden Doppelbesteuerungsabkommen mit Argentinien und Brasilien als auch das Nichtzustandekommen eines Doppelbesteuerungsabkommen mit Chile lassen sich theoriekonform erklären. Außerdem muß man zu dem Schluß kommen, daß zumindest im gegenwärtigen System zur Vermeidung von Doppelbesteuerung zwischen Deutschland und einer großen Vielzahl von Entwicklungsländern keine systematische Benachteiligung dieser Länder zu entdecken ist. Vielmehr ist es eher Deutschland, dem aus diesen Abkommen ein Nachteil in Form von nicht-kompensierten Steuerausfällen entsteht. Da davon ausgegangen werden kann, daß Deutschland nicht dazu gezwungen wurde diesen Abkommen zuzustimmen, ist die Existenz dieser Doppelbesteuerungsabkommen nur dadurch zu erklären, daß Deutschland den vermeintlichen Nachteil nicht als solchen empfindet sondern gegenüber den Entwicklungsländern altruistische Interessen verfolgt.

Eine andere Erklärung für die Zustimmung Deutschlands zu diesen Abkommen läßt sich vor dem Hintergrund eines möglichen 'Schleiers der Unsicherheit' begründen. Wenn im Rahmen der zunehmenden Globalisierung Deutschlands dauerhafte Position als Nettokapitalexporteur in Frage gestellt werden kann, dann ist es auch durchaus denkbar, daß sich der gegenwärtige vermeintliche Nachteil Deutschlands in der Zukunft aufgrund der veränderten Weltmarktbedingung in einen Vorteil umkehrt.

Eine abschließende Beurteilung des gesamten internationalen Systems der Einkommensbesteuerung läßt sich hieraus jedoch nicht ziehen. Hierfür müßten die unilateralen und bilateralen Maßnahmen zur Vermeidung von Doppelbesteuerung der anderen wichtigen Kapitalexporteure genauer vor dem Hintergrund einer positiven Theorie der Doppelbesteuerungsabkommen analysiert werden.

So wenden z.B. die U.S.A. als größter Kapitalexporteur (und -importeur) ein eigenes Modellabkommen an, das im Prinzip dem OECD-MA unter Anwendung des Art. 23 B (Anrechnungsmethode) entspricht.[481] In einem Punkt geht das U.S.-Modell jedoch noch über das OECD-MA hinaus, und zwar in der Hinsicht, daß eine der wichtigsten Steuerquellen, nämlich die Zinseinkünfte, ausschließlich dem Wohnsitzland zugesprochen werden. Die ausschließliche Zuweisung des Besteuerungsrechtes zum Wohnsitzland bei Zinszahlungen sowie bei den Lizenzgebühren wird jedoch bei Doppelbesteuerungsabkommen mit Entwicklungsländern, wie im Falle des wichtigsten Kapital importierenden Entwicklungslandes China, zumeist wieder aufgehoben.[482]

Ein abschließendes Urteil des U.S.-Modells kann zwar nur unter Bezugnahme der unilateralen Maßnahmen in den U.S.A. gefällt werden. Da dieses Modell jedoch recht stark von dem in Kapitel 5 vorgeschlagenen effizienten Doppelbesteuerungsabkommen abweicht, insbesondere bei der Besteuerung der Einkommen aus Direktinvestitionen, ist es nach Auffassung des Verfassers auch nicht verwunderlich, daß bisher lediglich 14 Entwicklungsländer ein Doppelbesteuerungsabkommen mit den U.S.A. abgeschlossen haben.[483]

---

[481] Siehe *United States Model Income Tax Convention of September 20, 1996*, (erhältlich über den Internet-Server des U.S. Department of the Treasury, http,//www.treas.gov/treasury/ tax/t0txmod1.htm (Abfrage vom 31.3.1998)).

[482] Vgl. *Agreement Between the Government of the United States of America and the Government of the People's Republic of China for the Avoidance of Double Taxation and the Prevention of Tax Evasion with Respect to Taxes on Income, April 30, 1984*, U.S. Department of State, TIAS N° 12065 (1986), Washington D.C.

[483] Insgesamt waren am 1. Januar 1997 44 U.S. Doppelbesteuerungsabkommen in Kraft. Vgl. U.S. Department of State (1997).

Zumindest für einen wichtigen Teil der internationalen Einkommensströme, nämlich für die zwischen Deutschland und denjenigen Entwicklungsländern, mit denen Deutschland Doppelbesteuerungsabkommen abgeschlossen hat, läßt sich jedoch festhalten, daß kein Indiz für eine systematische Benachteiligung der Entwicklungsländer vorliegt. Im Gegenteil: die Doppelbesteuerungsabkommen zwischen diesen Entwicklungsländern und Deutschland sind eindeutig zum Vorteil dieser Länder.

9 Anhang

9.1 Ausgewählte Indikatoren für Argentinien, Brasilien und Chile

Steuer- und Abgabenquote im Jahre 1994 (als Anteil am BIP)

	Argentinien	*Brasilien*	*Chile*
Direkte Steuern	***2,9%***	***3,3%***	***4,7%***
Steuern auf Einkommen	2,1%	3,3%	4,6%
Natürliche Personen	*0,4%*	*1,4%*	*1,6%*
Körperschaftsteuer	*0,9%*	*1,0%*	*2,3%*
Sonstige Steuern auf Einkommen	*0,8%*	*0,9%*	*0,7%*
Steuern auf Vermögen	0,8%	0,0%	0,1%
Sonstige direkte Steuern	0,0%	0,0%	0,0%
Indirekte Steuern	***11,6%***	***12,6%***	***13,1%***
Umsatzsteuern (inkl. MwSt)	8,1%	9,4%	8,0%
Mineralölsteuer	0,7%	0,0%	1,2%
Tabaksteuer	0,0%	0,0%	0,6%
Außenhandelssteuern	1,0%	0,5%	2,1%
sonstige indirekten Steuern	1,7%	2,7%	1,2%
Sonstige Steuern	***1,3%***	***1,8%***	***-0,7%***
Steuern insgesamt	**15,8%**	**17,8%**	**17,1%**
Sozialabgaben	**4,8%**	**4,2%**	**1,3%**
Sozialbeitrag vom Gewinn	0,0%	0,9%	0,0%
Sonstige Sozialbeiträge	4,8%	3,3%	1,3%
Steuern und Abgaben insgesamt	**20,6%**	**22,0%**	**18,4%**

Quelle: Eigene Berechnung auf Basis der Daten aus: Banco Central do Brasil (1996), Tabellen I.2, III.2 und III.4, Instituto Nacional de Estadística y Censos (1996), S. 493-494 und S. 573. Servicio de Impuestos Internos (1995), S. 10, S. 32 und S. 99. [484]

[484] Anmerkungen: Die Aufteilung der Einkommensteuer in Brasilien entstammt aus: *Indicatores IESP* N° 50, April 1996, S.11. Der Anteil der Steuern auf Staaten und Provinzebene in Brasilien, die unter den sonstigen Steuern zusammengefaßt sind, stammen von 1991. Vgl. Martone, Celso L. et al. (1994), S. 166. Die Aufteilung der Einkommensteuer in Argentinien entstammt aus: Reig, Enrique J. (1996), S. 37. d) Die Aufteilung der Provinzsteuern auf die einzelnen Steuerarten in Argentinien stammt aus 1995. Vgl. Levy Hara, José (1996), S. 4.39. Ein Teil der sonstigen Steuern in Chile wurde auf die Einkommensteuer und die MwSt verteilt. Vgl. Contraloria General de la Republica Chile (1995).

Ausgewählte makroökonomische Indikatoren für das Jahr 1995

	Argentinien	*Brasilien*	*Chile*
BIP in Mio. US$	281 060	688 085	67 297
Durchschnittliche Wachstumsrate des BIP[a)] in %	5,7	2,7	7,3
BSP pro Kopf in US$ (KKP)	8 310	5 400	9 520
Durchschnittliche Inflationsrate[b)] in %	25,8	1 235,4	13,8
Realzinssatz in %	9,2	-12,1	8,3
Arbeitslosenquote[c)] in %	17,3	5,1	5,9
Leistungsbilanz als Anteil am BIP in %	-8,5	-2,6	+2,3
Exporte als Anteil am BIP in %	9	7	29
Importe als Anteil am BIP in %	8	8	27

Quelle: World Bank (1997), Instituto Brasileiro de Geografia e Estatística (1996), Instituto Nacional de Estadística - Chile (1996) sowie Minesterio de Economia - Argentina (1997).[485]

[485] Anmerkungen: a) Jahresdurchschnitt zwischen 1990 und 1995; b) Durchschnittliche Veränderung des Konsumgüterpreisindex p.A. zwischen 1990 und 1995; c) Die Angaben beziehen sich auf den Herbst 1996, bei Argentinien sind nur urbane Regionen und bei Brasilien nur die 6 größten Metropole berücksichtigt.

9.2 Die Entwicklung der Pro-Kopf-Einkommen ausgewählter Länder zwischen 1932 und 1994 in US$

	1932	*1937*	*1951*	*1963*	*1970*	*1980*	*1990*	*1994*
Schweiz	364	448	947	1 974	3 470	18 590	32 760	37 930
Japan	45	69	150	711	1 940	10 440	26 090	34 630
Dänemark	227	360	697	1 691	3 110	13 980	22 610	27 970
Norwegen	190	376	659	1 586	2 730	13 760	23 130	26 390
USA	340	571	1 798	3 152	4 940	12 800	22 340	25 880
Deutschland	**153**	**429**	**446**	**1 670**	**2 850**	**13 290**	**22 350**	**25 580**
Österreich	126	193	308	1 112	1 960	10 660	19 290	24 630
Schweden	203	416	1 005	2 320	4 210	15 410	24 360	23 530
Frankreich	193	266	614	1 743	2 980	12 680	19 750	23 420
Belgien	171	293	682	1 488	2 660	12 950	17 790	22 870
Niederlanden	226	307	434	1 206	2 580	13 060	18 110	22 010
Kanada	242	359	1 168	2 245	3 850	11 300	20 600	19 510
Italien	-	-	266	984	1 990	8 010	17 170	19 300
Finnland	69	170	658	1 413	2 370	10 720	24 470	18 850
Großbritannien	270	483	630	1 571	2 210	8 550	16 220	18 340
Australien	265	478	860	1 820	3 100	11 190	16 960	18 000
Irland	-	226	353	790	1 350	5 690	10 970	13 530
Spanien	-	-	209	514	1 100	5 690	11 180	13 440
Neuseeland	193	254	884	1 780	2 180	7 420	12 900	13 350
Portugal	-	-	188	341	700	2 550	5 360	9 320
Argentinien	-	207	288	636	1 240	2 880	3 310	8 110
Griechenland	50	86	255	539	1 170	4 660	6 020	7 700
Mexiko	44	73	-	391	730	2 640	2 670	4 180
Chile	-	-	-	330	830	2 310	2 170	3 520
Südafrika	137	174	255	522	740	1 840	2 450	3 040
Brasilien	-	-	253	269	450	2 190	2 770	2 970
Venezuela	-	-	296	871	1 250	4 410	2 680	2 760
Kolumbien	-	-	-	273	340	1 270	1 000	1 670

Quelle: Eigene Berechnung auf Basis der folgenden Datenquellen: Statistisches Reichsamt (1938, 1939, 1940, 1942), Statistisches Bundesamt (1952), United Nations (1952, 1954), Deutsche Bundesbank (1956), United Nations (1973) sowie World Bank (1995, 1996).[486]

[486] Anmerkungen: Leider konnten nicht immer die gleichen Einkommensarten verwendet werden. So handelt es sich bis 1951 um die Volkseinkommen pro Kopf, 1963 um Bruttoinlandsprodukte pro Kopf und 1970 bis 1994 um Bruttosozialprodukte pro Kopf. Alle PKE sind in Wechselkursparitäten und nicht in Kaufkraftparitäten ausgedrückt. Bei Wechselkursspannen wurde stets der niedrigere Wechselkurs verwendet, mit Ausnahme Brasiliens, wo der Durchschnittskurs verwendet wurde.

9.3 Die Bestimmung des Infrastrukturindikators

	Straßenkilometer / Fläche	*Schienenkilometer / Fläche*	*Elektrizitätskapazität / Bevölkerung*	*Telefonanschlüsse / Bevölkerung*
Land 1	A1	B1	C1	D1
Land 2	A2	B2	C2	D2
Land 3	A3	B3	C3	D3
	Straßenindikator	*Schienenindikator*	*Verkehr*	*Verkehrsindikator*
Land 1	E1 = A1 / Max(A1..A3)	F1 = B1 / Max(B1..B3)	G1 = (E1 + F1) / 2	H1 = G1 / Max(G1..G3)
Land 2	E2 = A2 / Max(A1..A3)	F2 = B2 / Max(B1..B3)	G2 = (E2 + F2) / 2	J2 = G2 / Max(G1..G3)
Land 3	E3 = A3 / Max(A1..A3)	F3 = B3 / Max(B1..B3)	G2 = (E2 + F2) / 2	J3 = G3 / Max(G1..G3)
	Elektrizitätsindikator	*Telefonindikator*	*Infrastruktur*	*Infrastrukturindikator*
Land 1	I1 = C1 / Max(C1..C3)	J1 = D1 / Max(D1..D3)	K1 = geom. Mittel (G1;H1;J1)	L1 = K1 / Max (K1..K3)
Land 2	G2 = C2 / Max(C1..C3)	J2 = D2 / Max(D1..D3)	K2 = geom. Mittel (G2;H2;J2)	L2 = K2 / Max (K1..K3)
Land 3	G3 = C3 / Max(C1..C3)	J3 = D3 / Max(D1..D3)	K3 = geom. Mittel (G3;H3;J3)	L1 = K3 / Max (K1..K3)

Quelle: Eigene Darstellung in inhaltlicher Anlehnung an Biehl, Dieter et. al. (1975), S. 103-125 sowie Biehl, Dieter (1986), S. 128-150.[487]

---

[487] Anmerkung: Der normierte Infrastrukturindikator berechnet sich wie folgt:

a) Zunächst wird die Infrastrukturausstattung der jeweiligen Länder (hier Land 1, Land 2 und Land 3) vergleichbar gemacht, indem die Netzinfrastruktur (hier Straßen und Schienen) auf die Fläche und die Punktinfrastruktur (hier Elektrizitätskapazität und Telefonanschlüsse) auf die Bevölkerung der jeweiligen Länder bezogen wird.

b) In einem nächsten Schritt werden die einzelnen Infrastrukturarten zu Infrastrukturkategorien zusammengefaßt. Unterstellt man eine substitutionale Beziehung zwischen einzelnen Infrastrukturarten innerhalb derselben Kategorie, dann berechnen sich diese Infrastrukturkategorien als arithmetisches Mittel der jeweiligen Infrastrukturarten. In dieser Arbeit betrifft diese Zusammenfassung nur die Straßen- und Schieneninfrastruktur, die zu einem Verkehrsinfrastrukturindikator zusammengefaßt werden.

9.4 Die Berechnung der formalen Durchschnittssteuersätze

9.4.1 Deutschland

a) unbeschränkte Steuerpflicht

* Bei Kapitaleinkommen wird der Körperschaftsteuersatz für einbehaltene Gewinne (inkl. Solidaritätszuschlag) verwendet, also 48,375%. Die erhöhte Steuerlast bei Wertpapierdividenden ergibt sich aus der nicht vermiedenen wirtschaftlichen Doppelbesteuerung.
* Bei Einkommen aus unselbständiger Arbeit wird unterstellt, daß der Steuerpflichtige ledig und ohne Kinder sei und den durchschnittlichen Jahresbruttolohn von DM 49.590.-[488] beziehe. Die Steuerbelastung berechnet sich wie folgt:

Bruttojahreslohn	DM 49.590.-
- Werbungskostenpauschale (§9a EStG)	DM 2.000,-
- Vorsorgepauschale (§10c(2) EStG)	DM 3.915,-
- Kirchensteuer (§10(1) EStG)	DM 792,81
= zu versteuerndes Einkommen	DM 42.882,19
Einkommensteuer (laut Grundtabelle)	DM 8.809,-
+ Solidaritätszuschlag (7,5% der ESt)	DM 660,67
= Gesamtsteuerbelastung	DM 9.469,67
Gesamtsteuerbelastung / Bruttojahreslohn	19,1%

* Bei Einkommen aus selbständiger Arbeit wird ein Bruttoeinkommen (laufender Gewinn) unterstellt, das dem 1,5-fachen des durchschnittlichen Bruttoeinkommen aus nichtselbständiger Arbeit entspricht.[489] Für 1996 ergibt sich somit ein Betrag von DM 92.610,-. Die Steuerbelastung wird dann wie folgt bestimmt:

---

c) Der Vergleichbarkeit halber werden dann alle Infrastrukturkategorien erneut normiert, indem der Wert eines jeweiligen Landes in v.H. des Wertes des am besten ausgestatteten Landes ausgedrückt wird.

d) In einem letzten Schritt werden dann die einzelnen normierten Infrastrukturkategorien zu einem Gesamtinfrastrukturindikator zusammengefaßt. Da unterstellt wird, daß zwischen den einzelnen Infrastrukturkategorien eine limitationale Beziehung herrscht, berechnet sich dieser Gesamtindikator als geometrisches Mittel der Einzelkategorien. Der sich für ein bestimmtes Land ergebende Wert wird nun ebenfalls in v.H. des am besten ausgestatteten Landes ausgedrückt.

[488] Vgl. Statistisches Bundesamt (1997), S. 315.

[489] Dies entspricht im wesentlichen der Vorgehensweise zur Bestimmung des kalkulatorischen Unternehmerlohns. Vgl. Institut der deutschen Wirtschaft (1997), S. 32, FN 2.

Bruttoeinkommen (laufender Gewinn)	DM 92.610,-
- Vorsorgeaufwendungen (§10c(2) EStG)	DM 9.915,-
- Kirchensteuer (§10(1) EStG)	DM 2.003,76
= zu versteuerndes Einkommen	DM 80.691,24
Einkommensteuer (laut Grundtabelle)	DM 22.264,-
+ Solidaritätszuschlag (7,5% der ESt)	DM 1.669,80
= Gesamtsteuerbelastung	DM 23.933,80
Gesamtsteuerbelastung / Bruttoeinkommen	25,84%

b) beschränkte Steuerpflicht

* Bei Kapitaleinkommen werden die Quellensteuersätze aus Tabelle 6.1 verwendet. Der Einfachheit halber wird dabei unterstellt, daß es sich bei den Einkommen aus Direktinvestitionen um Dividendenzahlungen und sonstige Gewinnausschüttungen handelt und daß im deutsch-argentinischen und -brasilianischen Fall § 44d EStG greift.
* Bei Einkommen aus nicht-selbständiger Arbeit gilt derselbe Steuersatz wie bei unbeschränkter Steuerpflicht.
* Bei Einkommen aus selbständiger Arbeit können keine Sonderausgaben geltend gemacht werden, so daß sich die Steuerbelastung direkt aus der Anwendung der Einkommensteuertabelle auf die Bruttoeinkommen ergibt:

Bruttoeinkommen (laufender Gewinn)	DM 92.610,-
= zu versteuerndes Einkommen	DM 92.610,-
Einkommensteuer (laut Grundtabelle)	DM 27.380,-
+ Solidaritätszuschlag (7,5% der ESt)	DM 2.053,50
= Gesamtsteuerbelastung	DM 29.433,50
Gesamtsteuerbelastung / Bruttoeinkommen	31,78%

9.4.2 Argentinien

a) unbeschränkte Steuerpflicht

* Bei Kapitaleinkommen wird der Körperschaftsteuersatz von 33% verwendet (Art. 69 *LIG*).
* Arbeitseinkommen werden mit dem Steuersatz natürlicher Personen besteuert. Diese Personen dürfen von dem Nettoeinkommen ein persönliches Existenzminimum (derzeit $ 4800,-) sowie ein Familienexistenzminimum (derzeit für den Ehegatten $ 2400,- und für jeden weiteren Familienangehörigen, wie z.B. Kinder, Enkelkinder, Eltern, Onkeln und Tanten, Geschwister etc. $ 1200,-) abziehen, sofern diese Personen selber kein steuerpflichtiges Einkommen haben und ebenfalls in Argentinien ansässig sind. Außerdem dürfen natürliche Personen, die Arbeitseinkommen oder Einkommen aus (selbständiger) unternehmerischer Tätigkeit beziehen, maximal weitere $ 18.000,- von ihrem Nettoeinkommen in Form spezieller

Abzüge abziehen (Art. 23 *LIG*)[490]. Das danach verbleibende Einkommen wird als zu versteuerndes Nettoeinkommen bezeichnet und bildet damit die Steuerbemessungsgrundlage. Die zu versteuernden Nettoeinkommen aller natürlichen Personen unterliegen einer progressiven Besteuerung, die sich seit 1996 wie folgt darstellt (Art. 90 *LIG*):

Besteuerbares Nettoeinkommen (in $)	*Steuersatz (in %)*	*Akkumulierte Steuerschuld bei Erreichen der jeweiligen Untergrenze (in $)*
0 - 10.000	6	-
10.000 - 20.000	10	600
20.000 - 30.000	14	1.600
30.000 - 60.000	18	3.000
60.000 - 90.000	23	8.400
90.000 - 120.000	28	15.300
mehr als 120.000	33	23.700

* Da keine Angaben über Einkommen aus nicht-selbständiger Arbeit in Argentinien vorliegen wird unterstellt, daß diese Einkommen bei in Deutschland arbeitenden Personen, auch den deutschen Einkommen entsprechen. Es wird also ebenfalls ein Bruttojahreslohn von DM 49.590.- unterstellt. Bei einem Wechselkurs von DM 1,50 pro AR$ 1,-[491] entspricht das Bruttojahreseinkommen demnach AR$ 33.060,-. Selbst wenn es sich bei dem Steuerpflichtigen um eine alleinstehende Person handelt, die keinerlei Abzüge geltend machen kann, würde die Steuerbelastung bei gerade einmal 8,3% liegen. Da die in Deutschland gezahlte Quellensteuer weitaus höher liegt, muß die in Argentinien fällige Steuer auch nicht näher bestimmt werden.
* Bei Einkommen aus selbständiger Arbeit wird ebenfalls unterstellt, daß dieses Einkommen dem durchschnittlichen Einkommen aus selbständiger Arbeit in Deutschland entspricht. In argentinische Pesos umgerechnet beläuft sich das Bruttoeinkommen also auf AR$ 61.740.-. Bei einem Alleinstehenden, der sonst keinerlei Abzüge geltend machen kann, beträgt die Steuerlast 12,7%. Diese liegt ebenfalls weit unter der bereits in Deutschland gezahlten Quellensteuer, so daß eine genauere Berechnung nicht notwendig wird.

b) beschränkte Steuerpflicht

* Es werden die in Tabelle 7.2 angegebenen Quellensteuersätze verwendet.

---

490 Die Maximalhöhe wird jährliche durch die *Dirección General Impositiva (D.G.I)* bestimmt (Art. 25 *LIG*).

491 Jahresdurchschnittswert für 1 US$. Vgl. Deutsche Bundesbank (1997), S. 104.

9.4.3 Brasilien

a) unbeschränkte Steuerpflicht

* Kapitaleinkommen werden mit dem Steuersatz für juristische Personen besteuert. Der Basissteuersatz für juristische Personen beträgt seit 1996 15%. Bei einem Jahresgewinn von mehr als R$ 240.000,- erhöht sich der Steuersatz um weitere 10%. (Art. 3, *Lei 9.249/95*). Auf die zu versteuernden Gewinne wird außerdem eine Sozialabgabe von i.d.R. 8% erhoben, die aber selbst von der Steuerbemessungsgrundlage abgezogen wird, so daß dieser Beitragssatz effektiv 7,41% beträgt (Art. 19, *Lei 9.249/95*). Bei Finanzinstitutionen, wie z.B. Banken, beträgt der Sozialbeitrag 18%, also effektiv 15,25% (Art. 19, *Lei 9.249/95*). In Tabelle 7.10 wird der Steuersatz für normale Großunternehmen verwendet. Dies berechnet sich für ein normiertes Einkommen von 100 Einheiten wie folgt[492]:

Jahresgewinn	100
- Sozialabgabe	7,41
= zu versteuerndes Einkommen	92,86
Einkommensteuer (25%)	23,22
Einkommensteuer / Jahresgewinn	23,22%

* Arbeitseinkommen werden mit dem Steuersatz für natürliche Personen besteuert. Diese Personen können von ihrem Bruttoeinkommen bestimmte Kosten abzugsfähig geltend machen. Dies sind R$ 1.080 jährlich für jede vom Steuerzahler abhängige Person (Art. 35, *Lei 9.250/95*), bis zu R$ 1.700 für Ausbildungskosten pro abhängige Person, Beiträge zur gesetzlichen Sozialversicherung sowie Arztkosten, die nicht von der Sozialversicherung gedeckt werden (Art. 8, *Lei 9.250/95*). Steuerzahler, deren jährliches Einkommen R$ 27.000 nicht übersteigt, können statt den o.g. Abzügen pauschal 20% der Bruttoeinkommen abziehen (Art. 11, *Lei 9.250/95*). Spenden an wohltätige Organisationen können zudem von der Steuerschuld (max. 12% dieser Steuerschuld) abgezogen werden (Art. 12, *Lei 9.250/95*). Auf das verbleibende Nettoeinkommen wird folgende Steuerprogression angewendet:

Steuerbemessungsgrundlage (in R$)	*Steuersatz (in %)*	*Akkumulierte Steuerschuld bei Erreichen der jeweiligen Steuerstufe (in R$)*
bis 10.800,-	0	0
zwischen 10.800,- und 21.600,-	15	0
ab 21.600,-	25	1.620,-

492 Für eine ähnliche Vorgehensweise vgl Martone, Celso L. et. al. (1994), S. 50, Seybold, Robert F. (1996), S. 54 sowie Price Waterhouse (1994/95), S. 175. Im Gegensatz zu den hier angegebenen Quellen, wird jedoch die Sozialabgabe in dieser Arbeit nicht als Einkommensteuer i.e.S. interpretiert.

* Da keine Angaben über Einkommen aus nicht-selbständiger Arbeit in Brasilien vorliegen wird unterstellt, daß diese Einkommen bei in Deutschland arbeitenden Personen, auch den deutschen Einkommen entsprechen. Es wird also ebenfalls ein Bruttojahreslohn von DM 49.590.- ausgegangen. Bei einem Wechselkurs von DM 1,56 pro R$ 1,-[493] entspricht das Bruttojahreseinkommen demnach R$ 31.788,46. Selbst wenn es sich bei dem Steuerpflichtigen um eine alleinstehende Person handelt, die keinerlei Abzüge geltend machen kann, würde die Steuerbelastung bei gerade einmal 13,1% liegen. Da die in Deutschland gezahlte Quellensteuer weitaus höher liegt, muß die in Brasilien fällige Steuer auch nicht näher bestimmt werden.

* Bei Einkommen aus selbständiger Arbeit wird ebenfalls unterstellt, daß dieses Einkommen dem durchschnittlichen Einkommen aus selbständiger Arbeit in Deutschland entspricht. In brasilianische Real umgerechnet beläuft sich das Bruttoeinkommen also auf R$ 59.365,38-. Bei einem Alleinstehenden, der sonst keinerlei Abzüge geltend machen kann, beträgt die Steuerlast 18,63%. Diese liegt ebenfalls weit unter der bereits in Deutschland gezahlten Quellensteuer, so daß eine genauere Berechnung nicht notwendig wird.

b) beschränkte Steuerpflicht

* Es werden die in Tabelle 7.7 angegebenen Quellensteuersätze verwendet.

9.4.4 Chile

a) unbeschränkte Steuerpflicht

* Kapitaleinkommen werden mit dem Steuersatz für 'Einkommen der ersten Kategorie' besteuert, der gegenwärtig 15% beträgt (Art. 20 *LIR*). Eigentlich müßte noch zusätzlich die 'komplementäre Globalsteuer' angewendet werden, auf die die zuvor genannte Steuer angerechnet wird. Da aber nicht einmal 0,5% der chilenischen Einkommensbezieher einen Durchschnittssteuersatz von mehr als 15% zu zahlen haben[494], hat die Steuer auf 'Einkommen der ersten Kategorie' in den meisten Fällen einen finalen Charakter.

* Bei Arbeitseinkommen wird die Steuerprogression der 'Steuer auf Einkommen der zweiten Kategorie' bzw. die der 'komplementären Globalsteuer' angewendet. Hierfür darf der Steuerzahler von seinem Bruttoeinkommen die Pflichtbeiträge zur Alters-, Invaliden- und Krankenversicherung abziehen. Diese Pflichtbeiträge betragen z.Zt. 21,1% der Bruttoeinkommen, höchstens jedoch 180 'Entwicklungseinheiten' (*Unidad Formento = U.F.*)[495] pro Mo-

---

[493] Jahresmittelwert berechnet über den R$ / US$ Wechselkurs von 1,059. Vgl. Banco do Brasil (1997), Tabelle IV.25 sowie Deutsche Bundesbank (1997), S. 104.

[494] Dieser Anteil bezieht sich auf das Jahr 1994. Vgl. Servicio de Impuestos Internos (1995), S. 10.

[495] Die Entwicklungseinheit U.F. ist eine Verrechnungseinheit, die bei allen längerfristigen wirtschaftlichen Aktivitäten verwendet wird, und die täglich an die Veränderung des Konsumentenpreisindizes angepaßt wird. Am 23. Okt. 1996 betrug diese Einheit CH$ 13.114,88 bzw. US$ 31,44. Vgl. "*El Mercurio*" vom 24. Okt. 1996, S. B4 und B6.

nat. Alle Steuerzahler genießen zudem einen Steuerkredit in Höhe von 0,1 'jährlichen Steuereinheiten' (*Unidad Tributaria Anual = U.T.A.*)[496], den sie gegen die Steuer anrechnen können (Art. 44 *LIR*). Um Investitions- und Spartätigkeiten zu erhöhen, dürfen alle Steuerzahler bestimmte Investitionen von der Steuerbemessungsgrundlage abziehen (Art. 57bis *LIR*). Hierzu zählen z.B. 20% des in offene Aktiengesellschaften (*Sociedades Anonimas Abiertas*) investierte Kapital (maximal jedoch 20% des zu versteuernden Einkommen bzw. 50 U.T.M.) Alle anderen Kapitalanlagen mit einer Mindestlaufzeit von 1 Jahr dürfen ebenfalls von der Bemessungsgrundlage abgezogen werden (maximal jedoch 30% des zu versteuernden Einkommen bzw. 65 U.T.M.).
Für die zu versteuernden Einkommen gelten seit 1995 folgende Steuersätze bzw. Steuerschulden (Art. 43 und Art. 52 *LIR*):

zu versteuerndes Einkommen (in U.T.A.)	*Steuersatz (in %)*	*Akkumulierte Steuerschuld*[497] *bei Erreichen der jeweiligen Steuerstufe (in U.T.A.)*
bis 10	0	0
über 10 bis 30	5	0
über 30 bis 50	10	0,9
über 50 bis 70	15	2,9
über 70 bis 90	25	5,9
über 90 bis 120	35	10,9
über 120	45	21,4

* Da keine Angaben über Einkommen aus nicht-selbständiger Arbeit in Chile vorliegen wird unterstellt, daß diese Einkommen bei in Deutschland arbeitenden Personen, auch den deutschen Einkommen entsprechen. Es wird also ebenfalls ein Bruttojahreslohn von DM 49.590.- unterstellt. Bei einem Wechselkurs von CH$ 272,86 pro DM 1,- und einem Wert der U.T.A. von CH$ 278.736,- entspricht das Bruttojahreseinkommen demnach CH$ 13.531.127,40 bzw. 48,54 U.T.A. Selbst wenn der Steuerpflichtige neben den Versicherungsbeiträgen und dem Steuerkredit keinerlei sonstige Abzüge geltend machen kann, würde die Steuerbelastung bei gerade einmal 3,56% liegen. Da die in Deutschland gezahlte Quellensteuer weitaus höher liegt, muß die in Chile fällige Steuer auch nicht näher bestimmt werden.
* Bei Einkommen aus selbständiger Arbeit wird erneut unterstellt, daß dieses Einkommen dem durchschnittlichen Einkommen aus selbständiger Arbeit in Deutschland entspricht. In U.T.A. umgerechnet beläuft sich das Bruttoeinkommen also auf 90,66 Einheiten. Selbst

---

496 Die U.T.A. entspricht dem zwölffachen der 'monatlichen Steuereinheit' (*Unidad Tributaria Mensual = U.T.M.*) im Dezember jeden Jahres. Es handelt sich hierbei um eine steuerliche Verrechnungseinheit, die monatlich an die Veränderung der Konsumentenpreise angepaßt wird. Im Dezember 1996 betrug eine U.T.M. CH$ 23.228 Vgl. "*El Mercurio*" vom 9. Jan. 1997, S. A6.

497 Abzüglich des Steuerkredits von 0,1 U.T.M.

wenn der Steuerpflichtige neben den Versicherungsbeiträgen und dem Steuerkredit keinerlei sonstige Abzüge geltend machen kann, würde die Steuerbelastung bei gerade einmal 6,68% liegen. Da die in Deutschland gezahlte Quellensteuer weitaus höher liegt, muß die in Chile fällige Steuer auch nicht näher bestimmt werden.

b) beschränkte Steuerpflicht

* Bei Kapitaleinkommen und bei Einkommen aus selbständiger Arbeit werden die Quellensteuersätze aus Tabelle 7.11 angewendet. Bei Dividenden aus Portfolioinvestitionen wird unterstellt, daß diese aus 'Investitionsfonds ausländischen Kapitals' stammen.

* Einkommen aus unselbständiger Arbeit werden mit der gleichen Steuerprogression besteuert wie bei unbeschränkter Steuerpflicht. Investitionsausgaben sind jedoch nicht abzugsfähig. Ferner können sich beschränkt Steuerpflichtige von der Sozialversicherungspflicht befreien. Der oben erwähnte Steuerkredit darf jedoch geltend gemacht werden. Unterstellt man ebenfalls ein Bruttojahreslohn von U.T.A. 48,54 ergibt sich eine Steuerbelastung von 5,67%.

10 Quellenverzeichnis

10.1 Literatur

Ahmed, Masood / gooptu, Sudarshan (1993), „Der Zustrom von Portfolioinvestitionen in die Entwicklungsländer", in: Finanzierung & Entwicklung März 1993, S. 9-12.

Alsworth, Julian S. (1988), „The Finance, Investment and Taxation Decisions of Multinationals", Oxford / New York.

Amico, Joseph C. (1989), „BRAZIL: Developing and Implementing Tax Treaty Policy: The Tax Sparing Clause", in: Bulletin of the International Bureau of Fiscal Documentation, Vol. 43, N° 8-9, S. 408-411.

Andel, Norbert (1992), „Finanzwissenschaft, 3. Aufl.", Tübingen.

Andersson, Thomas (1991), „Multinational Investment in Developing Countries - A Study of Taxation and Nationalization", London / New York.

Arrow, Kenneth J. (1963), „Social Choice and Individual Values, 2nd ed.", New York u.a.

Aschauer, David A. (1989), „Is Public Expenditure Productive?", in: Journal of Monetary Economics, Vol. 23, S. 177-200.

Atchabahian, A. (1977), „Tax Aspects of Activities of Transnational Corporations and International Double Taxation", in: Bulletin of the International Bureau of Fiscal Documentation, Vol. 31, N° 4, S. 147-155.

Banco do Brasil (1988), „Boletim do Banco do Brasil, Seperata, Investimentos e Reinvestimentos Estrangeiros no Brasil", Juni 1988, Brasilia.

Banco do Brasil (1992), „Boletim do Banco do Brasil, Seperata, Investimentos e Reinvestimentos Estrangeiros no Brasil", Juli 1992, Brasilia.

Banco do Brasil (1996), „Boletim do Banco do Brasil, Seperata, Investimentos e Reinvestimentos Estrangeiros no Brasil", Mai 1996, Brasilia.

Banco do Brasil (1997), „Boletim do Banco do Brasil", Nov. 1997, Brasilia.

Bastable, C.F. (1892), „Public Finance", London.

Beale, Joseph H. (1919), „Jurisdiction to Tax", in: Harvard Law Review, Vol. 32, N° 6, S. 587-633.

Berry, R. Albert / Soligo, Ronald (1969), „Some Welfare Aspects of International Migration", in: Journal of Political Economy, Vol. 77, S. 778-794.

Beyer, Vicky L. (1993), „Issues Raised by International Cooperation in Revenue Enforcement : Directions for the Future", in: Bulletin for International Fiscal Documentation, Vol. 47, N° 7/8, S. 436-443.

Bhagwati, Jagdish N. / Wilson, John D. (1989), „Income Taxation in the Presence of International Personal Mobility: An Overview", in: Bhagwati, Jagdish N. / Wilson, John D. (Hrsg.), „Income Taxation and International Mobility", Cambridge (Mass.)/London, S. 3-40.

Bhagwati, Jagdish, N. (1976), „The Brain Drain and Taxation: Theory and Empirical Analysis", Amsterdam.

Bhagwati, Jagdish, N. (1979), „International Migration of Highly Skilled: Economics, Ethics and Taxes", in: Third World Quaterly, Vol. 1, N° 3, S. 17-30.

Bhagwati, Jagdish, N. / Partington, M. (1976), „Taxing the Brain Drain", Amsterdam.

Biehl, Dieter (1969), „Ausfuhrland-Prinzip, Einfuhrland-Prinzip und Gemeinsamer-Markt-Prinzip - Ein Beitrag zur Theorie der Steuerharmonisierung" (Heft 30 Annales Universitatis Saraviensis), Köln et.al.

Biehl, Dieter (1980), „Finanzausgleich IV: Internationaler Finanzausgleich", in: Albers, Willi et. al. (Hrsg.), "Handbuch der Wirtschaftswissenschaften, Bd. 2", Stuttgart u.a. S. 689-713.

Biehl, Dieter (1986), „The Contribution of Infrastructure to Regional Development: Final Report of the Infrastructure Study Group / Commission of the European Communities", Luxembourg.

Biehl, Dieter (1994), „Zur ökonomischen Theorie des Föderalismus - Grundelemente und ihre Anwendung auf eine EU-Finanzunion", in: Schneider, Heinrich / Wessels, Wolfgang (Hrsg.), „Föderale Union - Europas Zukunft?", München, S. 99-122.

Biehl, Dieter (1995a), „Wechselspiel zwischen Prozeß und Institutionalisierung im Zuge der europäischen Integration", in: Schefold, Betram (Hrsg), „Wandlungsprozesse in den Wirtschaftssystemen Westeuropas", Marburg, S. 109-152.

Biehl, Dieter (1995b), „Infrastruktur als Bestimmungsfaktor Regionaler Entwicklungspotentiale in der Europäischen Union", in: Karl, Helmut / Heinrichsmeyer, Willhelm (Hrsg.), „Regionalentwicklung im Prozeß der Europäischen Integration", Bonn, S. 53-86.

Biehl, Dieter / Niegsch, Claus / Nimmermann, Philipp (1998), „Infrastructure from the point of view of the Regional Development Approach", noch nicht veröffentlicht.

Biehl, Dieter. et. al. (1975), „Bestimmungsgründe des regionalen Entwicklungspotentials", Kieler Studien 133, Tübingen.

Bird, Richard M. (1988), „Shaping a New International Tax Order", in: Bulletin of the International Bureau of Fiscal Documentation, Vol. 42, N° 7, S. 292-299.

Bird, Richard M. / McLure, Charles E. Jr. (1990), „The Personal Income Tax in an Interdependendent World", in: Cnossen, Sijbren / Bird, Richard M. (Hrsg.), „The Personal Income Tax - Phoenix from the Ashes?", S 235-263.

Black, Dan A. / Hoyt, William, H. (1989), „Bidding for Firms", in: American Economic Review, Vol. 79, N° 5, S. 1249-1256.

Blankart, Charles B. (1995), „Knut Wicksells Finanztheoretische Untersuchungen 1896-1996: Ihre Bedeutung für die moderne Finanzwissenschaft", in: Finanzarchiv, N.F., Vol. 52, Heft 4, S. 437-459.

Boadway, Robin (1973), „Similarities and Differences Between Public Goods and Public Factors", in: Public Finance / Finances Publiques, Vol. XXVIII, N° 3-4, S. 245-258.

Bond, Eric, W. / Samuelson, Larry (1989), „Strategic Behaviour and the Rules for International Taxation of Capital", in: The Economic Journal, Vol. 99, S. 1099-1111.

Boskin, Michael J. / Gale, William G. (1987), „New Results on The Effects of Tax Policy on the Location of Investment", in: Feldstein, Martin (Hrsg.), „The Effects of Taxation on Capital Accumulation", Chicago, S. 201-218.

Boulding, Kenneth E. (1959), „Principles of Economic Policy", London.

Brennan, Geoffrey (1973), „Pareto Desirable Redistribution - The Non-Altruistic Dimension", in: Public Choice, Spring 1973, Vol. 14, S. 43-67.

Brennan, Geoffrey / Buchanan, James M. (1980/1988), „Besteuerung und Staatsgewalt - Analytische Grundlagen einer Finanzverfassung", Hamburg.

Breton, Albert (1965), „A Theory of Government Grants", in: The Canadian Journal of Economics and Political Science, Vol. 31, S. 175-187.

Buchanan, James M. (1949), „The Pure Theory of Public Finance - A Suggested Approach", in: Journal of Political Economy, Vol. LVII, Dec. 1949, S. 496-505.

Buchanan, James M. (1950), „Federalism and Fiscal Equity", in: American Economic Review, Vol. XL, Sept. 1950, S. 583-599.

Buchanan, James M. (1967): „Public Finance in Democratic Process", Durham/North Carolina.

Buchanan, James M. (1976), „Taxation in Fiscal Exchange", in: Journal of Public Economics, Vol. 6, S. 17-29.

Buchanan, James M. / Tullock, Gordon (1962), „Calculus of Consent - Logical Foundations of Constitutional Democracy", Ann Arbour.

Bühler, Ottmar (1964), „Prinzipien des internationalen Steuerrechts IStR", Amsterdam.

Burk, Abram (1938), „A Reformulation of Certain Aspects of Welfare Economics", in: Quarterly Journal of Economics, Vol. LII, N° 1, S. 310-334.

CEPAL (1995), „Las Empresas Transnacionales de una Economia en Transicion - La Experenca Argentina en los Años Ochentas", Estudios e Informes de la CEPAL N° 91, Santiago de Chile.

Coe, David T. / Herd, Richard / Bonnefous, Marie-Christine (1987), „International Investment-Income Determination in Interlink: Models for 23 OECD Countries and 6 Non-OECD Regions", OECD Department of Economics and Statistics Working Papers N° 45, ohne Ortsangabe.

Comite de Inversiones Extranjeras - Chile (1996), Datenbankauskunft über ausländische Direktinvestitionen in Chile vom 25.09.1996, Santiago de Chile, nicht veröffentlicht.

Conrad, Klaus / Seitz, Helmut (1997), „Infrastructure Provision and International Market Share Rivalry", in: Regional Science and Urban Economics, Vol. 27, S. 715-734.

Contraloria General de la Republica Chile (1995), „Informe Gestion Financiera del Estado 1994", Santiago de Chile.

Cooper, Richard N. (1985), „Economic Interdependence and Co-ordination of Economic Policy", in: Jones, R. W. / Kenen, P. B. (Hrsg.), „Handbook of International Economics, Vol. 2", S. 1195-1234.

Cummins, Jason G. / Hasset, Kevin A. / Hubbard, Glenn R. (1996), „Tax Reforms and Investment - A Cross-Country Comparison", in: Journal of Public Economics, Vol. 62, S. 237-273.

Dahm, Georg / Delbrück, Jost / Wolfrum, Rüdiger (1989), „Völkerrecht, 2. völlig neu berarb. Aufl., Bd. I/1", Berlin / New York.

Debatin, Helmut (1983), „Probleme der internationalen Doppelbesteuerung", in: Handbuch der Finanzwissenschaft, Bd. 4, 3. Aufl., S. 269-309.

Debatin, Helmut / Wassermeyer, Franz (1997), „Kommentar zu allen deutschen Doppelbesteuerungsabkommen", Stand Juli 1997, München.

Der Bundesminister der Finanzen (1983), „Grundsätze für die Prüfung der Einkunftsabgrenzung bei international verbundenen Unternehmen (Verwaltungsgrundsätze)", in: Bundessteuerblatt 1983 I, S. 218-233.

Deutsch-Brasilianische Industrie- und Handelskammer (1995), „Wirtschaftshandbuch Brasilien", São Paulo.

Deutsche Bundesbank (1956), „Monatsbericht der Deutschen Bundesbank Sept. 1956", Frankfurt am Main.

Deutsche Bundesbank (1983), „Die Kapitalverflechtungen mit dem Ausland nach Ländern und Wirtschaftszweigen", Beilage zu „Statistische Beihefte zu den Monatsberichten der deutschen Bundesbank", Reihe 3, Zahlungsbilanzstatistik, Nr.4, Frankfurt am Main.

Deutsche Bundesbank (1984), „Die Kapitalverflechtungen mit dem Ausland nach Ländern und Wirtschaftszweigen", Beilage zu „Statistische Beihefte zu den Monatsberichten der deutschen Bundesbank", Reihe 3, Zahlungsbilanzstatistik, Nr.6, Frankfurt am Main.

Deutsche Bundesbank (1990), „Die Zahlungsbilanzstatistik der Bundesrepublik Deutschland - Inhalt, Aufbau und methodische Grundlagen", Sonderdruck der deutschen Bundesbank Nr. 8, 2. Aufl., Frankfurt am Main.

Deutsche Bundesbank (1991), „Die Kapitalverflechtungen mit dem Ausland nach Ländern und Wirtschaftszweigen", Beilage zu "Statistische Beihefte zu den Monatsberichten der deutschen Bundesbank", Reihe 3, Zahlungsbilanzstatistik, Nr.4, Frankfurt am Main.

Deutsche Bundesbank (1993), „Kapitalverflechtungen mit dem Ausland", Beilagen zur Zahlungsbilanzstatistik, Juni 1993, Frankfurt am Main.

Deutsche Bundesbank (1995), „Kapitalverflechtung mit dem Ausland", Statistische Sonderveröffentlichung 10, Frankfurt am Main.

Deutsche Bundesbank (1996a), „Kapitalverflechtung mit dem Ausland", Statistische Sonderveröffentlichung 10, Frankfurt am Main.

Deutsche Bundesbank (1996b), Datenbankauskunft über die deutschen Zahlungsbilanzen mit Argentinien, Brasilien und Chile vom 2. April 1996, Frankfurt am Main, nicht veröffentlicht.

Deutsche Bundesbank (1997), „Zahlungsbilanzstatistik Nov. 1997", Statistisches Beiheft zum Monatsbericht 3, Frankfurt am Main.

Deutscher Bundestag (1974), „Entwurf eines Gesetzes zum Abkommen vom 25. Januar 1973 zwischen der Bundesrepublik Deutschland und der Republik Südafrika zur Vermeidung der Doppelbesteuerung auf dem Gebiet der Steuern vom Einkommen", Drucksache 7/1713.

Deutscher Bundestag (1975), „Entwurf eines Gesetzes zum Abkommen vom 27. Juni 1975 zwischen der Bundesrepublik Deutschland und der Föderativen Republik Brasilien zur Vermeidung der Doppelbesteuerung auf dem Gebiet der Steuern vom Einkommen und vom Vermögen", Drucksache 7/4229.

Deutscher Bundestag (1976), „Entwurf eines Gesetzes zum Abkommen vom 13. Juli 1978 zwischen der Bundesrepublik Deutschland und der Argentinischen Republik zur Vermeidung der Doppelbesteuerung auf dem Gebiet der Steuern vom Einkommen und vom Vermögen", Drucksache 8/2434.

Deutscher Bundestag (1981), „Entwurf eines Gesetzes zum Abkommen vom 13. September 1979 zwischen der Bundesrepublik Deutschland und der Demokratischen Sozialistischen Republik Sri Lanka zur Vermeidung der Doppelbesteuerung und zur Verhinderung der Steuerverkürzung auf dem Gebiet der Steuern vom Einkommen und vom Vermögen", Drucksache 9/133.

Deutscher Bundestag (1993a), „Entwurf eines Gesetzes zum Abkommen vom 25. Januar 1993 zwischen der Bundesrepublik Deutschland und der Republik Costa Rica zur Vermeidung der Doppelbesteuerung auf dem Gebiet der Steuern vom Einkommen und vom Vermögen", Drucksache 12/5193.

Deutscher Bundestag (1993b), „Entwurf eines Gesetzes zum Abkommen vom 30. September 1992 zwischen der Bundesrepublik Deutschland und der Republik Bolivien zur Vermeidung der Doppelbesteuerung auf dem Gebiet der Steuern vom Einkommen und vom Vermögen", Drucksache 12/5192.

Deutscher Bundestag (1993c), „Entwurf eines Gesetzes zum Abkommen vom 23. Februar 1993 zwischen der Bundesrepublik Deutschland und den Vereinigten Mexikanischen Staaten zur Vermeidung der Doppelbesteuerung auf dem Gebiet der Steuern vom Einkommen und vom Vermögen", Drucksache 12/5194.

Deutscher Bundestag (1994), „Entwurf eines Gesetzes zum Abkommen vom 2. Dezember 1993 zwischen der Bundesrepublik Deutschland und der Republik Namibia zur Vermeidung der Doppelbesteuerung auf dem Gebiet der Steuern vom Einkommen und vom Vermögen", Drucksache 12/7771.

Deutscher Bundestag (1996), „Entwurf eines Gesetzes zum Abkommen vom 16. November 1995 zwischen der Bundesrepublik Deutschland und der Sozialistischen Republik Vietnam zur Vermeidung der Doppelbesteuerung auf dem Gebiet der Steuern vom Einkommen und vom Vermögen", Drucksache 13/4791.

Deutscher Bundestag (1997), „Entwurf eines Gesetzes zum Protokoll vom 16. September zum Abkommen vom 13. Juli 1978 zwischen der Bundesrepublik Deutschland und der Argentinischen Republik zur Vermeidung der Doppelbesteuerung auf dem Gebiet der Steuern vom Einkommen und vom Vermögen", Drucksache 13/7618.

Devereux, Michael P. / Freeman, Harold (1995), „The Impact of Tax on Foreign Direct Investment - Empirical Evidence and the Implications for Tax Integration Schemes", in: International Tax and Public Finance, Vol. 2, S. 85-106.

Diamond, Peter A. / Mirrlees, James A. (1971), „Optimal Taxation and Public Production: I, Production Efficiency", in: American Economic Review, März 1971, S. 8-27.

Direccion Nacional de Cuentas Internacionales (1997), „Inversión Extranjera Directa en la Argentina - Estimacíones preliminares de Diciembre '96", Buenos Aires.

Dobb, Maurice (1933), „Economic Theory and the Problems of a Socialist Society", in: Economic Journal, Vol. XLIII, S. 588-598.

Dobb, Maurice (1977), „Wert- und Verteilungstheorien seit Adam Smith", Frankfurt am Main.

Dorn, Herbert (1927), „Das Recht der internationalen Doppelbesteuerung", in: Vierteljahresschrift für Steuer- und Finanzrecht, 1927, S. 189-247.

Dornelles, Francisco (1989), „The Relevance of Double Taxation Treaties for Developing Countries", in: Bulletin of the International Bureau of Fiscal Documentation, Vol. 43, N° 8/9, S. 383-388.

Easson, A. J. (1991), „A New International Tax Order - Responding to the Challenge", in: Bulletin of the International Bureau of Fiscal Documentation, Vol. 45, N° 10, S. 465-472.

Ebling, Klaus (1970), „Unilaterale Maßnahmen gegen die internationale Doppelbesteuerung bei Steuern vom Ertrag", Dissertation, Mainz.

Eichengreen, Barry (1994), „Financing Infrastructure in Developing Countries - Lessons from the Railway Age", World Bank Policy Research Working Paper N° 1379, Washington D.C.

El Mercurio vom 24. Okt. 1996, S. B4 und B6.

El Mercurio vom 30. Okt. 1996, S. B1.

El Mercurio vom 9. Jan. 1997, S. A6.

Endres, Dieter (1986), „Direktinvestitionen in Entwicklungsländern - Besteuerung und Gestaltung der Auslandtätigkeit", München.

Ernst & Young International (1992), „Doing Business in Argentina", New York.

Feldstein, Martin / Hartman, David (1979), „The Optimal Taxation of Foreign Source Investment Income", in: The Quarterly Journal of Economics, Nov. 1979, S. 613-629.

Feltenstein, Andrew / Ha, Jimming (1995), „The Role of Infrastructure in Mexican Economic Reform", in: The World Bank Economic Review, Vol. 9, N° 2, S. 287-304.

Figueroa, A. (1990), „Tax Treaties and International Investment Flows", in: OECD (Hrsg.), „Taxation and International Capital Flows", Paris, S. 93-97.

Flick, Hans (1961), „Methoden zur Ausschaltung der internationalen Doppelbesteuerung bei direkten Steuern", in: Finanzarchiv, Neue Folge 21, S. 87-116.

Fort, Guillermo Le (1996), „Cambios en Encaje hace Politica Monetaria y cambiara mas effectivo", in: Estrategia vom 25. Okt 1996, S. 4.

Frenkel, Jacob A. / Razin, Assaf / Sadka, Efraim (1991), „International Taxation in an Integrated World", Cambridge/Mass. und London.

Frey, René L. (1969), „Infrastruktur und Wirtschaftswachstum", in: Konjunkturpolitik, 15 Jg., S. 103-126.

Fuest, Clemens (1995), „Eine Fiskalverfassung für die Europäische Union", Köln.

Gandenberger, O. (1983), „Kapitalexportneutralität versus Kapitalimportneutralität - Allokative Überlegungen zu einer Grundfrage der internationalen Besteuerung", Aufsätze zur Wirtschaftspolitik Nr. 7 des Forschungsinstituts für Wirtschaftspolitik an der Universität Mainz.

Giovannini, Alberto (1989), „National tax systems versus the European capital market", in: Economic Policy, Vol. 4(2), S. 346-386.

Groot, Gerard-René (1989), „Staatsangehörigkeitsrecht im Wandel", Köln u.a.

Grubel, Herbert B. / Scott, Anthony D. (1966): „The International Flow of Human Capital", in: American Economic Review, Vol. LVI, N° 2, (Papers and Proceedings), S. 268-274.

Hamada, Koichi (1966), „Strategic Aspects of Taxation on Foreign Investment Income", in: Quarterly Journal of Economics, Vol. 80, N° 3, S. 361-75.

Hamada, Koichi (1977), „Taxing the Brain Drain: A Global Point of View", in: Bhagwati, J. N. (Hrsg.), „The New International Economic Order", Cambridge/Mass. u.a, S. 125-155.

Hamada, Koichi (1996), „Strategical Approaches to the International Economy", Cheltenham u.a.

Hamaekers, H. M. A. L. (1986), „Multilateral Instruments on the Avoidance of Double Taxation", in: Bulletin for International Fiscal Documentation, Vol. 40, N° 3, S. 99-114.

Harris, David / Morck, Randall / Slemrod, Joel et.al. (1993), „Income Shifting in U.S. Multinational Corporations" in: Giovannini, Alberto / Hubbard, Glenn / Slemrod, Joel (Hrsg.), „Studies in International Taxation", S. 277-302.

Hartman, David G (1981), „Domestic Tax Policy and Foreign Direct Investment: Some Evidence", NBER Working Paper N° 784, Cambridge / MA.

Hicks, J. R. (1939), „The Foundations of Welfare Economics", in: Economic Journal, Vol. XLIX, S. 696-712.

Hilber, Günter (1974), „Horizontale Finanzausgleichsbeziehungen zwischen Nationalstaaten", Frankfurt am Main.

Hillman, Ayre L. (1978), „Symmetries and Asymmetries Between Public Input and Public Good Equilibria", in: Public Finance / Finances Publiques, Vol. XXXIII, N° 3, S. 269-279.

Hines, James R. (1993), „Buchbesprechung zu Hufbauer, Gary C. (1992): U.S. Taxation of International Income: Blueprint for Reform, Washington", in: National Tax Journal, Vol. XLVI N° 3, S. 69-71.

Hirschman, Albert O. (1958), „The Strategy of Economic Development", New Haven.

Hobbes, Thomas (1651), „Leviathan or the Matter, Form, and Power of a Commonwealth, Ecclestastical and Civil", abgedruckt im Sammelband von Molesworth, William (Hrsg.),

"The English Works of Thomas Hobbes, Vol. III", Aalen 1962 (reprint of the edition London 1839).

Hochman, H. M. / Rodgers, J. D. (1969), „Pareto Optimal Redistribution", in: American Economic Review, Vol. 59, S. 542-557.

Horst, Thomas (1980), „A Note on the Optimal Taxation of International Investment Income", in. The Quarterly Journal of Economics, June 1980, S. 793-798.

Hutcheson, Fransis (1725), „An Inquiry into the Original of our Ideas of Beauty and Virtue, London", Reprographischer Nachdruck in: „Collected Works of Francis Hutcheson", Vol. 1, prepared by Bernhard Fabian, Hildesheim 1971.

Hyde, C.C. (1922), „International Law, Ciefly as Interpreted and Applied by the United States", Boston.

Institut der deutschen Wirtschaft (1997), „Zahlen zur wirtschaftlichen Entwicklung der Bundesrepublik Deutschland", Ausgabe 1997, Köln.

Instituto Brasileiro de Geografia e Estatística (1996), „Pesquisa mensal de emprego estimativas do mês de outubro de 1996", Brasilia.

Instituto Nacional de Estadística - Chile (1996), „Encuesta nacional de empleo", Santiago de Chile.

International Monetary Fund (1992), „Final Report of the Working Party on the Measurement of International Capital Flows", Washington D.C.

International Monetary Fund (1993a), „Balance of Payment Manual", Washington D.C.

International Monetary Fund (1993b), „Balance of Payments Statistics Yearbook 1993, Part 2", Washington D.C.

International Monetary Fund (1995), „Balance of Payments Statistics Yearbook 1995, Part 2", Washington D.C.

IOB (1996a), „Imposto de Renda e Legislação Societária", Ano XXX, N° 22.

IOB (1996b), „Imposto de Renda e Legislação Societária", Ano XXX, N° 23.

Ize, Alain / Ortiz, Guillermo (1989), „Fiscal Ridgities, Public Debt, and Capital Flight", in: Blejer, Mario I. / Chu, Ke-Young (Hrsg.), „Fiscal Policy, Stabilization and Growth in Developing Countries", Washington D.C., S. 50-71.

Jacob, Friedhelm (1984), „Unitary Approaches in International Taxation", in: Bulletin of the International Bureau of Fiscal Documentation, Vol. XXXVIII, N° 3, S.99-120.

Jacobs, Otto H. (1995), „Internationale Unternehmensbesteuerung", in: "Handbuch zur Besteuerung deutscher Unternehmen mit Auslandsbeziehungen", bearb. von Dieter Endres u.a., 3. Aufl., München.

Janeba, Eckhard (1997), „International Tax Competition", Tübingen.

Joos, Christian (1995), „Technische Dienstleistungen im internationalen Steuerrecht", Baden-Baden.

Kaldor, Nicholas (1939), „Welfare Propositions of Economics and Interpersonal Comparisions of Utility", in: Economic Journal, Vol. XLIX, S. 549-552.

Kant, Chander (1996), „Foreign Direct Investment and Capital Flight", Princeton Studies in International Finance N° 80, Princeton.

Kay, J. A. / King, M. A. (1990): „The British Tax System, 5th. ed.", Oxford.

Kemp, Murray C. (1962a), „Foreign Investment and National Advantage", in: Economic Record, Vol. XXVIII, N° 1, S. 56-62.

Kemp, Murray C. (1962b), „The Benefits amd Costs of Private Investment from Abroad", in: Economic Record, Vol. XXVIII, N° 1, S. 108-110.

Kemp, Murray C. (1964), „The Pure Theory of International Trade", Englewood Cliffs.

Kessides, Christine (1993), „Institutional Options for the Provision of Infrastructure", World Bank Discussion Paper N° 212, Washington D.C.

King, Ian / McAfee, R. Preston / Welling, Linda (1993), „Industrial Blackmail: Dynamic Tax Competition and Public Investment", in: Canadian Journal of Economics, Vol. XXVI, N° 3, S. 590-608.

King, Mervyn A. / Fullerton, Don (1984), „The Taxation of Income from Capital - A Comparative Study of the United States, the United Kingdom, Sweden and West Germany", Chicago und London.

Kingston, Charles I. (1981), „The Coherence of International Taxation", in: Columbia Law Review, Vol. 81, N° 6, S. 1151-1289.

Kliemt, Hartmut (1986), „The Veil of Insignificance", in: European Journal of Political Economy, 2/3, S. 333-344.

Konan, Denise E. (1997), „Strategic Taxation of the Multinational Enterprise - A New Argument for Double Taxation", in: Journal of Public Economics, Vol. 65, S. 301-309.

Koopmans, Tjalling C. (1957), „Three Essays on the State of Economic Science", New York u.a.

Lagomarsino, Carlos A. R. (1991), „Argentina", in: Berckholz, Pablo (Koord.), "Inversiónes in América Latina", Buenos Aires.

Lall, Sanjaya / Streeten, Paul (1977), „Foreign Investment, Transnationals and Developing Countries", London

League of Nations - Fiscal Committee (1946), „London and Mexico Tax Conventions - Commentary and Text", Genf.

Levy Hara, José (1996), „Acuerdos Fiscales entre la Nacion y las Provincias", in: Comité Ejecutivo de las Jornadas de Finanzas Publicas (Hrsg.), „Trabajos de Investigacion presentados en las 29. Jornadas de Finanzas Publicas", Córdoba / Argentina, S. 4.1-4.44.

Lim, David (1983), „Fiscal Incentives and Foreign Investment in Less Developed Countries", in: Journal of Development Studies, Vol. 19, N° 2, S. 207-212.

Little, I. M. D. (1958), „A Critique of Welfare Economics, 2nd edition", Oxford.

Lornsen, Birgit (1987), „Unilaterale Maßnahmen der Bundesrepublik Deutschland zur Ausschaltung der internationalen Doppelbesteuerung bei der Einkommen- und Körperschaftsteuer", Frankfurt am Main.

MacDougall, G. D. A. (1960), „The Benefits and Costs of Private Investment from Abroad: A Theoretical Approach", in: Economic Record, Vol. XXVI, N° 1, S. 13-35.

Maddison, Angus (1983), „A Comparison of Levels of GDP Per Capita in Developed and Developing Countries, 1700 - 1980", in: Journal of Economic Hhistory, Vol. 43, N° 1-2, S. 27-41.

Mans, Angela (1996), „Steuerpolitik in der Europäischen Union zwischen Wettbewerb und Harmonisierung", in: Vierteljahreshefte zur Wirtschaftsforschung, Heft 3, 65. Jg., S. 331-353

Martha, Rutsel S. J. (1989), „The Jurisdiction to Tax in International Law", Deventer.

Martone, Celso L. et.al. (1994), „Uma Proposta de Reforma Fiscal para o Brasil", São Paulo.

Maurer, R. K. (1971), „Altruismus", in: Ritter, Joachim (Hrsg.), „Historisches Wörterbuch der Philosophie", Basel / Stuttgart, S. 200-201.

Mayora, Roberto / Montt, Luis (1993), „Inversiones Extranjeras en Chile", Santiago de Chile.

Meade, James E. (1973), „The Theory of Economic Externalities", Genf.

Meier, Gerald M. (1989), „Benefits and Costs of Private Foreign Investment - Note", in: Meier, Gerald M. (Hrsg.), "Leading Issues in Economic Development", Oxford, S. 254-262.

Messineo, Alejandro E. (1996), „Dual Residence and other Tax Issues affecting Employment Income under the Brazil-Japan Treaty", in: Bulletin of the International Bureau of Fiscal Documentation, Vol. 50, N° 10, S. 459-462.

Mill, John St. (1848), „Principles of Political Economy - With some of their Applications to Social Philosophy", London / New York, (hier die People's Edition von 1875, London).

Minesterio de Economia - Argentina (1997), „Informe Economico - Segundo Trimestre de 1997", Buenos Aires.

Mintz, Jack M. (1992), „Is There a Future for Capital Income Taxation?", OECD Economic Department Working Papers N°. 108 (OECD/GD(92)54), Paris.

Mintz, Jack M. / Tsiopolous, Thomas (1996), „Latin American Taxation of Foreign Direct Investment in a Global Economy", Borrador para discussion, VIII Semenario Regional de Politica Fiscal organizado por CEPAL/PNUD, Santiago de Chile, 22 - 25 Enero 1996.

Mössner, Jörg M. (1985), „Die Methoden zur Vermeidung von Doppelbesteuerung - Vorzüge , Nachteile, aktuelle Probleme", in: Vogel, Klaus (Hrsg.), "Grundfragen des Internationalen Steuerrechts", Köln 1985, S. 135-159.

Mueller, Dennis C. (1974), „Achieving the Just Polity", in: American Economic Review, Vol. 64, N° 2, S. 147-152.

Mueller, Dennis C. (1980), „The Social Contract and Collective Choice", in: Rosenkamp, Karl W. (Hrsg.), „Public Choice and Public Finance - Proceedings of the 34th Congress of the International Institute of Public Finance in Hamburg 1978", Paris, S. 55-67.

Munaretto, Axel (1983), „Doppelbesteuerungsabkommen als Instrument der Entwicklungspolitik unter besonderer Berücksichtigung der Abkommenspraxis der Bundesrepublik Deutschland", Dissertation, München.

Munnell, Alicia H. (1993), „An Assessment of Trends in and Economic Impacts of Infrastructure Investments", in: OECD (Hrsg.), "Infrastructure Policies for the 1990s", Paris, S. 21-54.

Musgrave, Peggy B. (1966), „The Harmonization of Profit Taxes", in: Institut International de Finances Publiques (Hrsg.), "Comparison and Harmonization of Public Revenue Systems, Especially of Fiscal Systems", York u.a., S. 174-186.

Musgrave, Peggy B. (1967), „Harmonization of Direct Business Taxes: A Case Study", in: Shoup, Carl S. (Hrsg.), „Fiscal Harmonization in Common Markets, Vol. II: Practice", New York /London, Kap. 10.

Musgrave, Peggy B. (1972), „International Tax Base Division and the Multinational Corporation", in: Public Finance, Vol. 27, N° 4, S. 394-413.

Musgrave, Peggy B. (1990), „Tax Coordination for Developing Countries", in: Tanzi, Vito (Hrsg.), „Public Finance, Trade and Development - Proceedings of the 44th Congress of the International Institute of Public Finance in Istanbul 1988", Detroit, S. 203-222.

Musgrave, Richard A. (1959), „The Theory of Public Finance - A Study in Public Economy", New York u.a.

Musgrave, Richard A. (1960), „Criteria for Foreign Tax Credit", in: Tax Institute, Incorporated (Hrsg.), „Taxation and Operation Abroad", Princeton, S. 83-93.

Musgrave, Richard A. (1989), „Foreword", in: Bhagwati, Jagdish N. / Wilson, John D. (Hrsg.), „Income Taxation and International Mobility", Cambridge (Mass.)/London, S. XI-XVII.

Musgrave, Richard A. / Musgrave, Peggy B. (1972), „Inter-Nation Equity", in: Bird, Richard M, Head, John G. (Hrsg.), "Modern Fiscal Issues, Essays in honours of C. S. Shoup", Toronto, S. 63-85.

Musgrave, Richard A. / Musgrave, Peggy B. (1973), „Public Finance in Theory and Practice", New York u.a.

Mutén, Leif (1988), „A New International Tax Order?", in: Bulletin of the International Bureau of Fiscal Documentation, Vol. 42, N° 11, S. 471-72.

Neumark, Fritz (1970), „Grundsätze gerechter und ökonomisch rationaler Steuerpolitik", Tübingen.

Neumärker, Karl J. B. (1995), „Finanzverfassung und Staatsgewalt", Frankfurt am Main u.a., S. 43-45.

o.V. (1996), „Historia de Precisiones", in: Estrategia vom 25. Okt 1996, S. 5.

Oakland, William H. / Xu, Yongsheng (1996), „Double Taxation and Tax Deduction", in: International Tax and Public Finance, Vol. 3, N° 1, S. 45-56.

Oates, Wallace. E. (1972), „Fiscal Federalism", New York.

OECD (1977), „OECD-Musterabkommen Einkommen und Vermögen", Paris.

OECD (1992/1997), „Model Tax Convention on Income and Capital", Updated as of 1st November 1997, Paris.

OECD (1994), „Transfer Pricing Guidelines for Multinational Enterprises and Tax Administrations", Paris.

OECD (1998), „Harmful Tax Competition - An Emerging Global Issue", Paris.

Olson, Jr. M. (1969), „The Principle of 'Fiscal Equivalence' - The Division of Responsibilities among Different Levels of Government", in: American Economic Review, Vol. LIX, N° 2, (Papers and Proceedings), S. 479-487.

Ongwamuhana, Kibuta (1991), „The Taxation of Income from Foreign Investments", Deventer.

Oppenheim, L. (1937), „International Law - A Treaties, Vol. I: Peace, 5th. ed.", ed. by H. Lauterpacht, London u.a.

Pareto, Vilfredo I. (1909), „Manuel D'Économie Politique", Paris, (hier die englische Übersetzung: „Manual of Political Economy", New York u.a. 1971).

Pigou, A. C. (1920), „The Economics of Welfare", London.

Plasschaert, Sylvain (1994), „Introduction: Transfer Pricing and Taxation", in: Plasschaert, Sylvain (Hrsg.), „Transnational Corporations: Transfer Pricing and Taxation", United Nations Library on Transnational Corporations Vol. 14, London/New York.

Pomp, Richard D. (1989), „The Experience of the Philippines in Taxing its Nonresident Citizens", in: Bhagwati, Jagdish N. / Wilson, John D. (Hrsg.), „Income Taxation and International Mobility", Cambridge (Mass.)/London, S. 43-81.

Powell, Robert (1996), „Bargaining in the Shadow of Power", in: Games and Economic Behavior, 15, S. 255-289.

Price Waterhouse (1994), „Doing Business in Chile", ohne Ortsangabe.

Price Waterhouse (1994/95), „Doing Business in Brazil, 1994 ed. (incl. Supplement to the 1994 ed.)", ohne Ortsangabe.

Puviani, A. (1903), „Teoria della Illusione Finanziaria", Palermo.

Rawls, John (1971), „A Theory of Justice", Cambridge/Mass.

Rawls, John (1974), „Some Reasons for the Maximin Criterion", in: American Economic Review, Vol. 64, N° 2, S. 141-146.

Rawls, John (1992), „Gerechtigkeit als Fairneß - politisch und nicht metaphysisch", in: Hinsch, Wilfried (Hrsg.), „John Rawls: Die Idee des politischen Liberalismus - Aufsätze 1978-1989", Frankfurt am Main, S. 255-292.

Razin, Assaf / Yuen, Chi-Wa (1993), „Convergence of Growth Rates - A Quantitative Assessment of the Role of Capital Mobility and International Taxation", NBER Working Paper N° 4336, Cambridge / MA.

Reig, Enrique J. (1996), „Impuesto a las Ganancias, 9. ed.", Buenos Aires.

Reuß, Andreas (1997), „Reformstau im internationalen Steuerrecht? - Ansätze für Gesetzesänderungen im Rahmen der Großen Steuerreform" - Heft N° 112 zur Internationalen Besteuerung des Instituts für Ausländisches und Internationales Finanz- und Steuerwesen der Universität Hamburg, Hamburg.

Ribeiro Lopez, Mauricio A. (1996), „IR/96", São Paulo.

Ricardo, David (1817), „On the Principles of Political Economy and Taxation", London, wieder abgedruckt in: Sraffa, P. (Hrsg.), "The Works and Correspondence of David Ricardo, Vol. I", Cambridge 1951.

Richman, Peggy B. (1963), „Taxation of Foreign Investment Income - An Economic Analysis", Baltimore.

Richter, Wolfram F (1992), „Kommunale Unternehmensbesteuerung", in: Zeitschrift für Wirtschafts- und Sozialwissenschaften, Bd. 112, Nr. 4, S. 567-586.

Richter, Wolfram F (1994), „The Efficient Allocation of Local Public Factors in Tiebout's Tradition, in: Regional and Urban Science, Vol. 24, S. 323-340.

Richter, Wolfram F. / Seitz, Helmut / Wiegard, Wolfgang (1996), „Steuern und unternehmensbezogene Staatsausgaben als Standortfaktoren", in: Siebert, Horst (Hrsg.), „Steuerpolitik und Standortqualität", Tübingen.

Rothschild, L. W. / Magilligan, R. J. (1988), „The Definition of Residency for Federal Income Tax Purposes", in: Bulletin for International Fiscal Documentation , Vol. 42, N° 7, S. 234-328.

Ruffin, Roy J. (1984), „International Factor Movements", in: Jones, R. W. / Kenen, P. B. (Hrsg.), „Handbook of International Economics, Vol. 1", New York, Chapter 5, S. 237-288.

Samuelson, Paul .A. (1954), „A Pure Theory of Public Expenditure", in: Review of Economics and Statistics, Vol. 36, S. 387-389.

Samuelson, Paul A. (1947), „Foundations of Economic Analysis", Cambridge / MA.

Saß, Gert (1997), „Grundzüge des Internationalen Steuerrechts", Baden-Baden.

Sato, Mitsuo / Bird, Richard M. (1975), „International Aspects of the Taxation of Corporations and Shareholders", in: IMF Staff Papers Vol. 22, S. 384-544.

Schanz, Georg (1892), „Zur Frage der Steuerpflicht", in: Finanz-Archiv, 9. Jg., 2. Bd., S. 1-74.

Schaumburg, Harald (1993), „Internationales Steuerrecht", Köln.

Schmidt, Ludwig (1997), „Einkommensteuergesetz [Kommentar]" 16. Aufl., München.

Schmölders, Günter (1965), „Allgemeine Steuerlehre, 4. Aufl.", Berlin.

Schotter, Andrew (1981), „The Economic Theory of Social Institutions", Cambridge.

Sen, Amartya (1995), „Rationality and Social Choice", in: American Economic Review, Vol. 85, N° 1, S. 1-24.

Servicio de Impuestos Internos (1995), „Un Servicio por el bien de todos, 2ª ed.", Santiago de Chile.

Seybold, Robert F. (1996), „Comentário Jurídico", in: Brasil-Alemanha em Revista, Ano 4, N° 2, S. 54.

Shihata, Ibrahim F.I. (1984), „Die Förderung privater Kapitalströme in Entwicklungsländer", in: Finanzierung & Entwicklung, Dez. 1984, S. 6-9.

Shoup, Carl S. (1966), „The Theory of Harmonization of Fiscal Systems", in: Institut International de Finance Publiques (Hrsg.), „Comparison and Harmonization of Public Revenue Systems, Especially of Fiscal Systems, Congres de Luxembourg, Sept. 1963, XIXe Session", York u.a., S. 23-42.

Siebert, H. (1972), „Infrastruktur und regionales Wachstum", in: Jahrbücher der Nationalökonomie und Statistik, Bd. 186.

Sinn, Hans-Werner (1985), „Kapitaleinkommensbesteuerung", Tübingen.

Sinn, Hans-Werner (1995), „Implikationen der vier Grundfreiheiten für eine nationale Fiskalpolitik" in: Wirtschaftsdienst 1995/V, S. 240-249.

Sinn, Hans-Werner (1997), „Deutschland im Steuerwettbewerb", in: Jahrbücher für Nationalökonomie und Statistik, Vol. 216, N°. 6, S. 672-92.

Sinn, Stefan (1993), „Competition for Capital - On the Role of Governments in an Integrated World Economy", Tübingen.

Slemrod, Joel (1993), „A North-South Model of Taxation and Capital Flows", in: Public Finance/Finances Publiques, Vol. 48, N° 3, S. 430-447.

Spahn, P. Bernd / Kaiser, Helmut (1991), „Tax Harmonization or Tax Competition as Means to Integrate Western Europe", in: Konjunkturpolitik, 37. Jg., Heft 1 / 2, S. 1-44.

Statistisches Bundesamt (1952), „Statistisches Jahrbuch für die Bundesrepublik Deutschland, Jg. 1952", Wiesbaden.

Statistisches Bundesamt (1997), „Volkswirtschaftliche Gesamtrechnung 1996, Fachserie 18, Reihe 3", Wiesbaden.

Statistisches Reichsamt (1938), „Statistisches Jahrbuch für das Deutsche Reich, Jg. 1938", Berlin.

Statistisches Reichsamt (1939), „Statistisches Jahrbuch für das Deutsche Reich, Jg. 1939", Berlin.

Statistisches Reichsamt (1940), „Statistisches Jahrbuch für das Deutsche Reich, Jg. 1940", Berlin.

Statistisches Reichsamt (1942), „Statistisches Jahrbuch für das Deutsche Reich, Jg. 1941/42", Berlin.

Stohler, J. (1965), „Zur rationalen Planung der Infrastruktur", in: Konjunkturpolitik, 11. Jg., S. 279-308.

Tatom, John A. (1993), „Is an Infrastructure Crisis Lowering the Nation's Productivity?", in: Federal Reserve Bank of St. Louis Review, Vol. 75, N° 6, S. 3-21.

Tischer, Frank (1993), „Die Begrenzung der Steueranrechnung bei Auslandseinkünften in Deutschland und den USA", in: Internationale Wirtschaftsbriefe Nr. 5 vom 10.3.1993, S. 217-222.

U.S. Department of Commerce (1981), „U.S. Direct Investment Abroad 1977", Washington D.C.

U.S. Department of State (1997), „Treaties in Force - A List of Treaties and Other International Agreements of the United States in Force on January 1, 1997", Washington D.C.

UNCTAD (1978), „Draft Recommendation of the Committee on Transfer of Technology", TD/B/C6/AC4/LI/Rev 1, zitiert in Bhagwati, Jagdish, N. (1979), „International Migration of Highly Skilled: Economics, Ethics and Taxes", in: Third World Quaterly, Vol. 1, N° 3, S. 17-30.

UNCTAD (1996), „World Investment Report 1996 - Investment, Trade and International Policy Arrangements", New York / Genf.

UNCTAD (1997), „World Investment Report 1997 - Transnational Corporations, Market Structure and Competition Policy", New York / Genf.

UNDP (1993), „Human Development Report 1993", New York.

United Nations (1952), „Statistical Yearbook 1952", New York.

United Nations (1954), „Statistics of National Income and Expenditure", Statistical Papers Series H N° 6, August 1954, New York.

United Nations (1973), „Yearbook of National Account Statistics 1971", New York.

United Nations (1980), „Model Double Taxation Convention Between Developed and Developing Countries", Resolution 1980/13-N° 1 of the Economic and Social Council - ECOSOC, 22.04.1980, New York.

United Nations Center on Transnational Corporations (1988), „International Income Taxation and Developing Countries", New York.

United Nations Industrial Development Organization (1990), „Foreign Direct Investment Flows to Developing Countries", ohne Ortsangabe.

Vann, Richard J. (1991a), „A Model Tax Treaty for the Asian-Pacific Region (Part I)", in: Bulletin of the International Bureau of Fiscal Documentation, Vol. 45, N° 3, S. 99-111.

Vann, Richard J. (1991b), „A Model Tax Treaty for the Asian-Pacific Region (Part II)", in: Bulletin of the International Bureau of Fiscal Documentation, Vol. 45, N° 4, S. 151-63.

Varian, Hal R. (1976), „Two Problems in the Theory of Fairness", in: Journal of Public Economics, Vol. 5, S. 249-60.

Vereinte Nationen (1980), „Muster eines Doppelbesteuerungsabkommens zwischen Industrie- und Entwicklungsländern", Resolution 1980/13-N° 1 des Wirtschafts- und Sozialrates der Vereinten Nationen vom 22.04.1980, nichtamtliche Übersetzung von Dieter Endres, in: Internationale Wirtschaftsbriefe, Nr. 12 vom 25.06. 1984.

Vogel, Klaus (1998a), „Treaty News", in: Bulletin of the International Bureau of Fiscal Documentation, Vol. 52, N° 3, S. 133-134.

Vogel, Klaus (1998b), „Treaty News", in: Bulletin of the International Bureau of Fiscal Documentation, Vol. 52, N° 6, S. 262-264.

Wagner, Richard. E. (1997), „Choice, Exchange and Public Finance", in: American Economic Review, Vol. 87, N° 2, Papers & Proceedings, S. 160-163.

Wang, Lih-Jau / Pereira, Alfredo M. (1993), „Optimal Taxation of Foreign Investment Income with International Altruism", in: Public Finance/Finances Publiques, Vol. 48, N° 2, S. 288-296.

Weichenrieder, Alfons J. (1995), „Besteuerung von Direktinvestitionen", Tübingen.

Weisbrod, Burton A. (1966), „Discussion" to Grubel, Herbert B. / Scott, Anthony D. (1966), „The International Flow of Human Capital", in: American Economic Review, Vol. LVI, N° 2, (Papers and Proceedings), S. 277-283.

Wicksell, Knut (1896), „Finanztheoretische Untersuchungen", Jena.

Wicksell, Knut (1913), „Vorlesungen über Nationalökonomie auf Grundlagen des Marginalprinzips, Bd. 1", Jena.

Williams, David W. (1991), „Trends in International Taxation", Amsterdam.

Wilson, John D. (1982), „Optimal Income Taxation and Migration: A World Welfare Point of View", in: Journal of Public Economics, Vol. 18, S. 381-397.

Wittmann, Walter (1969), „Die Staatsausgaben in der makroökonomischen Produktionsfunktion", in: Kyklos, 22, 1969, S. 297-313.

World Bank (1994a), „World Development Report 1994", New York.

World Bank (1994b), „World Tables 1994", Baltimore.

World Bank (1994c), "Social Indicators of Development 1994", Baltimore.

World Bank (1995), „World Tables 1995", Baltimore.

World Bank (1996), „World Development Report 1996", New York.

World Bank (1997), „World Development Indicators 1997", Washington D.C.

Zapata, Sonia (1998), „The Latin American Approach to the Concept of Permanent Establishment in Tax Treaties with Developed Countries", in: Bulletin of the International Bureau of Fiscal Documentation, Vol. 52, N° 6, S. 252-261.

Zschiegner, Hans (1990), „Überblick über das amerikanische Steuerrecht", in: Kramer, Jörg-Dietrich (Hrsg.), „Grundzüge des U.S.-amerikanischen Steuerrechts", Stuttgart, S. 57-91.

Zschiegner, Hans (1994), „Geldbuße bei Verrechnungspreisberichtigung in den USA", in: Internationale Wirtschaftsbriefe, 5/94, S. 233-240.

10.2 Rechtsnormen

aus Deutschland

Abgabenordnung, in: Die Steuergesetze - Amtliche Texte Gesamtausgabe Bd. 1, Stand vom Mai 1997.

Abkommen vom zwischen der Bundesrepublik Deutschland und der argentinischen Republik zur Vermeidung der Doppelbesteuerung auf dem Gebiet der Steuern vom Einkommen und vom Vermögen vom 13. Juli 1978, BGBl. 1979 II, S. 585.

Abkommen zwischen der Bundesrepublik Deutschland und Côte d'Ivoire zur Vermeidung der Doppelbesteuerung auf dem Gebiet der Steuern vom Einkommen und vom Vermögen vom 03. Juli 1979, BGBl. 1982 II, S. 153.

Abkommen zwischen der Bundesrepublik Deutschland und dem Kaiserreich Iran zur Vermeidung der Doppelbesteuerung auf dem Gebiet der Steuern vom Einkommen und vom Vermögen vom 20. Dez. 1968, BGBl. 1969 II, S. 2133.

Abkommen zwischen der Bundesrepublik Deutschland und dem Königreich Marokko zur Vermeidung der Doppelbesteuerung auf dem Gebiet der Steuern vom Einkommen und vom Vermögen vom 07. Juni 1972, BGBl. 1974 II, S. 21.

Abkommen zwischen der Bundesrepublik Deutschland und dem Königreich Thailand zur Vermeidung der Doppelbesteuerung auf dem Gebiet der Steuern vom Einkommen und vom Vermögen vom 10. Juli 1967, BGBl. 1968 II, S. 589.

Abkommen zwischen der Bundesrepublik Deutschland und dem Staat Kuwait zur Vermeidung der Doppelbesteuerung auf dem Gebiet der Steuern vom Einkommen und vom Vermögen vom 04. Dez. 1987, BGBl. 1989 II, S. 354.

Abkommen zwischen der Bundesrepublik Deutschland und den Vereinigten Mexikanischen Staaten zur Vermeidung der Doppelbesteuerung auf dem Gebiet der Steuern vom Einkommen und vom Vermögen vom 23. Feb. 1993, BGBl. 1993 II, S. 1966.

Abkommen zwischen der Bundesrepublik Deutschland und den Vereinigten Arabischen Emiraten zur Vermeidung der Doppelbesteuerung auf dem Gebiet der Steuern vom Einkommen und vom Vermögen und zur Belebung der wirtschaftlichen Beziehungen vom 09. April 1995, BGBl. 1996 II, S. 518.

Abkommen zwischen der Bundesrepublik Deutschland und der Arabischen Republik Ägypten zur Vermeidung der Doppelbesteuerung auf dem Gebiet der Steuern vom Einkommen und vom Vermögen vom 08. Dez. 1987, BGBl. 1990 II, S. 278.

Abkommen zwischen der Bundesrepublik Deutschland und der Demokratischen Sozialistischen Republik Sri Lanka zur Vermeidung der Doppelbesteuerung auf dem Gebiet der Steuern vom Einkommen und vom Vermögen vom 13. Sept. 1979, BGBl. 1981 II, S. 630.

Abkommen zwischen der Bundesrepublik Deutschland und der Föderativen Republik Brasilien zur Vermeidung der Doppelbesteuerung auf dem Gebiet der Steuern vom Einkommen und vom Vermögen vom 27. Juni 1975, BGBl. 1975 II, S. 2245.

Abkommen zwischen der Bundesrepublik Deutschland und der Islamischen Republik Pakistan zur Vermeidung der Doppelbesteuerung und zur Verhinderung der Steuerkürzung bei den Steuern vom Einkommen vom 14. Juli 1994, BGBl. 1995 II, S. 863.

Abkommen zwischen der Bundesrepublik Deutschland und der Republik Bolivien zur Vermeidung der Doppelbesteuerung auf dem Gebiet der Steuern vom Einkommen und vom Vermögen vom 30. Sept. 1992, BGBl. 1994 II, S. 1086.

Abkommen zwischen der Bundesrepublik Deutschland und der Republik Ecuador zur Vermeidung der Doppelbesteuerung auf dem Gebiet der Steuern vom Einkommen und vom Vermögen vom 07. Dez. 1982, BGBl. 1984 II, S. 466.

Abkommen zwischen der Bundesrepublik Deutschland und der Republik Indien zur Vermeidung der Doppelbesteuerung auf dem Gebiet der Steuern vom Einkommen und vom Vermögen vom 19. Juni.1995, BGBl. 1996 II, S. 706.

Abkommen zwischen der Bundesrepublik Deutschland und der Republik Indonesien zur Vermeidung der Doppelbesteuerung auf dem Gebiet der Steuern vom Einkommen und vom Vermögen vom 30. Okt. .1990, BGBl. 1991 II, S. 1089.

Abkommen zwischen der Bundesrepublik Deutschland und der Republik Kenia zur Vermeidung der Doppelbesteuerung auf dem Gebiet der Steuern vom Einkommen und vom Vermögen vom 17. Mai 1977, BGBl. 1979 II, S. 606.

Abkommen zwischen der Bundesrepublik Deutschland und der Republik Korea zur Vermeidung der Doppelbesteuerung auf dem Gebiet der Steuern vom Einkommen und vom Vermögen vom 14. Dez. 1976, BGBl. 1978 II, S. 191.

Abkommen zwischen der Bundesrepublik Deutschland und der Republik Liberia zur Vermeidung der Doppelbesteuerung auf dem Gebiet der Steuern vom Einkommen und vom Vermögen vom 25. Nov. 1970, BGBl. 1973 II, S. 1285.

Abkommen zwischen der Bundesrepublik Deutschland und der Republik Namibia zur Vermeidung der Doppelbesteuerung auf dem Gebiet der Steuern vom Einkommen und vom Vermögen vom 02. Dez. 1993, BGBl. 1994 II, S. 1262.

Abkommen zwischen der Bundesrepublik Deutschland und der Republik der Philippinen zur Vermeidung der Doppelbesteuerung auf dem Gebiet der Steuern vom Einkommen und vom Vermögen vom 22. Juli 1983, BGBl. 1984 II, S. 878.

Abkommen zwischen der Bundesrepublik Deutschland und der Republik Sambia zur Vermeidung der Doppelbesteuerung auf dem Gebiet der Steuern vom Einkommen und vom Vermögen vom 30. Mai 1973, BGBl. 1975 II, S. 661.

Abkommen zwischen der Bundesrepublik Deutschland und der Republik Simbabwe zur Vermeidung der Doppelbesteuerung auf dem Gebiet der Steuern vom Einkommen und vom Vermögen vom 22. April 1988, BGBl. 1989 II, S. 713.

Abkommen zwischen der Bundesrepublik Deutschland und der Republik Singapur zur Vermeidung der Doppelbesteuerung auf dem Gebiet der Steuern vom Einkommen und vom Vermögen vom 19. Feb. 1972, BGBl. 1973 II, S. 373.

Abkommen zwischen der Bundesrepublik Deutschland und der Republik Südafrika zur Vermeidung der Doppelbesteuerung auf dem Gebiet der Steuern vom Einkommen und vom Vermögen vom 25. Jan. 1973, BGBl. 1981 II, S. 1185.

Abkommen zwischen der Bundesrepublik Deutschland und der Republik Türkei zur Vermeidung der Doppelbesteuerung auf dem Gebiet der Steuern vom Einkommen und vom Vermögen vom 16. April 1985, BGBl. 1989 II, S. 866.

Abkommen zwischen der Bundesrepublik Deutschland und der Republik Venezuela zur Vermeidung der Doppelbesteuerung auf dem Gebiet der Steuern vom Einkommen und vom Vermögen vom 08. Feb. 1995, BGBl. 1996 II, S. 727.

Abkommen zwischen der Bundesrepublik Deutschland und der Republik Zypern zur Vermeidung der Doppelbesteuerung auf dem Gebiet der Steuern vom Einkommen und vom Vermögen vom 09. Mai 1974, BGBl. 1977 II, S. 488.

Abkommen zwischen der Bundesrepublik Deutschland und der Republik Östlich des Uruguay zur Vermeidung der Doppelbesteuerung auf dem Gebiet der Steuern vom Einkommen und vom Vermögen vom 05. Mai 1987, BGBl. 1988 II, S. 1060.

Abkommen zwischen der Bundesrepublik Deutschland und der Sozialistischen Republik Vietnam zur Vermeidung der Doppelbesteuerung auf dem Gebiet der Steuern vom Einkommen und vom Vermögen vom 16. Nov. 1996, BGBl. 1996 II, S. 2622.

Abkommen zwischen der Bundesrepublik Deutschland und der Tunesischen Republik zur Vermeidung der Doppelbesteuerung auf dem Gebiet der Steuern vom Einkommen und vom Vermögen vom 23. Dez. 1975, BGBl. 1976 II, S. 1653.

Abkommen zwischen der Bundesrepublik Deutschland und der Volksrepublik Bangladesch zur Vermeidung der Doppelbesteuerung auf dem Gebiet der Steuern vom Einkommen vom 29. Mai 1990, BGBl. 1991 II, S. 1410.

Abkommen zwischen der Bundesrepublik Deutschland und der Volksrepublik China zur Vermeidung der Doppelbesteuerung auf dem Gebiet der Steuern vom Einkommen und vom Vermögen vom 10. Juni 1985, BGBl. 1986 II, S. 446.

Abkommen zwischen der Bundesrepublik Deutschland und Jamaika zur Vermeidung der Doppelbesteuerung auf dem Gebiet der Steuern vom Einkommen und vom Vermögen vom 08. Okt. 1974, BGBl. 1976 II, S. 1194.

Abkommen zwischen der Bundesrepublik Deutschland und Malaysia zur Vermeidung der Doppelbesteuerung auf dem Gebiet der Steuern vom Einkommen und in bezug auf andere damit zusammenhängenden Fragen vom 08. April 1977, BGBl. 1978 II, S. 925.

Abkommen zwischen der Bundesrepublik Deutschland und Mauritius zur Vermeidung der Doppelbesteuerung auf dem Gebiet der Steuern vom Einkommen und vom Vermögen und zur Förderung des Handels und der Investitionstätigkeit zwischen den beiden Ländern vom 15. März 1978, BGBl. 1980 II, S. 1261.

Abkommen zwischen der Bundesrepublik Deutschland und Trinidad & Tobago zur Vermeidung der Doppelbesteuerung auf dem Gebiet der Steuern vom Einkommen und vom Vermögen und zur Förderung des internationalen Handels und der Investitionstätigkeit vom 04. April 1973, BGBl. 1975 II, S. 679.

Außenwirtschaftsverordnung (AWV), Bundesanzeiger Jg. 44, Nr. 100a.

BMF-Schreiben vom 10. April.1984, Betr.: Pauschalisierung der Einkommensteuer und der Körperschaftsteuer für Quellenlandeinkünfte gemäß § 34c Abs. 5 EStG und § 26 Abs. 6 KStG, BStBl. 1984 I S. 252.

BMF-Schreiben vom 2. Januar 1997, Betr.: Stand der Doppelbesteuerungsabkommen und Doppelbesteuerungsverhandlungen am 1. Januar 1997, BStBl. 1984 I S. 92.

BMF-Schreiben vom 21. Juni 1977, Betr.: Vermeidung von Doppelbesteuerung der Luftfahrtunternehmen im Verhältnis zu Chile, BStBl 1977 I, S. 350.

BMF-Schreiben vom 31. Oktober.1983, Betr.: Pauschalisierung der Lohnsteuer in besonderen Fällen, § 40 Abs. 1 EStG, BStBl. 1983 I S. 469.

Bundeswahlgesetz in der Fassung der Bekanntmachung vom 23. Juli 1993 (BGBl. I S. 1288, S. 1594), zuletzt geändert durch Gesetz vom 10. Mai 1994 (BGBl. I S. 993).

Einkommensteuergesetz, in: Die Steuergesetze - Amtliche Texte Gesamtausgabe Bd. 2, Stand vom Mai 1997.

Einkommensteuer-Richtlinien 1996, in: Die Steuergesetze - Amtliche Texte Gesamtausgabe Bd. 2, Stand vom Mai 1997.

Grundgesetz für die Bundesrepublik Deutschland vom 23. Mai 1949 (BGBl. S. 1) zuletzt geändert durch Bundesgesetz vom 27.10.1994. (BGBl. S. 3146).

Handelsvertrages zwischen der Regierung der Bundesrepublik Deutschland und der Regierung der Republik Chile' vom 2.2.1951, BGBl. 1952 II, S. 325.

Körperschaftsteuer-Durchführverordnung 1994, in: Die Steuergesetze - Amtliche Texte Gesamtausgabe Bd. 3, Stand vom Mai 1997.

Körperschaftsteuergesetz, in: Die Steuergesetze - Amtliche Texte Gesamtausgabe Bd. 3, Stand vom Mai 1997.

Solidaritätszuschlagsesetz 1995, BGBl. 1993 I, S. 975.

aus Argentinien

Decreto N° 2.353/86 - Decreto Reglamentario (Stand: 2. Nov. 1995).

Ley N° 20.628/73 - Impuestos a las Ganancias (Stand: 27. Sept 1996).

Ley N° 21.382/76 - Ley de Inversiónes Extranjeras (zuletzt modifiziert durch *Decreto N° 1853/93*),

Ley N° 24.073/92.

Ley N° 24.698/96.

Ley N° 18.657/87.

Ley N° 23.228/82 - Convenio entre la República Argentina y la República de Chile para evitar la doble tributación en materia de impuestos sobre la renta, ganacias o beneficios y sobre el capital y el patrimonio.

aus Brasilien

Código Tributário Nacional - Lei 5.172/65.

Constituição da República Federativa do Brasil (Stand 1993).

Decreto Lei 5.844/43.

Lei 3.470/58.

Lei 7.713/88.

Lei 8.383/91.

Lei 9.249/95.

Lei 9.250/95.

Regulamento do Imposto sobre a Renda e Proventos de Qualquer Naturaleza vom Januar 1994 - *Decreto 1.041/94.*

aus Chile

Acuerdo del Consejo del Banco Central de Chile 685E-02-980625.

Acuerdo del Consejo del Banco Central de Chile 704E-02-980916.

Circular N° 52, Ministerio de Hacienda, Servicio Impuestos Internos, Direccion General, Okt. 1993.

Compendio de Normas de Cambios Internacionales del Banco Central de la Ley Organica Constitucional N° 18.840 vom 10. Okt. 1989.

Convenio entre la Republica Chile y Canada para evitar la doble tributacion y para prevenir la evasion fiscal en relacion a los impuestos a la renta y al patrimonio.

Convenio entre la Republica Chile y los Estados Unidos Mexicanos para evitar la doble imposicion e impedir la evasion fiscal en materia de impuestos sobre la renta y al patrimonio.

Decreto Ley N° 600, *(Estatuto de la Inversion Extranjera)* vom 13. Juni 1974.

Decreto Ley N° 824 Sobre Impuesto A La Renta, vom 31.12.1974 (Stand: 29. Dez. 1995, nach *Resolucion N° 6.138 Exenta*).

Ley Miscelenea, Camara de Diputados Chile, Valparaiso, vom 6. Sept. 1996, nicht-veröffentlicht.

Sonstige

Agreement Between the Government of the United States of America and the Government of the People's Republic of China for the Avoidance of Double Taxation and the Prevention of Tax Evasion with Respect to Taxes on Income, April 30, 1984, U.S. Department of State, TIAS N° 12065 (1986), Washington D.C.

Internal Revenue Code (U.S.A).

United States Model Income Tax Convention of September 20, 1996, (erhältlich über den Internet-Server des U.S. Department of the Treasury: http//:www.treas.gov/treasury/tax/t0txmod1.htm (Abfrage vom 31.3.1998)).

Kolibri 360 GmbH
Ferdinand-Jühlke-Straße 7
99095 Erfurt, Deutschland
produktsicherheit@kolibri360.de

Druck:
CPI Druckdienstleistungen GmbH
im Auftrag der
Kolibri 360 GmbH
Ferdinand-Jühlke-Str. 7
99095 Erfurt